筑前戦国史

増補改訂版

吉永正春

海鳥社

筑前戦国史◉目次

筑前戦国史

大友、毛利の攻防

筑前御笠郡

戦国争乱の世、一国の興亡を賭して戦った郷土の諸豪や、その家臣、あるいは歴史に名をとどめず泡沫のように消えていった農民、下人ら当時の底辺に生きた無名の人々に至るまで、激動の中に没し去った彼らを思う時、哀しくもまた、美しい鎮魂の歌が聞こえてくるようである。骨肉相食《は》み兄弟互いに攻め争い、家臣が主人を殺して権勢の座につくかと思えば、昨日盟約を交した隣国より今日不意に攻められて、悲憤の涙をのんで散っていた城主や一族郎党たち、すでに遠い歴史の中に埋没してそのよすがもないが、蕭々《しょうしょう》と梢を鳴らす松籟《しょうらい》にも似た悲愁が胸をつき、一掬《いっきく》の涙を禁じ得ない。

我が筑前においても戦国の舞台となった城趾は多い。とりわけ戦国末期、天正十四（一五八六）年七月、最も熾烈《しれつ》な戦場となった岩屋城の戦いは、豊臣秀吉の近世統一国家成立の鍵を握る歴史的に重要な意義をもつものであった。それは応仁以来百年以上続いた北部九州の内乱に終止符をうち、中央集権政治への土台となったのである。

中世から近世への黎明は、筑前南部の御笠《みかさ》郡（三笠郡とも書く。太宰府を中心にした周辺地域）の宝満、岩屋から北東部の立花の諸城を中心として筑前の地から始まったともいえよう。

当時の筑前国は、怡土《いと》・志摩《しま》・早良《さわら》・御笠・席田《むしろだ》・糟屋《かすや》・那珂《なか》・夜須《やす》・下座《しもつあさくら》・上座《かみつあさくら》・宗像《むなかた》・鞍手《くらて》・遠《お》

賀《か》・嘉摩《かま》・穂波《ほなみ》の十五郡があり、その中の御笠郡（現在の筑紫野市、太宰府市、大野城市、春日市周辺を含み、明治二十九年筑紫郡に改編された）は、地壌豊かで農耕が進んでいたとされるが、あい次ぐ戦乱で耕地は減少していたと考えられる。十六世紀末の御笠郡の耕地面積は、一九九三町、石高は、二万七二九石となっている（『福岡県史』所収、筑前国田畠高、村々指出前帳による）。

御笠の地名は、神功皇后が香椎宮から松峡宮《まつお》（一説には筑前町の栗田八幡宮といわれる）に移る途中、突風が起こって御笠が吹き落とされたという故事伝承による。岩屋城は七世紀に築かれた大野城跡のある大野山（大城山ともいい、標高四一〇メートル、通称四王寺山という）の南面に築造された中世の山城で、太宰府の街を見下ろす位置にあった。

一方、岩屋の北東に隣接して聳える宝満山（古名は御笠山、竈門山《かまど》、八二九・六メートル）の山上には戦国期に築かれた宝満城があった。この宝満山に源を発する御笠川は、太宰府市中を流れ、四王寺山の山裾を蛇行し、鷺田川と合流して北上、博多湾に注ぐ。

昔は澄みきった川底をのぞかせながら郡内の野面《のづら》をくねり、豊かな稲穂はこの御笠の清流にゆらめいて輝いていたことだろう。万葉の歌人大伴旅人《おおとものたびと》が大宰府で詠んだ「大野山霧立ち渡るわが嘆く息嘯《おきそ》の風に霧立ち渡る」の大野山の情景も筑紫の風趣であったろう。

中世に入り、この御笠郡を中心として幾春秋、興亡の歴史を繰り広げていった人々の城跡はすでに苔むして荒廃し、その墓に眠る人の名さえさだかでない。

いま、その城趾に佇んで展望すると、かつての御笠周辺の地勢が分かる。北に、遙々《はろばろ》と拡がる博多湾、西に、栄西禅師による我が国最初の茶栽培の地として知られる脊振《せふり》山、また紀元前二二〇年、中国秦の始皇帝の命を受けた徐福《じょふく》がはるばる日本に渡ってきて、不老長寿の霊薬を求めたと伝えられる金立《きんりゅう》山、さらに脊振の北方には椿の製油で知られる油山や、西域の僧清賀《せいが》によって開かれた雷山がある。西南には菅公ゆかりの天判山《てんぱんざん》

（天拝山）、あるいは、天暦《てんりやく》年間（九四七―五七年）、性空上人《しょうくうしょうにん》が法華経一万部の悲願を九千部で終わったと伝えられる九千部《くせんぶ》山、東には竈門宮《かまどぐう》を祀る宝満山、北東を望めば、糟屋郡新宮に大友氏の筑前守護代が置かれた立花山や弘法大師修行の地で知られる若杉山、また、大内氏の筑前守護代が置かれた岳《たけ》の山（高鳥居《たかとりい》または岳城山ともいう）、南には夜須郡の丘陵が拡がり、秋月氏の居城があった古処山《こしょさん》などが見渡せる。

そして、この宝満、岩屋城のあった御笠郡が、古来大宰府と北面の外港博多津を擁して、四王寺の山塊に抱かれるような格好で筑前十五郡の軍略的中心として位置づけられていたことが頷《うなず》ける。

眼下に目を向けると、かつて「遠《とお》の都」と謳われ、数世紀にわたって九国二島の総督府として行政の中心地であった太宰府の街が拡がり、菅公ゆかりの太宰府天満宮がある。

さらに、竈門神社、観世音寺、戒壇院、般若寺、原山無量寺などのかつての筑紫の名刹《めいさつ》が大宰府鎮護の一大法域を形成していた。この岩屋城のあった大野山も近くの基肄城《きいじょう》と同じく、天智天皇四（六六五）年、百済の亡命貴族億礼福留《おくらいふくる》らの指導による百済式山城の大野城が築かれ、八世紀には四天王像を祀る四天王寺（四王院）が開かれた所である。その故か後代になって四王寺山の名称で呼ばれるようになった。当時、外敵に備えて大宰府防衛のため、天智三（六六四）年、水城に堰堤《えんてい》が築かれ、各地から徴集された防人《さきもり》たちは御笠軍団の名で呼ばれたという。また八世紀には、吉備真備《きびのまきび》らによって怡土城が築かれている。

時は移り、やがて戦国末期、この御笠郡の地で九州制覇を目ざす島津氏と、それを阻止せんとする豊臣秀吉麾下《きか》の大友氏との間に激烈な死闘が展開された。まず、本篇の主要人物で、大友氏最後の宝満、岩屋城主であった高橋紹運《じょううん》（「しょううん」ともいう）とその背景について述べよう。

紹運の家系、吉弘氏

高橋紹運は天文十七（一五四八）年、豊後《ぶんご》東国東《ひがしくにさき》郡都《と》甲荘《こうそう》（大分県豊後高田市）長岩屋《ながいわや》の筧《かけい》城主であった

吉弘氏の菩提寺、金宗院跡（大分県豊後高田市）

吉弘鑑理《あきまさ》の二男として生まれた。

初めの名を吉弘弥七郎といい、のち、主膳兵衛《しゅぜんびょうえ》（主膳正）鎮理《しげまさ》と称し、筑前の名家である高橋家を継いで宝満、岩屋の両城主となり、高橋家の通字である「種」の一字をとって鎮種《しげたね》と改めた。後年、剃髪して紹運と号するようになる。吉弘氏は大友一族であり、大友三老の一人として重きをなした。

その出自は、初代大友能直《よしなお》の子、泰弘《やすひろ》に始まり、代々豊後国東郡一帯を領し、屋山に居城を築いて北九州への守りとした。

『豊後遺事』によれば「吉弘氏の先は勝光公能直の子、田原蔵人泰弘《たわらくらんどやすひろ》に出づ、泰弘の孫を直貞という。その次子正堅《まさかた》、国東郡吉弘村に封せられ初めて吉弘と改む」とあり、『豊後国志』に「吉弘正堅、田原直貞の第二子也。又三郎と称す。武蔵郷吉弘に居る、故に氏と為す」とある。鎌倉時代、源頼朝の命により豊後府内に下った大友能直が近隣の土豪を平定して次第に勢力を伸ばし領国を拡げていったが、その子、田原泰弘はこの地の地頭であった大神《おおが》氏より出た宇佐党の都甲《とこう》氏を次第に圧して国東郡に勢力を張り、出自を同じくする吉弘氏とともに大友代々の重鎮として勢威を振うようになった。

この吉弘氏は勇猛な家系で、秀れた武将が相次いで輩出している。

即ち、「後村上天皇興国四年癸未《みずのとひつじ》年四月七日、吉弘正堅肥後菊池城に迫り二十一、二十四日先登して城戸《きど》際《ぎわ》に攻寄すとあり、また、田原直貞子、又三郎正堅（吉弘氏）、一色範氏《いっしきのりうじ》の将、黒沢余三入道の兵を率い筑後川を渡りて三瀬の南朝軍の城を焼く、同八日、上妻郡溝口禅院城を攻めて陥《おとしい》る。黒沢先懸《さきがけ》として其城を焼くに当りて負傷す。この時吉弘正堅肥後に向い菊池軍と合戦、十五日一色範氏に従い竹井城の菊池武重の軍に向い、同二十九日軍忠を抽《ぬき》んで七月二日之を陥る」（『入江文書』）とある。

下って天文三年四月六日、大群《おおむれ》山麓勢場ケ原《せいばがはら》（大分県山香町）で、九州経略を目ざす大内方の陶《すえ》、杉の連合軍と戦い、十九歳を一期として壮烈な戦死を遂げた吉弘氏直や、天正六年九月二十七日、日向高城において島津軍と壮絶な戦闘の末に散った吉弘賀兵衛《かへえ》鎮信《しげのぶ》（紹運の兄）、また文禄二年の朝鮮出兵の時、李如松の大軍を碧蹄館《へきていかん》に破って大功を立て、秀吉をして剛勇鎮西一の武将と絶讃せしめた紹運の子、立花宗茂、さらに下って慶長五年九月十三日、豊後石垣原の戦で黒田方の勇士十三人を討ち取り、ついに戦死した宗茂の従兄吉弘賀兵衛統幸《むねゆき》らがいる。吉弘家は、かように赫々《かくかく》たる武勲の家柄であった。

天文年間の主な出来事

紹運の生まれた天文年間（十七年に生まれている）は、応仁の乱後、戦国の中で最も重要な年代でもあった。今ここに天文年間（一五三二―五五年）の主な年表を見てみよう。

天文元年　八月、周防大内義隆の豊後来攻を迎え大友、少弐同盟を結ぶ。
同　年十一月十五日、陶興房が九州に出陣。
同　三年　九月十八日、大内勢が筑後大生寺城《だいしょうじ》を攻め落とす。
　十月、大内勢が肥前盛福寺を囲み、少弐冬尚遁《のが》る。
　十二月十四日、足利幕府より大友氏に大内氏との和睦勧告。
同　五年　九月、陶興房が多久城を攻めて少弐資元《すけもと》を滅す。
同十二年　八月、ポルトガル人数名が大隅種子島に来りて鉄砲を伝えた。
同十四年　少弐の部将肥前龍造寺《りゅうぞうじ》家兼《いえかね》（剛忠）は、大内方の陶や杉氏らに攻められたが、よく防いで譲らなかった。しかし少弐家臣馬場頼周《よりちか》の讒言《ざんげん》により正月、少弐冬尚に追われて筑後に奔《はし》り、蒲池《かまち》鑑盛《あきもり》の庇護で間もなく勢いを盛り返し、村中城（のちの佐嘉城）を襲撃してこれを奪回した。
同十五年　三月十日、家兼九十三歳で没し、その曾孫胤信《たねのぶ》、龍造寺家を継ぐ。のち隆信《たかのぶ》と改む。
同十六年　大内義隆が上京して九州探題職となる。
同十八年　八月十五日、宣教師フランシスコ・ザヴィエルが鹿児島に上陸、布教を開始する。
同十九年　二月、大友義鑑が継嗣問題に端を発し家臣津久見、田口のために殺さる。世にこれを「大友二階《にかい》崩《くず》れ」という。後を継いだ大友義鎮《よししげ》（宗麟《そうりん》）時に二十一歳。
五月、菊地義武（宗麟の叔父）が隈本で大友に叛く。義鎮は兵を肥後に進めて反大友方の諸城を抜く。
同二十年　九月、大内義隆が陶晴賢《すえはるかた》の反逆にあい長門大寧寺で自刃す。
十月、龍造寺隆信が老臣土橋栄益《どばしひでます》の反乱で筑後へ逃れ蒲池鑑盛を頼る。
同二十一年　三月、陶晴賢が大友晴英（宗麟の弟）を大内氏後継に迎え大内義長と名乗らせる。義鎮が菊池の本城隈府城を攻め取る。義武は島原高来へ逃れた。
同二十二年　十月、龍造寺隆信が佐嘉城を奪回し土橋栄益を討ち、旧領を回復する。
同二十三年　秋、毛利元就《もとなり》、北九州へ進攻のため大友方の門司城を小早川隆景の二万余騎で攻めさせ、これを奪う。
八月、大友義鎮が肥前守護に任ぜらる。
十一月、義鎮が菊池義武を直入郡木原に誘殺、南朝以来の名門菊池氏滅ぶ。
このように天文年間には各地で伝統の名家が滅び、新旧勢力の交替が目立った。
その頃、薩南の島津氏はまだ薩摩、大隅、日向の三州統一を果たしていなかったので、当時九州での勢力分野は大内、大友の二大勢力と、それに斜陽の少弐氏がわずかに肥前方面の諸豪の支援でこれに加わり、三家鼎立の状態であった。

そのような中で、天文十九年二月の大友継嗣問題に端を発した家臣の乱逆で大友二十代義鑑が殺され、この血の臭いの中で、五郎義鎮（のちの宗麟）が二十一代を相続したことと、中国の雄、大内義隆が家臣の陶晴賢の反逆にあって、同二十年九月一日、長門の大寧寺で波乱の一生を閉じたのと、さらに南朝以来の名門、肥後の菊池氏が同二十一年三月、その居城隈府城を宗麟に攻め取られてついに滅亡したことなどは、この年代における大きな出来事であった。

一方、肥前にあっては大内と結んだ龍造寺氏が少弐氏打倒を旗印にようやく台頭してきて、少弐旧勢力との対決に寧日《ねいじつ》なき状態であったが、ついに永禄二年、少弐冬尚を勢福寺《せいふくじ》に攻めてこれを滅ぼし、鎌倉以来三百七十年間十六代に及んだ筑前の名家、少弐氏はここに絶えた。その後、龍造寺は大内没落後、永禄二年に大内の遺領をついだ毛利氏と攻守同盟を結んで、大友方を大いに悩ますようになった。

鉄砲の出現

しかし今述べた天文年間にあって最も特筆されることは、天文十二（一五四三）年八月、大隅種子島に漂着したポルトガル人が伝えた鉄砲であろう。

この鉄砲は、ムスケット銃といって一般では「種子島《たねがしま》」とか「鳥銃」とも呼ばれていた（これは銃座が鳥の喙《くちばし》に似ていたからであろう）。先込め式の火縄銃で、長さは二尺四寸（約七〇センチ）ほどである。種子島の領主、種子島時尭《ときたか》はこの新兵器を当時薩摩の守護職、島津貴久に献じた。

貴久はその頃、薩、隅、日の三州統一に明けくれていたが、この鉄砲をこれから六年後の天文十八年の加治《かじ》木《き》城攻撃の実戦に使用して、大いに効果をあげた。鉄砲伝来後、島津氏の実戦使用が比較的早い時期に行われたことが分かる。鉄砲の出現はそれまでの戦場における単騎白兵戦を火器使用の集団戦闘へと発展させ、さらにその後の改良進歩による殺傷力の飛躍的増大により、従来の戦術方法を一変させてしまった。

鉄砲の威力は人馬の殺傷もさることながら、その轟音でまず馬が驚いて隊列を乱したため、戦闘ができなくなってしまうことであった。

天正三（一五七五）年、長篠の戦いで、あの勇猛な甲州武田軍団も織田信長の鉄砲隊の前には、あえなく潰え去った。そして、その後を受けた豊臣秀吉の全国制覇において鉄砲の果たした役割は今さら言を俟《ま》たない。

当時中央にあって足利十三代将軍義輝《よしてる》の威令はとみに衰え、社稷《しゃしょく》を挽回するまでに至らず山名、細川の大乱以後、下克上の風潮はいよいよ過激を加え、各領国大名は自領を維持するため、より強大な実力者と結んでその庇護を受けつつ近隣の弱小領主を併呑《へいどん》していった。

大友氏のこと

ここで紹運の主君でありまた宗家である大友氏のことにふれておこう。

大友氏の出自は源頼朝の庶子能直《よしなお》に始まるといわれる。もちろん、姓は源氏である。幼名を一法師丸といい、幼年より頼朝の側近として勤仕した後、奥州、藤原泰衡《やすひら》討伐に勲功をたてた。頼朝の信任厚い中原親能《ちかよし》の養子となったが、外戚の姓を継いで大友左近将監《さこんしょうげん》能直と名乗り、建久七（一一九六）年、豊後の守護職に任じられ鎮西奉行となって府内（大分市）に下り、重臣高田重定を国東郡高田に置き、十二男の田原泰弘を豊前、豊後の要衝の地、国東郡田原に置いた。

そして、泰弘より三代経た正堅の時になって、吉弘氏を称するようになったといわれる。それより次第に近隣を圧して、南北朝以後、ほとんど国東一円は田原、吉弘の大友党の勢力下にあった。能直はのちに従五位上に叙され豊前守となり、入道して能蓮と号したが、貞応二（一二二三）年、五十三歳で京都で没した。

かように大友氏と吉弘氏とは同祖の一族であり、大友にとって吉弘氏は同紋（家紋が同じ）衆である。大友家は鎌倉以来二十二代、義統の代に至り豊臣秀吉から除封されるまで四百年間、豊後府内（大分市）を本拠に連綿と続いた九州の名家であった。故に大友家臣団の中で本家とは血縁関係にある戸次《べつき》（「へつぎ」ともいう）、吉弘、臼杵《うすき》、豊饒《ぶにょう》、田原、田北、志賀、一万田、清田、野津、立花らの同紋衆は六十二家に及び、「御紋衆」と呼ばれて勢威があり、杏葉《ぎょうよう》（翹葉《ぎょうよう》）の家紋を許されその家柄を誇った。とくに戦国末期において、戸次、吉弘氏は臼杵氏とともに大友三老として重きをなした。

その頃、大友義鎮（宗麟）が九州探題職を賜り天文、弘治、永禄へとかけて六州の大守として勢威を振ったが、この間にあって中国大内氏、さらに毛利氏との角逐は永祿十二年、毛利氏の九州撤兵まで続いた。もし、この毛利氏に山陰、尼子氏の侵入がなかったら、豊前、筑前、筑後、肥前の状勢はどうなっていたであろうか。執拗なまでに豊筑の領土に執念をかけた毛利元就のため、あるいは状勢が一変したかもしれない。

ともあれ、守護大名のうち肥後の菊池に筑前の少弐が衰退し、それに代わって少弐の被官から在地勢力を掌握して典型的な戦国大名へとのし上がった龍造寺が、守護大名の島津、大友と九州を三分するまでの勢いとなってきたのである。

筑前高橋氏

ところで、のちに吉弘鎮理（のちの高橋紹運）が継いだ筑前高橋氏の家系について少し述べておこう。

高橋氏の祖は、原田、秋月、三原、江上、田尻らと同じで大蔵春実《はるざね》といわれる。さらにその淵源《えんげん》を辿れば後漢の光武帝の苗孫《びょうそん》（遠い子孫）とあり、『秋月家譜』には、「高祖ノ後裔ヲ霊帝、霊帝ノ曾孫ヲ阿智王トイウ魏ノ乱ヲ避ケ本朝ニ帰化ス」とあるので、漢朝の血脈を伝える帰化人であったことが分かる。阿智王《あち》は帰化して朝廷に仕え大蔵姓を賜ったが、この大蔵氏と筑前との結びつきは、阿智王十四世の孫、大蔵春実の時からである。大蔵春実は天慶四（九四一）年、小野好古《よしふる》、源経基らとともに追討使として藤原純友《すみとも》の乱を平定した功で、朱雀《すざく》帝より対馬守に任ぜられ、封を筑前国に受けて御笠郡原田に居住し、原田を称した。春実は後に春種と号した。

原田家菩提寺の金龍寺の古文書によれば、春実に十人の男子がいてそれぞれ原田、秋月、三原、高橋、江上、小金丸、美気、原らの諸家を興したように記されている。また、「原田家嫡流系譜」には、春実の六人の男子の名が記されていて、それぞれ原田、秋月、波多江、江上、原、三原ら六家の祖としているが、高橋の名はない。『霊光史略』や『改正原田記』などは皆それぞれ異同があってにわかに断定しがたいものがある。

一方、『筑後国史（筑後将士軍談）』（矢野一貞著）所収の「高橋系図」付記の「筑後軍記略」には「筑前高祖城主大蔵泰種二男某始メ当国御原郡高橋ニ住ム」とあり、また同『筑後国史』所収の「原田氏系図」にも大蔵春実の子泰種、その子春門を記して、春門の項に「高橋祖、居二筑後三原郡高橋一因為レ氏」と付記している。因みに、『豊前太平記』（原田夢果史著）所収の「大蔵朝臣高橋氏系図」（関東烏山高橋系図）には左図のように記されている。

筑後・三原（御原とも書く）郡高橋（現在の小郡市下高橋付近）に住んだ大蔵氏は他の諸家と同様、その地名をとって氏となし、高橋姓を称するようになり、代々「種」の一字をもって家門の通字とした。

三原郡は、小郡原、山隈原、大保原の三原を総称したもので、現在の小郡市を中心にした一帯であり、南北朝の頃、菊池武光の奮戦の場所として有名な太刀洗（三井郡大刀洗町）が近い。

高橋氏はこの地を本拠として栄えたが、のち延元二（一三三七）年、足利尊氏について北朝方となって戦功をたてた高橋光種は、尊氏より九州の検断職《けんだんしき》（検察と裁判権をもつ）に補任され、下高橋（大刀洗町）に城を築いて居城とし、代々その職を踏襲したが、世の推移とともに戦国末期頃には大友氏の幕下となっていた。

高橋三河守鑑種

高橋光種から五代の子、三河守長種の代（天文の末頃）に至って嗣子がなく、長種の死去で鎌倉以来の名家

大蔵朝臣高橋氏系図（関東烏山高橋系図）

大蔵春実（藤原純友討伐　西征使主典）―三代略―種材（刀伊入寇討伐）―六代略―種直（太宰小弐　岩戸少郷）―六代略―

高橋光種（筑紫検断職）―五代略―
- 高種（足利将軍家堀越公方茶々丸指南後、後北条家より徳川家へ　関東烏山高橋家）
- 長種（三河守　筑紫検断職）―鑑種（大友重臣一万田家より入る。初め左衛門尉、宝満山城主、小倉城主、三河守宗仙）

鑑種の子
- 鎮種（大友重臣吉弘鑑理、立花宗茂父紹運と称す。岩屋城主）―立花　高橋氏（三池藩高橋）
- 元種（鑑種養子、秋月種実の弟　小倉城、香春城主、後に延岡城主）―二本松、薩摩各高橋氏
- 長宗（鑑種長子、大友家に質に入り後毛利氏に仕う）―岡山　高橋氏
- 元光（鑑種二男　毛利家に質となり後小倉小笠原氏に仕え外様番頭千石）―小倉　高橋氏

註、高橋氏の祖は大宰小弐原田種直の子となすもの、烏山、岡山及び三河、伊豆雲見高橋、各系図一致す。『改正原田記』においては大蔵春実の子種光の弟大蔵春門とあり。

も断絶しようとした。そこで旧臣たちが相談して、大友義鎮に請うてその一族を高橋家に迎え、由緒ある家名の存続を願った。義鎮はこれを憐れみ、一族の一万田《いちまだ》左京大夫親敦《ちかあつ》の次男左馬之助にその名跡を継がしめた。これが即ち高橋三河守鑑種《あきたね》である（紹運の養父としている書もある）。鑑種は幼少から義鎮の近衆として仕えたが、武勇に秀れ、戦陣に立つようになると、めきめきその勇猛ぶりを発揮して、永禄元（一五五八）年五月、大友氏に背いた肥後南関の城主小原鑑元《おばるあきもと》を討ったのを始めとし、数々の合戦で武勲をたて、義鎮の信任が極めて厚かった。

弘治三（一五五七）年、秋月文種が古処山城に拠って大友に反旗を翻したが、この時、鑑種は大友方の部将として活躍し、これを討伐した功により義鎮から筑前御笠郡を与えられたので、太宰府の宝満山に城を築き、ここを本城とし、四王寺山中腹の岩屋を支城とした。

永禄二年四月のことである。『歴代鎮西志』には「天文年表廿一年壬子《みずのえね》春正月」としている。義鎮もその式に臨んで鑑種を賞し、所在の二千余町を与え筑前十五郡の執権とした。

鑑種は感激して主家に忠誠を誓い、その後も大いに働いたのであるが、この鑑種がこれより八年後に大友に背いて反旗を翻し、毛利と結んで豊筑動乱の張本人となって主家の大友を苦しめることになるのである。

彼が謀反を起こした原因には、漁色家の義鎮が鑑種の兄、一万田鑑実《あきざね》の妻の美貌に目をつけてこれを奪い、その上、兄の鑑実を殺害したということに加え、もう一つある。永禄四年の門司合戦後、義鎮改め宗麟は鑑種に対して毛利を討つべく中国発向の準備を命じていたのであるが、鑑種もこの時は大役を仰せつかって武門の光栄と思い、毛利討伐への闘志を燃やして張り切り、密かに諸豪を語らって大友方に誘い、反毛利戦線を結成して着々とその実をあげていた。ところが府内より急に使者が来て、「中国発向はとり止め」という宗麟の命を伝えた。せっかくの苦心も水の泡となって面目を失い、以後鑑種が宗麟への不信を募らせていったといわれる。

毛利氏、豊前進出

一方、周防では、陶隆房（晴賢）が天文二十（一五五一）年九月一日、主人の大内義隆を敗死させた後、宗麟の弟晴英《はるひで》を大内家当主に迎え、同二十一年三月、大内義長と名乗らせ傀儡《かいらい》政権をつくって自分が陰からこれを操ったが、四年後の弘治元（一五五五）年十月、安芸の厳島《いつくしま》において毛利元就のために滅ぼされた。続いて弘治三年には大内義長も毛利のため長府に追われて自刃している。

元就はまた、北九州にも目を向けて、大内義隆の死後、豊筑の諸豪が動揺したので、大内の遺領を大友の手から奪回するため、まず天文二十三年十月、吉川元春《きつかわもとはる》、小早川隆景《こばやかわたかかげ》に兵二万を授け、大友方の将、怒留湯主水《ぬるゆもんど》が守る門司城を攻めてこれを奪い、仁保就定《におなりさだ》を城督にして北九州に拠点をつくった。

この報を聞いた大友義鎮（宗麟）は大いに驚いて直ちに麾下の戸次、田原、臼杵、斎藤、吉弘らの精鋭一万五千をもって攻めさせた。

十月十三日、巳の刻（午前十時）より、まず矢合せに始まり、両軍互いに激しく戦ったが、毛利軍が次第に押されて旗色が悪く、十五日になってついに総崩れとなり海を渡って山口へ撤退した。

秋月・筑紫の落城

門司合戦に敗退した毛利は、その後間諜《かんちょう》を放って北九州の情勢を探り、豊筑の諸豪を次第に味方につけて再び大友と雌雄を決しようとしていた。まず古処山の秋月文種（種方ともいう）、五ケ山の城主筑紫惟門《これかど》らに密かに使者を遣わして、「味方に力を戮《あわ》せられ候はゞ大友義鎮を討て後勧賞として豊前、筑前を両人に進じ置き候べし」（『陰徳太平記』）と言って味方になるよう誘った。

秋月、筑紫は大友の支配を喜ばず独立の機会を狙っていたので、毛利からこの誘いを受けると早速協議し、

「芸州、豊州勝敗の理を考ふるに元就は弱年より干戈《かんか》を枕にし金革《きんかく》を衽《しとね》にし霜辛雪苦して敵国を切取り已に芸、石、備後、備中、防、長、豊、筑を幕下に服せしめたれば合戦の鍛錬密察なるべし、義鎮は生れながらに数ケ国の主となってその上、年若ければ武事の工夫少し是を以て思へば成否論ぜずして分明なり」（『陰徳太平記』）として毛利と手を結ぶことになり、近辺の国人たちにも毛利に味方するよう働きかけ、大友方の諸城を攻めるための密議を凝らしたが、「壁に耳あり」というわけでこのことがいち早く豊後府内に伝わった。

激怒した義鎮（宗麟）は直ちに弘治三年六月下旬、二万余騎の兵をもって戸次鑑連《あきつら》を大手の大将とし、また、高橋三河守鑑種《あきたね》、臼杵鑑速《あきすみ》を搦手《からめて》の大将にして、そのほか吉弘、佐伯、志賀、田北、一万田、吉岡、朽網《くたみ》らの部将たちを秋月征伐に向かわせ、大友軍は甘木周辺に続々と集結した。

七月八日から始まった城攻めは苛烈な戦いとなり秋月も懸命に防戦したが、何しろ大友方は大軍であり、あとからあとから攻め寄せたので文種の嫡男晴種は討ち死にし、文種も次第に力尽きて、同月十二日、炎々と燃えさかる古処山城で自刃して果てた。『西国盛衰記』によれば、「城兵小野四郎右衛門、逆心を企て、主人秋月を殺して降参す」とあり、また、『九州諸将軍記』には、「秋月が長臣古野四郎右衛門兼ねて文種を恨む事あって、寄手に内通し、敵勢を城内に引入れける程に……」と記されて、最後は自害したことになっている。このように前後に異同はあるが、いずれにしても秋月落城の陰には、家臣の内応があったものと見られる。

落城寸前、文種は近臣大橋豊後守（『秋月家譜』には僧高韵《こういん》となっている）を側近く呼んで、三児の将来を託した。再び『西国盛衰記』の言葉をかりると、「此時大橋豊後守は、小野には似ず、忠臣の道を守り、文種の幼子三人を伴ひ、防州山口に落行きて、年月を送りけるが、其後再び九州に威を振はれし秋月長門守種実、高橋右近大夫種冬、長野三郎左衛門尉種信と云ひしは、此三人の子供なり」とあるように、大橋は主君文種の遺命を奉じて当時十四歳であった種実をはじめ、種冬、種信の三児を連れて亡命し、山口の毛利氏を頼ることになった。のちに、この秋月の遺児たちが成長して、仇敵大友を徹底的に苦しめることになるのである。特に種実は後に元就の長男毛利隆元と義兄弟の盟約をして、太刀一振を贈られている（『毛利家文書』）。それを考えれば、この時三児をとり逃したことは、大友にとって九仞《きゅうじん》の功を一簣《いっき》に虧《か》く結果となった。

このように秋月は大友によって潰滅的打撃を受け滅亡状態となった。『秋月家軍功日記』では、坂田和泉、桑原内膳、坂本次郎、恵利掃部《かもん》、吉瀬若狭らの名ある勇士をはじめ数百人の戦死者を出したことが記されている。

五ケ山（那珂川町）の筑紫惟門も秋月が討たれたので気を落とし、もはや大友の大軍に抗すべくもなく、自ら城に火を放ち、煙にまぎれて嫡子広門とともに脱出し、海路船で周防の毛利を頼って落ちのびた。

門司合戦

さて中国内乱の間隙《かんげき》をぬって大内氏よりの失地回復を目ざした大友義鎮（宗麟）は、永禄二（一五五九）年六月、足利幕府に莫大な経営料を献納し、その外交手腕にものを言わせて、豊前、筑前の両国守護職を得て、合計六カ国の守護となり、十一月、九州探題職をも手中に入れて、また大内氏の家督をも継承したので名実ともに九州の覇者となった。義鎮にとっては大内氏に代わって守護職を手に入れるためには少々の犠牲は何でもなかったのであろう。とくに筑前博多を手中に収めることは大友家の財源を約束し、たまらない魅力であった。だが、このまま黙って引き下がる毛利ではない。永禄元年には再び早鞆《はやとも》の瀬を渡った二万の毛利軍が門司城を奪回している。この後互いに攻防をくり返したが、大友軍は奪回することができず、苦汁を飲まされて、手を焼いた義鎮は外交に訴え、永禄三年、幕府の仲介で和睦条件を有利にしようと計ったが、満足すべき結果は得られなかった。

永禄四年八月に至り、義鎮は北九州より毛利勢力を一掃するため俄然攻勢に転じた。

この月下旬、秋風が立ちはじめる頃、大友一万五千の軍勢は続々と小倉表に集結した。「豊後勢来る」の報は、門司城を守る仁保就定より安芸吉田にいる毛利元就のもとへ急報された。元就は直ちに三男小早川隆景に命じて、水軍五百隻（約一万人）をもって門司救援に向かわせ、長男毛利隆元に八千の兵を授けて周防路を西下させた。

その後大友、毛利の両軍は大里、恒見などの門司郷を中心に数度の合戦をしたが、奪回を焦る大友方の総攻撃も、圧倒的水軍で機動力を誇る毛利軍に阻まれて決定的効果もなく、戦線は膠着《こうちゃく》状態となり長期戦の様相を帯びてきた。大友軍も国東半島沿岸の岐部《きべ》、櫛来《くしく》、竹田津、真玉、姫島らの浦部（衆）の水軍を有していたが、補給路が長く、しかも関門の制海権を毛利軍が握ってしまったので、海上よりの輸送、攻撃は不可能になり、戦況の不利を悟った豊後勢は十一月四日、夜陰にまぎれて一斉に門司、小倉方面から撤退を始めた。隆景はこの機を逃さず水陸両面から大友軍を追撃させ、小倉から足立山麓を迂回、曾根、神田（苅田）、築城《ついき》へと南へ退却を続ける大友軍の前に海上を先回りした毛利の水軍が待伏せしていた。まさに、「前門の虎、後門の狼」である。

腹背に敵を受けて大混乱を来した大友軍は、多くの損害を出し、せっかく手中に収めた香春《かわら》、松山の両城をも放棄して豊後へ引いていった。この時、前述の高橋紹運はまだ十四歳の少年であり、もちろん高橋家を相続する以前のことで、弥七郎鎮理といっていた時である。父の吉弘鑑理は門司城攻撃では大友軍の第四陣の指揮をとっていた。鑑理は大友三老の一人で、戸次鑑連（のちの立花道雪）とともに勇猛をもって知られた武将であるが、浮足立った味方の軍をどうすることもできず大友軍とともに府内へ撤退している。

だが、義鎮もこのまま黙って引き下がりはしない。実戦での不足は外交戦でと、常に中央権力を利用することに巧みな義鎮は、将軍家に働きかけるとともに、ここでまた考えついたのが山陰の尼子と結ぶ遠交近攻の策であった。毛利と敵対関係にある出雲の尼子と同盟を結び、毛利に対して南北からの挟撃作戦を展開したのである。

毛利の圧力に苦しむ尼子にとっては、これは願ってもないことであった。一方、毛利側にとって見れば、北九州で大友と対戦すれば本国を尼子に狙われることになり、出雲侵攻を開始しようとすれば、これまた大友に背後を衝かれる危険があり、形勢一変して難局に直面する。こうなっては毛利の北九州への進出も頓挫して、逆に窮地に追いこまれることになった。

大友・毛利の和平

永禄七（一五六四）年、足利将軍義輝は大友、毛利の両家に対して、和睦勧告のため、京都より久我通興《こがみちおき》と、聖護院門跡道澄《しょうごいんもんぜきみちすみ》の両人を遣わした。

尼子攻めの後顧《こうこ》の憂いを絶つために、同年七月、毛利はひとまず将軍の勧告を受け入れて大友との和睦に従った。この時、元就の九男秀包《ひでかね》に義鎮の娘を娶《めあわ》せて、両家の平和を保つことになったが、講和の条件は必ずしも毛利に有利ではなく、せっかく奪回した豊前の要衝松山城を大友へ明け渡すことになった。危機回避のためにはそれも已むを得なかったのである。

この頃から数年間は大友の絶頂期が続く。その頃、中央では天下の覇権を巡って激しい戦がくり広げられ、駿河の守護大名今川義元が、永禄三年五月二十九日、田楽狭間《でんがくはざま》で織田信長のために敗死し、翌四年九月には武田、上杉両軍が川中島で激突している。

永禄五年五月、義鎮は剃髪して宗麟《そうりん》と号した。この時、戸次鑑連も主君にならって入道となり、宗麟の一字を受けて、麟伯軒道雪《りんぱくけんどうせつ》と称するようになった。彼は智勇抜群で、主家一筋に尽くして、のちに大友家の魂とまで言われたが、幼年の頃、落雷にふれて足弱となり、歩行不自由であったという。

翌六年、宗麟は将軍義輝の相伴衆《しょうばんしゅう》となった。相伴衆とは、有力戦国大名のうち、将軍の最も信任厚い大名を在国のまま任じるもので、将軍家側近として武門にとっては名誉なことであった。

しかし、すでに幕府の威令は衰え、有力武家大名の庇護にすがって伝統権威の維持に汲々とし、その頃では単なる栄典授与の執行機関に過ぎない存在となっていた。それでも、地方の国人領主ほど、格式の肩書きを欲しがったのである。斜陽の幕府がなお命脈を保ち得たのは、これらの特権を失っていなかったからともいえる。宗麟にしても、なおこの栄誉を欲したのである。この宗麟を親任した将軍足利義輝は永禄八年五月十九日、三好氏の部将松永久秀に殺害されてしまった。

永禄五年の講和以後、大友、毛利両家は平和であったが、これで毛利が北九州への進出を断念してしまったわけではなく、むしろ執拗に北九州の地を狙っていたのである。

高橋鑑種の反乱

永禄九年七月、毛利元就は山陰の尼子を討って後顧の憂いを絶つと、再び北九州に触手を動かしはじめた。諜報活動を通じて国人たちの情勢を探り、筑前の宝満城督であった高橋鑑種が宗麟を憎んでいることを知ると、密かに使者を遣わして情を尽くして味方になるように勧めた。鑑種はこれに同心して、主家大友に対し、積年の恨みを雪《すす》ぐのはこの時とばかり、直ちに宝満、岩屋の両城に兵粮、武器を運びこんで合戦の準備にとりかかった。

また、弘治以来密かに海を渡って毛利氏に頼っていた秋月種実も、父文種の恨みを晴らすため鑑種に協力、打倒大友の密約を交わして復帰に立ち上がった。種実の帰城については、『秋月家譜』、『大坪文書』などの史料から見て永祿二―四年までの時期と推定される。彼は十七、八歳の逞しい青年武将となっていた。『秋月家譜』に、「毛利元就、兵三千ヲ出シテ之ヲ援《たす》ク」とあり、元就は種実に援助を惜しまず、軍用金八十貫も併せて提供したのである。

かくて、種実復帰の報は早くも秋月近郷に伝わり、旧臣たちは続々と駆けつけてきた。高橋鑑種は、種実の帰郷を手をとり合って歓び、この時父子の契りを結んだといわれる。また、筑紫惟門、広門父子も毛利の援助を得て筑前五ケ山に拠り、高橋、秋月らとともに大友への挑戦を開始した。

彼らの勢いは日に日に強大となり、それまで大友へ義理立てのため出兵して洞《ほら》が峠をきめこんでいた麻生、宗像、城井、長野、千寿、後藤寺らの豊筑の国人たちは「この際、毛利方につき高橋、秋月、筑紫に味方して所領安堵を願うのが得策」として、密かに大友陣営からの離脱を始めていた。この頃、すでに毛利よりこれら国人たちに対して、調略の手が伸びていたのである。

永禄十年六月、鑑種は宝満、岩屋の両城に兵を入れ、公然と大友へ反旗を翻した。この時、筑後の国人星野一閑は鑑種に協力して、自ら宝満城に来てその戦列に加わった。また、安楽寺天満宮の別当小鳥居《ことりい》信元《のぶもと》は、武装した僧、社官たちを引きつれて戦闘に参加し、宝満山に入城した。この時、宝満の山伏たちも自衛のため武装して戦列に入ったのである。当時の寺院や神社にとっては、かつての広大な神領が次第に有力諸豪に侵略されて、単なる小領主的司祭者となり、戦禍の中に武士化して自らの神領を守らざるを得なくなっていた。

大友宗麟は最初鑑種の謀反を信じなかったが、豊筑動乱の根源がどうやら最も信頼していた高橋鑑種であることが分かると、飼い犬に手を噛まれた思いで大いに怒り、直ちに出陣を命じ、豊後、肥後、筑後の兵二万を動員して、戸次伯耆守《ほうきのかみ》鑑連（道雪）、臼杵越中守鑑速、吉弘左近大夫鑑理、斎藤兵部少輔鎮実《しげざね》、吉岡三河入道宗歓《そうかん》らの諸将に筑前の叛将たちの討伐を命じた。

永禄十年七月七日、大友軍は杏葉の紋を打った旌旗《せいき》を靡《なび》かせながら太宰府に押し寄せた。鑑種は八千騎余りを率いて城外に出て戦ったが、何しろ兵力に勝る大友軍のためじりじり押されて後退し、ついに城に引き籠って戦うことになった。この時、臼杵鑑速の一隊は逃げる高橋勢を追って岩屋城に攻め入り、鑑種の片腕といわれた城将足立兵部少輔はじめ城兵二千のうち大半を討ち取った。一方、戸次、吉弘の軍は鑑種が籠る宝満城を攻撃し、斎藤鎮実もまた、豊後、筑後の兵八千余騎を率いて同七月十一日に筑紫広門の拠る五ケ山の城（那珂川町）を包囲した。

しかしこれらの諸城は意外に堅固で、大友軍は緒戦に岩屋を抜いただけで、宝満、五ケ山は鑑種、広門の頑強な抵抗に手こずっていた。秋月種実も古処山を中心に防備を固め、一族郎党や毛利の援兵三千人とともに、近国の浪人たちを召し抱えてその勢いを増しつつあった。『陰徳太平記』はこの様子を次のように記している。

「戸次、吉弘は宝満へ押寄せ、日夜六十日攻め動かしけれ共、地堅固にして兵又勇烈なれば、更に落つべき様もなく寄手の討たるるばかりなり」

また『九州軍記』は、「城内玉箭《ぎよくせん》に不足なく撃飛ばす鉄丸、射出す鏃箭《ぞくせん》少くも間断なければ寄手多く打殺され疵を蒙る者数知らず」と述べている。

いずれにしても、正攻法では寄せ手の死傷が増えるばかりで、さすがの勇将戸次鑑連も攻めあぐみ、味方の諸将と作戦の立て直しを計るほどであった。このように毛利氏を後ろ楯と頼む高橋、秋月、筑紫らの反大友側の強い抵抗で戦線は膠着状態となり、攻囲軍は山麓を遠巻きにしながら持久策をとった。へたにあせって速攻をかければ損害を増すばかりであった。

宝満山は峨々《がが》たる稜線をもち、山腹に深い谷をつくり、古来から豊前の英彦《ひこ》山や、求菩提《くぼて》山と並んで筑前における修験場として名高く、乳児《ちご》落としと言われる垂直の急崖や重畳たる奇岩、怪石が立ちはだかり、難険をもって知られていた。

『竈門《かまど》山記』によれば、宝満城はこの山頂にある上宮よりさらに谷を越えた仏頂山の上にあったといわれる。現在でもそこに行くには、人ひとりがやっと通れる急崖の石段を鎖を伝って行くか、尾根を伝って谷を越えるしかない。当時は石段などはなかったから、よほどの山岳訓練に馴れた者でないかぎり足が立ち竦《すく》んでしまうほどである。

この岩場を縫って本城に到達するまでには幾重にも隘路《あいろ》があり、それぞれに砦が置かれて、侵入者は城兵たちの絶好の標的となり、夥《おびただ》しい損害を覚悟しなければならない。

一方、筑紫広門が籠る五ケ山の城も九千部山塊の肥・筑国境にあり、山深く、岩石屹立して、狭隘な山道に入れば迷路となってたちまち山塞から攻撃される。まさに筑紫にとっては頼みの要害であった。

筑紫合戦

大友、筑紫の合戦は永禄七年、十年説と一定しないが、『小河文書』や『問註所文書』では永禄七年四月二日としており、『九州治乱記』、『西国盛衰記』、『筑後国史』、『九州軍記』などは同十年七月十一日としている。

永禄十年ならば惟門の九州脱出後十年で、彼は当時三十五、六歳であり、この広門は「武藤系図」によれば弘治二年生まれとあるから当時数え十二歳であり、初陣に出たとしてもおかしくないが、永禄七年とすればそれより三年前ということになるので年齢的に見ても頷けないものがある。なお、侍島《しとう》合戦と五ケ山合戦を年代的に別個の合戦のように扱っている書もある。

これは、やはり高橋鑑種に呼応しての連携合戦と考えられる。『九州治乱記』は「筑紫方は小勢なれば突立てられて西をさして引退く大友方勝に乗て広門精兵三千余人を従へて待居るとも知らず息をもつかず追行ところに一度にどっと起立鉄砲を放ち掛りて突きかかる豊後方は敵の術に乗り一支も支へず散々に打なされ二百余人討れたり」とあり、勢いに乗って深追いして行った斎藤鎮実の隊が、筑紫の伏兵のため銃撃されて散々に崩される様が記されている。筑後の『小河文書』や『問註所文書』も右と大体同じことを記している。

『日本戦史』によれば、我が国で本格的集団戦で鉄砲が初めて実戦に使われたのは天正三(一五七五)年、長篠の戦いとされているので、これはさらにその八年前ということになる。

なお、惟門については『続群書類従』の「武藤系図」筑紫惟門の項に「永禄十年筑前五箇山而不慮自害年三十七法名虎岑良竜居士」とあり、この年不慮の死を遂げたようになっているが、別の書には園部(基山町)の支城で病死したと記されている。

この合戦で大友方の筑後長巖《ながいわ》城主、問註所鑑豊《もんちゅうしょあきとよ》は手勢七百人を率いて出陣したが、筑紫勢に追い崩されて包囲され、侍島（現在の筑紫野市下見付近）で討ち死にした。その墓石には「永祿七年五月二日士島戦死」と記されている。ちなみに鑑豊の娘（仁志姫）は戸次鑑連（のち立花姓になる）と再婚して誾千代《ぎんちよ》を生んだ。このほか、筑後竹野郡代の小河鑑昌や、国人星野鑑康らの筑後衆も討ち死に、鎮実の兵も数多く討たれて死んだ。

無念やる方ない斎藤鎮実は、この雪辱をしようとして猛烈に攻め立てたが、どうしても落城させることができず、いったん園部まで退いて陣容の立て直しを計った。

この時宗麟は、さらに筑後、肥前の国人たちに出兵を促して鎮実の応援に当たらせようとしたが、これらの諸士は虎視眈々《こしたんたん》と狙う肥前の龍造寺隆信を恐れて容易に動くことができなかった。龍造寺はすでに毛利に通じていたのである。

その後、筑紫もよく守ったので五ケ山の城はなかなか落ちなかったが、永祿十年七月二十七日に至り筑紫の方から和議を申入れてきた。前述の「武藤系図」では永祿十年に惟門は不慮の自害をしているので、この時すでに生存していなかったのではなかろうか。それとも和議の条件として自害したのか、自害の理由は何であったのだろうか等々の疑問が浮かぶのであるが、それを示す史料がないので真相を解明することができない。園部の専念寺には惟門の墓碑がある。

鎮実は敗戦の恨みを忘れ去ることができず、何としても筑紫を討ち果たさずにはおかぬと意気込んだが、筑紫より再三の申入れでさしもの鎮実もついに折れてこれを許した。

『九州軍記』は、「鎮実やがて筑紫栄門《てるかど》を証人に出させ、その外大田、馬場、波多以下の人質をとって和議をととのへ、其身は太宰府の陣に加はりける」とし、筑紫と和議ののち宝満攻めの軍に加わったように記している。

鎮実の妹は吉弘弥七郎鎮理（のちの高橋紹運）の室となった宋雲尼であり、その下の妹はのちに皮肉にも鎮実を苦しめた筑紫惟門の子、広門の妻となるのである。紹運二十歳の時であった。

その後、秋月の勢いが強大となったので鑑連は各将と協議のすえ、太宰府に吉岡、斎藤の兵一万余を残し、戸次、臼杵、吉弘の三将は二万余騎を率いて、甘水、長谷山方面に進出、秋月討伐に向かった。『九州軍記』は「永禄十年八月十四日巳の刻より軍始りて甘水、長谷山にて一日の中に七度の鎗合せありしに戸次鑑連七度ながら太刀打ちしてよき武者多く討取たり」と述べている。甘水、長谷山は、甘木より小石原川に沿って約五キロほど上流の下秋月の付近である。各史書に歩行困難であったと記される鑑連だが、この時、彼は歩行が自由であったことが分かる。輿に乗った記事はどこにも見えない。七度も太刀打して奮戦しているが、歩行困難ではとてもできないことである。歩行に支障を来すようになったのは後年になってからのことであろう。

大友軍は翌十五日に秋月の里城を攻め破ったので、種実はついに古処の天険へ引き籠って背水の陣をしいた。戸次軍は嘉麻《かま》、穂波一帯の人家を焼き払い、後備えとして休松《やすみまつ》（朝倉市）に陣を取り、吉弘、臼杵両軍は、古処西南約四キロの観音岳、道場山の小石原川を挟む南北の線上に陣を置いて、古処を遠巻きに挟む態勢をとったのである。秋月から毛利へ救援を乞う使者が、次々に立った。また、宝満の高橋鑑種も毛利の許へ急使を送った。

この頃、中国より毛利の大軍が、宝満の高橋、古処山の秋月救援のため押し寄せてくるという噂が流れ、それまで心ならずも大友に従っていた豊前の城井《きい》、長野、後藤寺、筑前の原田、宗像、許斐《このみ》、麻生、杉らの諸氏はかねてから毛利に通じていたので、めいめい勝手な口実をつくり、兵をまとめて帰国してしまった。

中でも赤間山城（蔦ケ岳《つたがたけ》）の宗像氏貞は、毛利に一味し、高橋、秋月に協力して永禄十年九月に、一族の許斐左馬大夫氏備《うじまさ》とともに立花城を攻めんとして、城将怒留湯融泉《ぬるゆゆうせん》と団の原（福津市西郷）、和白方面で戦ったが、敗れて居城に退いている。

この頃になると、さすがの大友も次々に起こる反将たちの討伐に追い回され、その鎮圧に手を焼いて、各国人たちへの統制にも弛《ゆる》みが生じはじめたのである。しかし大友方にも勇将、智将といわれた武将がいなかったわけではない。否、むしろ大友家の遺産と言っていいほどの優秀な家臣団に恵まれていた。

戸次鑑連《あきつら》、臼杵鑑速《あきすみ》、吉弘鑑理《あきまさ》、吉岡宗歓《そうかん》、斎藤鎮実《しげざね》、佐伯惟教《これのり》、清田鑑忠《あきただ》、朽網《くたみ》鑑安《あきやす》、田北鑑重《あきしげ》、志賀道《どう》輝《き》、一万田鑑実《あきざね》らの多くの人材がいた。この宿老中の筆頭が戸次鑑連（立花道雪）であった。一方、吉弘（弥七郎）鎮理、後の高橋紹運は、立花道雪とともに斜陽を辿る大友家を支えて縦横無尽の活躍をするのだが、永禄十年頃の紹運はまだ二十歳そこそこの青年であり、彼の武将としての真価が発揮されるのは後年になってである。一方、道雪は数多くの戦場を往来して、この頃すでに初老に達し、紹運より三十四歳も年長であった。この親子ほども年齢差のある二人が、のちに筑前でコンビを組んで、豊筑の野を疾駆し、衰退の大友家を支えるようになるのであるが、その前に戸次鑑連のことにふれておきたい。

部下の信頼を得た鑑連

戸次氏の祖は、大友初代能直の子、親秀の次男重秀といわれ、豊後大野川沿岸の戸次《へつぎ》庄を本貫として発生した大友一族で、代々藤北鎧岳《よろいだけ》（豊後大野市）の城主であった。

鑑連の生年を史書は永正十（一五一三）年三月十七日としている。幼名を八幡丸といい、長じて丹後守、紀伊守、伯耆守と称し、のち剃髪して麟伯軒と号した。元亀元（一五七〇）年、立花家を継いで立花道雪の異名で知られるようになる。

その戦歴は大永六（一五二六）年、十四歳の時、主家大友義鑑の命で病父親家《ちかいえ》に代わって豊前馬ケ岳に初陣、叛将佐野親基《ちかもと》、寒田重安を降し、天文二十三年には小早川隆景と門司に戦って勝ち、弘治三年、秋月文種（種実の父）を古処山下に攻め滅ぼし、永禄五年、豊前香春岳に拠る千寿《せんじゅ》宗元を降すという武勲赫々たるもので、大友諸将の中で方面軍司令官ともいうべき重要な地位にあった。

彼は資性端直で用兵の術に秀れ、常に兵を労《いたわ》り愛した。戦場ではいつも自ら最前線に立って戦うので、いかなる臆病の兵でも気力を奮ってこの勇将に続いた。『日本人名辞書』に「鑑連幼にして雷に撃れ足を傷つけて行歩に艱あり、戦に臨む毎に手輿《こし》に駕し二尺七寸の大刀と小銃を左右に携《たずさ》う。壮士百余人大刀を帯びてこれに従う」とあり、『筑後国史』、『陰徳太平記』、『岩屋物語』、『常山紀談』にもこれに似たことが記されている。即ち「道雪公年弱在藤北　夏月架凉柵大樹下而眠雷雨俄震抽刀軒之　傷足行歩不便常乗兜轎」とあり、若い時雷に遭い、刀を抜いてこれに切りつけたという。感電の危険があるのに常人では考えられない彼の豪胆さを象徴しての付会ともとれるが、これに近い出来事があったと思われる。これが原因で後年、歩行が不自由になったといわれる。そのため戦場では屈強の壮士に輿を担わせ、苦戦と見れば掛声勇ましく味方の陣中をすり抜けて、脇目もふらず一直線に敵陣目がけて突き進んだ。「エイトウ〳〵」の掛声が聞こえはじめると、「それっ、戸次音頭が始まったぞ、者共遅れずに続け」とばかり、味方の将兵はその後から一丸となって続く。屈強な壮士たちが担いで風をきって突っ走る輿の上に泰然と胡座《あぐら》をかき、二尺七寸（約八二センチ）の太刀と、小銃をしっかと傍に置いて、眼光炯々《けいけい》と敵陣を睨《にら》むこの偉丈夫《いじょうふ》の前に、それまで優勢であった敵陣もついには突き崩されてしまうのである。このような猛将に率いられて弱卒はいつしか強兵となり、戸次軍団の名は敵に畏怖され、大友軍の中でも最強の精鋭と謳われた。

道雪はよく人に、「武士に弱い者はない。もし弱い者がいたら、それはその者が悪いのではない。大将が働かないからである。我が家臣たちは下々に至るまで功名せぬ者はない。他家に臆病な武士がいたなら、当家に仕えてみよ。もっと勇士にしてみせる」と語った。また、武功のない者には、「人には運、不運がある。そちが弱くないことは自分がよく知っている。明日にも合戦の時には、そそのかされて命を無駄にして討ち死にするなよ。死んだら却って不忠となる。身を全うしてこの鑑連に仕えてくれ」と言って、酒肴などを振舞い、当時流行の武具などを与えて優しく慰めたという。武功をたてた者があれば、「あれ見よ、鑑連が見たところに違わず天晴れなものだ」と賞讃した。また、若い家臣が宴会などの席上で粗相《そそう》でもすると、客の前などへ招き寄せて、「彼はかかることには拙くても、戦場では火華《ひばな》を散らして戦います。殊に槍はこの人の得意でござる」と、自ら槍をとった真似をして誉めたという。まことに部下の心を収攬《しゅうらん》したこの主人のため、家臣たちは感涙して、命を惜しまず働いたのである。

休松の合戦

さて宗麟は、毛利軍が筑前へ押し寄せんとする報を聞いて大いに驚き、筑前在陣の諸将に筑後川の線まで後退して、合戦の用意をするように命じた。戸次鑑連は宗麟の命に従い、諸将と謀ってひとまず陣を引くことになった。戸次軍は赤司村（久留米市北野町）、臼杵軍は八丁島（久留米市宮ノ陣町）、吉弘軍が吹上村（小郡市）へと千年川（筑後川）の線まで引揚げようとしたが、これを察知した秋月種実はこの機会を逃さず永禄十年九月三日、戸次の本陣休松を強襲した。休松は下座郡柿原村（朝倉市）にあって一名安見《やすみ》、茄子町とも呼ばれ、古処との間は約二里ほどである。

戦は巳の刻（午前十時）より始まったが、秋月家の興亡をこの一戦にかけた種実は、一万二千の軍勢をもって乾坤一擲《けんこんいってき》の戦を挑んだ。一方、物見の報告でいち早く邀撃《ようげき》態勢をとった戸次鑑連は、直ちに三千余騎を従えて吉光へ移動した。その布陣は先鋒に由布美作《ゆふみまさか》、小野和泉《おのいずみ》の五百騎、中軍として戸次右近大夫鎮連《しげつら》（鑑連の猶子《ゆうし》）の六百余騎、後軍に主将戸次鑑連の五百騎、殿軍《しんがり》（最後尾の軍）に堀安芸守、内田壱岐守の六百余騎で、そのほか遊撃として伏兵を要所に配り、虚旗も夥しく立てて吹き流した。

「鑑連勢を左右に分け、三方より寄合せ、馬の鼻を虎頭に揃へて駆け立つれば秋月勢多くは歩立にて此の猛勇に突き崩され元の陣へぞ引にける」（『九州軍記』）というように、戸次の騎馬隊は容赦なく秋月の先鋒、内田善兵衛、秋月治部《じぶ》の隊を蹴散らした。続いて中軍綾部駿河守の五千余騎も突き崩されて退いた。緒戦で旗色が悪かった秋月は、再び陣容を立て直したが、この時、秋月治部は二千余騎を率いて猛然と鑑連の本陣休松に突入した。手薄になった本陣を衝かれ大友方は苦戦になったが、そこは名うての鑑連のことで、物ともせず士卒を励まし奮戦した。

戦場は人馬入り乱れての混戦になり、濛々と土煙りが立ちこめる中を、法螺貝《ほらがい》が鳴り、馬具や武具の触れ合う音、烈しい銃声に驚き嘶《いなな》いて走り出す馬など、怒号と喚声の坩堝《るつぼ》と化した。そして、どこからともなく屍臭が漂い、打ち棄てられた骸《むくろ》は散乱して横たわった。戸次勢の中でも豪勇の十時右近惟忠《ととき うこんこれただ》は秋月兵を打ち投げ突き上げ、阿修羅の如く奮戦したが、刀が折れ、敵に囲まれて遂に討ち死にした。十時の勇猛ぶりを伝えてその後、人投原《ひとなげはら》という地名が起こったといわれる。

この戦闘では秋月方の損害が激しかったものの、両軍とも決定的な勝敗に至らず、種実は今一度と心を逸《はや》らせたが、この時翩翻《へんぽん》と翻る夥しい虚旗を見て、敵の援軍が来たものと思いこみ、昼間の合戦で疲れた労兵をもって新手の大友勢と戦うことの不利を悟り、ついに思い止まって秋月へ引揚げた。結局は戸次軍に翻弄《ほんろう》されたような結果に終わった。

種実は、昼間の合戦で勝敗のつかぬまま引揚げてきた口惜しさから、何としても今一度決戦を挑もうとして、鬱勃《うっぼつ》と闘志をみなぎらせていた。折しも夜に入り風雨となったので、これぞ天佑とばかり、この悪天候を利用して敵陣へ夜襲を敢行した。目ざすは臼杵、吉弘の荘山の陣である。

ところで荘山とはどこのことであろうか。その地名を調べてみたが、どこにも見当たらない。古処山を越えた嘉麻郷の瀬河内在に同名の地があるが、大友軍の秋月進攻経路などから考えて、これは距離が遠すぎ、夜襲は不可能と思われる。荘山という地名にこだわらずに、広く庄（荘）内の山というふうに解釈すれば、地理的にも長谷山、甘水の線が推定される。

ともあれこの夜襲は意外な戦果を収めた。昼間、戸次軍と戦って疲労困憊《こんぱい》している秋月軍が、その夜再びこの風雨の中を襲ってくるなどとても考えられず、ある程度油断していたことは想像される。しかし、さすがに鑑連は用心して防備を固めていた。『九州軍記』は「鑑連昼の戦に打勝ちて猶も怠る心なく、士卒を集め言けるは、『種実今日の負戦さこそ無念に思ふらめ、折しも今夜は雨風の頻なれば、若し夜襲せん事もあるべきぞ、用心緊《きびし》くすべし』とて鎧をも脱がず、鞍をもおろさず、諸卒皆鉄砲に切火縄して待ち居たり」と、鑑連が少しも油断せず、大篝火《かがりび》を焚かせて夜襲に備えていた様子が記されている。

一方、荘山にある臼杵、吉弘の陣は種実の夜襲を受けて大混乱を来し、総崩れとなって嘉麻郷へ逃げこむ兵たちや、甘水、長谷山を経て楢原、熊江に退く者らもあり、主力の大部分は戸次の陣へなだれこんできた。この時、敵の来襲と間違えて、あちこちで同士討ちの醜態を演じた。

「鑑連是を見て、いかに夜半なれはとて、敵味方をしらぬ事やある」(『筑前国続風土記』)と怒って味方の者たちに同士討ちを止めさせ、敗走してくる友軍を扶《たす》けるとともに、追撃してきた秋月勢に対し、「自身も鎗をとって突き払ひ、勝をほこりたる秋月勢を山際までまくり立て追帰し、敵兵数多討取り荘山の敗卒を心安く引取らせ、それより備をととのへて人次原へ引ければ夜はほのほの明けにける」(『九州軍記』)というように、自ら鎗をとって戦うほどの激戦であったが、味方を援護して徹宵《てっしょう》奮戦し、翌払暁《ふつぎょう》、秋月勢を撃退することができた。しかし鑑連の方も手勢五十余人を失った。なお、人投原と人次原は同一場所と考えられ、小石原川に添った長谷山、甘水の近辺だったと推測される。

これより前、秋月方でも休松の城を守っていた坂田越後が鑑連に攻められて自刃したが、大友軍のためかなりの損害を出したことと思われる。

『筑前国続風土記』や『秋月家軍功日記』、『筑前軍記略』、『陰徳太平記』などでは、秋月方が大いに大友軍を打ち破ったように書かれている。秋月方では、戸次中務少輔鑑方《あきかた》、同兵部少輔鎮方《しげかた》、同刑部少輔親繁《ちかしげ》、同治部大輔親宗《ちかむね》（以上いずれも鑑連の舎弟）、吉弘帯刀《たてわき》、十時惟定、綿貫勘解由《わたぬきかげゆ》、内野五郎兵衛、由布五兵衛ほか名ある勇士雑兵まで入れて、大友方四百二十余人を討ち取ったとしている。

永禄十（一五六七）年九月八日、休松の戦後、宗麟が戸次鑑連（道雪）へ宛てた書状に、「追而申候今度之合戦に別而被尽粉骨舎弟中務少輔同兵部少輔刑部少輔隼人佐右京亮其外家中之仁等戦死之由承候鑑連御朧気令推察候……」と討ち死にした鑑連の舎弟五人の名をあげている。また、後文には、「……さて〳〵秋月振舞之事、無念中々不レ及レ申候、宗麟鬱憤之儀、猶以不レ浅候、何様可レ遂二本望一事、不レ可レ有二別儀一候……」とあり、宗麟はこの時のことがよほどくやしかったのであろう、秋月征伐の本望をとげるように命じている。なお、三奈木村（朝倉市）の横大道にこの合戦における戦死者の首塚があったという。

秋月勢は筑後を指して一斉《いっせい》に退く大友軍を甘木上高場付近まで追尾し、敵の部将、利光《としみつ》兵庫助、橋本玄蕃允らを討ち取った。

ところで鑑連は、この後、甘木西方約六キロの山隈（大刀洗町）まで後退して陣をしいたが、この時の軍功に対して宗麟は、山隈に在陣中の鑑連に「打物壱腰《うちものひとこし》」を贈って酬いている。のち立花城督となった戸次鑑連は天正三年、立花城を娘誾千代に譲ったが、この譲状の中に、この時拝領の名刀一振がその来歴とともに記されている。

一、打物壱腰左文字大酉作
右永禄十年丁卯九月三日筑前於秋月休松遂合戦親族寄揆被官数十人令戦死又歴々分捕高名為
御感於山隈令拝領仍号重代同御口能之御賀書並軍忠状袖御判有之事

種実はその後、弥永、下淵、麻氏良《マテラ》の各所に砦を構え、大友の進攻に備えた。

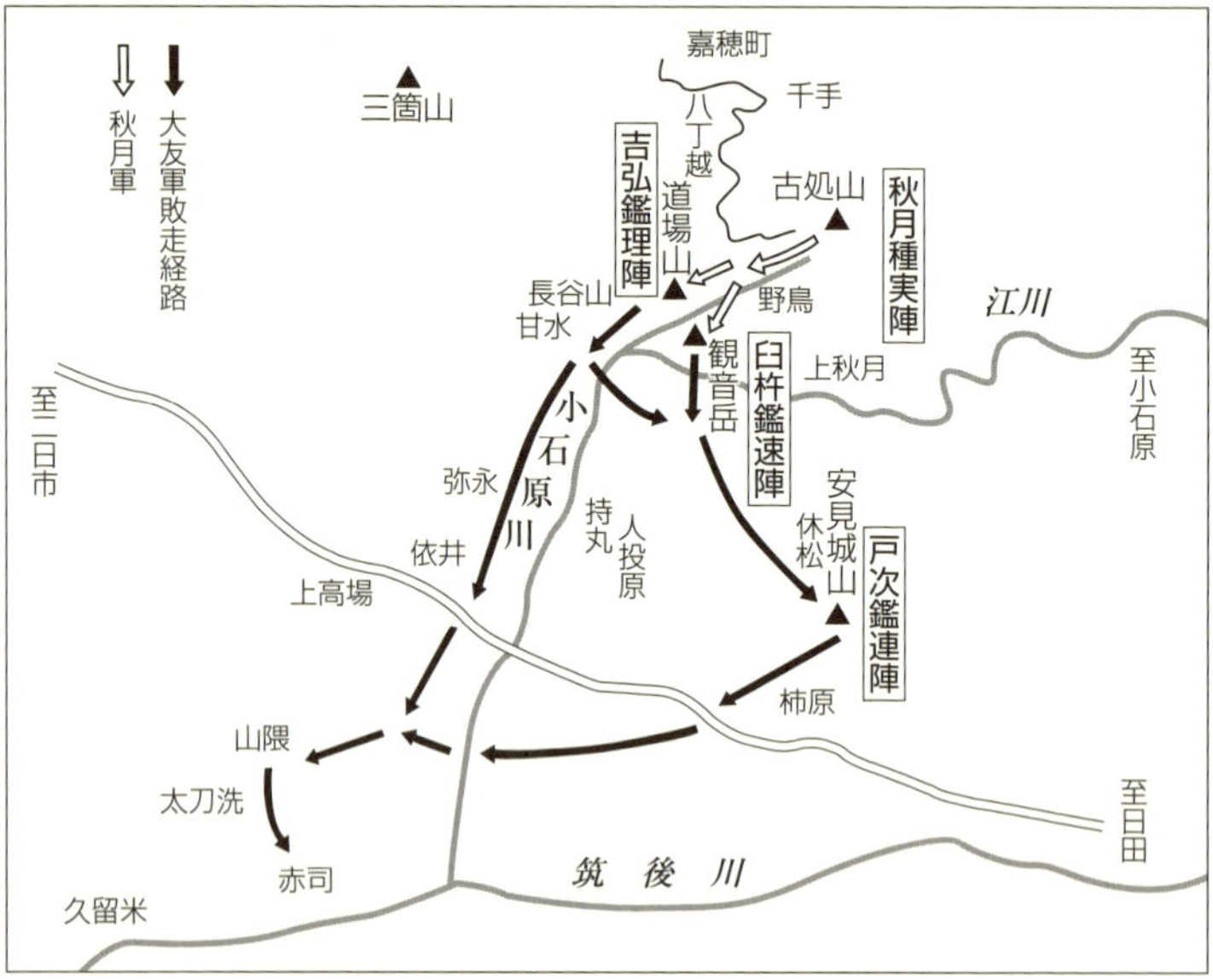

休松合戦（永禄10年９月３日）略図

余談ではあるが、軍記物や史書を読む時、同一の合戦と思われるものでも各書の日付、場所、人名まで違い、甚だしいものになると、討ち死にしたはずの人物が数年後の合戦に堂々と出陣していたりするが、これなどはまさに笑止のほかはない。

例えば戦国期に関係のある郷土の軍記、史書を例にあげるならば、その記述の内容も『九州治乱記』、『九州軍記』などは大友氏を中心にした九州諸豪の合戦記であり、『北肥戦誌』、『肥陽軍記』などは肥前を中心にして九州の事件を書き記し、『陰徳太平記』は中国、四国、九州の治乱興亡を述べ、『日向纂記』は伊東氏の系譜、家歴を中心に、日向における大友、島津、土持らの諸合戦を記し、『薩藩旧伝集』、『島津国史』は島津氏を主柱にその事蹟を伝え、その他『黒田家譜』、『大友興廃記』、『秋月家軍功日記』、『宗像軍記』、『改正原田記』、『高橋紹運記』、『戸次軍談』などは名前のごとくそれぞれの氏族の家記、戦記録であるが、これ以外の各国史があり、さらにこれら大名たちの文書や、家臣の記録になる日記、覚書、家譜などもあって多様である。それ故に各書に相違があることも否めない。

いずれにしてもこれらの書の編著者が、その原典の出所、採録の如何によって内容に差異が出てくる。結局、各史書の記述が一致するものに信憑《しんぴょう》性があるということになる。そこでこれらをチェックして、文書類の裏付けと、さらに現地の地形、形状などを調べ、また、口碑伝承なども参考にしてその正確を期さねばならない。

ともあれ、永禄十年九月三日の休松の合戦では大友方の損害が多く、秋月は大いに凱歌を挙げた。積年の恨みを雪《すす》ぐため、この一戦にかけた秋月の凄まじいばかりの闘志が、大友軍を圧したといってもよい。

筑後へ引揚げた豊後の諸将はそのまま兵を動かすこともなく越年した。これを契機に秋月の勢いは日増しに強勢となり、傘下に集ってくる国人の数も次第に増えた。

原田の動静

一方、糸島方面でも高祖城の原田隆種（了栄）が毛利氏に通じて立ち上がり、郡内の大友幕下の諸城を攻めはじめた。

永禄十年九月十日（休松戦の七日後）、波多江《はたえ》、岩隈、鬼木、石井ら八百の軍勢で怡土《いと》長石村（糸島市二丈長石）の宝珠岳城に拠る大友家臣西左近鎮兼を攻め落としたので、深江、吉井などの郡士たちも恐れて原田の幕下についた。それより大友の志摩地方の政所《まんどころ》である柑子《こうし》岳の臼杵鎮賡《しげつぐ》（新介、鑑速の弟）に対して激しい攻撃をかけるようになる。志摩郷における大友方の由比、泊、小金丸、元岡、古庄、馬場、松隈らの郡士は、それぞれの村の小城に立て籠って原田方の来襲に備えた。

のち永禄十一年四月、立花鑑載《あきとし》の反乱討伐のため、宗麟の陣触れが出たので、臼杵新介もこれに従って出陣したが、この留守に原田了栄は柑子岳に攻め寄せて城を乗っ取ってしまう。新介はこの知らせを聞くと、直ちに引返して原田勢を追い出し、これを奪回した。

立花城の戦い

この頃、宝満山に立て籠る高橋鑑種は依然として大友軍に包囲されたままの状態であったが、ひたすら毛利の援軍に望みをかけて城兵の士気も盛んであった。秋月種実も宝満救援の機会を狙ったが、戸次、吉弘、臼杵の大友軍が背後に控えているので兵を出すことができなかった。

前述のように永禄十一年四月（一説には八年）、大友一族でかねてから宗麟の暴政を憎んでいた立花鑑載は、密かに毛利に通じて、秋月、高橋と同盟を結んで立上がり、立花山上に反旗を翻した。

鑑載の謀反を知った怒留湯融泉及び国士薦野《こもの》宗鎮《むねしげ》、米多比《ねたび》（「ねたみ」ともいう）大学は、これを豊後の館へ知らせようとしたが、その気配を察した鑑載は、舞楽の宴にこと寄せて両名を誘い出し、立花本城の井楼岳《せいろう》で討ち果たしてしまった。この余勢をもって峰続きの白岳（西城）を攻め、城将怒留湯融泉を追い落として気勢をあげ、反大友の諸氏に檄《げき》を飛ばして同志を糾合した。融泉は筑後へ走り、筑後在陣中の大友三将（戸次、吉弘、臼杵）へ急を告げる。

同年四月六日、清水左近将監を将とする毛利軍は、関門の海を渡り立花援助のため糟屋郡に到着した。怡土の原田親種（了栄の五男）も手兵を率いて来り、また、高橋鑑種の将、衛藤尾張守も一隊を率いてこれに合し、総勢一万余となり、これらの軍勢は立花山の東西の城を中心に布陣した。しかし収容面積の狭い山城にとてもこれだけの軍勢の籠城は不可能で、山中の各所に兵力を分散させ、周辺の村落にも防御陣を布いて大友軍に備えた。

一方、この知らせを受けた大友宗麟は、「憎っくき鑑載め」と、立花討伐のため戸次、臼杵、吉弘の三将に兵三万余を授けて筑前立花へ急行させた。この立花城を失うと、筑前東部における大友の戦略的拠点が崩れて、博多は敵の手中に落ちることになる。

博多は大内、少弐・大友の分領時代があり、最強の大内氏滅亡後は大友氏が支配者となったが、これを狙う大内の遺臣毛利や肥前の龍造寺らとたびたび戦い、そのたびに戦火を浴びて焦土と化した。

毛利の筑前撤退と大友の博多支配

貿易港博多

大内義隆は博多を領治していた頃、天文十（一五四一）年と同十六年の二回にわたって遣明使節を送っているが、その使節であった策彦和尚《さくげんおしょう》の『策彦和尚入明記』の中に当時の概況が記されている。それによれば輸入品の主なものは、銅銭（主に洪武《こうぶ》、永楽）、器物、文具、砂糖、錦糸、布類、典籍などであった。また、対明貿易の主な輸出品は第一に刀剣で、以下銅、硫黄、蒔絵《まきえ》、屏風、扇、漆器などであった。当時、筑前国内で良質の砂鉄がとれ、鍛刀《たんとう》が盛んで、刀剣は博多の重要産業であった。天文八年には太刀だけでも二万本以上も積出されて巨利を博した。

当時の博多商人は、堺商人と対抗する勢力があり、幕府、大名らに請負で貿易船を廻航させていたほどである。玄界灘の波濤を蹴って遠く中国大陸に渡り、当時の支配者、明国との貿易は、その立地条件からして博多津を有数の貿易港とならしめた。明人との交流も盛んで、彼らの中にはそのまま博多に住みついた者もいて、東部の箱崎には「大唐街」といわれる居留明人の街さえできた。

大内時代は、貿易振興の立場からこれら在留明人を手厚く保護して貿易面に利用した。大内氏はまた、対明貿易による船載品に「抽分銭《ちゆうぶんせん》」と称する輸入税をかけたので、これからあがる収入だけでも莫大なものがあった。大内氏が幕府に巨額な献金ができたのも、つまりはこのような利益があったからである。幕府はその代償として、勘合符以来、貿易に対する特権を与えていたのである。

博多商人たちは、大内氏に多額の税金を払ってもなお貿易の利潤は多大なものがあった。彼らはまた、朝鮮や琉球へも船を廻し、中継貿易による収入も得ていたのである。

博多の豪商、島井宗室が記した『島井宗室日記』の永禄十一（一五六八）年の項に、「二月上旬永寿丸で朝鮮に渡海、同月下旬釜山浦着、三月中旬京畿道に行き、オランカイ（兀良哈、満州間島地方）から諸品を買取り五月四日博多帰着、六月五日永寿丸で大坂表へ船積して七月二十三日帰着、商売利益あって気味よく覚えた。船頭、水夫にも褒美として銀子を与えた」とある。

このように出船入船で博多津は賑わい、大内氏の本拠山口とともに、大陸及び南方文化を吸収して目覚ましい発展をとげ、当時全国における重要な港の一つであった。それ故、博多を手中に収めることは、とりもなおさず富を約束されることであり、この垂涎《すいぜん》の貿易都市博多を巡って九州、山口の諸豪は激しく争ってきた。そして、そのつど博多の町は戦禍を蒙り荒廃したが、博多商人をはじめ博多町人の心意気は、そのたびに焦土の中から復興へと不死鳥のように甦ったのである。

立花城陥つ

博多周辺の地勢を眺めると、東南部の香椎、糟屋、篠栗、宇美方面にかけて、東に立花、若杉、砥石《といし》、三郡、宝満などの山容が聳え、篠栗方面の河川が合流し多々良《たたら》川となる。また、宝満に源を発する御笠川は旧御笠郡の太宰府、水城を北上して比恵、石堂を過ぎて博多湾に注ぐ。また、那珂郡の奥、肥筑国境の脊振山地から流れ落ちる水は那珂川となって五ケ山、不入道、山田、清水、春吉などの町を過ぎ、博多湾に入る。さらにその西には、脊振山地から幾筋もの水を集めて内野、入部など旧早良郡内を北上して室見川となり、愛宕山下から博多湾に流入している。

これらの川は幾度となく戦場となり、流血で染まったが、中でも香椎と箱崎の間を流れる多々良川は広闊《こうかつ》な箱崎浜を控えて、古来から大軍の布陣に適し、ここから博多の市街は目前にあって、渡河した軍勢はなだれのごとき勢いで侵入してくる。また、川の東岸にある名島、香椎浜も立花山を中心に広大な海岸線が和白、新宮方面へと延びて、大軍の布陣も可能である。

現在では国道三号が走り、沿線に多くの団地が建ち並んでいるが、建武三（北朝年号延元元＝一三三六）年、足利、菊池の合戦以来たびたび雌雄を決する激戦場となり、川を挟んでの攻防は常に熾烈を極めた。そのため多々良川の防衛線立花山の争奪は、筑前博多の死命を制するものといってよかった。

永禄十一年四月二十四日より大友軍は立花山を囲んで激しく攻め立てた。立花方も城将立花鑑載《あきとし》はじめ城兵一同よく防いで攻防三カ月にわたった。

『浅川聞書』の同十一年七月四日、立花山崖下の戦の項に、「味方より先登りの道、敵よりは大方下坂程の地形にて御先勢《おさきぜい》皆突崩《つきくず》され、出雲（高野）、摂津（十時）、手を負《お》い申候、之を御覧遊ばされ急にお懸《かか》りになさるに日頃道雪様をば敵方もよく見知り申たる儀に候故敵大勢にて取籠《とりこ》め候処、右近（十時）、和泉（小野）、宗円（安達）比類なく相働き、三人共大小の疵十カ所より内なるは之なく候、足下に御前にて二十八人切伏せ申候、玄鉄（内田）が人数も引色に罷成《まかりなり》候処御跡備へより戸次刑部同治部其外大勢駆《かけ》付け敵を払い申候、此時程大切なる火急の鎗《やり》大殿様度々の御鎗にて終に之なき由に候、鎗の最中に敵一人脇に廻り下り拳に三間計り置き候て矢をつがい道雪様をねらい申候間内田（玄恕の兄）馳迫《はせせま》り其矢を受け即死仕候」と記している。このように一時は道雪（鑑連《あきつら》のこと）も危ういほどの激戦であった。

だが鑑連の調略で、鑑載の重臣、野田右衛門大夫が裏切り、戸次軍を城中に引き入れたため、要害を誇った立花城も呆気《あっけ》なく落城、鑑載は従者十余人と新宮方面へ向かって敗走した。これを発見した野田右衛門大夫は直ちに鑑連に知らせたので、戸次勢はこれを急追して鑑載一行を松原に追い詰めた。進退窮まった鑑載は、もはや逃げられぬことを知り、憤怒の形相凄まじく、「野田右衛門ばらに裏切られたことの口惜しさ」と大音声に叫び、腹十文字に掻き切った。また、十余人の従者たちもことごとく腹を切り、これに殉じた。この中に一人の舎人《とねり》（貴人に随従する牛車の牛飼い、馬の口取りなどの称）がいたという。

鑑載の首は宗麟《そうりん》へ贈るため田原太郎次郎という者が豊後へ持ち帰った。その墓は香椎の東南、青柳村孤崎の小高い丘にあったが、おそらく身体をここに埋めたものであろう。その後、立花社に移されたが、現在は古賀市川原の三柱《みはしら》神社に合祀されている。

原田、衛藤、清水は辛くも脱出して中国へ渡り、再起を図った。大友方は立花城に津留原掃部助《つるはらかもんのすけ》、臼杵進士《うすきしし》兵衛《べえ》、田北民部丞《たきたみんぶのじょう》を置いて守らせ、戸次道雪は野田（海岸に近い新宮町上府《かみのふ》小田に比定される）に、臼杵鑑速《あきすみ》は小竹《おだけ》（古賀市）に、吉弘鑑理《あきまさ》は青柳（古賀市）にそれぞれ在陣して、高橋鑑種に味方する付近の土豪を討伐した。

同年六月二十九日、この役《えき》の吉弘鑑理の軍忠に対して宗麟より、戸次、臼杵両将を通じ、その賞として、「筑前那珂郡の内平地四十丁、同郡の内比恵三十丁残らず吉弘の所領たらしむ」（『吉弘文書』）と坪付を沙汰している。

同年八月に入って敗戦の将、原田、衛藤らは立花城の奪回を謀り、再び来援した毛利の将、清水左近将監《しょうげん》と牒合《しめしあわ》して五千余騎の兵を集め、再び立花城下に押し寄せてきた。戸次、臼杵、吉弘の精鋭は三方からこれを取り囲み激しい戦闘を展開した。吉弘の陣中には当然弥七郎鎮理《しげまさ》（のちの高橋紹運《じょううん》）もいて、父鑑理の将として指揮をとっていたのである。

大友方では一陣、二陣、三陣と、六陣まで新手を入れ替えて攻めかかるので、寄せ手の方は次第に疲れてついに敗れ、衛藤尾張守は箱崎付近で討ち死に、原田も馬を射られて動けなくなり、冑《かぶと》を打ち落とされてあわや討ち死に寸前のところ、家臣に救われて危難を脱し、命からがら高祖城へ逃れた。

この時、生の松原まで追跡してきた戸次勢は、高祖から救援に駆けつけてきた原田親秀《ちかひで》の軍三千と遭遇、戸次方も三十余人が戦死、原田方は親種《ちかたね》の一子小次郎秀種（十二歳）をはじめ、大田、池園、笠、上原らの名ある勇士が討ち死にした。時に永禄十一年八月二日であった。清水左近将監はかろうじて新宮の浜より舟で長門へ落ちのびた。

秋月種実の降伏

立花合戦は大友の勝利に帰してひとまずこの方面の戦闘は終わり、臼杵、吉弘軍は陣替えして太宰府の吉岡、田原軍に合流し、宝満山麓の内山（有智山とも書く）城に入って、高橋鑑種と対陣した。また斎藤鎮実《しげざね》の別手はこれより先、秋月方の夜須郡下淵、弥永の砦《とりで》を昼夜の別なく攻めたて、戸次鑑連（道雪）は立花合戦の余勢をかって諸軍に令し、一気に秋月討滅のための陣容を整えた。

「戸次の大軍押寄せる」との物見の知らせで、秋月城下の人心は兢々《きょうきょう》として落ちつかなかった。勇将鑑連の疾風のような進撃の情報は種実《たねざね》の耳にも入っていたが、どうしたわけかこの時の彼の態度に決戦を躊躇《ちゅうちょ》するものがあった。それは前年、休松で鑑連と戦った時の手強さを知っていたからか、あるいは立花鑑載救援の毛利軍が敗れたことで戦意を沮喪《そそう》したからか、いずれにしても種実は、「強敵重て寄来らばとても叶ぬ事也」（『九州治乱記』）とすでに防戦を諦《あきら》めて、「秋月の押へに置れける臼杵式部少輔が許へ和議の扱ひを懇ろ《ねんご》に頼み遣はせり」（『九州軍記』）というように、和議を申込み、さらに妻の実家の舅にあたる大友家の重臣、田原親宏《ちかひろ》に泣きついて、宗麟へ停戦をとりなしてもらった。

ここで種実についていくつかの疑問が浮かぶ。先年つまり永禄十年九月の休松戦であれほど勇敢な夜襲を決行した人とは思われない別人の感がするのである。種実の胸中に次のような変化があったと見られる。それは

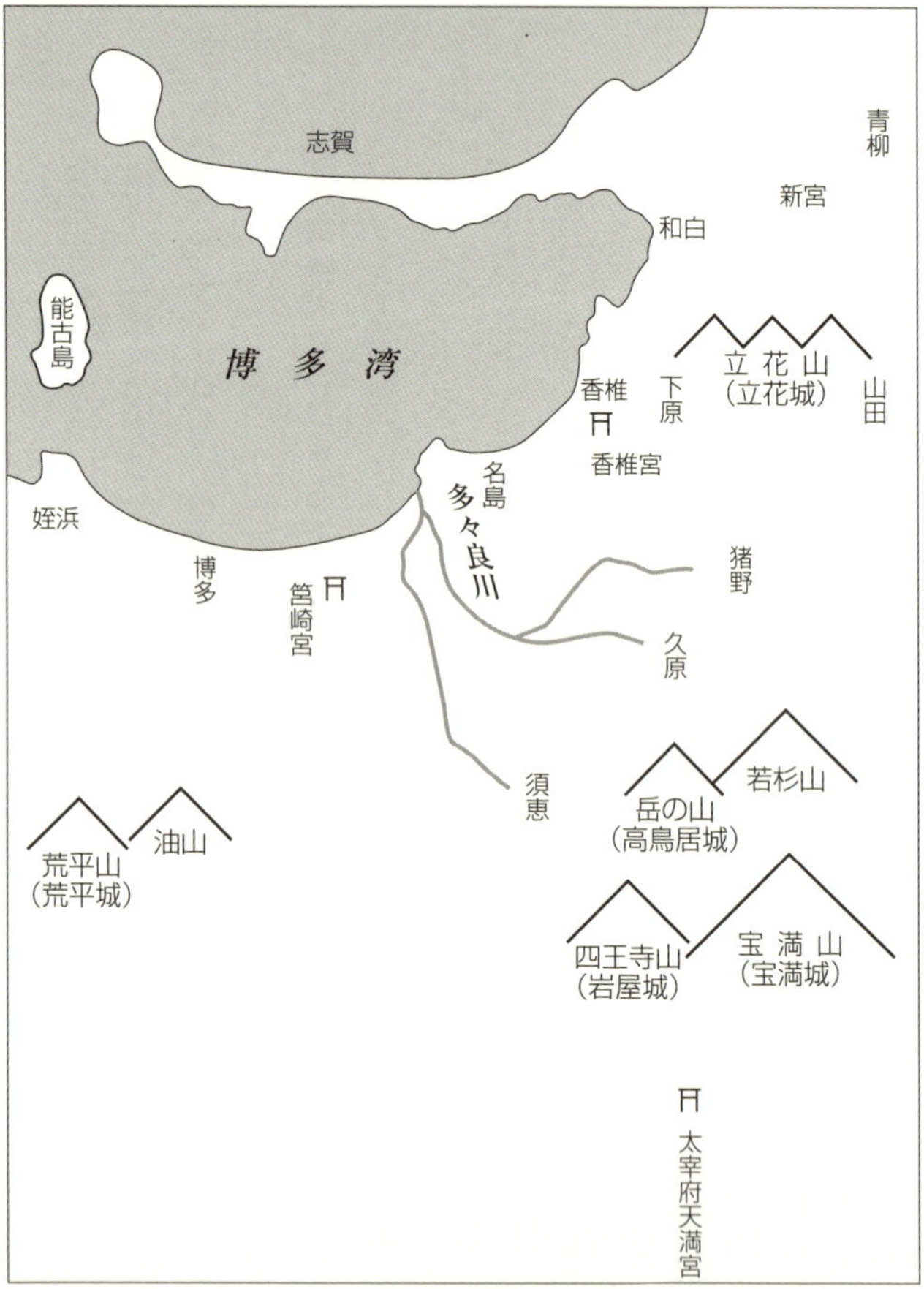

多々良川周辺略図

休松戦で受けた自軍の損害が意外に大きかったことと、何といっても毛利、立花連合軍の敗戦による同志鑑載の死、毛利援軍に対する絶望感、さらには高橋鑑種の宝満籠城の孤立化など、前途暗澹たる不利な状況にあったから降伏への道を選んだものと考えられる。

永禄十一年八月、ともかく秋月種実は降伏したのである。宗麟の重臣、田原親宏（宗亀）の嘆願もあって彼は一命を助けられ、その和議の条件についても、

一、亡父文種の旧領に復すること。

一、子息一人を人質に差出すこと。

など極めて寛大なものであった。

秋月の降伏に続いて、城井、長野、千手、麻生、宗像らの国人も大友に降った。

種実が降伏したので、戸次、斎藤らの大友軍はこの方面最後の拠点である宝満城を攻め落とすため、臼杵、吉弘、吉岡、田原の諸軍に合流して山麓を十重二十重《とえはたえ》に囲んだ。

高橋鑑種は今や完全に大友軍の重囲の中に孤立して命運まさに尽きようとしていた。思えば永禄十年六月よ

り一年以上も宝満城を堅持したが、もはや毛利の救援がないかぎり落城は目前に迫っていた。ところでその籠城期間についてであるが、毛利の本格的来援は翌十二年四月であり、それまでの籠城とすれば一年十カ月に及ぶわけであるが、さらに毛利撤退後に開城したとなれば、その期間は実に二年四カ月となる。

ここでまた疑問がある。いくら宝満の要害でも、わずかな小勢で数万の大軍を支えて二年以上も籠城ができるだろうか。これを示す記録がないので、毛利の来援の時期と、秋月降伏の時期の前後の記録を比較検討して推定するほかはない。毛利軍の到着前、すでに大友方に降っていたのではないかという説も成り立つ。

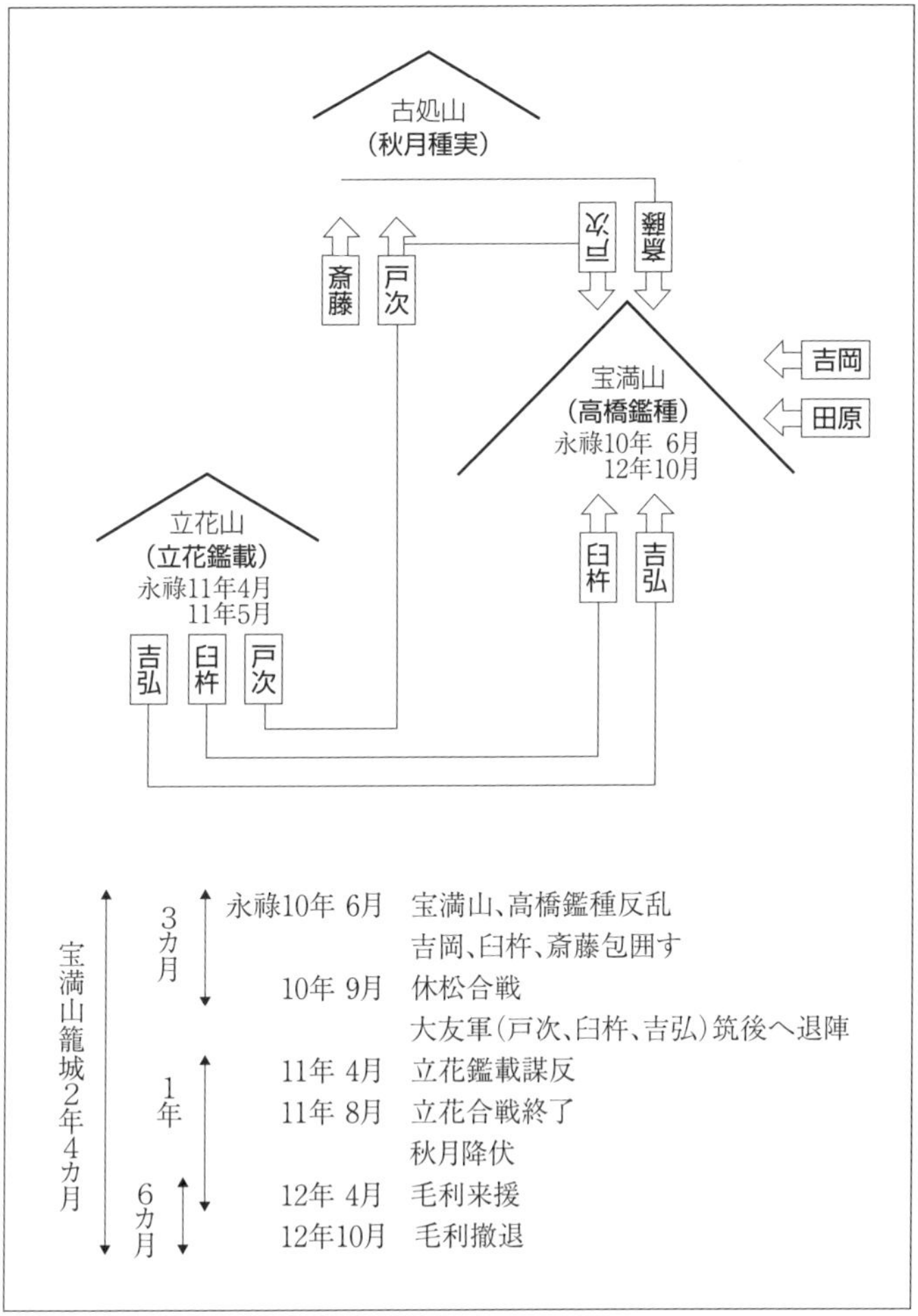

宝満・古処城攻防略図

なぜなら旧福岡藩士で歴史家の江島茂逸氏の「紹運年表」は秋月降伏を永禄十一年八月十九日とし、宝満城も同時に落ちたことになっている。秋月の郷土史家三浦末雄氏の『物語秋月史』もこのように記している。これは毛利来攻の八カ月前のことで、もしそうなら前述のごとく秋月攻めに廻った戸次、斎藤らの大友支軍も踵《きびす》を返して再び宝満攻撃に加わるので、全軍の集結で数万の大軍となり、これだけの大友の軍勢を向こうに廻してさらに八カ月の籠城ができたのであろうか。

毛利撤退後に鑑種が降伏したように記述されているものに、『歴代鎮西要略』、『筑前軍記略』、『豊府紀聞』、『陰徳太平記』、『九州治乱記』などがあり、これらの記事にしたがえば二年半の籠城説も成り立つのであるが、確たる資料がないので、どうもこの点がはっきりせず隔靴《かっか》搔痒《そうよう》の感を免れない。ただ、この期間中には攻めあぐんだ大友軍との小康状態もあり、いつも戦闘があるわけではなく、両軍対峙したままで推移した期間もあるので、その間合戦の休養をとるとか、武器の手入や砦の補強、あるいは兵粮確保に当たるなどして、毛利の援軍到着までの日時をかせいでいたものと思われる。また、次に起こる翌十二年一月の宗麟の肥前出兵で、戸次、臼杵、吉弘らの主力部隊は佐賀へ移動するので、この間、宝満の攻囲軍は吉岡、斎藤両軍の一部だけとなり、鑑種もこの重圧から解放されたことであろう。

大友氏の肥前出兵

永禄十二年正月十一日、大友宗麟は肥前の龍造寺隆信《りゅうぞうじたかのぶ》がかねてから筑前の秋月、高橋らと結び、中国の毛利に通じて肥前国内の大友方を攻めたので、これを討つため戸次、臼杵、吉弘三将の率いる討伐軍を先陣として豊後を発《た》ち、日田を経て筑後へ入り、二月十六日、高良山吉見岳《こうらさんよしみだけ》に本陣を置いた（『北肥戦誌』）。ここで各国の軍勢の到着を待ったが、この時動員された軍勢は豊前、豊後、肥前、肥後、筑前、筑後、日向の七カ国に上り、その数およそ五万といわれる大軍であった。高良山の座主良寛《りょうかん》も一山の僧兵を率いて参陣した。

同年三月、一部の兵をもって生葉郡妙見城に拠って大友に反抗する星野鎮忠を攻めたが、よく守って容易に落城しなかったので、田尻、江上らの筑後衆をこれに当たらせることにし、一方太宰府より転身して肥前領内に進んだ大友軍の先陣戸次、吉弘、臼杵ら三万の軍勢は神埼郡に火を放ち、神埼北方の仁比山勢福寺城に江上武種《たけたね》を攻めてこれを降した。この時、名刹仁比山《にいやま》不動院とその三十六坊はことごとく焼失してしまった。

この武種は先年隆信と戦って和睦の時、隆信の二男を養子に迎え江上又四郎家種と名乗らせ、大友より離反したが、その報復を受けることは必至と見て、隆信に、「大友軍が攻めてきた時は必ず真先に攻撃されるので、どうかその時は、城南の日の隈より狼煙《のろし》を上げるので直ちに救援に駆けつけてもらいたい」とかねてから合図の約束をとり交していた。そこで、大友軍の来攻に当たって手筈通り狼煙を上げて龍造寺に急を知らせたが、隆信の方では佐嘉（佐賀の古名）城を守るのに汲々としていて手が廻らず、ついに江上の方には一兵の救援も送らなかった。このため武種は大いに立腹して、とうとう大友方に降ってしまったのである。

このほか、山内《さんない》の神代《くましろ》長良をはじめ、東肥前の馬場鑑周《あきちか》、八戸《やえ》宗暘《むねてる》、横岳鎮恒、犬塚尚重、小田鎮光、姉川惟安《これやす》、高木胤秀《たねひで》らの諸氏はこの時大友方に降った。

宗麟は高良山より東肥前芦塚の領主堤備後守を佐賀へ遣わして隆信に講和を勧めたが、隆信はあくまで抗戦の決意を示してこれを断わるとともに、急使をもって毛利氏に援軍を要請した。

大友宗麟像（京都市・大徳寺所蔵）

かくて大友軍の佐嘉城包囲の態勢は着々と進んで、戸次鑑連は佐賀の東方、阿禰《あね》（姉）村に、臼杵鑑速は塚原に、また、吉弘鑑理は川上を越えて水上山に陣を取った。降人となった城主たちも今度は佐嘉城攻撃のため大友軍の先鋒に立たされることになった。

当時佐嘉城には三千の将兵しかいなかったが、敵の大軍を前にして隆信はじめ城兵の士気すこぶる盛んなるものがあった。

一方、毛利軍は永禄十二年三月（一説では十一年十一月）

初め、石見、長門、安芸、周防の兵四万をもって関門の海を渡り、門司城を奪い、豊前小倉に着陣すると、それより企救《きく》郡三岳《みつだけ》城に籠る長野筑後守及び城代長野兵部大輔を攻めた。長野はもともと毛利一味の者であったが、大友側についたため毛利から攻められるところとなり、毛利両川《りょうせん》（吉川、小早川のこと）の猛攻で、五百七十余級の首を奪られてついに落城した。毛利勢は直ちにそれより太宰府宝満城の高橋鑑種の救援と、大友方の拠点立花城を攻めるため、同年四月初め吉川、小早川の三万余の軍勢が筑前博多に向かって進撃する。総帥元就《もとなり》は長府の本陣にいて総指揮に当たっていた。

一方、佐賀では龍造寺隆信がよく守り、百武《ひやくたけ》志摩守、鍋島信昌《のぶまさ》（のち信生、直茂）らの奮戦で大友軍も容易にこれを抜くことができなかった。

永禄十二年四月六日、隆信は城北の多布施《たぶせ》口《ぐち》に打って出て激戦となり、大友方に局地的な損害を与えたが、何しろ十数倍もの大軍のため、しだいに押されて引き下がり、再び城中に籠って防戦することになった。隆信は、そのまま敵の大軍が攻め寄せてきたら城を枕に討ち死にする悲壮な覚悟を決めていたが、どうしたことか当然押し寄せてくるものと思っていた大友軍が俄に陣を引いていく。

どうやら敵の陣中が動揺している様子である。後で分かったが、この時、大友の軍将吉弘鑑理が俄に発病したためであった。このことも龍造寺にとっては幸いとなり、一応の危機を脱した。

鑑理の病状はその後快方に向かったので、陣を長瀬に置いて佐嘉城と対峙した。

このような情況下に立花城を守る臼杵、田北、津留原の三将より、「毛利勢立花表に到着、城下を包囲した」という知らせが高良山にある大友の本陣に届いた。箱崎付近の住民たちも戦乱を恐れてすでに退避しはじめたという。こうなっては宗麟もやむを得ず、戸次、臼杵、吉弘の三将に一刻も早く龍造寺と和を結んで肥前より引揚げ、立花城を救援するよう命じた。ここでへたをすれば腹背に敵を受けることになり、せっかく大友に降った東肥前の国人たちもいつ寝返りするか分からない。情勢はまさに緊迫していた。宗麟が恐れたのは、龍造寺が毛利と手を組むことであった。

そこで三将協議のうえ、肥後の城《じょう》越前守親冬《ちかふゆ》をして和平交渉に当たらせることになった。隆信もここいらでいったん和議に応じて、来るべき日に備えたほうが得策と考えたのであろう。その和平条件を受け入れることになり、重臣秀島家周を人質として差出したので、大友軍は直ちに佐賀の陣を払って引き揚げた。

四月下旬、三将は高良山に帰陣すると戎衣《じゅうい》を解く暇もなく、再び諸軍を率いて筑前へ向かった。宗麟は戸次鑑連らの進言で同年六月一日に高良山を発って帰国した（『大友家文書録』）。しかし、この大事な時期になぜ宗麟は豊後へ帰国してしまったのであろうか。疑問に思うが、実は毛利元就に対する後述の巧妙な作戦を実施するためであったという。

大友軍の主将は戸次鑑連である。宗麟にとって立花城を失うことは、即ち大友の財源である博多を失うことを意味する。毛利を中核とする中国勢は今、その立花城奪回のため猛攻をもって攻めたてている。毛利にとっても豊前、筑前の要であるこの立花を押さえれば、博多は自然手中に入り、大内以来の遺領を一挙に回収することができるので、この作戦に全力を投入した。いよいよ九州の支配権を賭けて大友、毛利両雄の未曾有の大戦が始まるのである。

この時、毛利の外交僧、安国寺恵瓊《えけい》は博多の町衆に対して塀七十日分の工事を命じている（『萩藩閥閲録』）。このことは博多が当時、自由都市として相反する力関係の埒外にあって、大友氏にも、また毛利氏にも協力し得る自由な立場にあったことを物語っている。

宗麟は各国に出陣を命じ、九州五カ国の軍勢をこれに注いだ。時に宗麟四十歳。

豊後よりは新たに戸次玄珊《げんさん》、同宗傑《そうけつ》、佐伯宗天、田原親堅《ちかかた》、同親家、同親広、同親貫、朽網鑑安、田北鑑重、臼杵新介、清田鎮忠、毛利鎮実、吉弘統幸その他古沢、本城、波多野、矢部、志賀、竹田、田渋、大神、木付、一万田、小田原、野上、梅津、都甲、野原、小野、安心院《あじむ》、姫島、深津、奈須、野津らの諸将が加わり、それに豊前、筑後、肥後衆などを合わせておよそ四万の軍勢は五月五日、博多付近に集結した。

宝満城の高橋鑑種は毛利援軍の立花到着を歓び、これと連絡をとり、南北から大友軍を挟撃しようと図ったが、山麓は、吉岡、斎藤、志賀、田原の大友二万余の軍勢がぎっしり取り囲んで一人も逃がさじと柵を設けて待ち構えているので、出るに出られず、窮余のすえ譜代の臣一人に言い含めて中間《ちゅうげん》（下働きの従者）を装わせ、これにわざと傷を負わせて脱走兵に仕立て、敵陣に保護を求めるふりをして逃げ込ませたが、この狂言がまんまと成功して怪しまれず大友の陣中に入ることができ雑用に使われることになった。ところが二、三日経つと、この男の姿はいつのまにか消えていた。初めてそれと知って敵陣が騒ぐ頃には、彼は鑑種から預かった密書を懐にしのばせて、立花周辺の毛利陣中へ駆けこんでいた。鑑種はこの家臣に吉川、小早川の両将に宛てた密書を託していたのである。

両将はこれを披見すると、「敵の多勢充満《みちみち》て候へども、余は差置かれ、先づ博多表の敵と一戦を遂げられ候へ、鑑種も太宰府にて手合せ仕るべく候、もし箱崎、博多辺まで御旗先を見せられ候はゞ、太宰府の敵を追立てんこと掌の中に候」（『西国盛衰記』）と南北よりの共同作戦を進言してあった。

これを喜んだ毛利両川は時を移さず立花より博多松原に打って出て大友の先陣と戦ったが、局地的に毛利軍の善戦があったのみで推移した。

一方、立花城に孤立した津留原、臼杵、田北らの大友の城兵は、毛利勢の猛攻に耐えてよく守ったが、毛利軍は金銀坑の金掘り人夫を動員して山道を穿《うが》ち、水脈を絶ったので、城中は渇水に苦しんだ。城兵たちはそれを毛利側に気づかれないように、釣瓶《つるべ》の柱を高く拵《こしら》え、わざと敵から見える高い所へ出て米を研ぐふりをして、城内の外に湧水があるように思わせたりしていたが、数日雨が降らなければ水にありつけず、米は袋に入れて岩穴の湿気のある場所に置いておき、それを焙煎して食うというまことに悲壮なものであった。それでも意気軒昂で、この頃城中より毛利勢に射かけた矢文の中に、

「五月まつ花橘（立花）の城攻めは　くさる鎧《よろい》の袖の香ぞする」
とあった。しかしそのうち食糧が底をつきはじめたので城中は憂色に包まれた。じりじりと迫る毛利軍、城中にようやく苦悩の色が見えてきた。開城か、それともこのまま籠城して全員玉砕を覚悟するか、二者択一を迫られることになった。いずれにしても博多、箱崎にかけて集結している大友軍が、立花山を取り囲んだ毛利軍を追払わないかぎりは、この重圧から脱することができない。

城将津留原、臼杵、田北らは重囲の中から忍びの者を高良山に遣わして宗麟の命を仰いだ。宗麟も籠城軍の今までの善戦をねぎらうとともに、兵の損耗を避けてひとまず開城して後図《こうと》を期すよう命じたので、ついに立花城は開城となり、津留原、田北、臼杵らは毛利に降った。これに対して毛利方は一門の桂能登《のと》に命じて、小早川の臣浦兵部を付添いとして、津留原らの城兵を勇士として丁重に遇し、大友陣営に送り届けている。なお、宗麟の高良山から豊後への帰国は六月一日とあるので、五月中までは高良山に布陣していたことが分かる。

多々良浜の合戦

多々良、香椎周辺に布陣する毛利軍と、多々良川を挟んで対陣する大友軍は、西は箱崎松原から石堂川周辺の博多津あたり、また東は二日市、朝倉街道付近まで及ぶ厖大《ぼうだい》な戦線であったことが記されている。五月十三日、毛利の先鋒は多々良川を渡って松原付近に進出して火を放ち、大友軍と四回も合戦したが勝敗なく空しく香椎方面に引き揚げた。この時博多の町の大半は兵火に罹って焼失した。

続いて五月十八日、吉川、小早川の四万余騎は十五段の備えで再び松原に打って出る。戸次、臼杵、吉弘の大友三将は一万五千の軍を三手に分けて先陣とし、脇備えに志賀、田原、朽網、一万田、清田、木付、利光らの豊後勢と、江上、草野、星野、三原、蓮野らの豊筑勢を合わせた二万余騎をもって毛利両川に対した。鑑連の本陣より法螺《ほら》貝の音が鳴り響くと、それを合図に大友の突撃部隊が先陣を切ってしゃにむに槍を突き

表一　多々良浜の合戦を記した史料

書名	日時	合戦名	毛利軍兵力	大友軍兵力
『九州軍記』	永禄一二・五・一八	長尾の戦	一万	七千二百
同	同　七・二八	多々良浜合戦	四万	三万五千
『西国盛衰記』	同　五・一八	博多合戦	四万余	三万五千
『陰徳太平記』	同　五・一八	五月十八日合戦	記録なし	三万五千
『九州治乱記』	同　五・一八	多々良浜合戦	四万余	三万五千
『筑前国続風土記』	同　五・一八	多々良浜（長尾）の戦	四万余	三万七千
『立花文書』	同　五・一八	立花表・長尾	記録なし	三万七千

入れていった。槍衾《やりぶすま》で敵陣を攪乱し、その後を騎馬隊が太刀を振って突進する得意のかけ合い戦法である。

火を噴《ふ》く鉄砲の音が玄界灘に谺《こだま》して、砂塵を蹴って疾駆する騎馬の土けむりは硝煙と土の臭いが一緒になって濛々《もうもう》と多々良川周辺の戦場を包んだ。数刻の間、互いに喊声《かんせい》をあげて攻め合い一進一退の状態が続き、両軍の死傷者もまた続出した。そのうち毛利方の奮戦で大友勢は押され気味となり敗色濃いものがあった。

この時までじっと敵陣を睨んでいた戸次鑑連は、長尾に陣立てしている小早川隆景の左翼隊がわずかに手薄なことを見てとり、この方面に自軍の精鋭を注ぎ込み、鉄砲を次々に射ちかけさせ、自らも刀を振って敵陣に突き進んでいった。これに遅れてなるものかと鑑連の家臣、十時、安東、由布、原尻、後藤、足立、森下らの勇士たちも一丸となって続いた。

この戸次勢の猛勢に辟易《へきえき》して長尾の陣は動揺し、やがて東に向かって退きはじめた。そのため毛利全軍も戦線から後退せざるを得なくなり、三丁（約三二〇メートル）余りも退却した。これに勢いを得た大友軍は再び奮い立ち、勝鬨をあげ軍鼓を打って毛利軍を激しく追撃したので、さすがの吉川、小早川勢も堪らず立花を指して引き下がった。大友軍の戦況不利をたちまち挽回して毛利軍を撃破、これを敗退せしめたのはまったく鑑連の力によるものであった。

ところで、この合戦を扱った各書の記録を表にしてみると表一の通りである。この表に示すように、合戦の日時が五月十八日という点では大体一致している。

なお、『九州軍記』、『筑前国続風土記』、『立花文書』に記されている長尾とは一体どこを指すのであろうか。『筑前国続風土記』によれば、多々良川の東というように記されている。また、『立花文書』も「立花表於敵陣長尾岸涯防戦之砌……」とあるので、立花周辺の同音に近い名子地域とも考えられる。

両軍はその後、大小合わせて合戦十八回に及んだが、戦うたびに多々良川の水は悲惨な色に染まり、立花山麓の樹々の葉は血風に戦《そよ》いだ。世にこれを「多々良浜合戦」と称している。

戦況は毛利に対して大友方が有利であった。毛利軍は立花山を堅持して焦らず持久戦に持ちこもうとする。永禄十二年五月より同十月までの半年間にわたって多々良川を中心に両軍対峙したが、この情勢では宝満の高橋鑑種を救援することもできず、いたずらに拱手《こうしゅ》傍観するほかはなかった。戦線はすでに膠着《こうちゃく》状態であった。

長期滞陣と排泄問題

この立花城をめぐる多々良川周辺の戦いで大友、毛利両軍の兵力は、各史書の記すとおり敵味方合わせて七万余であり、少なく見積もっても四―五万余である。これだけの軍勢が半年にわたって陣中生活をしたのだから、当然食事と排泄の問題を考えなければならない。合戦の裏面を探る上で極めて重要である。

人は生きるために食べて排泄する。ところが、食べることと同様に大切な排泄行為については、自分がつくり出しているのに不浄、汚穢《おわい》な観念から話題や記事にしたがらない。合戦の状況などは克明、精緻《せいち》に書かれていても、裏側の最も重要な屎尿《しにょう》問題を記した史書は皆無である。

仮に五万人の食糧を計算すれば、米の消費量だけでも、一人一日五合（約〇・七二キロ）として、一日の量は二五〇石（一俵四斗入り、六〇キロとして六二五俵）である。一カ月では七五〇〇石（約一一二万五〇〇〇キロ）という膨大な数量となる。このほか馬の飼料も要る。

五万人といえば、現在の小都市の人口に相当する。この大集団から排泄される毎日の屎尿は、どのように処理されたのであろうか。もし、この処理が円滑に行われなかったら、戦力にも影響してくる。

排泄する場所についても、野陣といっても、悪疫の発生、衛生面、警備の点などを考えると、どこにでも勝手に放出することもできないであろう。やはり警備しやすい陣中に仮設トイレを造って使用し、溜まった肥《こえ》は農民や徴用された人夫たちに汲み取らせたのだろう。

合戦が長びけば、攻守両方とも日常生活に不可避なこの屎尿処理の問題は深刻であったに違いない。敗戦した方は戦陣から逃散してしまうので、結局、勝者がその処理に当たらねばならなかったであろう。

もし戦場付近の神域、霊場などを巻きこんだ場合、恐懼《きょうく》の念から、これらの排泄物は、すべて洗い流して浄《きよ》められた。厳島合戦の時は海、肥前川上の戦いでは川、また豊前宇留津の戦いでは海へと、それぞれ流された。

戦争の延長線上にあるこれらの処置については、民心を得るためにも大事であり、勝者の責任でもある。しかし、降伏した敗者側にその処理をさせることもあったと思われる。また近郷の農民たちは、この作業にかり出されたり、日当目当てに傭われたりする者もいたであろう。

立花城攻防戦で、川西に布陣する大友軍は各陣ごとに仮設トイレを造って、それを汲み出し、松原、筥松、堅粕などの農地に運び、処理しきれないものは穴を掘って埋めるか、さらに河川、海に放流したことが想像される。一方、毛利軍の方も在陣の各所にトイレを造って対応したであろうし、満タンの糞尿は立花山麓を中心に、下原、三代、小竹、青柳、上府、下府方面の農地や山野に埋めこみ、また青柳川や新宮浦の海上に投棄されたことが考えられる。

現在は地方でも水洗トイレが普及して衛生環境面に変革をもたらしているが、二十年ほど前までは市の清掃車（バキュームカー）が、長いホースを積んで各家庭の屎尿汲み取りに走り回っていた。人ひとりの一カ月の排泄量は約九〇リットルといわれる。むろん時代や食物、環境などの変化でその量も変わってくるが、仮にこれを基準にして計算すると、五万の軍勢の一日の大小排泄量は一五万リットルであり、一カ月では四五〇〇万リットルである。これを二トン車（一八〇〇リットル容量）のバキュームカーで汲み取れば、一日に約八十台が必要になる。車のない当時、すべて人力でやらねばならなかったから、一斗（一八リットル）入の肥桶を天秤の前後にかけて担《かつ》いで運んだ。仮に一人で一荷《いっか》（二桶三六リットル）を担いで一日十回往復したとしても、五万人の屎尿処理には、約四百人がこれに従事しなければならないのである。あるいは一人で十五回、二十回も運んだとしても、最低二、三百人が必要である。

厠《かわや》といった昔のトイレでは、膝を曲げて中腰になって屈《かが》む姿勢で用を足していたので、身体の平衡を保つのにきつく、病人などはなおさらであった。また当時、紙は貴重品で、ごく僅かな階層以外は使用できなかった。日本でも戦中戦後にかけて紙が一般に出まわるまでは新聞紙や布のような物を切って使っていた家が多かった。そのため非衛生になって、自然臀部が不潔になり、排便中の無理な姿勢からの力みで、昔は痔を患う人が多かったという。

戦場で痔病をかかえながら戦わねばならなかった人たちの悲痛な形相が浮かんでくる。その日の体調は、便通で分かる。戦場や籠城中に、頭痛、下痢、腹痛、頻尿など、体調を崩しては人に遅れをとるし、痔疾で排泄に時間がかかるのも敵に狙われやすいのである。

人が油断するのは、食事、排泄、入浴、睡眠の時である。「早飯、早糞、早走り」は戦国の習いであった。

大内再興の夢

永禄十二年九月になって、ここに大友の将吉岡宗歓《そうかん》は毛利本国の攪乱を宗麟に進言した。六月、宗麟が筑後から帰国したのも、この理由によるものであった。

かつて大内家二十五代大内義興が家督争いから弟の隆弘を殺したが、その子四郎左衛門輝弘は、大友を頼って豊後に亡命していた。のち、陶晴賢の反逆で大内家は絶えたが、輝弘は無力ながら大内の血を引く者として宗麟の庇護を受けていた。この輝弘を利用して大内家再興の名のもとに山口で反乱を起こさせ、筑前へ出払ってガラ空きになっている毛利の留守を衝《つ》くという絶妙な作戦である。それまで足利将軍家より大内相続の認可状を預かっていた宗麟は、早速これを輝弘に与え、「防州へ渡り大内家を継がれるがよい」と、大内再興に燃える輝弘を感激させ、その帰心を煽《あお》った。

同年九月、子の武弘とともに、宗麟よりの援兵六百人余を率いた輝弘は、哀れにも毛利作戦の捨て石となるのも知らず、大内再興の儚《はかな》い夢を抱いて、杵築《きつき》の浦より海路吉敷郡秋穂浦《あいおうら》（山口市）に上陸、直ちに山口目ざして進撃を開始した。途中、大内の旧臣たちが加わって、その数は急速に膨《ふく》れあがった。

宗歓は同時にまた、船奉行若林鎮興《しげおき》に軍船百余隻を率いさせて合尾浦周辺の海に浮かべて、毛利軍の糧秣、武器、弾薬などの補給路を絶つという両面作戦を立案し、近辺の海賊などを駆り集め、毛利の将市川経好《つねよし》を討ち取り、毛利の輸送船を片っぱしから襲撃させて甚大な損害を与えた。この合尾浦の海戦は大友方の豊前、筑前を確保する点で画期的な作戦であったといえよう。

また、出雲（島根県）にあって先年、毛利元就のために滅ぼされた尼子の遺子勝久は、山中鹿之助幸盛に擁立されて蜂起し、大友と同盟を結んで毛利領に侵入した。

同年十月十二日、「大内輝弘、高嶺城《たかみねじょう》（山口）を奪回す」の報に、さすがの元就も愕然とする。まさに千慮の一失というべきであった。予想もしなかった事態が起こって状勢は一変し、俄に敵を腹背に受けることになった。元就の老顔にはじめて苦悶の表情が浮かんだ。せっかく筑前で死闘を展開している毛利軍にとってみれば、何とも名状し難い思いである。大友の意表を突いたこの作戦に、「豊前、筑前を手に入れ候はずば人数を引くまじく候」(『大友記』)と、七十三歳の老体に異常なまでの執念を燃やした元就であったが、無念の涙を呑んで立花表の吉川、小早川の両将へ即時退陣を命じた。

毛利軍の撤退

永禄十二年十一月十五日、折からの霙《みぞれ》まじりの寒風を衝《つ》いて毛利軍の撤退が始まる。殿軍は吉川駿河守元春である。大友軍は、すかさずこの機を捉えて追撃に移った。

合戦では、攻めるより撤退するほうが難しいということは、大東亜戦争における日本軍の例で証明済みであるが、味方の犠牲を最少限に食い止め、安全圏に全軍を移動させることは実に至難なことである。とくに殿《しんがり》(最後部)の隊は敵の追撃を防がねばならず、それだけに撤退に当たっての損害は大きい。

『西国盛衰記』は、この日のことを、「同じき十一月十五日諸勢悉く陣払ひして行く。殿は駿河守元春なり、豊後勢遁《のが》さじと追懸くる、折ふし天掻《かき》曇り風烈しく霙《みぞれ》交りに雨降りしかば、士卒大いにこゞえ疲れ、親を捨て主を跡に置きて、我一にと逃行くを小倉の津まで追討にせし程に、其の行程十余里が間は、死人算を乱せるが如し、今日大友方へ討取る首数、三千四百九十一級……」と述べている。酷寒肌を刺す荒天の中を凍《こご》えながら引き揚げて行く毛利軍の辛苦は言語を絶したものと想像される。そのうえ、大友勢の猛追を受け、立花から小倉津までの延々十余里の間に打ち捨てられた毛利軍の死体は三千五百余にのぼったという。

この追撃戦で吉弘鎮信《しげのぶ》(高橋紹運の兄)家中の働きは目覚ましく、毛利勢百数十人を討ち取っている。おそらく弥七郎(紹運)もこの時吉弘隊にいて、父や兄とともに勇戦力闘したことと思われる。

『吉弘文書』には、「辛《かのと》十月十五日吉弘鎮信筑前立花陣に於て吉川、小早川の軍を討ちて功あり。十月二十七日大友宗麟吉弘家中の者初の分捕高名の着到状を披見して之を賞し激励するところあり」と記されている。

立花城の撤退に当たり、小早川隆景は家臣の浦宗勝《むねかつ》、桂能登、坂田新五左衛門を守将とし、兵二百人余りを添えて残留させたが、ほどなく彼らは大友軍に降り立花城を明け渡した。宗麟は城兵たちを勇士として遇し、中国へ送還させたが、これは前年、大友方が立花開城の際に受けた元就の好意に報いるためであった。

一方、哀れをとどめたのは大内輝弘である。同年十月十二日、山口に乱入した彼は一時勢いを振ったが、間もなく部下が離散しはじめ、筑前より帰還してきた吉川、小早川の大軍が攻め寄せると聞いて、とても敵わぬことと思い、ひとまず豊後へ引揚げようと秋穂《あいお》（山口市）まで来たが、舟が得られず、やむなく茶臼山の山城に立て籠った。

しかし十月二十五日、ついに元春の軍に攻め破られて自刃し、はかない生涯を終えた。討ち死にした部下は六百ともいう。元春はこれを長府の海岸に埋めさせた。豊後塚といわれていたという。

高橋鑑種の降伏

力と頼む毛利軍が筑前から引揚げてしまったので、取り残された高橋鑑種は進退窮まって同年十一月下旬、ついに宗麟に降伏を申し出た。思えば大友の軍勢を向こうに廻して二年有半の勇戦も空しく、彼が描いていた豊筑独立への夢も儚く消え去った。

宗麟は、はじめ鑑種の降伏を許さなかったが、同族一万田氏の取りなしでついに折れてこれを許したので彼は助命された。しかし旧領はことごとく没収のうえ、豊前小倉に移され、宗麟より生かさず殺さずという状態に置かれたのである。

小倉に移された高橋鑑種は法体となり宗専《そうせん》と号したが、もはや軍勢を叱咤した頃の勇姿はなく、時に鬱々《うつうつ》としてやり場のない気持ちを家臣に投げつけることが多くなった。宝満より付き随ってきた譜代の家臣北原伊賀守、伊藤中務が諸事をとりしきったが、たまたま伊藤は些細なことから宗専の怒りをかい、切腹して果てた。また、北原伊賀守鎮久も部下に与えた恩賞のことで宗専に激怒され、このままではいつか自分も伊藤のように詰腹を切らされるのではないかと思い、愛想が尽きた主人を見限りひとまず故郷の筑後へ赴き、時機の至るのを待とうと決め、一族郎党や、これに同調する家臣たち三百人余を引き連れて、白昼堂々と城を出て筑後へ去った。

北原は筑後でしばらく日を過ごしたが、空しく時を過ごすことができず、縁を求めて豊後に至り宗麟に高橋家再興を訴えたのである。

宗専もまた後継に秋月種実の子、元種（種長の弟）を養子に迎えて小倉城を譲った。さらに豊前の名家長野家が断絶したので元種の弟、三郎種信にその名跡を継がせようとして一万田弾正を通じて宗麟に乞うたところ許されたので、種信は長野三郎左衛門と名乗り、京都《みやこ》郡馬ケ岳の城主となった。なお、この長野三郎左衛門の二男は、国東安岐《あき》城主田原親宏《ちかひろ》の養子となって田原親貫《ちかつら》と名乗るが、のちに、大友に対して反乱を起こすことになる。

宗麟を悩ました高橋鑑種が降伏すると、それまで毛利に付いて大友に反抗していた肥前、筑前、豊前の諸士も相ついで降礼をとった。大友の武威は再び筑前に振い、博多を手中に収めた宗麟の満足は大いなるものがあった。

この頃宗麟は、戦略上から博多出来《でき》町一帯に防衛線を築き、元亀の初め頃には家臣臼杵《うすき》安房守《あわのかみ》鑑賡《あきつぐ》（戸次鑑連の伯父）をして博多に砦を構え、南方に濠を掘り、ここに門を建てた。この濠を「房州堀」と称し、この門を矢倉門といったが、博多矢倉門（博多区祇園町）の地名はこれから起こっている。

さて、宗麟は北原伊賀守らの高橋家再興の願いを許し、吉弘鑑理の二男弥七郎鎮理をして高橋家を継がしめ

於色姫着用の衣装（古賀市・清水家所蔵）

た。高橋家はここで高橋鑑種の一万田系と高橋鎮理の吉弘系の二家に分かれることになった。

鎮理はこの時改名して高橋主膳兵衛鎮種《たかはししゅぜんぴょうえしげたね》と称するようになる。「鎮」は大友義鎮（宗麟）の名であり、「種」は高橋累代の通字名である。宗麟はこの鎮種へ御笠郡一円と宝満、岩屋の両城を与えた。

元亀元（一五七〇）年五月（永禄十二年説もある）、鎮種は高橋家再興に功のあった北原鎮久をはじめ旧高橋系の旧臣たちを含めた家臣団を引き連れて、豊後国東の地から筑前御笠の地に着任した。時に二十三歳。

戸次鑑連、立花城へ入る

宗麟はまた、立花城の重要性を考えて、老臣戸次鑑連《べつきあきつら》をその城督に任じた。鑑連五十八歳の時である。

元亀二年正月、鑑連は筑後赤司城より立花へ赴任したが、のちに立花姓を称するようになり、「立花道雪《どうせつ》」と名乗った。なお封地として、表糟屋四十八カ村、裏糟屋三十八カ村、莚田《むしろだ》郡八カ村の計九十四カ村、三千余町歩を与えられた。

これより先、永禄十二年十月、宗像氏貞は大友の将戸次鑑連（立花道雪）に和議を申し入れ、妹於色《おいろ》を質として差し出すとともに、宗麟の養女（臼杵鑑速の娘）を室に迎えたが、元亀二年、今度は道雪が質人に預かっていた氏貞の妹於色を妻にした。共に政略の具にされたわけであるが、於色の場合は明らかに側室であったといえる。なぜなら道雪には当時正妻がいたからである。

彼の最初の妻は入田親誠の娘で、故あって離婚している。二階崩れの変で入田親誠が反義鎮派であったからといわれる。二度目の妻は筑後生葉郡（うきは市）長巌城主で、永禄七年、筑紫惟門と戦って戦死した問註所鑑豊の娘仁志（宝樹院）である。彼女は前夫の安武鎮則と死別して後家となっていたので、宗麟の媒酌で永禄十一年十一月、当時筑後の問本城に在城していた道雪の許へ二人の子を連れて再婚した。そして、同十二年八月には道雪との間に一女が生れた。誾千代《ぎんちよ》である。ちなみに宝樹院は長命で道雪の死後も生き続け、元和二（一六一六）年に歿している。

政略のため立花家に入った於色は側室として迎えられ、立花城松尾の丸に居館を与えられたので、「松尾殿」と称された。道雪五十九歳で、二十五歳の於色とは三十四歳の開きがあった。『宗像記追考』には容色勝れた美人であったと記されている。この時、氏貞の方から化粧料として西郷庄三百町を立花方に贈った。

大友、龍造寺の戦い

二太刀の畳斬り

大友、龍造寺《りゅうぞうじ》両家は永禄十二（一五六九）年四月、それまでの戦闘状態を解いて一旦和議が成立したが、龍造寺隆信はその後も肥前における大友幕下の諸城へ侵略の手を休めず、大友に対して公然と抗戦の態度を示したので、宗麟は大いに怒り、再び隆信を討たんとして五カ国の軍兵を駆り集めた。

永禄十三年は元亀と改元され、この年三月、宗麟はおよそ六万（八万ともいう）の軍勢を龍造寺討伐に差し向けた。宗麟自らもまた高良山《こうらさん》に発向して、ここを本陣とした。

宗麟の狙いは単に龍造寺討伐に止まらず、九州制覇を達成することにあった。毛利撤退後の筑前はすでに大友が支配し、当時、九州で宗麟の息のかからない所は肥前の龍造寺と、薩摩の島津だけである。そのためにも宗麟はまず龍造寺を敲《たた》いておかねばならなかった。

この時、隆信は吉弘鑑理《あきまさ》に和平を申し込んだが、鑑理は頑としてこれを受け付けなかった。そこで今度は筑後の田尻鑑種を頼んで戸次鑑連《あきつら》に再び和を乞うたが、鑑連もまたこれに返事を与えなかったので、隆信はここで抗戦か降伏かの道を迫られることになった。

高良山から佐賀（佐嘉）まではおよそ七里（約二六キロ）の道程である。戸次、吉弘、臼杵三将の率いる三万の軍勢は、大友の家紋、杏葉《ぎょうよう》の紋を打った幟《のぼり》を靡《なび》かせながら肥前東部から進み、晩春の佐賀平野になだれこんだ。

大友軍は佐嘉城を威圧するように包囲態形をとり、臼杵鑑速《あきすみ》の部隊は城北二里の春日、塚原村一帯に布陣し、吉弘鑑理の部隊は同じく北方の川上峡を見下ろす水上山に陣をとり、戸次鑑連の部隊は城東一里の巨勢《こせ》から阿《あ》禰《ね》村一帯に幔幕をめぐらせた。また、志賀、田原、一万田の諸将は筑後の兵を合わせて海上から舟で早津江《はやつえ》に渡り、佐嘉城の南口に着陣した。

その他、神代《くましろ》、馬場、横岳、宗、江上、犬塚、綾部、姉川らの肥前の城主たちもその幕下について龍造寺攻撃の戦列に加わり、このほか有馬、西郷、大村、平井、後藤らの西肥前の軍兵一万余も小城、杵島の西口一帯に陣をとった。多久にあった隆信の聟《むこ》小田鎮光もかねてから舅隆信を怨んでいたので、一族郎党を率いて大友軍に加わった。

龍造寺隆信像（佐賀市・高伝寺所蔵）

佐嘉城は今や四面楚歌の状態となり、大友の大軍を前にして、隆信や鍋島信昌《のぶまさ》（のち直茂）をはじめ主な武将たちが列座して、抗戦か、それとも開城かの軍評定が開かれた。大友軍六万に対して、佐賀勢はその十分の一にも足らぬわずか五千に過ぎない。数からいえば問題にならない数字である。「どうせ勝ち目はないからこの際和を乞うて、お家の安泰を計るのが得策である」と主張する者もいた。
この時、信昌は、大友家とは倶に天を戴かずあくまで戦い、十死に一生の活路を求める覚悟で、全員一丸となって敵の大軍に当たることを進言し、畳を二太刀斬ってその決意を示した。二太刀の畳斬りは龍造寺家伝来の武士の誓いを示す作法である。この信昌の事理明白な言動が、隆信はじめ列座の諸将を感奮《かんぷん》させ、外敵を防ぎ郷土を守ろうとする城兵の士気を奮い立たせた。

四月二十三日、隆信は鍋島信昌、小川信友、納富信景《のうとみのぶかげ》らを三隊に分け、二千騎余りで城東の巨勢、若宮の戸次鑑連の陣を攻撃して激しく鉄砲を浴びせかけた。これに対して鑑連は備えを乱さず、兵を分けて応戦し、自らも輿に乗り千住村の堂の前から隆信の旗本を攻め立てて双方激しい白兵戦を展開し、戦闘数刻に及んだが、折から降り出した大雨の中を赤鬼のように勇敢に突進してくる龍造寺党のために、さしもの勇将戸次鑑連も阿禰まで後退するほどであった。しかし龍造寺方も悪天候の上、日没となったので、引き鐘を打たせて戦場を引き揚げた。

この日、鑑連は輿上にあって指揮をとっていたが、戦場をしゃにむに突進してくる佐賀勢のため、一時危難に陥るほどであった。龍造寺一門の堅い結束がさしもの大友軍の戦力を分断させ、道雪（鑑連）ほどの勇将をもってしてもこれを破ることはできなかった。また、臼杵、吉弘らの軍勢も、佐賀勢の巧妙な作戦の前に充分な連携がとれず、いたずらに局地的な戦いで終わった。

その後雨期を迎え、八月中旬まで東、南、北の三方面で数度の戦いがあったが、双方、決定的打撃を与えるまでには至らなかった。攻め手の方でも佐賀平野の無数の掘割りを利用した水城に手を焼き、城兵の動きを見守るだけで、あえて城攻めを強行することはなかった。

戸次、吉弘、臼杵の三将は、持久戦に持ちこんで城兵の弱まるのを待って、総攻撃をかけるつもりでいたが、開戦二カ月に及んでもなお佐嘉城を落としきれないでいる麾下の諸将に業を煮やした宗麟は、舎弟八郎親貞《ちかさだ》（一説には甥）に三千余騎を授けて、一気に佐嘉城の殲滅《せんめつ》を命じた。当時大友の陣中に、「柳川三年、肥後三月、筑前、肥前は朝茶前」という戯歌《ざれうた》がはやっていたが、しぶとい肥前衆の抵抗に宗麟の怒りはますます募った。

筑後川（古名千歳川）を渡り神埼に進んだ親貞は、神埼郡田手《たで》の東妙寺に休み、早稲隈《わせくま》山西方の金立《きんりゅう》権現堂に参詣、神代長良《くましろながよし》の案内で八月十六日、川上川を渡って大願寺を抜け、今山の北峰に陣を敷き、大友の家紋、杏葉を打った幔幕を張りめぐらした。

今山（佐賀市大和町）は、佐嘉城の西北六キロの地点にあり、肥前一の宮として『延喜神名式』にもその名が見える淀姫神社より西三キロにある標高一五〇メートルほどの小高い山で、後方に彦岳、天山《てんざん》などの肥前の高山が聳え、はるか前方に有明海が拡がり、佐賀平野が一望に見渡せて、城を俯瞰することができた。現在ではほとんどがみかん畑になっている。

佐嘉城の北境を押えた大友八郎親貞は、有明海沿岸の水軍をもって海上からの攻撃を命じた。これらの水軍は直ちに船列を組んで、七月六日、佐嘉城東南五キロの浮盃《ふばい》津《つ》の浜に押し寄せてきたが、川副の郷士北村清兵衛や鍋島信昌らの奮戦で百余級の首を残して潰走《かいそう》した。

この後も数回にわたり、数十艘をくり出して北端津付近に来攻したが、これも郷民、野伏らの反撃にあって撃退され、海上からの攻撃は失敗に終わった。しかし血気にはやる親貞をはじめ、戸次、吉弘、臼杵らの精鋭が佐嘉城へ攻め入る機会を狙って待機していた。この時、鍋島信昌が密かに放った忍びの者の報告で、今山の大友親貞の本陣では、この大軍に気を緩め、連日酒宴を催し油断しているという。鍋島信昌は千載一遇の好機とばかり、一挙に大将八郎親貞を討ち取るため、隆信に今山への夜襲を進言した。

尼御前

隆信の母慶誾尼《けいぎんに》は、この信昌の意見に賛同して諸将の士気を鼓舞している。慶誾は隆信の実母であり、また信昌の義母でもある。この尼ははじめ龍造寺周家《ちかいえ》の室であったが、天文十四年正月、少弐冬尚の老臣馬場頼周の讒言《ざんげん》にあい、夫周家が祇園原で討ち死にの後、仏門に入り、家中から「尼御前《あまごぜ》」と呼ばれていた。

この尼御前が十年目に突然還俗《げんぞく》して、先夫周家の家臣で、当時妻を亡くしていた信昌の父、鍋島清房のもとへ強引に押しかけ女房となって再婚したのは弘治二年の春で、清房四十四歳の時であり、彼女は三つ年上の四十七歳であった。先主の内室が家来の後妻になるなど前例のないことであったが、彼女の真意は誠実な鍋島清房への思いもさることながら、龍造寺と鍋島の血縁関係をより強固なものにして、龍家の安泰を図ろうとしたのである。

清房の妻となった慶誾は、信昌の義母となり、また、隆信、信昌は義兄弟の仲となった。兄の隆信が二十八歳、義弟信昌は十九歳であった。慶誾は老いらくの恋を堂々と貫いただけあって、女性には珍しく決断力があり、なかなかの女傑で、鍋島家に伝わる『普聞集』にも、「勇気あって常に短刀をたづさえる」と記されている。この今山の決戦の時、彼女はすでに六十の坂を越えていた。

十死に一生を求めて、龍造寺の浮沈興亡をこの一戦に賭ける隆信、信昌兄弟の烈々たる気魄《きはく》と、それを励ます老女慶誾の凜とした声が渾然《こんぜん》となって、今山決戦の幕は切って落とされた。

今山決戦

元亀元（一五七〇）年八月十九日夜半、鍋島信昌は選抜した二十七騎の部下を引きつれて佐嘉城を発った。途中あちこちから近在の郷士たちが五騎、十騎と馳せ加わり、総勢三百騎余りになった。

信昌はこれらの者たちに私語を禁じ、一切物音を立てぬよう命じ、同士討ちを避けるための合言葉や、敵陣に斬りこんでからの任務、その他馬蹄の音、馬の嘶《いなな》きなどに至るまで細心の注意と処置をして、静かに影を落とした一団は粛々と今山に向かって進んだ。

明くれば八月二十日未明、今山の背後から取り登り、下を見ると、おびただしい幔幕や、大友の紋所を染めぬいた旗幟《きし》が暁闇の中に浮かんで見えた。大友軍は前夜の酒宴で前後不覚に眠りこけている。一瞬の静寂が過ぎ、薄明の中に信昌の手がさっと上がると、それを合図に、「わあーっ」と喊声をあげて鍋島勢は凄まじい勢いで突入した。

不意をつかれて、すわっ、何事かと、うろたえ騒ぐ大友方は、この奇襲に右往左往して次々に討ち取られていった。寝込みを襲われて、あわてふためく大友軍に立ち直る余裕を与えず、信昌以下の小勢は全力をあげて八郎親貞の本陣に殺到した。今山はたちまち阿鼻叫喚の地獄図と化した。偉大な権力の象徴である大友の杏葉紋を打った旌旗や幔幕は一瞬のうちに引き裂かれて四散した。

戦は未明より辰の刻（午前八時頃）に至るまで、息もつかせぬほどの激戦で、大友方は親貞の老臣松原兵庫之助、西島速見らの名ある勇姿が奮戦し、佐賀勢も数十人戦死した。しかし、大友方は浮き足立ったこの態勢を挽回することができず、総崩れとなって東西に逃げ迷った。隆信の将納富但馬守は別働隊二千余騎を率いて大友勢を追撃し、千余級の首を討ち取った。のちにこれを於保原《おほばる》に埋めて首塚を築いた。

龍造寺が大友軍を破った今山古戦場跡の大友大明神の碑（佐賀市大和町）

親貞は従者十人ばかりに守られて、山伝いに筑前へ落ちのびようとしたが、この時までに敵中を突破して待ち伏せしていた成松信勝とその配下の者にたちまち発見されて、ついに首を討たれた。現在、今山古戦場跡には大友軍の戦死者を弔う石碑が建っているが、その碑面には「大友大明神」と刻まれている。

この戦で大友方は、大将親貞をはじめ筑後守護代豊饒《ぶにょう》弾正《だんじょう》、林式部、吉弘大蔵などの冑付きの者が討ち死にし、死傷二千を数える甚大な損害を受け、敗残の将兵はなだれを打って筑後方面へ敗走した。また、隈本（熊本）の城《じょう》、菊池の隈部、矢部の五条らは佐賀勢のために囚われの身となった。

このように鍋島信昌以下の龍造寺軍の奇襲を受けて親貞の本陣は潰滅し、周辺の各陣も崩れ立って動揺を来し、まず案内者であった神代長良が山内

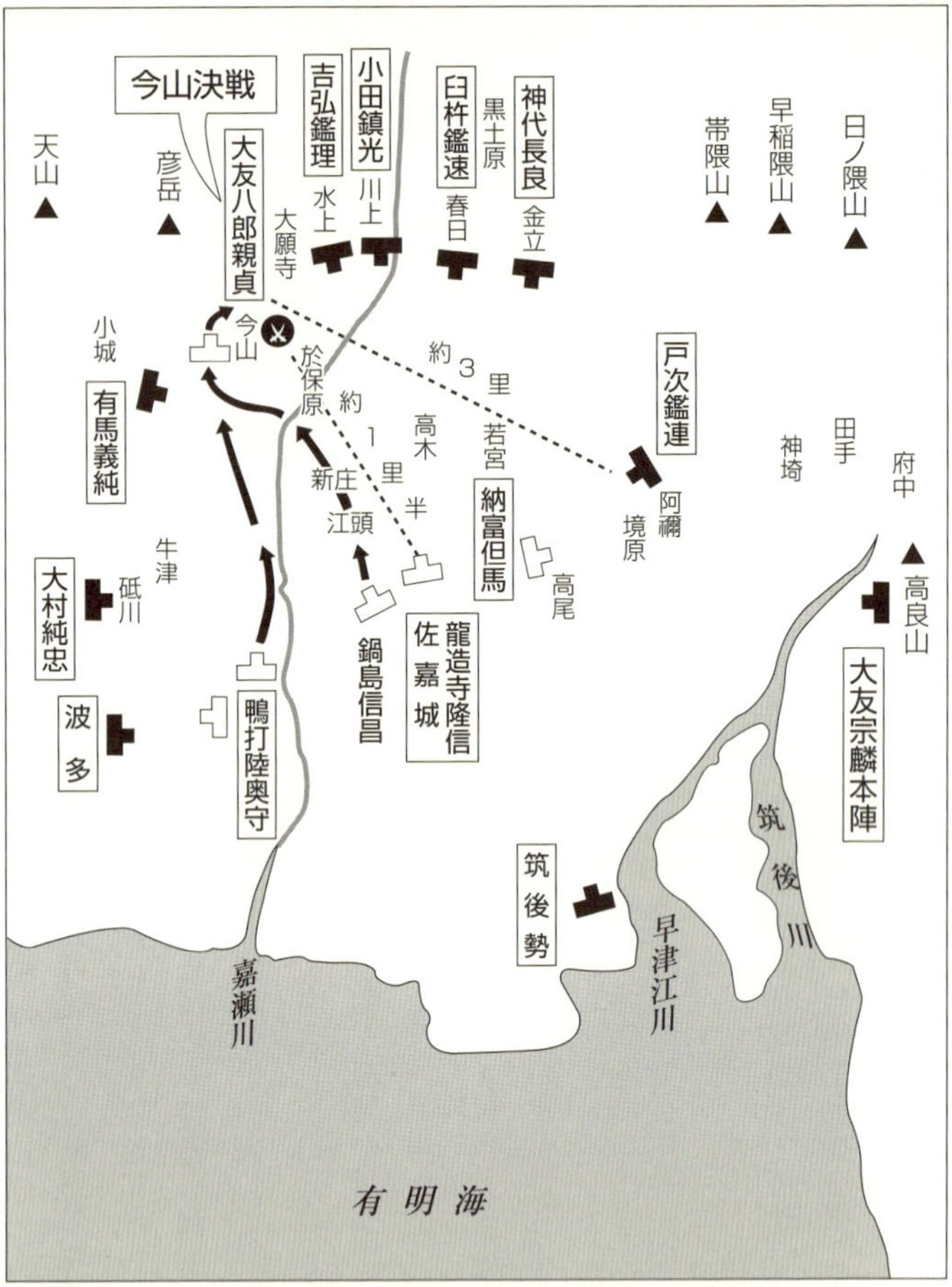

今山合戦（元亀元年８月20日）想像図

の千布《ちぶ》城に逃げ帰り、八戸《やえ》宗暘《むねてる》は川上さして落ちのびる途中、野武士らに追われて傷手を受け、杠山《そまやま》の付近で絶命した。多久から出てきた小田鎮光は退路を断たれて居城に帰ることができず、彷徨してやっと筑後へ落ちて行った。西口方面の有馬、大村、松浦、波多、西郷、後藤らの諸軍もそれぞれ自領へ引き揚げた。その他、大友麾下の諸将もひとまず陣を払って筑後を指して撤退した。

戦場から離脱して行く大友軍の中にあって、大手にあった戸次鑑連、臼杵鑑速、吉弘鑑理の隊は最後まで踏み止まって敵に備えて陣中から退こうとしなかった。

しかし、九月に入って織田信長の仲介により将軍足利義昭の使者が来て和睦勧告がなされ、双方これに合意したので、同十月一日、和議が調い、宗麟は高良山付近にあった麾下の諸軍を従えて豊後への帰国の途についた。戸次、臼杵、吉弘の三老もこれに従い、陣を払って引き揚げた。

この戦の最中、高良山に在陣していた宗麟は、陣中の無聊《ぶりょう》を慰めるため、猿楽、歌舞伎の有芸の者を召し寄せては日夜酒宴に打ち興じるありさまで、そのため戸次鑑連は戦線の将士を思って慎むよう再三諫言《かんげん》した。

今山の決戦は、広範囲に点在する大友各軍との間に緊密な連携がとれず、とくに宗麟の名代、大友親貞の軍が奇襲を受けて潰滅状態となるが、はるか巨勢、阿禰、境原の東口に陣する戸次はじめ吉弘、臼杵らの大友主力部隊は局地的な今山の敗戦に対して、なお意気軒昂として堅陣を敷いていた。『陰徳太平記』によれば、今山夜襲戦の時、「されば今夜阿禰村に在りける道雪等此合戦を知らざりける事は、隆信の母慶誾尼勝れて智恵賢き女にて有りければ、その夜召使の下女共を、城外東の門前に出し、手毎に火縄を持たせ置かれたりけるを見て、阿禰村の寄手の諸陣、さては城中より今夜当陣へ夜討ちするなりと心得て、面々用心して在りける故、西の陣へは心を付くべき様もなく、明けて後かくと聞きたりけれ共、六日の菖蒲、賊後の張弓なれば詮なき事にて、敵に方便《たばか》られけるを無念に思う計り也」と記している。つまり大手の主力軍を警戒させておいて、その隙に別陣を攻撃するということであった。

敗因として、大友軍の油断と、各国の寄せ集めの軍勢で指揮系統に統一が見られなかったことが挙げられる。

一方、なぜ道雪ほどの兵略家が龍造寺の今山夜襲を予知できなかったのか、また、東口及び北口の精鋭と、有馬をはじめとする西口の諸軍との共同作戦による佐嘉城攻撃をしなかったのかなど、いくつかの作戦上の疑問が残るのであるが、歴史は常に常識の埒外にあることを思い知らされるのである。見渡すかぎりのみかん山を登って行くと、山頂に「無庵玄鑑居士」と刻んだ大友八郎親貞の墓がある。

今山の決戦以後、隆信は勝利を記念して、大友の紋所「杏葉」を龍造寺の家紋として使うようになる。

隆信は宗麟が豊後へ引き揚げた後は、天正三年三月、筑後に攻め入るまでの数年間に、凄まじい勢いで肥前における大友傘下の、坊所、土肥、神代、筑紫、波多、草野、松浦、平井、塩田、貴志、鶴田、小田、伊万里、西郷、大村、有馬らを攻め降し、あるいは和を講じて盟を結び、肥前一円をまたたく間に手中に収めてしまった。この後、宗麟は、再び軍を率いて肥前国内に攻め入ることはなかった。

筑前の展望

鎮種・鑑連、筑前赴任頃の情勢

宗麟は、元亀元（一五七〇）年五月、高橋鎮種《しげたね》（紹運《じょううん》）を筑前宝満、岩屋城督に任じ、続いて元亀二年正月、筑後赤司城にいた戸次鑑連《あきつら》（道雪）を病中の吉弘鑑理《あきまさ》の後任として筑前立花城督に任じ、肥、筑の押えに当たらせるとともに、鑑連を筑前守護代とした。城督とは、主要城主で軍事的権限を持つ者に与えられた呼称である。

『鷹野家譜』によれば、「元亀二年正月二十一日公（道雪）至る。増時、公を饗す」とあり、翌二十二日は紹運が道雪を饗し、二十三日には博多において臼杵鑑賡《あきつぐ》が招宴した。これに対して道雪も二十四日、紹運、鑑賡、増時（鷹野）を招いて宴を開いたと記している。おそらく道雪の着任は鑑理の病気などの理由で元亀二年正月下旬に行われたと見てよい。

ところで紹運の父吉弘鑑理は同二年五月下旬、任地に赴かないまま病死した。彼は大友家の加判衆（執政職の家老）として信望厚く、筑前でも多くの功績を残しているが、宗麟ははじめ鑑理を立花城督に任じ、鑑理、鎮種（紹運）父子に筑前の経営を委ねたのだが、鑑理の病死で急遽、戸次道雪を後任に立てたのである。紹運にとってみれば父とコンビを組んで筑前経営に参加する予定がすっかり狂ってしまったが、それにもまして道雪は紹運にとって頼りになる指導者であった。

筑前方面では龍造寺隆信が肥前平定の間、兵を出さなかったので、元亀より天正の初めにかけて数年間は大した戦乱もなく、農民や町人たちも平和な気分にひたることができた。

元亀二年六月十四日（一説では四日）、中国の雄毛利元就《もとなり》は七十五歳をもって没し、孫の輝元が十九歳で家督を相続した。永祿九年以来、北九州の地を舞台に大友と戦ってきたこの老雄も、打ち続く合戦に身心を磨り減らし、同十二年、九州より撤退後は領国の経営に追われて、あれほど夢見た北九州の土を再び踏むことなく終わった。今や九州においては、ようやく国内統一を果たした薩摩の島津と、豊後の大友、それに肥前の龍造寺の三家鼎立の状態となった。

その頃中央では、元亀四年四月十二日に武田信玄が病没した。また、この年七月には織田信長によって足利十五代将軍義昭が追放され、事実上ここに足利幕府は崩壊し、織田政権への胎動が始まったのである。

筑前の諸城

高橋鎮種（紹運）と戸次鑑連（道雪）が宝満、立花へそれぞれ着任した頃の元亀、天正にかけての筑前における諸城を列記すれば表二の通りである。

なお、古来の遠賀郡は室町初期から江戸初期にかけて一時、御牧郡と称したが、のち寛文四（一六六四）年に至り、ふたたび遠賀郡と改称された。

紹運と道雪の家系

前述のごとく宝満へ着任後、吉弘鎮理は高橋の名を継いで高橋鎮種紹運と名乗るようになり、また、戸次鑑連も立花家を継いで立花道雪と称するようになったので、以後氏名呼称の煩雑を避けるため、立花道雪、高橋紹運として統一する。

表二　筑前の諸城（元亀―天正年間）

本城名	所在地	城主名	端城
立花城	糟屋郡	立花道雪（戸次鑑連）	笈《おい》の山（御飯の山）、薦野《こもの》、舎利蔵《しゃりくら》、麦野、箱崎、唐山、稲居塚
宝満城	御笠郡	高橋紹運	岩屋、龍ケ城、升形、米の山
蔦ケ岳城	宗像郡	宗像氏貞	許斐岳ほか郡内二十カ所
高祖城	怡土郡	原田親種 原田信種	吉井、深江、長石、加布里、有田、篠原、元岡、親山、飯盛
柑子岳城	志摩郡	臼杵鎮氏 木付鑑実	志摩
鷲ケ岳城	那珂郡	大鶴宗雲	猫峠
安楽平城（荒平）	早良郡	小田部紹叱	茶臼、池田
曲淵城	早良郡	曲淵信助	
古処山城	夜須郡	秋月種実	夜須、上座、下座、生葉、嘉麻、穂波、豊前に及ぶ二十五城
勝尾城	基養父郡	筑紫広門	本城勝尾は肥前国に入るが、端城が筑前にあるので筑前諸城に入れる 柴田、一の瀬、五ケ山、三上山、不動、天判山（天拝山）、和久堂
鷹取城	鞍手郡	毛利鎮実	
龍ケ岳城	鞍手郡	杉　連並	
花尾城	御牧（遠賀）郡	麻生家氏	麻生一族の出城は鞍手、遠賀に及ぶ十五城 帆柱山、市の瀬、権現山、雲取、園田浦、岡の城、豊前岳、篠谷、猫城、茶臼山、天賀
竹尾城	御牧（遠賀）郡	麻生鎮里	
山鹿城	御牧（遠賀）郡	麻生元重	

次頁より紹運、本姓吉弘氏と大友、戸次の各家系図を記す。この図で分かるように紹運の母は大友義鑑《よしあき》の娘であり、義鑑は紹運の祖父である。また、紹運の母は宗麟の腹違いの姉に当たるので、紹運にとっても宗麟は義理の叔父になる。したがって大友二十二代義統とは従兄弟の仲で、しかも義統の室は紹運の妹なので義統とは義兄弟の間でもある。さらに、紹運の祖母は中国の雄大内家の出で義隆の姉に当たり、彼にとって大内義隆は大叔父の関係である。このように系閥を辿ってみると、家格の高さは抜群である。

一方、道雪の方も「戸次相伝系図略」に見る通り、大友三代頼泰《よりやす》の弟重秀から出て、道雪まで十四代であるが、大友家加判衆の家柄である臼杵、吉弘とは姻戚にあり、同紋（一族）中の重鎮である。

紹運、斎藤氏を室にする

高橋紹運は筑前赴任前に夫人斎藤氏を室に迎えているが、『国東半島史』によれば、長男の統虎《むねとら》（のちの立花宗茂《むねしげ》）の出生を永禄十（一五六七）年十一月十八日としており、紹運の生年が天文十七（一五四八）年であるところから、結婚時彼は十八歳であったと思われる。これから推算すると、夫人の輿入れはおそらく永禄九年の終わりか、あるいは翌十年の初め頃ではなかったろうか。そして、夫人は当時十五、六歳であったろう。

統虎は国東屋山（大分県高田市）、筧《かけい》の館で生まれているので、紹運が元亀元（一五七〇）年、宝満城督として着任するまでの三年間、夫人は統虎（宗茂）とともに国東にいたことが分かる。

紹運の結婚についてこんな話がある。紹運がまだ弥七郎鎮理《しげまさ》といって豊後にいた時、彼の父吉弘鑑理《あきまさ》と、大友家の武将で武勇の誉れ高い斎藤鎮実《しげざね》との間に、鎮実の妹（一説に娘とある）を紹運の嫁にという約束ができた。無口な紹運も鎮実の妹の温和な性質を好ましく思い、この縁談を承諾していたが、折から各地で起こる戦乱に父に従って出陣し、敵と戦う戦陣の中で多忙な明けくれを送り、つい婚姻の儀ものびのびになっていた。

そのうち当の娘が当時流行の疱瘡《とうそう》（アバタ）にかかって容貌が変わってしまったので、さすがの鎮実も断念し

吉弘系図

- 初 大友能直（能直十二男）―泰広―貞広―又三郎 正賢（貞広長子 吉弘氏祖）―二 氏輔（正賢長子 丹後守）
  - 三 氏広（氏輔弟 山城守又三郎）―四 直意（氏広子 土佐守）―五 綱重（直意二男 石見守）
    - 六 親利（綱重子 蔵人佐、石見守）―七 親信（親利子 石見守、博多にて戦死）―八 氏直（石見守 勢馬ケ原で戦死 天文三・四・六）
      - 九 鑑理（左近太夫、太郎 鑑直、蔵人佐、伊豫守 元亀二年五月卒）
        ― 室大友義鑑女
        - 十 鎮信（左近太夫、賀兵衛尉、太郎、新介屋山城主、六郷山別当、法名宗鳳、宗仞、天正六・九・廿七高城で戦死）
          ― 室臼杵鑑速女
          - 十一 統幸（太郎、賀兵衛尉、統運、屋山城主 六郷山権執行、慶長五・九・一三石垣原で戦死）
            ― 室志賀道輝女
        - 鎮種（幼名千寿丸、鎮理、弥七郎、三河守、主膳兵衛、元亀元年高橋家を継ぐ、法名紹運、天正一四・七・二七岩屋で戦死）
          ― 室斉藤鎮実妹
          - 統虎（立花）（立花家の養子となり立花宗茂と称す。柳川藩祖、幼名千熊丸、左近将監、飛弾守、立斉、寛永一九・一一・廿五卒）
          - 統増（直次、主膳正、立花姓となる。三池藩祖、元和三・七・一九没）
        - 女（戸次山城守入道宗傑〔道雪の従弟〕の室）
        - 女（菊子）（二十二代大友義統の室）

て、自分の方からこの婚約を断わってきた。

　これを聞いた紹運は、「自分が彼女を妻に欲しいと思ったのは、彼女の心の優しさであって、決して容色の美しさではない。今不幸にして容姿一変したといっても、その資性はいささかも変わっていない。それなのにどうして違約できようか」と言って少しもためらわず彼女を妻に迎えた。

　紹運の思った通り、その後夫人は貞節、淑徳の聞こえ高く、夫紹運を助けて家人を慈愛したので、家臣たちからも母のごとく慕われたという。彼女は紹運との間に統虎（立花宗茂）、統増（立花直次）の男子二人と、四人の女子を生んで、のちに宋雲尼と号した。

立花城督

『豊前覚書』によれば、天正二（一五七四）年三月、豊州（豊後）から立花城に初めて「国崩し」という大石火矢（南蛮砲）二門が送られてきた。今まで見たこともない最新式の大砲に、世間の人たちが噂し合い、大きな話題になったという。

　また同年七月、大唐（中国）よりお屋形様（大友宗麟）へ進上のため、象二頭、虎の子四疋《ひき》が博多津に送られて来た。博多所司代（代官）の藤内太郎、綾

大友系図（『大分県郷土史料集成』系図篇より）

二十 大友義鑑
室大内義興女（義隆姉）
- 二十一 義鎮（宗麟又宗滴）── 二十二 義統 室吉弘鑑理女（紹運妹）── 義乗（能述、宗五郎）
- 義長（晴英後大内義長）
- 鹽市丸（大友二階崩れの変で死す）
- 女（土佐一條房基の室）
- 女（伊予河野室）
- 女（二階崩れの変で死亡）
- 女（夭死）

戸次相伝系図

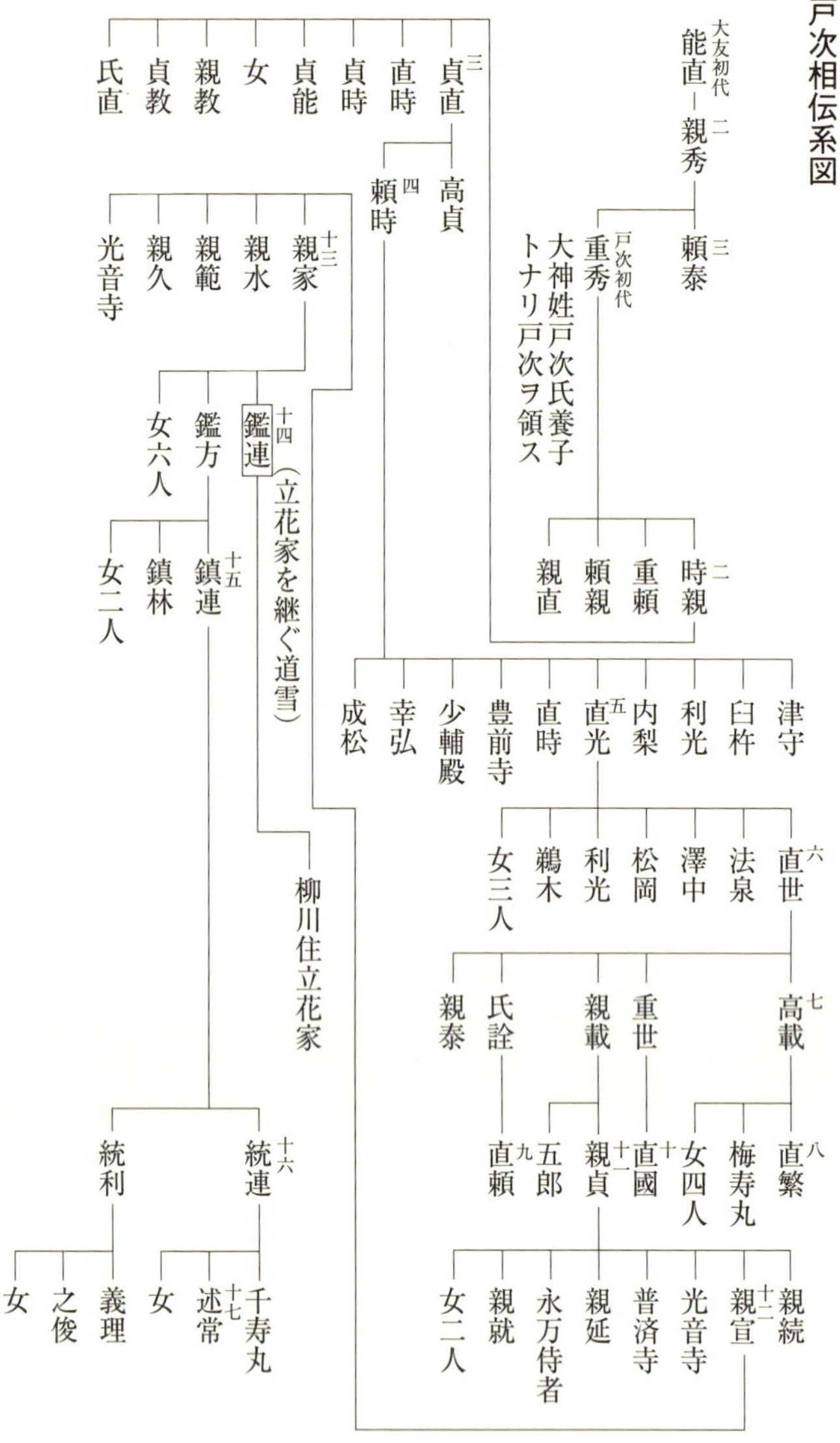

大友初代 能直
二 親秀
三 頼泰
戸次初代 重秀
大神姓戸次氏養子トナリ戸次ヲ領ス
二 時親
重頼
頼親
親直
三 貞直
直時
貞時
貞能
女
親教
貞教
氏直
高貞
四 頼時
津守
臼杵
利光
内梨
五 直光
直時
豊前寺
少輔殿
幸弘
成松
六 直世
法泉
澤中
松岡
利光
鵜木
女三人
七 高載
重世
親載
氏詮
親泰
八 直繁
梅寿丸
女四人
十 直國
十一 親貞
五郎
九 直頼
親続
十二 親宣
光音寺
普済寺
親延
永万侍者
親就
女二人
十三 親家
親水
親範
親久
光音寺
十四 鑑連
（立花家を継ぐ道雪）
鑑方
女六人
柳川住立花家
十五 鎮連
鎮林
女二人
十六 統連
統利
千寿丸
十七 述常
女
義理
之俊
女

部玄蕃助の両人が受取りのため博多万行寺《まんぎょうじ》で立ち会った。その際、道雪は筥崎座主の方清法印をして見物させた。その時、虎の檻《おり》の中に生きた犬、鶏が入れられ、四疋の虎がこれを食い殺すのが目撃された。異国の猛獣を初めて見た博多の人たちの仰天した様子が分かる。

見物が終わると、所司代はじめ座主たちは大師堂（東長寺）に於いて接待を受けたが、その後、博多東西の年寄（町世話人）たちも加わり、箱崎松原で酒宴が催されたと記されている。象はその後、豊後へ送られていった。『豊前覚書』の著者、城戸豊前守清種は、「この象に屋形様（国主、大友宗麟のこと）御乗り成られ候時は、前ひざ折候て乗せ申す事必定なり」と記している。

天正三年五月二十八日、道雪は主君宗麟の許しを得て、ひとり娘の誾千代に立花城督を譲った。後嗣ぎの男子がいないため他家から継がれることを考えての処置であったと思われる。しかし譲ったといっても、彼女はまだ七歳の少女だったから、実権は当然道雪が握っていた。

『立花文書』には、誾千代への譲り状の中に、

「一　立花東西松尾白岳御城督御城領等請、上意御証判七通同為御城属領地可相成証文、御書八通続目御判相添渡事」

と記されているが、当時、立花山上には東、西、松尾、白岳の四城をもって城郭形成がされていたのである。

この譲り状の中には、刀剣、馬具類のほか「御城置物之事」として、城内貯蔵物の明細が記されている。

一　具足　三十領
一　同甲　三十
一　大鉄砲　十五張　小筒　壱張
一　対鑓《やり》　五十本

一　塩砂（塩硝）　千斤（六〇〇キロ）
一　壺　二十
一　鉛　千斤　十四包
一　銀子　十貫目
一　置米　千斛（石）
一　塩倉　弐間ノ参間（六坪）
一　水甕《がめ》　五十幷大樽
一　鞜板《ふみ》　幅一尺、長さ弐間　七百五十枚
一　置薪《まき》　百町につき　百荷宛
一　置縄　百町につき　三十束宛
一　続松　百町につき　十荷宛

以上の備蓄数量はどれくらいの人数を対象にしたものであったのか、また貯蔵庫は一カ所だけでなく、分散して貯蔵されたと考えられる。

一方、千石（一石は約一五〇キロ）もの大量の米を貯蔵できる倉庫は、山上のどの場所に設置されたのだろうか。本丸、曲輪《くるわ》、馬責場《うませめば》、蔵床《くらとこ》といわれる辺りか。いろいろ推考される。仮に米千石（玄米ならば摺り上げによる減量がある。保存には玄米が必要）ならば、兵数千人として米量一人一日一升（一・五キロ）とすれば、一日の消費量は十石（一五〇〇キロ）であり、俵（四斗入、約六〇キロ）にして二十五俵である。千石なら二千五百俵（約一五万キロ）となり、百日分に相当する。また兵二千の場合は、五十日分になる。だが当時の米食依存度の高かった一人一升の消費量を半分（五合、七五〇グラム）に減らせば、いずれもこの倍になる。籠城生活が長期になれば食糧が欠乏してくるので、さらに減らされる。飢えれば戦うこともできず降伏、落城しかない。

立花全城の収容数は、最大に見積っても二千五百から三千であろう。しかし戦時、籠城となれば、家族たちや一般人も加わるので、さらにその数は増加する。また、武器の鑓《やり》五十本、具足（鎧など）、甲《かぶと》の三十宛は、少ないと思われるが、これは無足《むそく》（土地を持たない軽輩の士）のために常備されたものであり、武士たちの分は含まれていない。

この頃までの大友の軍事力は依然として九州最強であり、これを背景にして筑前における大友勢力も振ったが、この後、わずか数年を経ずして、日向耳川の戦いが起こり、これを契機に大友家は衰頽を辿る。道雪、紹運の目覚ましい活躍が始まるのはその時からである。

大友氏と博多商人

天文二十（一五五一）年、大内氏滅亡後、大友宗麟はいち早く当時の国際貿易港であった博多津を掌握した。元亀二（一五七一）年、老臣戸次道雪を多々良川の東方立花山に移して、筑前守護代の重責に任じ、博多津の経営と毛利氏への防衛に当たらせた。

博多津は当時すでに自由都市の性格を帯びて泉州堺と同様に博多年行司《ねんぎょうじ》などの独自な自治組織が確立していて、月役と称し輪番制で町人の代表が選ばれて町政を運営した。大名の統制下に拘束されないで、自由に活躍できるような自然的環境の素地ができていた。それは海外貿易の門戸として極めて恵まれた位置にあったからである。朝鮮、中国や、南方のシャム（現在のタイ国）、安南（現在のベトナム）などへの貿易基地として、海外との交易を通じて先進文化をどこよりも早く吸収できる立地条件をもっていた。珍貴な南蛮製品や、高価な茶器なども博多津の商人たちは容易に入手することができ、それを欲しがっている当時の大名たちへ仲介、斡旋する特権も有したのである。

このような関係が諸大名に対し、行政面における彼らの自治を公認させ、自然に自由闊達な形態を生み、のち十二人衆などによる町政機構が確立して、自由都市としての基盤ができたものと考えられる。

大友氏は、島井宗室《そうしつ》（茂勝）、神屋宗湛《そうたん》、高木宗善《そうぜん》、末次宗得《そうとく》らの博多の有力者たちと進んで関係を結び、これを利用したのである。彼らは永年の家業、酒屋、土倉（質屋）で築いた蓄財を背景に、大友氏の御用商人的性格を帯びて、その資金面でも協力していたことは容易に頷ける。中でも代表格の宗室との関係は密接であった。

『増補訂正編年大友資料』に、天正二年、大友氏博多の島井宗室より銀子百二十貫目を借用す、とある。また『島井宗室日記』の天正三年十二月二十四日の条に、宗麟から銀借用の依頼があって、これに応じたことが記されている。

島井宗室は、宗麟から大友全領内の通行を許され、徴租、諸役も免除されて、そのほかの特権、便宜を与えられた。

戦国末期において宗室と関係を有した大名は宗麟だけに止まらず、肥前鏡城主草野鎮永《しげなが》（原田了栄の子）や、対馬の宗氏《そうし》、筑前五ケ山の筑紫広門らがあるが、立花道雪、高橋紹運との交渉も当然あったものと考えられる。とくに紹運の兄、吉弘宗仞《そうじん》（鎮信《しげのぶ》）が宗室と昵懇《じっこん》であり、のちに掲げる『嶋井家文書』がその消息を伝えているので、あるいは紹運もまた宗室と面識をもっていたことが想像される。いずれにしても北九州の有力諸氏が何らかの関わりをもっていたのである。

これらの商人たちは茶道を媒介として、必然的に中央との交流をもつようになった。一時九州一の大名であった大友宗麟との風流の交わりも階級意識を超えたところにあった。ともあれ宗麟の庇護を受けつつその接触を通じて中央に出るきっかけをつくったのである。宗麟は早くから貿易を通じて堺商人と交流があり、とく

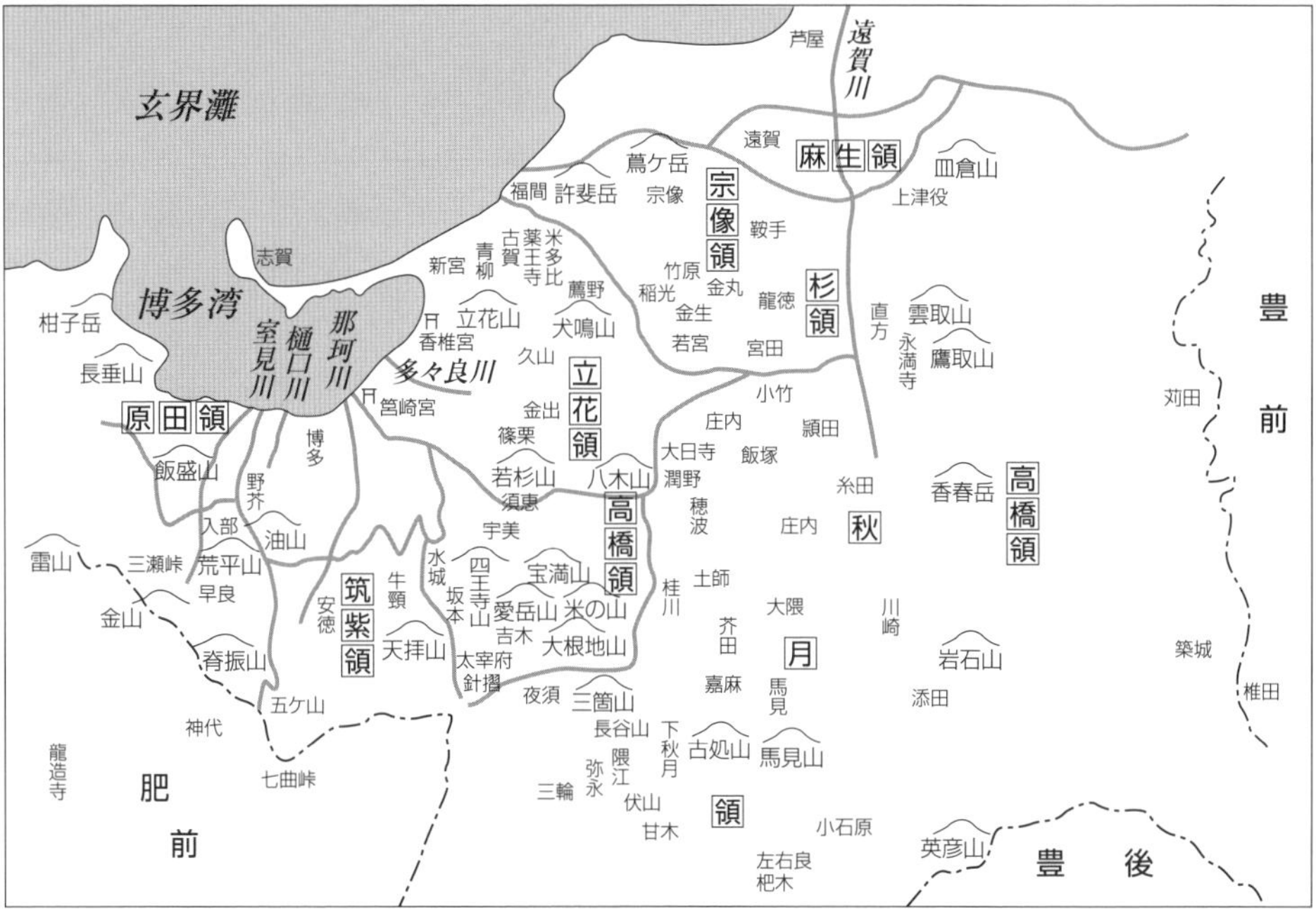

筑前諸氏領図

永禄10（1567）年頃から天正14（1586）年まで

に有力者天王寺屋道叱《どうしつ》らの津田一族とは親しく、宗室、宗湛らもまた、宗麟を通じて堺の有力者たちを知り、その手引きで千利休を知り、さらに明智光秀、羽柴秀吉、織田信長といった当時の実力者に接近してゆくのである。

ところで高橋紹運の兄、吉弘宗仞（鎮信）が宗麟の上意を受けて島井宗室に宛てた長文の書状があるが、これは単なる一個人に宛てた文書だけではなく、そこに含まれているものが極めて社会的に多様にわたっている点で注目されるべきものである。

追而《おって》茶巾《ちゃきん》布《ぬの》一疋送《り》給《わり》候。毎度御懇意之次第大悦《に》候。玄蕃《（綾部）》允在津之条万事節々可《く》二申《し》承《わる》一候間、只今不レ及二多筆一候々々。猶々《なおなお》一儀之事、其方儀下国《げこく》候条能々《よくよく》有二見聞一御思惟《ごしい》可レ然《く》奉《る》レ存候。此外不レ申候。綾部玄蕃允上国砌《みぎり》之細書具《つぶさに》令二被見一珍重候。

一、御分国《ごぶんこく》中津々浦々、殊津内諸（役脱カ）御免之御書之儀重々申調、只令差二進之一候。可レ有二御頂戴一事専一候。忝《かたじけない》上意候間、拙者迄満足此事候。

一、風炉《ふろく》無二異議一下着之次第、重々示《し》給《わり》尤存知候。近日一会《を》可レ被二相催一候哉《や》。御心中察存候。

一、梅岩事、対州迄帰朝候哉《や》。今月其表へ可レ有二渡海一候歟《カ》。千秋万歳候《に》。仍《すなわち》セイタカ出入之儀ニ付而御紙面之続令二承知一候。梅岩心底之趣校量申計候《きょうりょうもうすばかりにそうろう》。

一、自二其方一被二申下一候段、玄蕃允具《つぶさに》申聞候。於二様体一者、細砕《さいさい》口上ニ申候間、玄蕃允被二申達一候。

一、道叱《どうしつ》事可レ被二罷下《まかりくだ》一之由《のよし》、雖《いえども》下被レ成二御書一候上、未二上着一候哉。近日自レ叱も書状到来候つれ共、右之首尾無レ之候キ。併《しかしながら》必可レ有二下国一と楽《しみに》申事候《に》。叱下着候者宗叱可レ有二御上国一之由是又本望候。

一、津中座敷弥《いよいよ》出来候歟《か》。各執心案中《あんちゅう》存《じ》候。拙者津内へ下向之事ハ更難《にく》二事成《り》一候。毎日氈上《せんじょう》ノ猫児《びょうじ》及候間、不レ任二心底一身上、可レ有二御察一候。無二是非一候々々。

一、当殿(大友宗麟)様御一種之御開未二御座一候。於二御興行一者、必可二申入一候。将又《はたまた》道叱一軸之事葉(羽)柴藤吉郎へ者不二相留一被レ返、爰元《こゝもと》へも到来候。就中《なかんずく》□□浦上□(右カ)兵衛尉方被レ致二下向一、天下之沙汰銘々令二承知一候。洛中今程平安之由候之間、乍□□事専一候。

一、貴辺御無事之条可レ有二御心安一候。又自二何方一も珍無二御到来一候、信万(ママ)方今日迄者御静謐《ごせいひつ》之条尤《もつとも》目出候。

一、於二当津中一不慮之篇目出来之通、無二是非一候。但此方載(裁)判中之事候間、閉目《とじめ》之段更気仕(遣)無レ之子細候。併《しかしながら》邪正能々有二御見聞一、玄蕃允へ御密通可レ為二本望一候。猶期二来便一閣《さしおき》レ筆候。恐々謹言。

(吉弘)
九月十九日　宗仞（花押）

宗叱まいる　申給へ

（『嶋井家文書』）

要約すれば、宗叱（宗室）が茶道具に使う茶巾布一疋（布または絹二反。一反は長さ約八・五メートル）を送ったことに対する大友家重臣吉弘宗仞の悦びの心を伝える挨拶から始まり、博多代官綾部玄蕃允《げんばのじょう》への協力依頼や、宗麟から宗叱に対して大友領国内の通行、博多津内の諸（役脱カ）御免（徴租、出役などの課役免除）の上意があったこと。風炉《ふうろ》（茶の湯の席上において湯沸かしに用いる土製、銅製、銀製などの炉）の下着《げちゃく》と、茶会催しのことを聞き、梅岩（天正年間に朝鮮貿易に活躍した人物）の朝鮮からの対州《たいしゅう》（対馬）帰国を尋ね、やがて彼が博多津に姿を見せるであろうから、めでたいことであると言っている。

吉弘宗仞は、主君宗麟の命を受け、博多商人嶋井宗叱（室）を通じて対馬の梅岩に、セイタカ（茶器のセイ（勢）高肩衝《かたつき》のこと）入手を依頼していたと見られ、その出入（計算）については梅岩の心底を校量《きょうりょう》（推察）するほかはないだろう。

また、道叱（堺の豪商天王寺屋〔津田〕道叱のことで、宗達の弟宗及の叔父に当たる）が九州に下って来るだろうから、宗叱も豊後（大分地方）に参るようにと言い、宗仞の博多行のことが困難になったことを「氈《せん》上《じょう》ノ猫児《びょうじ》」と表現して、どうにもならない状況を伝え、主君宗麟の茶会開催の時は必ず連絡すると述べている。また道叱所持の一軸（掛物の書画）をめぐって羽柴藤吉郎（豊臣秀吉）との交渉があったことや、洛中（京都）平安の様子にふれ、宗叱身辺の無事についてどうか安心してもらいたい、信万（誰を指すのか不明）方の静謐《せいひつ》（穏やかに治まる）は目出たいことである、博多津内で起きた事件については目下、豊後において裁判中であり、事件に関係あるものなら密告してもらいたい、という内容である。

ここに記されている天王寺屋道叱は、堺の豪商津田一族として、当時中央にあって三好一族や織田信長、羽柴秀吉らと通じ、貿易だけに止まらず茶人としても有数なもので、一族の宗達《そうたつ》、宗及《そうきゅう》らとともに名声は著しかった。

彼らは商人の目で天下の状勢を的確に把握し、洗練された知識で時代を洞察していたのである。彼らの知識は高度で、地方の小大名などとても及ぶところではなかった。

宗麟がのち天正十四年、島津の侵攻を受けて秀吉に頼ったのも、このような方面からの知識で秀吉の実力を知っていたからである。島津は武辺一筋のため秀吉と戦い、ついに敗れるに至ったことを考えれば、宗麟は豊後にありながら道叱や宗及、また宗室といった当時の文化人と常に交流をもちつつ天下の状勢に通じていたからともいえよう。なお、文中に出てくる茶巾、風炉、軸物、茶屋などはすべて茶道に関係する名称である。

宗麟は、大友氏の商的出先機関で博多津内の最高世話人（あるいは顧問）ともいうべき存在の島井宗室を通じて、照布《てりふ》といわれる上質の布地や、黄繭《きまゆ》からつくられる北絹《ほつけん》という極質の絹地に紗綾《さや》、天目茶碗、対馬さうけ（籠のこと）などの品を求めている。これらの品はいずれも当時の貴重品であり、誰でもが容易に入手することができない高価なものであった。これらの品を容易に入手できる立場にあった博多商人宗室に対して、宗麟は、大名対商人という身分を離れた次元で向き合っていたのではなかろうか。前述の津内諸役御免などの措置も、一商人に対する処遇として破格というよりほかはない。

この書状の差出人吉弘宗仞は、大友三老の一人で加判衆であった国東郡屋山の城主吉弘鑑理の嫡子であり、父の死後大友家の重臣として宗麟を補佐した側近の一人である。本名は鎮信《しげのぶ》（加兵衛、宗鳳とも称した）。本篇の主要人物である筑前宝満城主高橋鎮種（紹運）の兄で、当時、主君宗麟と宗室の間にあって種々斡旋していたことが分かる。宗仞は天正六年九月二十七日、日向高城において島津軍と交戦して壮烈な戦死を遂げている。したがってこの書状の差出年号はおそらく天正初期、それも六年までのものと推定される。

書面の内容からして、当時豊後に在国していた宗仞は、多忙のため筑前へ来ることができなかったものと思われる。おそらく彼は筑前にいる弟の紹運にもこれに関する書状を出しているのではなかろうか、しかし、それらの記録はない。紹運も宗仞の弟として、宗室とは何らかの交流があったと思われる。あるいは宗室が豊後に下向した際に、宗麟や宗仞の伝言などを受けて宝満へ登城したことも考えられるが、そうなると、あの宝満や岩屋への山道を宗室が登っていったことなどが想像される。

戦国大名の中でも大友宗麟は茶道に深い関心を示した数寄者《すきしゃ》であり、とくに名器といわれる茶器に対しては並々ならぬ執着をもち、金に糸目をつけずこれを手に入れた。山上宗二《やまのうえそうじ》記『数寄者名匠集』によれば、井上紹悦が秘蔵していた「茄子の茶入」を宗麟は当時五千貫で譲り受けたという。五千貫は当時米六千石（一石は約一五〇キロ）にも相当し、現在の価値で約二億円以上にもなる莫大な金額である。蒐集癖のある宗麟の異常なまでの茶道具への執心がうかがわれる。

宗室と「楢柴」

このような宗麟であるから、当時宗室が秘蔵していた名器「楢柴《ならしば》」の肩衝《かたつき》（肩が張った茶壺）に対しても特別な関心を寄せたのは当然である。「楢柴」は、その頃「初花《はつはな》」、「新田《にった》」とともに「天下三つの名物」と称され、三千貫の代物といわれた。利休の高弟で秀吉のお茶頭の一人、山上宗二が「数寄の方にはこの壺が天下一歟《カ》」と言って絶讃したという（『茶器名物集』）。

『宗湛日記』は、この「楢柴」の形状を次のように記している。

「ナラ柴肩衝ハ、右付ノ筋二ッ、腰サカッテ帯一、肩丸クナテ候。筋ノアタリニ茶色ノ薬アリ。土青メニ細ク、薬ハツレハ四―五分、底糸切也。ソノ切目ウシロハタニカ、ル。袋ハ白地ノ金ラン、紋テッセン花、カナ地、ヒシ也……」

当時の茶人（武将も含めて）や文化人の間で、この「楢柴」がいかに垂涎の的であったかが分かる。そして秀吉もまた、それを望んだ一人であった。

宗麟はこの名器を手に入れようとして、宗室に再三譲渡するよう自身で懇望し、その条件まで示しているが、さらに宗麟の上意を受けた吉弘宗仞は十二月二十八日付の書翰で、「既御所望之段、自他無レ隠事候間、成就候様、宗叱才覚肝要之通上意候」と、「楢柴」の譲渡を督促している。宗室はこれほどまでの宗麟の熱望にも言を左右にしてついに譲らなかった。

意外にもこの「楢柴」は、のち秋月種実の手に渡った。宗麟でさえ手に入れることができなかったこの名器は、皮肉にも宗麟に徹底的に反抗した筑前の秋月種実の手に帰したのである。種実も前から「楢柴」を熱望した一人であったが、どうしても宗室が手放さないので業を煮やして脅迫し、実力に訴えてでもこれを奪い取ろうとしたので、身の危険を感じた家人たちが、宗室に勧めてついに秋月へ譲渡したという。種実はこの返礼として宗室に大豆百俵を贈った（『博多記』）。

しかしこの秋月も天正十五年四月、秀吉に攻められて降伏し、十六歳の娘と、この「楢柴」を献上して一命を助けられた。秋月助命の陰には、この名器が一役買ったといわれる。

一方、宗麟は茶道だけでなく書画骨董の蒐集家であり、永禄八年、宗麟が病気になった時、宗室が舶来の見舞品を贈ったことに対し、彼にお礼を述べるとともに、さらに宗伯（大賀宗伯）という者が所有すると聞く絵（雪絵、作者不詳）の入手斡旋を頼み、「何とか才覚を以て入手できるよう取り計らってもらいたい」と、宗室宛てに書状を出している（『嶋井家文書』）。

なお宗室と千利休の関係は、道叱や宗及らの茶人との交流を介して面識を得たものと思われる。そして、利休を通じて信長、さらに秀吉との関係が生じてくるのである。

利休は信長の茶堂《さどう》として、今井宗久《そうきゅう》、津田宗及とともに三千石の知行を与えられたが、信長の死後は引続き秀吉の茶堂として仕えた。このように宗麟—天王寺屋道叱、宗麟—宗室、道叱—宗室の関係を軸として、利休—信長—秀吉へと拡がるのであるが、永祿、元亀、天正頃の博多を知るうえにおいて、この関係はとくに注目すべきものがある。

池田河原の血戦

筑前西部の糸島地方は怡土《いと》と志摩に分かれる。志摩は大友領である。怡土の高祖《たかす》城に拠る原田氏は、享祿、天文の頃、興種《おきたね》が大内氏の傘下に入っていた。大内滅亡後は一時大友氏の配下となったが、中国毛利氏の勢い盛んになるとこれと通じて大友氏に抗し、その子隆種《たかたね》（了栄《りょうえい》）の代に至り、周辺の諸城を攻めて、しだいにこれらを収めていった。

元亀二（一五七一）年冬、大友方の志摩地方の郡代職である柑子岳《こうしだけ》城督の臼杵新介鎮賡《しげつぐ》は職を辞して豊後へ帰ったが、代わって一族の臼杵《うすき》進士兵衛《ししべえ》鎮氏《しげうじ》が着任して、郡代職となった。それまで志摩地方における政所《まんどころ》は東西に分かれていて、東の政所は柑子岳城であり、西の政所は親山《おやま》城で日野三九郎が在城していた。奥志摩の小金丸民部や泊統家《とまりむねいえ》、由比《ゆび》大学、元岡右衛門大夫、松隈将監《しょうげん》、馬場越後らが有力な郡士であった。

大友方にとって志摩郡は、早良川（室見川）を挟んで軍事的にも筑前西部の防衛拠点であり、南の龍造寺、神代《くましろ》、西の松浦、波多、東の筑紫ら、反大友側に対する防衛線を形成していた。また、民政的には大友家の出先機関として、地方の租税徴収の任に当たり、その収蔵した倉は「怡土倉《いとくら》」と称された。

新任の臼杵鎮氏は、とかく功を焦って、民心をつかむことができず、原田方よりその隙をつかれることがしばしばであった。元亀三年正月十六日、高祖城の原田了栄は、日頃信仰する今津毘沙門天に参詣したが、このことは柑子岳の臼杵鎮氏の知るところとなり、一隊をもって了栄の帰途を待ち伏せし、これを襲撃させたが、了栄の部下の奮戦で彼を討ち果たすことができず、了栄は無事高祖へ帰城することができた。

同じ月の二十八日、今度は大友方の泊又太郎、馬場越後らの一隊が池田川付近を通過の際、これを探知した原田方が直ちにこれを攻撃したので、池田河原（前原市）において血戦となった。

原田方は、有田、鬼木、水崎、石井、上原、笠、萩原、西原、中島ら、名ある勇士ほか三百騎をもって襲った。たちまち河原で乱戦となり、馬場越後、泊又太郎は討たれ、一族の泊中務少輔《なかつかさしょうゆう》は自殺した。原田方は息もつかせず新手の兵を繰り出して攻めかけるので、さしもの大友方もこらえきれず散々に討ち取られ、首二百六十余を与えて敗走したが、了栄はさらにこれを追って鎮氏を攻めたので、泊の城に駆け入ろうとした。しかし原田の追撃が急で、万策つきた鎮氏はついに郎党二十八人とともに土師《はじ》（前原市潤）の平等寺に入って自刃して果てた。鎮氏の首は志摩郡の郡士西弥八郎なる者が討ち取った。その後、寺内に鎮氏の墓を建て、表に山茶花を植えて臼杵塚と名づけたという。

その後、柑子岳城は豊後より再び木付《きつき》兵部少輔鑑実《あきざね》が入ったが、天正七年冬に至り、開城を余儀なくされて立花へ退いたので、大友の西筑前の一角はここに崩れてしまった。かくして志摩地方四百町は、原田氏のものとなった。しかし原田もまた、毛利の筑前撤退後は新しく勢力を伸ばしてきた龍造寺に圧迫され、その支配下に入ることになる。

戦国の農民

豊臣秀吉によるいわゆる「太閤検地」以前の戦国における武士と農民の区別は明確ではなく、農民（被官、名主《みょうしゅ》、名子《なご》らも含めて）も実力によって武士になることができた。彼らは城の普請《ぶしん》、構築、修理などの設営工作に働かされたり、戦陣における陣夫として使役させられた。また、大規模な合戦ともなれば大量に戦闘に投入され、激戦の中で死んで行くのはこのような雑兵が多かったのである。彼らは「地下《じげ》」とも呼ばれた。

封建時代の農民の耕地に対する関係は、現在の土地所有権のそれとは違い、単に領主から耕作権を認められたに過ぎなかった。そして反面、貢租の義務も負わされていたのである。「百姓株」、「百姓役」といった言葉がこのことを端的に表わしている。

戦国大名や有力領主にとって農民はかけがえのない戦力であり、また領国の収入源でもあった。争乱の世に

臼杵塚（前原市潤・真清水観音境内）

勝ち抜くためには、統率された軍事力とともに、戦力の源泉である食糧生産を担う農民をどのように支配するかが領国経営の条件であった。

天正十七（一五八九）年、徳川家康が出した掟に、「陣夫は二百俵に壱疋壱人」としてあり、年貢《ねんぐ》高に応じて人馬の供出を命じている。

『旧典類篇　田制篇』七巻によれば、室町末期には田地一千歩で一貫高とし、六貫高をもって軍馬一疋の供出を割当てたとあるが、おおむね千八百歩（五反）をもって一貫とするものが多かったようである。しかしこれは地方によって差異があり、筑前内野村の『済民草書』には一貫の土地は旧一町の三千六百歩を指し、六貫高の者は騎兵一、頼卒《らいそつ》（小者）二を出し、百貫の所領の者は騎兵十人、頼卒二十人を出すとしている。

その後次第に物資の流通が盛んになるにしたがって、その便利さから田地からの貢租の方法も物納（米及び畑作）から銭納へと変わり、十五―十六世紀には耕地による収入の規模を「貫高」でいうようになった。これに対する貢租の銭納を「分銭《ぶんせん》」と呼んだ。

当時の銭貨の単位は、一疋が十文で、一貫文は千文である。米一石（十斗＝一五〇キロ）が一貫文といわれ、現在の価格で五万四千円―六万円である。米一俵（摺米三斗五升＝約五二キロ）が、普通三百―三百五十文。麦は百文が相場であった。また、作人負担率（田租）は四公六民が普通で、時代の変化で五公五民になったりしたが、戦時では軍費の賦課が増え、労力負担までさせられたので、農民たちは天候の影響とともに所得の半分以上は納租になったといえる。

一方、領主にとって、仮に所領五千貫ならば、米価五千石であり、現在の価値で二億七千万円―三億円。このうち半分を税として取り上げれば、約一億四、五千万円程度となる。

しかし所領高に応じての家来の給与、天候による不作や、不時の出費、戦費などを考えると、領主の経済面は、一部を除いて案外苦しかったと思われる。そのため、戦力源となる農民たちに対しては最大の神経を使い、領内の農地を捨てて勝手に他国へ逃散《ちょうさん》したりする者を防止するために、いろいろ施策を用いたり、重罰をもって臨んだりした。農民愛護の陰には「掟《おきて》」という厳しい鞭《むち》があった。

天正二（一五七四）年十月二日、立花道雪が糟屋《かすや》、席田《むしろだ》の領民に発布した条例の中に、

南伐平定未だ幾年を知らず。多く糧食を貯え二、三歳《（年）》は支え可くしむべし。（中略）他事問わず、すべからく収貯に務むべし。糟屋、蓆田収獲すでに畢《おわ》るを俟《ま》ち盧《ろ》（仮屋）を作り、分に随い貯蓄し、速やかに輸《はこび》城に入り、去年為《な》す所の如く。所司務めて管内を諭《さと》し、稽滞《けいたい》得ること莫《なか》れ、若し命を用いず逃亡せば、永く封内に居るを聴《ゆる》さず、擅《ほしいまま》に還る者は軒《（ママ）》る。

（『橘山遺事』原漢文）

とあるのを見ても、戦時下領内の食糧貯蓄を命じ、命に違反し逃亡する者には断固とした厳罰をもって臨むなど、厳しい姿勢がうかがわれる。

だから一たび合戦になると、「狩り手」といって敵方の耕地に入って収穫前の稲や農作物を（時には家畜なども）根こそぎ刈り取って運び去り、農民を物心両面から痛めつけることもある。いわゆる「青田刈り」である。

『橘山遺事』に、天正十一年四月八日、筑紫広門の兵が那珂郡に乱入して青麦を刈り取ったので、立花より駆けつけてこれを追い払った、その際、道雪の家臣竹原藤内が敵に取り囲まれて危うく見えた時、藤内の従者

七郎兵衛が主人を助けようとして左股に傷を負った、とある。

汗にまみれて耕した作物を敵方にごっそり持って行かれたのではたまらない。そのため合戦の情報が入ると、収穫期を待たずに刈り入れすることもあった。

筑前国の耕地面積は十六世紀末頃では約三万町歩で、石高にして約三十四万石余であったとされている。

十五世紀以降、領主の苛政に対して農民が団結して対抗した組織があったが、これを「惣《そう》」といった。また、村内の自治に類した「自検断」という組織もあって、村内で起こった犯罪を村内で処理したこともあった。

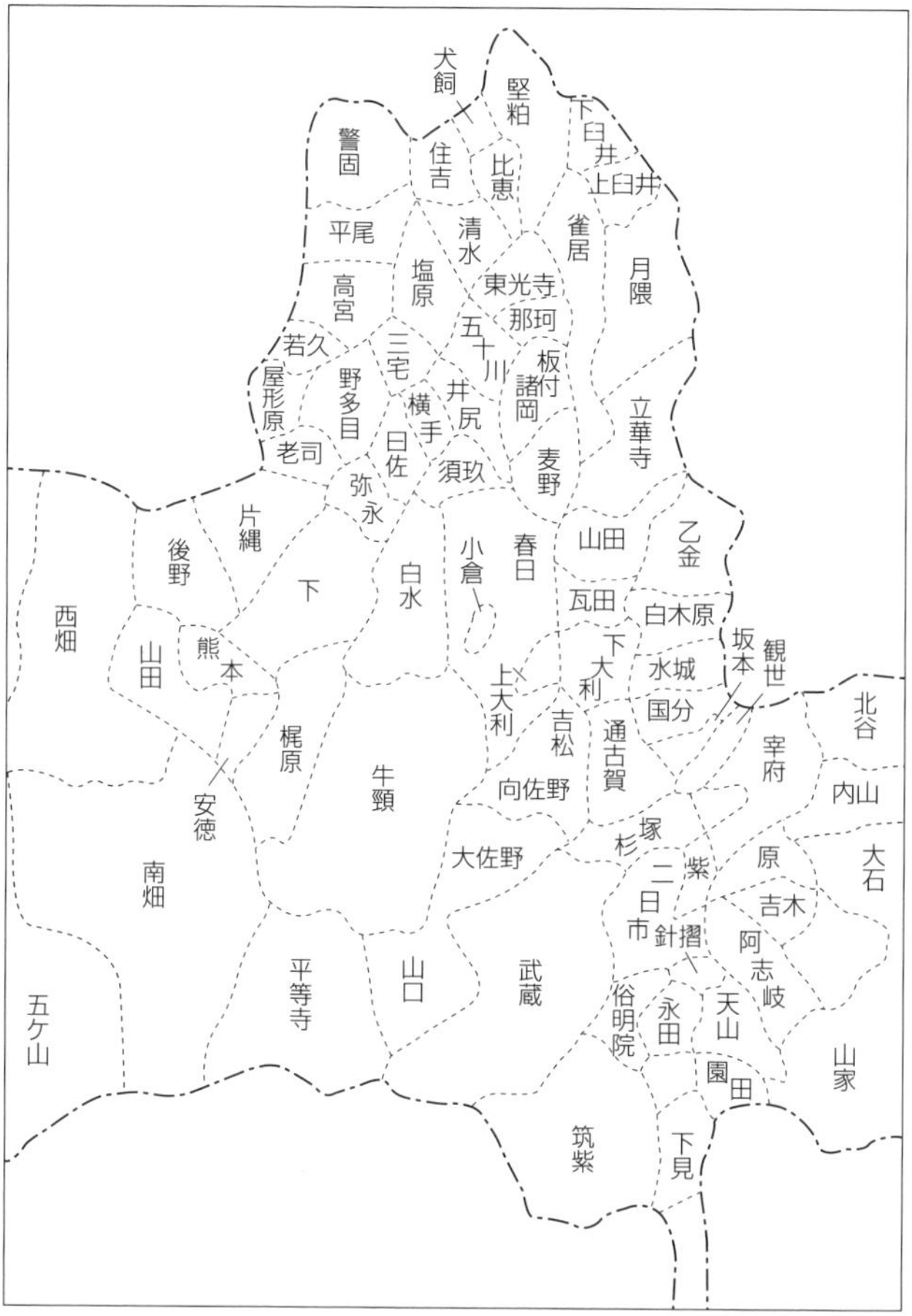

天正年間の村界図（那珂郡・席田郡・御笠郡）
（「天正指出帳」による）

しかし、豊臣秀吉による天正の「検地」、「刀狩」以後は士、農の区別が明確になり、戦国の頃のように武士が農耕に従事するということがなくなったのである。そして、それまでの貫高を石高に改めて統一した。

大友の衰退

日向侵攻、耳川の戦い

その頃、島津は隣国日向の伊東義祐《よしすけ》、祐兵《すけたけ》父子と戦い、天正五（一五七七）年、これを破って、その居城、都於郡《とのこおり》、飫肥《おび》城を奪い、伊東勢力を日向の地から一掃した。義祐は大友宗麟《そうりん》を頼って豊後へ逃れた。義祐の子義益の妻は宗麟の姪である。

当時、宗麟は九州最大の軍事力を有し、六州の大守と称されて、自他ともに認める大大名であった。一方、島津は薩摩、大隅、日向の南九州一円を手中に収めて、その勢力はようやく強大になってきた。この両者は早晩激突する宿命にあったのである。

一方、肥前の龍造寺隆信《たかのぶ》もその勢力を強めていたが、筑前での立花道雪《どうせつ》、高橋紹運《じょううん》や小田部、大鶴、臼杵ら諸将の活躍により、この方面では直接脅威を受けてはいなかった。

しかし、伊東によって日向の防衛線を支えられていた大友は、その突っかい棒が外されて直接攻撃の危険にさらされることになった。それまで大友方であった県《あがた》（延岡）の城主土持親成《つちもちちかしげ》もこの時、島津に寝返った。

怒った宗麟は三万の軍勢を向けて、これを攻め滅ぼしてしまったが、島津からは土持に対して何ら救援をしなかった。島津の出方を見ていた宗麟は、兵を出そうともしない相手の戦力を侮り、「宿敵島津を攻める好機」とばかり立ち上がった。「島津征討よりも国内の整備が先決」と諫める老臣たちの意見を斥《しりぞ》けて、四万の大軍を動員、日向路を一路南下する。この間、彼は正妻奈多夫人と宗教上の対立から離婚している。天正六年七月、宗麟は日向進攻直前、臼杵の教会で洗礼を受け、ドン＝フランシスコと名づけられた。ザヴィエルから入信を勧められてから二十七年目であった。宗麟、時に四十九歳。

彼はこの戦にバテレン（宣教師）のカブラルや、イルマン（修道士）のアルメーダらを同行し、妻子までも引き連れていった。そして進軍の途中、入信の証《あかし》をたてるように、在来の神仏を破毀《はき》して憚《はばか》らなかったといわれる。

八月十五日、延岡北方一キロ余りの務志賀《むしか》（無鹿とも書く。延岡市）に入って、ここを本陣とした。宗麟はここでバテレンたちと礼拝にふけり、彼の周囲からはオラショ（お経）が流れ、神社仏閣の代わりに教会が建てられた。だが、大友家臣や出陣している各国の将士たちは神徒や仏教徒が多く、進軍の途すがら自分たちの信仰の対象である社寺を破壊して通るなどとはこの上もない悪行であり、これに恐れをなす者も出てきて軍中が動揺し、そのため士気阻喪《そそう》するという事態を生んだ。

だが、フランシスコ宗麟は、このような将士の動揺に目をやるよりも、島津征服のほかにもう一つ、日頃信仰するキリスト教による「愛の王国」をこの日向の地に建設しようとする壮大な夢を膨らませていた。もともと宗麟のキリシタン信仰は南蛮貿易の利や、鉄砲、石火矢（大砲）の近代兵器を求めての欲望から始まったのであるが、そのうち次第に彼の信仰は本格的になり、その最高に昇華したのがこの日向出陣前の洗礼であった。

さて、大友、島津両家の火花をこの一点に集めた耳川《みみかわ》で両軍が激突したのは天正六年十月のことである。九州山脈の水を集めた耳川は、途中に嶮しい峡谷をつくりながら東流して、児湯《こゆ》郡美々津《みみつ》北方で日向灘に注ぐ。さらにその南方に島津義久の将山田越前守有信《ありのぶ》が守る高城《たかじょう》があり、城下を小丸《おまる》川の本支流が流れている。

「耳川の戦い」とは、大友、島津両軍の高城をめぐる小丸川一帯の主戦場での戦いと、追撃戦が行われた耳川下流の二次戦を総称して言うのである。

高城攻め

八月末に行動を起こした大友軍は、左右前後三段備えに陣形をとり、先陣の両翼を吉弘、斎藤の隊列で固め、中後陣に田北、佐伯、臼杵、一万田《いちまだ》、吉岡、木付、小佐井らの諸将を当て、その勢はおよそ二万余騎、また田原紹忍《じょうにん》を搦手《からめて》の大将として二万余騎を向けた。かくて大友軍四万余の大軍は一路南下した。この時、大友進撃の情報を得て、これを迎撃する島津家久は急ぎ北上して耳川の線で佐伯宗天の軍と遭遇したが、敗戦して小丸川南方の財部《たからべ》（高鍋）城に逃げこんだ。この戦いに気をよくした大友勢は、九月十八日、第一目標地点の高城に進み、これを包囲した。

高城は宮崎県児湯郡木城《きじょう》町にあり、若山牧水の歌で知られる尾鈴《おすず》山（一四〇五メートル）の尾根が南にのびて平野に突出した台地の上にあり、山裾を南と西に小丸川とその支流の切原《きりばる》川がめぐり、北は森林、東西南の三方は数十メートルの絶壁で、天然の要害をなしている。かつて伊東氏四十八城の一つであったが、天正五年、島津氏が占領して以来その領有となり、義久の信任厚い山田有信がわずか五百の小勢でこの城を守っていた。

大友軍はこの小城をひともみにせんと襲いかかったが、何しろ要害堅固でどうしても落ちない。この時大友軍は、高城から五〇〇メートルのカンカン原に「国崩し」といわれる石火矢（大砲）を据えて城中に打ちこんだ。日向で大砲が使われたのはこれが最初であろう。『吉弘文書』に、「去廿日至高城諸軍取懸小屋以下悉打崩勝利之次第預注進候」（『福岡県史』所収一巻下八一一頁）とあり、城将山田有信以下五百余は、寄せ手の大軍を前に一歩も退かずよく守ったので、城は容易に落ちなかった。

しかし攻防一月にも及んで糧食尽き、さすがの堅城も危うくなり、落城は目前に迫ってきた。「高城危うし」の知らせを受けた義久は、高城を失えば島津全領土の喪失に繋がるとの悲壮な決意で、直ちに二万五千の兵をもって救援に向かった。この出兵に際して、大友の大軍の前に薩摩全土の兵の不足を補うため、やむなく「下は十五歳より上は六十歳まで」の動員可能な男子を軍兵として徴集したほどである。薩摩本国はまさに空っぽとなった。肥後の相良義陽《よしはる》は、この隙に薩摩へ攻め入ろうとしたが、島津の部将大口城主新納《にいろ》忠元《ただもと》のため撃退されて、八代へ逃げ帰った。

また、肥前の龍造寺隆信はこの時、島津本国を攻めようとはしなかった。当時九州で数万の大軍を動かすことができたのは、島津、大友以外は龍造寺だけであり、大友、島津の激闘の間隙を縫って、漁夫の利を占めるにはもってこいの機会であったのに、兵を動かすことなく、これから六年後の天正十二年に隆信は島津と交戦して、島原で戦死する。

十月二十二日、高城南方の佐土原《さどわら》に入った島津義久は、ここを本陣として、小丸川を挟んで高城救援の布陣をとった。この高城攻防戦で吉弘鎮信《しげのぶ》（宗仞。紹運の兄）は戦死している。

大友軍は、高城の囲みを解いて支流の切原川北東の線まで後退し、川の北岸に布陣。十月二十七日、河口より北東一帯にかけて移動した。このため島津軍もこれを邀撃《ようげき》するため、十一月五日、小丸川の南岸に達した。

大友敗戦

合戦は十二日未明卯《う》の刻（午前六時）より始まった。これに先だち大友陣中では作戦会議が何度も開かれたが、部将たちの間で意見が対立した。佐伯宗天や軍師角隈石宗《つのくまませきそう》らは、肥後口からの増援軍が到着するまで待つべきであると慎重論を主張した。彼らが待つ増援軍とは南郡衆（豊後南部の志賀、田北、戸次らの有力城主たちを指す）のことである。南郡衆は西廻り肥後口から島津軍の背後を襲う手筈になっていたが、最初からこの戦いに気乗りせず、田北鎮周は非戦論の急先鋒だった。だが、彼は総指揮官田原紹忍から東廻りの主力軍の先鋒を命ぜられ、対立した感情を戦場に持ち越すことになった。結局、南郡衆は肥後でもたもたしていて戦場に間に合わなかった。これに対し、先鋒の将田北鎮周《しげかね》は敵陣攻撃の積極論を展開して譲らず、同調する部将たちと共に軍議は二つに割れ、その統一を見ないまま戦いに臨むことになった。

まず未明、川上にあった田北鎮周軍が行動を開始、一斉に渡河しはじめた。霜月の水は身を切るように冷たく、寒風凛烈《りんれつ》として将兵の肌を刺した。田北隊が渡河するのを見た佐伯宗天は、「田北に出し抜かれたか、急げ」と下知し、自軍を指揮して川下を一気に押し渡ろうと馬を水中に乗り入れ、島津陣へ攻め寄せた。

待ち構えていた島津軍は、これを迎撃してたちまち激戦が展開された。大友方は緒戦で島津の前衛、本田、北郷《ほんごう》らの部将を討ち取り、勝ちに乗って退却する敵勢を追って川を渡り、根白坂の島津義久の本陣を攻撃しようとした。大友軍は、すでに深追いしすぎて島津の戦略にはまっていた。

この時、それまで南岸で待機していた義弘（義久の弟）は、渡河してきた大友勢に向かって一斉に銃を発射させ、崩れ立つ敵の横間目がけて突撃させた。この横入れで、優勢だった大友の先陣が崩れ、乱戦の中で田北、佐伯の両将は討ち死にした。一方、島津方も多くの犠牲者が出たが、次第に態勢を有利にして、大友の隊形を分断して各隊を孤立させていった。

島津義久はじめ義弘、歳久、家久の四兄弟は、連繋して三方から敵勢を包囲して一丸となって猛撃した。ついに大友の諸隊はバラバラに崩れて敗れ、逃げまどい、悲惨な状態となって極寒の河中に折り重なって倒れていった。「人馬の死骸河原の石よりも多し」（『九州治乱記』）とあるように、酸鼻《さんび》を極めた。

高城で惨敗した大友軍は、さらに退却途中の耳川下流の美々津付近でも島津軍の追撃を受け、多くの死傷者を出して豊後へ敗走していった。

後日、島津義弘は、その自伝『維新公御自記』に「彼の盛《さかん》な豊州の軍衆は無双の強敵たりと雖も、宿運の窮《きわま》る所為《せ》ん方無くて、古川（小丸川）に崩れ入り、人馬折重り不測の淵を埋《う》む」と記している。

この戦いで、大友軍に参加してお家再興の命運を賭けて戦った伊東の旧臣たちも戦場に散った。また、筑後

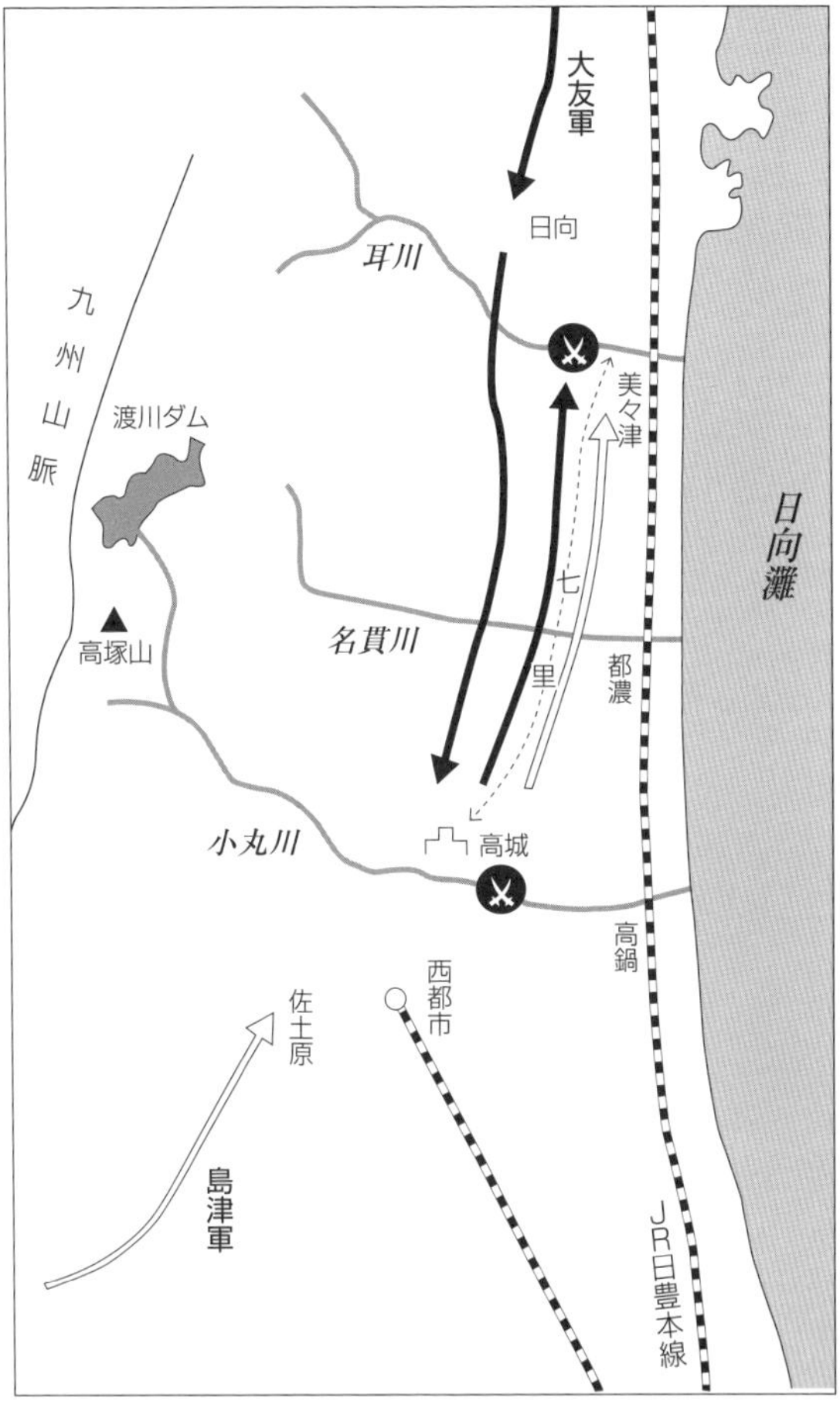

耳川合戦（天正６年11月12日）の想定図

勢を率いて従軍した柳川の蒲地《かまち》鑑盛《あきもり》は、残った部下五十人と共に壮烈な最期を遂げた。敗戦の大友側は主な大将十一人が戦死。三老、七族といわれる大友家の大切な家臣たちを失った。

この敗報が務志賀の本営に届いた時、総大将の宗麟はバテレンたちと祈禱にふけっていたという。宗麟らは島津軍の追撃から逃れて十一月十四日、臼杵へ帰還したが、途中食糧に困り、バテレンや従者たちも、ろくろく食にありつけず苦難の逃避行であった。

この耳川の戦いで大敗した大友の敗因は、何といっても総大将の宗麟にあろう。彼の部将たちに対する統率力もなく、総指揮を委《まか》せた田原紹忍に信望がなかったことや、家臣団におけるキリシタンと仏教信者の対立、開戦前に行った正室奈多夫人との離婚、神仏を破毀したりして将兵の心情を不安にして士気を阻喪させたこと、さらに、来るべきはずの南郡衆ら増援軍が宗麟への不信から戦いに参加しなかったことなど、大友家内部崩壊の要因を抱えたまま無謀な戦争を行った。

一方、島津は義久はじめ四兄弟が祖国存亡の危機感をもって背水の陣をしき、軍の先頭に立って上下一丸となって戦った。異教に心を奪われ、武将としての心構えを忘れた宗麟とは、すでに戦う前から明暗を分けてい

宗麟原供養塔
（宮崎県児湯郡川南町）

たといえよう。

『田北史料考』によれば、この戦役で田北領の山香《やまが》郷（大分県杵築市山香町）より出陣した男子は青壮年のほか初老までもほとんど徴集されて戦没し、帰国した者はわずか数名であったという。いかに耳川戦が悲惨なものであったかを物語っている。また、夫を失ったこれら豊後の未亡人たちは、「豊後後家《ごけ》」と呼ばれて苦難の道を歩かねばならなかった。

　豊後の儒者三浦梅園《ばいえん》は、「耳川の役にもし臼杵鑑速《あきすみ》、吉岡宗歓が生きてあるか、戸次道雪が豊後にいたなら、このような浅ましき敗戦はなかっただろう」と言って痛嘆している。一方、筑前の高橋紹運もまた、豊後の兄吉弘鎮信や、義兄斎藤鎮実をはじめ一族の者たちを耳川戦で亡くした。現在、「宗麟原《そうりんばる》」または「カンカン原」といわれる大友陣地跡には、天正十三年、島津の将山田有信が建てた敵味方戦死者供養塔がある。

　この戦いで多くの人材を一挙に失った大友家は、それまでの九州一の戦国大名の座から転落して衰退して行く。これを契機に各地の城主たちは大友から離反し、島津や龍造寺へ付くようになり、九州の情勢は急変する。特に龍造寺隆信は、今山合戦後、肥前国内の反抗勢力を降し、さらに筑後へ進出。また肥後にも出兵の企図を抱きはじめていたが、大友敗戦をきっかけに、ますます攻勢を強めるようになる。

　一方、筑前では秋月、筑紫、原田、宗像、麻生ら、筑後では星野、草野、蒲池、河崎、黒木らが、龍造寺と結んで残存の大友勢力と対抗する。そのため筑前西部の大友方の拠点柑子岳《こうしだけ》城を守っていた宗麟の将木付鑑実《きつきあきざね》も、高祖《たかす》城の原田信種に追われて立花城へ逃れた。今や斜陽の大友家を支える者は、筑前においては立花城（新宮町）の戸次鑑連（道雪）、宝満、岩屋両城（太宰府市）の高橋紹運以下わずか数城だけとなった。

筑前各地の戦い

柴田川の戦い

耳川敗戦後、大友に対して各地で反旗が翻ったが、筑前においてまずその口火を切ったのは古処山の秋月種《たね》実《ざね》である。彼は基養父《きやぶ》の筑紫広門《ひろかど》とともに龍造寺隆信《りゅうぞうじたかのぶ》に呼応して立ち上がり、北九州及び筑後の一部にも勢力を伸ばし、生葉の井上城主問註所鑑景《もんちゅうしょあきかげ》を味方に引き入れ、さらに八女の星野中務大輔吉実《よしざね》をも配下に入れるという目ざましい活躍であった。そのため大友陣営は、筑後では矢部の五条氏と生葉の長巌城主問註所統景《むねかげ》のみとなってしまった。『豊前覚書』によると、

> 天正六戊寅年、大友義統様日向ニ被召掛御敗軍被成ニ付而、筑前、豊前、肥後、筑後、豊後之儀者不及申皆以打死被成候、筑後守護蒲池宗雪御座被成ニ付而、筑後ノ国衆高信（龍造寺）ヨリ手ヲ入被申ニ付而一身同心ニナヒキ高信豊州へ御敵被申候、左候へハ肥後、豊前ノ諸大将御敵ニ被罷成紹運、道雪御両人様計御味方ニ而御座候間、国々ノ衆宝満、立花へ右御敵之衆攻申由風聞申ニ付而、天正六戊寅年十二月朔日ニ宝満、岩屋、立花へ罷上り致籠城候、

とあるように、耳川敗戦後、大友から離反した肥筑の諸将は龍造寺高（隆）信に付いて敵となり、情勢は緊迫

筑紫野市針摺付近より宝満山を望む

する。戸次、高橋の両将は天正六年十二月朔日、秋月、筑紫らの来攻に備えて立花、宝満、岩屋の防備を固めて臨戦態勢に入った。この時、筥崎座主方清は、これを援助するため手兵四百余人を率いて立花城に入った。

一方、秋月の将、秋月種実はまず宝満、岩屋城を攻めんとして、肥前の豪族綾部駿河守《あやべするがのかみ》、秋月の将、内田善兵衛、横田讃岐守《よこたさぬきのかみ》、上野四郎右衛門、木所刑部之丞《きしょぎょうぶのじょう》、長谷山民部少輔《はせやまみんぶしょうゆう》、熊谷修理《くまがいしゅうり》、芥田惣兵衛《あくたそうべえ》ら四千人を率いて筑前御笠郡天山《あまやま》（筑紫野市天山）の柴田川（別名蘆木《あしき》川）に陣を敷いた。また筑後生葉郡（うきは市）の井上城主問註所治部少輔鑑景も秋月加勢のため手勢一千余を引き連れてこの戦いに加わった。

紹運はこの状況を見て直ちに立花山の道雪に急を報じ、駆けつけてきた道雪の軍勢とともに御笠郡針摺峠《はりすりとうげ》（筑紫野市針摺）に打って出て、柴田川を挟んで対陣した。

戦は矢戦より始まって銃撃に移り、やがて両軍水中に分け入っての大乱戦となった。秋月勢に比べ、高橋、立花勢は小勢であったものの将兵よく勇戦したので勝敗は容易につかなかったが、兵略にたけた両将は敵を誘って次第に兵を後退させはじめた。「敵は退きはじめたぞ。それっ、追い討ちせよ」と種実は将兵に急追を命じた。

多勢を誇る秋月勢はこの虚に乗じて前後の兵を一つにまとめ、大友勢を追って二日市を越え、片野を過ぎ、やがて太宰府の街近くまで追ってきた。

この時ようやく暮色が迫ってきたので、秋月の将問註所鑑景は種実に向かって、「夜中不案内の適地に深入りすることは危険である。ここは一旦退き、兵に休養を与えて明日に備えられよ」と勧めたが、種実は「今、せっかく敵の城下に足をふみ入れながら、あと一押しのところで退くことは反って敵に休養を与え味方の攻撃に支障を来すことになる」と言ってこれを斥け、なおも兵を強引に進めた。

紹運はこのことを計算して充分に敵を隘路に引き入れておき、その将由布美作《ゆふみまさか》、小野和泉《いずみ》、綿貫左三兵衛《わたぬきさささべえ》、竹迫進士兵衛《たかばししべえ》、成冨左衛門尉《なるとみさえもんのじょう》らに精兵二千人余を指揮させて道路の陰に伏せさせ、時分をはかって一斉に鬨《とき》をあげてどっと前後より襲撃したので、不意をつかれて狼狽した秋月勢はたちまち崩れて態勢を立て直すひまもなく、なだれをうって城下から敗走しはじめた。

紹運、道雪はこの機を逃さず急追し、成富、綿貫らは真っ先に突き進んでそのまま種実の本陣目がけて突入した。秋月方も長谷山、熊江、芥田、恵利らの勇士が必死に戦ったが、勝ちに乗じた大友勢のため次第に敗れて、ついに柴田川の線まで後退した。この時、二日市、針摺の間にあって数流の旛馬印が夕暮れの風に乗って翩翻《へんぽん》と翻っているのを見てぎょっとした秋月方は、これはてっきり大友の援軍が到着して秋月の退路を断たんとしているものと思いこみ急に恐れをなし、浮足立って夜須郡弥永に向かって遁走した。

退却の際、秋月勢は火を太宰府の人家に放ったため火炎が飛び散って、安楽寺天満宮に燃え移り、神殿、楼門、廻廊、末社などまでことごとく灰燼《かいじん》に帰した。宮司勾当坊栄重《こうとうぼうえいじゅう》は秋月の暴虐非道を憤り、自らの身体を神殿の柱に縛って燃えさかる炎の中で絶命した。

このため、満盛院快真《まんじょういんかいしん》、昌宝坊らの社僧たちが一時御神体を奉じて夜須郡に逃れ、栗田村（筑前町栗田）の老松《おいまつ》社に遷座した。

『太宰府神社寺主記録』（太宰府神社旧社家梅岡氏蔵書）に天正六年十二月三日、秋月種実の士卒、社檀を焼亡、種実恐怖而社領悉返進期而造営社檀云々とあるが、のち、神罰を恐れた種実は火を放った部下を捕え、これを自殺せしめて罪を謝した。

この間の消息を『満盛院文書』が伝えている。

返々急度可有御越山候尚々稠期所之儀可申付候間、定而可為顕然候矣、預御飛脚候、仍御宝殿、手之者懸火候、不及是非候……

種実

満盛院御報

この戦いで高橋、立花勢が挙げた秋月方の首級は三百余級に及んだ。敵兵が引き去る途中に旗馬印を立てさせて援軍の到着と敵に思わせた紹運の計略が図に当たったのである。『筑前国続風土記』は、「秋月方の勢、豊後より後責の旗と見しは紹運智謀ある大将にて、敵を近辺に陣とらせじとの計略にて虚旗を立ておかれたるとぞ聞へし」と記している。

年が明けて天正七年一月十一日、豊後にあって宗麟は嫡子義統《よしむね》に家督を譲り、併せて九州探題職をも譲った。耳川敗戦による家中の気分刷新を図ってのことであろう。齢五十、ようやく初老に達した宗麟であったが、耳川敗戦後の難局に対応しつつ、家督を譲っても依然として実権を握っていた。そのため大友家は二頭政治が行われるようになる。

筑紫・秋月、岩屋を攻む

同年一月中旬、再び秋月が基養父勝尾城（鳥栖市牛原町）の筑紫広門と連合して岩屋城下へ攻め寄せてくるという知らせがあったが、紹運は城中にあってこれを聞くと冷笑して、「秋月、筑紫の小勢がやってくるといってもどれほどのことがあろうか。もし攻めてくれば全力を挙げて討ち取るばかりだ」と少しも揺るがなかった。

間もなく秋月、筑紫の連合軍合わせて五千余人の大軍が岩屋の城下近くまで押し寄せてきた。この時、城代屋山中務《なかつかさ》（三介、種速《たねはや》）は城兵を率いて勇敢に打って出て、敵を散々に追い散らして岩屋へ引きあげた。紹運は屋山三介に対してその比類なき軍功を賞し、左のような感状（坪付）を与えている。

今度不慮之弓箭令㆓出来㆒、秋月、筑紫、自身両度取懸候処、岩屋麓被㆑遂㆓防戦㆒、敵数輩仕付被㆑得㆓大利㆒候、殊更各地盤故、両御城堅固候之条、被㆑対㆓公私㆒御大忠無㆓比類㆒候、必可㆑達㆓上聞㆒候、先以筑後三原郡田中村之内十五町、並役職板付之内四十町、穂波郡ノ内百六十町進㆑之置候、恐々謹言

天正七

正月十八日　　高橋鎮種入道

紹運（判）

屋山三介殿

（『大友家文書録』）

この戦いにおいて高橋と筑紫の家士の間に次のような挿話がある。

元来、高橋と筑紫の領地は隣接していて、両家の兵士は里々に住んで平時は互いに密接な交際をしていたが、高橋の家士中島右京と筑紫の家士帆足五郎兵衛はことに親密な仲であった。いつか主家のために互いに戦場で刃を交える悲しい運命を思い、ある一夜、互いに酒を汲み交わしながら今生の名残りを惜しんだ。

「今日ここに我ら心おきなく酒くみ交わしているが、明日は互いに敵味方となって主君のために働かねばならない。乱世のならいとはいえ、互いに心を知る者としてまことに世の無情を嘆くばかりだ」と言って堅く手をとり合って哭《な》いた。

この言葉通り、この戦いで二人は二日市付近の戦場で奇しくも遭遇し、一兵士として私情を挟まず互いに死力を尽くして激闘の末、帆足はついに中島右京に討たれた。

豪勇関内記

また、この戦闘で紹運の臣、関内記は従者に薙刀《なぎなた》を担わせていたが、どうしたはずみかその鞘が外れて、刀刃がたまたま隣にいた実淵勘解由《みぶちかげゆ》の顎《あご》を誤って傷つけた。勘解由は大いに怒り、内記はしきりに謝ったが、どうしてもこれを聞こうとしなかった。この時、内記の父善虎がやって来て深く詫びたので、実淵の怒りもどうやら解けた。

善虎は城壁に上り、眼下に筑紫の兵を望むと、内記に向かって、「敵が侵入してきているというのにこれを斬ることができないで、かえって味方を傷つけるとは何ということだ」と激しく叱責した。内記が、「これは全く薙刀を持たせていた従僕の誤りによるもの」と弁解するのを、「従者の誤りは主人の誤りである。いまだ敵の刀に接しないうちに薙刀の鞘を抜くなど言語道断のことである」とさらに深く警《いまし》めた。

内記は年少であったが、かねてより勇猛果敢をもって知られていた。この父の言葉にいたく憤激すると、その薙刀をとるや否や直ちに城を駆け抜け、真っ向から敵陣に向かって突っ込んでいった。従者も遅れじとこれに続いた。「それ、内記を殺させるな」と、これを機に城内より一丸となって槍を構え内記の後を追って敵陣へ斬り込んだ。

筑紫方は不意をつかれ、その鋭鋒に辟易して退きはじめた。大将広門は、この様子を見ると陣貝を吹いて引き戻し戦わせた。

内記は、太宰府の幸の橋（『太宰管内志』によると榎寺の近くとある）でこれを迎撃したが、何しろ左右の道は泥田で並進することができず、両軍わずかに兵十人ばかりを出して戦った。内記は薙刀をとり、たちまち筑紫の兵を斬り倒した。

この時、筑紫方で豪勇をもって聞えた土肥半左衛門（当時十八歳）が駆け寄ってきて内記に斬りかかり、その鋭い切っ先が彼の股から膝までを斬り裂いた。これを見た内記の兄平兵衛が激昂して渾身の力で半左衛門の冑を斬り破ったので、半左衛門もたまらずついに退いた。

内記は負傷したが勇気ますます振い、当たるを幸いに敵を薙《な》ぎ倒した。彼の従者も先ほどの汚名をすすがんとして内記とともに大いに奮戦した。この勢いに筑紫勢はたまらずどっと退却した。

内記はようやく刀を杖にして引き揚げてきたが、その豪勇ぶりに皆感賞してやまなかった。この時内記と戦った半左衛門は、のちに筑紫家を辞して石田三成に仕えて武功を現わし、三千石を賜ったが、関ケ原の合戦で戦死した（『橘山遺事』）。

この関内記の子孫である関治良吉氏（故人）は、昭和三十年に岩屋城本丸跡に「嗚呼《ああ》壮烈岩屋城址」の碑を建てた。

このように秋月、筑紫は再々連合して岩屋を攻めたが、かえって紹運から手ひどい反撃を受けて撃退される始末で、口惜しがってもどうにもならなかった。そこで今度は慎重な計画をたてて、接近する要害の各所に砦《とりで》を構えて岩屋を遠巻きの状態にした。

一方、紹運もまた砦を周辺の米の山、龍ケ岳（筑紫野市大石）に築いて衛兵を駐屯させて秋月の来攻に備えた。秋月の小隊はしばしば偵察と威嚇のためこれらの砦を襲ったが、そのつど守備兵の勇戦で撃退されていた。

天正七年四月、秋月、筑紫の両軍は再び連合して岩屋へ攻めてきた。紹運は各砦を固く守らせて防備を怠らなかったので、敵も容易に城下に侵入することができなかった。

このままでは戦線は膠着状態になり、いつ果てるか分からない様相を帯びてきた。そこで豊後にあってこの報告を受けた大友義統《よしむね》は戦局を打開するため、最大の癌である秋月を討たんとして麾下の諸将に出陣を命じた。

豊後よりまず志賀親度《ちかのり》（道易と号す。岡城主志賀親次《ちかつぐ》の父）を主軍とする大友軍が筑前に入った。これに早良郡荒平城主小田部鎮元《こたべしげもと》、那珂郡鷲ケ岳《わしがたけ》城主大津留鎮正《おおつるしげまさ》らの二千余騎が秋月城下に向かって出陣して、石坂に本営を張った。

この時、宗像大宮司氏貞《うじさだ》、許斐氏備《このみうじまさ》、麻生元重《もとしげ》、杉連並《つらなみ》、原田鑑尚《あきひさ》（『九州軍記』では大鶴弾正鑑尚となっている。鷲ケ岳城主大鶴式部の伯父）らは秋月、筑紫に同盟して立ち上がり、志賀、小田部、大津留らもそれぞれ自分の居城へ退いた。

この月十八日、怡土郡高祖《たかす》城の原田了栄《りょうえい》は秋月に呼応して早良郡西入部村（福岡市早良区入部）に侵入して荒平城の小田部鎮元を攻めた。小田部も曲淵《まがりふち》、鷲ケ岳の各砦に兵を配して防戦したので容易に落城しなかった。

また、毛利鎮実が守る鞍手郡の鷹取《たかとり》城も秋月の兵に攻められたが、道雪の救援で撃退された。

ここでまた、秋月種実は再び岩屋城を攻めんとして自ら大軍を率いて針摺峠に陣を取った。諜者の知らせを聞いた紹運は直ちに兵を二日市に進めてこれを迎撃するとともに、野伏《のぶし》や地下《じげ》の者を使って敵陣に虚報を流させた。この時も秋月は紹運の戦略にまんまと引っかかり、大友幕下の筑後勢が救援のため甘木街道を北進してくるという虚報を信じて、慌てて針摺峠の陣を払って夜須郡へ退いてしまった。

筑前の所領

ここで当時の状況を図で示せば次頁のようになる。この地図で分かるように、二日市を分岐点として高橋、秋月、筑紫が鼎立していて、秋月は夜須より天山を経て柴田川を渡り針摺峠を越えれば高橋領の二日市に入る。同様に高橋方も秋月侵攻には宝満の裏を迂回して夜須郡に入り、現在の国道三八六号は当時ないので、吉木あたりから山沿いに夜須郡に抜け、三箇山を経て秋月に進入することができた。

一方、筑紫方も基養父郡牛原（鳥栖市）の勝尾城に本拠を置き、園部、小松あたりから、朝日山、鷹取、日堂山、武蔵などの支城を周辺に囲繞《いじょう》させて高橋に対したが、その進攻経路は九千部山系を越えて平等寺、山口を経て通古賀《とおのこが》付近から二日市に進入するのと、さらに迂回して筑紫村を抜け、東進して朝倉街道に出て秋月軍と合流し、二日市に出る経路であった。

高橋紹運が守る宝満から、戸次道雪の立花城までの距離はおよそ一五キロである。こちらは四王寺の峰を越えて宇美に出る道と、また、宝満山麓北谷を過ぎて宇美に出るのと、大城《おおき》山を迂回して乙金《おとがな》より宇美に抜け立花に出る道などがあった。

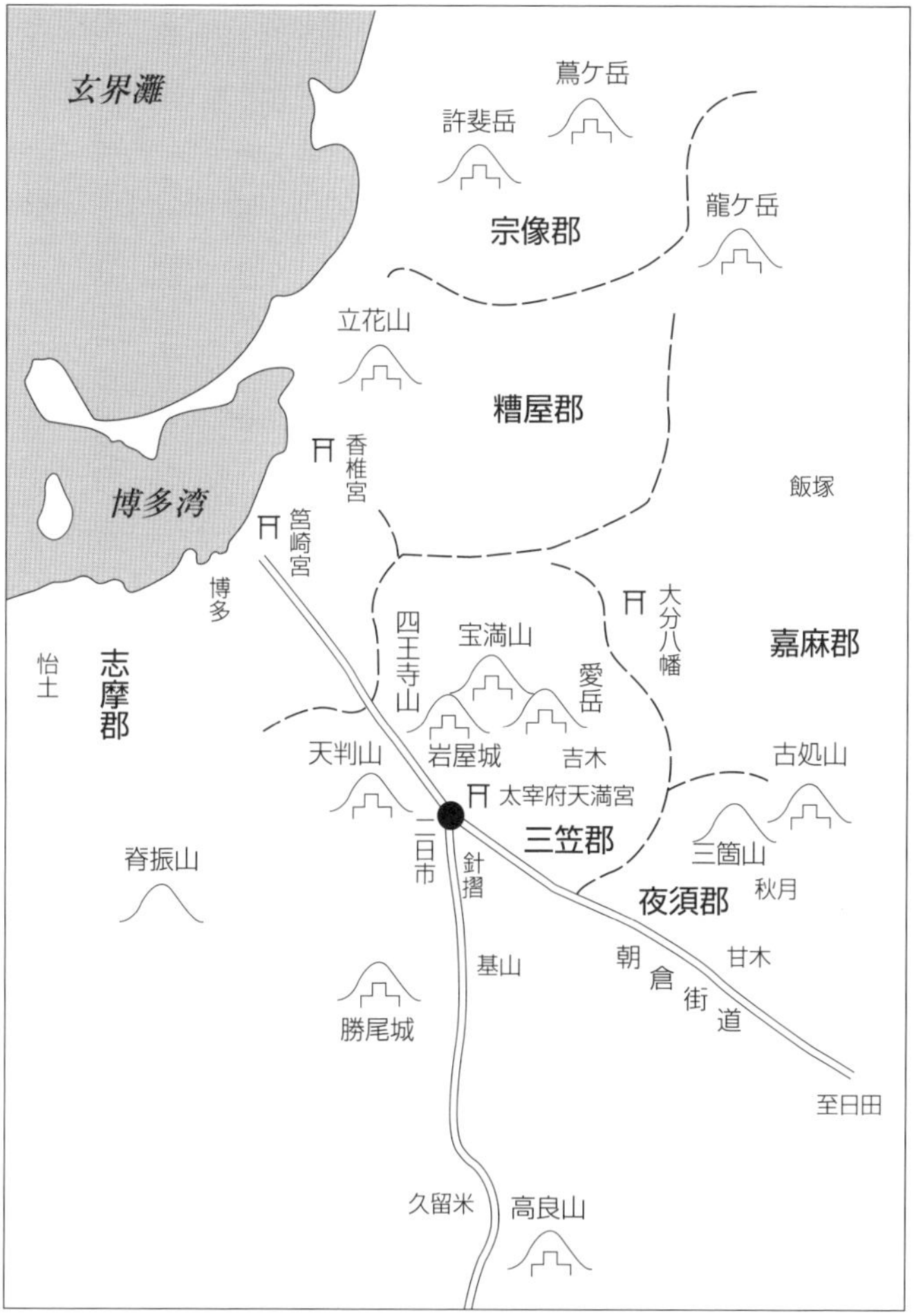

宝満・岩屋周辺諸城図

立花よりさらに東一八キロの地点に宗像氏貞の居城蔦《つた》ケ岳《がたけ》（赤間城）がある。

また、甘木より南下すれば志波《しわ》の瀬（原鶴付近）に達し、生葉郡（うきは市）に入り、水縄（耳納）山に沿って星野、問註所、町野、麦生、五条ら上筑後の国人衆の居城があり、それより

表三　筑前十五郡の知行高（元和二年）

郡名	現在の市郡名	知行高
怡土郡	糸島郡、前原市	一万六一〇〇石余
志摩郡		三万七四〇〇石余
夜須郡	朝倉市、朝倉郡	三万三二〇〇石余
上座郡		二万一二〇〇石余
下座郡	朝倉市	一万七九〇〇石余
那珂郡	福岡市、那珂川町 春日市、大野城市、 筑紫野市	三万六四〇〇石余
御笠郡		三万二六〇〇石余
席田郡		八七〇〇石余 （『元禄記』には八七一九石九斗一升とある）
早良郡		三万八六〇〇石余
糟屋郡	糟屋郡、福岡市、 古賀市	五万三四〇〇石余
宗像郡	宗像市、福津市	四万八三〇〇石余
鞍手郡	直方市、宮若市、 鞍手郡、北九州市	四万七四〇〇石余
嘉麻郡	嘉麻市、 飯塚市周辺	三万八八〇〇石余
穂波郡		三万二六〇〇石余
遠賀郡	遠賀郡、中間市、 北九州市	三万九三〇〇石余

（遠賀郡は室町初期より御牧郡と改称、江戸時代に至り寛文四年再び遠賀郡に復した）

南西に進めば筑後二十四城の頭領である蒲池氏の居城柳川に至る。その間三潴《みずま》、山門《やまと》の肥沃な水田地点に沿って田尻、三池、西牟田、堤、犬塚らの国人らが割拠していた。

さらに水縄峠を南に下れば、星野党の黒木、川崎をはじめ、谷川、上妻《こうづま》、辺春《へばる》氏らの諸城があった。これら筑後上下の接点となる所に、筑後一の宮といわれる高良山《こうらさん》がある。

各領国間の境界路についてふれてみたが、さらにここで当時の所領を示してみると、当時はすべて町歩で示されていたので、その後たびたびの検地によって石高に改められ、また秤量法が改められたりしたが、今ここに元和二（一六一六）年の徳川秀忠よりの命で藩主黒田長政が幕府へ差し出した各郡の知行高を示してみると、筑前十五郡の内訳は表三の通りである。

これによって推算すると戦国末期の筑前各城主の在高がほぼ分かる。したがって当時、高橋紹運の所領（御笠郡）は約二千町歩であり、石高にして約三万石ほどであるから、表三と大体合致する。

また、戸次道雪の所領も、『元禄記』によれば、表糟屋三万九千六百三十一石七斗四升四合、裏糟屋二万三千二百二十二石二斗八升八合の計六万二千八百五十四石余とある。筑紫広門は那珂郡及び肥前基養父を併せて計三千町歩で約五万石となる。また、宗像氏貞は宗像郡を中心として鞍手、遠賀の一部を領有し、その知行は五万石程度であった。怡土、志摩郡は原田氏の領地で、在高はこれもまた約五万石である。この中で最大の所領を誇ったのは秋月種実で、最盛期は現在の朝倉市を中心として鞍手、嘉麻、穂波、豊前の一部までも併有して、その実勢高は三十万石以上といわれた。

武士の形態

さて、ここでその頃の武家の形態を考察してみると、当時乱世にあって小国の領主は独立して自領を保持することは極めて困難であったから、これらの諸士は互いに盟約を取り交わし、団結して領国の防衛に努めた。彼らのこの団結の単位を「党」といい、あるいは「一揆衆《いっき》」と称した。党は大体同族間の団結を表わし、一揆は同志的結合を表わしている。一揆衆とかあるいは筑前衆の「衆」というのは同族以外の集合を称し、中でも土民や下人など低い身分の者たちの集まりを「手合《てあい》」といった。身分、階級に応じて呼称も違ったのである。

この党を呼称する代表的なものに肥前の松浦党あるいは原田、高橋、秋月らの大蔵党、また清原、野上らの玖珠党などがあり、衆には『大内壁書』にある筑前衆、あるいは筑後衆、豊前衆というように国単位のものもある。またこれ以上広範囲なものには「国衆」がある。これら大小の武家集団の中で最も団結の強さを表わしているものは一揆衆や党である。

争乱の中での戦国諸大名の各制度は朝令暮改で、領主が代われば昨日までの制度は破棄されてしまい、目まぐるしく変動した。

大友家では、直臣団の最高クラスである「加判衆《かばんしゅう》」によって合議運営がなされていた。これは宿老のうち同紋、譜代各三名の計六名からなり、国政に参画して領主の権限を代行する最高機関であった。

戦国期における武家社会の特色は、門地門閥にとらわれず実力によって武家になることができた点である。当時の社会における各階級の序列を記すならば、武家、寺社家、公家、商人、土民・下人の順となる。この中で最も惨憺たるものは公家であり、かつての支配者階級であったのが下克上とともに没落して、戦乱の中に武家に庇護される状況であった。

ただ公家は、各国領主よりのそれらの家臣に対する叙位、任官の奏請《そうせい》を将軍家にとりつぐ特権があった。その頃では将軍の力は全くなくなっていたが、それでも武士たちは空位空文化したこの叙位、任官を望んだ。寺社家は祭祀法灯護持の名のもとに私兵を貯えて勢力維持を図った。当時としては自衛のため、宗教とは名ばかりでもっぱら武力保持による寺、社領の防衛に腐心したとみるべきである。

たとえば豊前の英彦《ひこ》山、求菩提《くぼて》山あるいは太宰府安楽寺天満宮、竈門の宝満山、筑後の高良山、または宇佐神宮、筑前の宗像神社など、すべて領民は氏子や檀家であるとともに、領主である大宮司あるいは座主の兵であり、、社家防衛のため幾度となく戦場に駆り出された。

これらの寺社家はさらにまた強大な大名に従属して、戦勝、武運祈禱、連歌興行などを通じてその庇護を受けつつ自領を維持した。かつては信仰と結びついて治外法権的な不入の特権を受けていたのが、戦乱の中で軍事の介入によって聖域は侵奪され多くの苦難を味わう。次の文書は筑前筥崎宮への高橋紹運、戸次鑑連両将の連署禁制である（『筥崎宮史料』所収「田村大宮司家文書」）。

禁制

右箱崎於御社中、乱妨狼藉之事、堅令停止畢、若右違犯之族者、可処厳科者也、仍而如件

天正九年

十二月三日　　主膳入道（高橋紹運）（花押）

（戸次鑑連）
麟白軒（花押）

耳川戦後、大友家は衰退するが、筑前ではなお高橋紹運、戸次鑑連の両将が協力し合って自領を守り、ある程度の軍事力を保有して筥崎宮を管轄下に置いていた。

高橋鑑種の死

先に毛利氏と結んで宝満城に拠って主家大友に反した高橋鑑種《あきたね》（宗仙と号す）は、永禄十二年、毛利が撤退するに及んで降伏し、一命を助けられて豊前小倉に移され、鳴りをひそめていたが、天正六年、日向耳川の役で大友家が大敗を喫して以来、再び毛利、秋月と結んで反大友への行動を開始した。

天正七年正月三日、毛利の将杉重良《すぎしげよし》（苅田の松山城主）が大友宗麟に内通して蓑島《みのしま》（豊前市）で反旗を翻すと、鑑種はこれを急襲して攻め滅ぼした。さらに同年己卯《つちのとう》二月、兵千人をもって風雨の夜を利用して、鬼ケ城（田川郡香春岳）の城主千壽《せんじゅ》美濃守重盛を攻め落とした。

香春岳は険阻な要害で、一の岳、二の岳、三の岳と峰続きであるが、それぞれ屹立していて本城は一の岳の中腹にあり、麓の高城寺（田川市）から登ると約一時間の行程である。全山石灰岩で覆われ、現在はセメント採掘のため見る影もなく変貌してしまった。

香春岳落城については、当時、美濃守の妻が出産のため山を下り麓の高城寺の館にいたが、美濃守もまた妻を見舞うため下山して城を留守にしていた。その時たまたま高橋に内通する者があったので、鑑種は好機とばかり不意に攻め寄せたのである。

美濃守は急変を知ると直ちに山を登り、手勢を率いて高橋の軍勢を引き受けて奮戦したが、力及ばずその臣笹原八左衛門の勧めで切腹して果てた。鑑種はそれよりここを居城として、養子の元種《もとたね》（秋月種実の弟、また

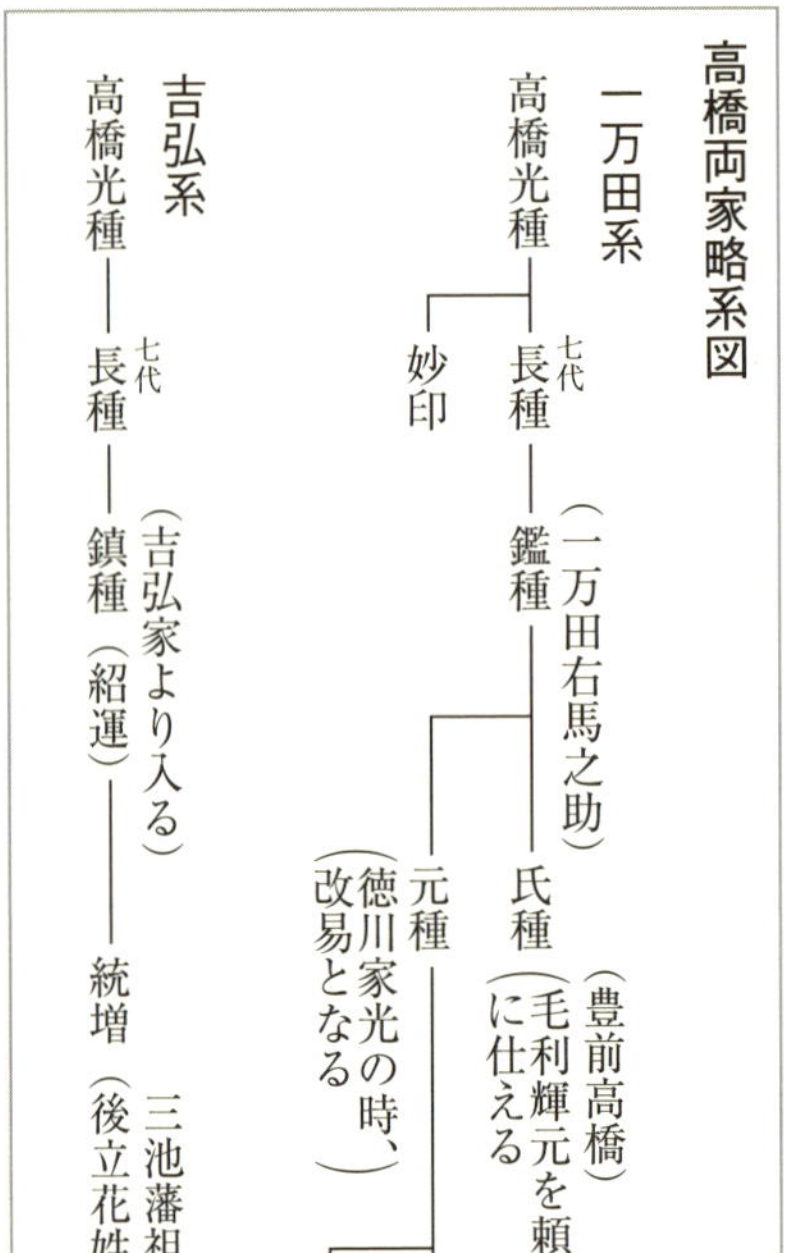

は子ともいう）と在城し、小倉城には老臣小幡玄蕃、宮島郷左衛門を城代として配置した。

しかしこれから間もなく、二カ月後の四月二十四日、鑑種は戦いに明けくれて心身を使い果たしたのか病にかかり波瀾の生涯を閉じた。五十歳であったといわれる。遺骸は小倉安全寺に葬られた。法名は「安全寺殿竺心宗仙大居士」で、その辞世ともいえるものに、

「末の露もとの雫《しずく》や世の中の　おくれさきたつならひなるらん」

の一首がある。養子元種はその後、実家の秋月と結んで徹底的に大友に反抗するのである。

なお鑑種が遷された小倉城の戦国末期から近世までの城主名と、その在城年数は次の通りである。

高橋鑑種　永禄十二（一五六九）—天正　七（一五七九）年　十年
高橋元種　天正　七（一五七九）—天正十四（一五八六）年　七年

毛利勝信　天正十五（一五八七）―慶長　五（一六〇〇）年　十三年
細川忠興　慶長　六（一六〇一）―寛永　九（一六三二）年　三十一年
小笠原時代　寛永　九（一六三二）―慶応　二（一八六六）年　二三四年

道雪・紹運とキリシタン

立花道雪像
（柳川市・福厳寺所蔵）

当時の博多市中の状況や筑前国内におけるキリシタン布教状況に関して、天正七（一五七九）年十一月二十二日甲子《きのえね》、パードレ（神父）フランシスコ・カリヤンが耶蘇会に報じた書翰があるが、このうち道雪、紹運についての記事がある。それは「筑前、筑後の両国に付きて」という項の中で、「肥前の後の方面に筑前国あり、此所に博多の市あり、非常に大いなる商人の市にして、家屋は七千戸以上あれども、キリシタンの数は未だ三百人に達せず、悉く異教徒の市なり、然れとも豊後の王の治下にあり、重要なるか故にパードレ等は数年前より此所に住院を有し、平常パードレ二人及びイルマン一人駐在せり……」とあり、すでに豊後の王大友宗麟の庇護のもとに布教活動を許されていたパードレ（神父）、イルマン（修道士）たちが当時兵乱の渦中で、博多を中心として筑前国内に布教の根を下ろそうとしている状況が記されている。

この頃まで大友氏の筑前経営が道雪、紹運らの活躍でどうやら維持されていた。

ところで道雪、紹運についてこれを紹介し、また、キリシタンに対する道雪の見解を述べたパードレの書翰がある。すなわち、「耶蘇会のパードレ及びイルマンの日本通信第二編　豊後の戦争中に起りし事数件に就きて」（「日本耶蘇会年報」）の中に次のように記されている。

「七十歳余の老人にして、国王（宗麟のこと）が有する諸城中最も重要なる立花と称する城の主将（道雪）は同国に於て最も武勇あり、優秀なる大将なるが、昨年報告せし如く、彼の著陣は敵に対して豊後軍の大なる力となりたり、この人とフーマン（宝満）の城の主将（紹運）は豊後を回復し現在太子（義統のこと）を補佐せり、リノ（柴田礼能《れいのう》のこと）と称するキリシタンの貴族は豊後のヘルクレスなるが、太子の使として来りこの両将と語りいたる時、主将の立花殿は彼に対して次の如く述べたり、『予（道雪）が甚だ当惑せるは予並びに宝満（紹運）がキリシタンの教を悪《にく》めりとフランシスコ王（宗麟）に告げたる者あることなり、その事は虚偽にして、予は今日まで、この教に対し、何等なしたることなく、又云いたることなし、又之に関しては何等知るところなき上に、予がクニシュ（国守カ）として、又ロンジュ（老中カ）として一生仕え、今又この軍の総大将として仕ふるフランシスコ王がキリシタンにして、その教えを尊崇せるが故に、何事をも云う能はず、予若し彼が自失せる者の如く、棒を持ちて踊りつつ市街を歩行するを見ることあらば、予も之を真似て、追随すべし、彼は予の王にして又主君たり、予が城より此処に来れるも彼に仕ふる為なればなり、予は彼と親しきキリシタンに託して、この言を彼に伝へんと欲したり、汝（礼能）が之を伝ふることを喜ぶ、予は国王（宗麟）とその子なる太子（義統）がキリシタンの教を弘布することに就き、いささか意見を異にせることを知れり、故に彼等（宗麟父子）を一致せしむるよう務め、若し必要あらば、この教を弘むる為、及ぶ限りの援助をなすべしと……』」

この書翰では義統の使いとして筑前に来た柴田礼能（紹運はのち彼を一族待遇の同紋衆に推挙した）に対して、立花道雪が宝満の高橋紹運とともにひたすら忠誠一途に信義を尽くして、宗麟父子が信奉するキリシタンの教えに些《いささ》かも疎意のないことを表明しているのである。

それゆえ、博多におけるパードレたちの布教活動に対しても、この両将は宗麟父子の意を体して、その活動を円滑ならしめるよう援助を与えていたことが想像できる。

観世音寺の戦い

天正七（一五七九）年七月二十七日、筑紫、秋月、原田らの反大友方の連合軍は大挙して太宰府に迫った。紹運もまた、立花方と一緒になって観世音寺に出て戦った。秋月種実はこの留守に岩屋城を襲ったが、城兵の反撃にあって撃退され、竹迫統種《たかばむねたね》、薦野増時《こものますとき》らの勇戦で紹運は岩屋へ帰城することができた。ちなみに竹迫の系譜は、肥後合志の城主で斎院次官中原親能《さいいんのじかんなかはらちかよし》の子孫といい、また、薦野は、糟屋郡薦野城主丹治式部少輔《たんじしきぶしょうゆう》の子孫といわれる。

『橘山遺事』に、「薦野増時三百人を率い観世音寺に陣す。秋月種実、筑紫広門三千人を以て太宰府に進む。紹運、北谷より出て守兵千人をもって当たる。又、道雪は立花より山道を経て御笠に出て千五百人を以て出陣す」とあり、軍議の結果、紹運は筑紫に当たり、道雪は秋月勢に当たることになった。

午後、兵を整えて山を下り、秋月、筑紫を一挙に攻めた。このため秋月、筑紫勢は大いに敗れて潰走したが、この時、薦野父子三百人をもって先廻りをして観世音寺に待機し、敗走してくる秋月、筑紫の兵を痛撃したので、彼らは算を乱して逃散した。種実は吉木河原を経て夜須に走り、広門もまた、御笠より山口を経て基養父に帰った。

生の松原の戦い

天正七年八月十四日、志摩郡柑子岳城督木付鑑実《きつきあきざね》より兵粮欠乏のため救援の要請を受けて、立花より小野正広、後藤種長、足立直氏、酒井外記《げき》らが食糧を輸送しての帰途、姪浜西方二キロの地点、生の松原で原田の兵と遭遇、激戦となった。

この戦いでは、地の利を得た原田方が優勢で、立花勢を追い詰めて戦勝をおさめ、立花側は多くの死傷者を出した。

『豊前覚書』によれば、この戦いは八月十四日とし、緒戦では立花方が敗れたが、軍を立て直して再び戦って勝軍となり、高祖城下まで敵を追いあげてから引き揚げたと記している。この時の戦死者に、後藤種長、小野正広、佐伯孫六、酒井外記、小原長右衛門その他士死者すこぶる多しとある。『糸島郡誌』には八月十三日月明として、「立花方戦死四百余人、原田方も原田兵部少輔種守を始め死者数十人雑兵戦死数を知らず、立花方の糧食輸送策功を奏せず」と記している。

『九州治乱記』、『九州軍記』などは永禄十一（一五六八）年八月の原田了栄との「生の松原戦」とを混同しているように思われる。合戦の場所は同じでも、これとは別個の戦いであろう。

これより柑子岳城の糧食いよいよ窮乏して、ついにこの年の冬、城督木付兵部少輔鑑実は、城を開いて立花城へ撤退することになり、志摩方面の大友氏の政所として勢威を振った柑子岳城は、原田方に奪われてしまった。『橘山遺事』には「天正七年九月木付鑑実城を棄てる」と記されている。

荒平城主小田部氏の最期

この頃、龍造寺隆信の勢い盛んとなり、耳川の役後、大友の衰運に乗じて天正七年、筑後へ侵入、大友方の諸城を攻めて蒲池、田尻、西牟田、安武、草野、黒木、川崎、問註所、豊饒《ぶにょう》、辺春、高良山座主大祝《おおほうり》鏡山らも幕下となる。さらに肥後に攻め入り、城、小代、合志、隈部、甲斐、赤星、大津山らも皆慴伏《しょうふく》した。まさに燎原《りょうげん》の火のごとき勢いであった。このため、神代《くましろ》、原田らも降礼をとり、その先鋒となり、肥、筑国境の三瀬の険を越えて筑前西部の大友領へ侵入してきた。

天正七年、龍造寺家種《いえたね》（隆信の二男、江上を名乗る）は執行越前守《しぎょうえちぜんのかみ》、神代長良《くましろながよし》、曲淵河内守《まがりふちかわちのかみ》らに怡土の原田信種を添えて早良郡荒平城《あらひら》を攻めさせた。三瀬を越えた執行、神代らの肥前勢は曲淵を先導としてまず早良郡内に押し寄せて小田部領を焼き払い、荒平城に迫った。また、原田方も糸島方面より長垂山《ながたれ》を越えて早良郡に入り、拾六町、野方を過ぎ飯盛に達した。

荒平山《あらひら》(安楽平とも書く)は博多の西南一六キロの地点にあって、東入部重留村(福岡市早良区重留)に属し、東に油山、西に飯盛山、南に脊振山、北に広々と拡がる博多湾を望む標高三九五メートルの山で、古くは矢岳と呼ばれていた。荒平城はこの山頂の広さ一反(三百坪、九九〇平方メートル)ほどを利用して築かれた山城であった。

大手は重留にあり搦手《からめて》は城の原《じょうのはる》である。かつての山道は現在も残っており、福岡へ出る間道もあった。当時は中腹から山麓にかけて武家屋敷があり、お茶の木も一面に植えられていたといわれる。脊振茶で名高い板屋は福岡市早良区内にある。

天文二十二(一五五三)年、大友幕下の小田部鎮元《しげもと》(鎮道とも書く。入道して紹叱《じょうしつ》と号す)が荒平へ入城して早良一円に威を振るい、筑前西部の大友の要城であったが、この小田部の部下で重松対馬守という者が主人を裏切り、肥前方に内通して荒平へ兵を手引きした。怒濤のように西筑前に侵入してきた龍造寺軍に対して小田部紹叱は味方の那珂郡鷲ケ岳城主大鶴宗雲《そううん》(大津留とも書く。紹叱の実父。小田部は本姓大鶴にして小田部を継ぐ)に救援を頼んだ。

宗雲は弟の宗逸《そういつ》(紹叱の叔父)に軍勢をつけて荒平へ急行させた。しかし龍造寺五千の軍勢はじりじりと包囲網を狭めて持久戦に出て、小田部の糧道を絶つ作戦に出た。大鶴の加勢ありとはいえ、この大軍を前にして城中寡兵のうえに食糧も乏しくなって、このままでは城兵の餓死も目前に迫ってきた。そこでさらに立花城に救援を頼んだ。

道雪はこれを承諾、小野和泉守、十時摂津守に命じ六百の軍兵をつけて兵糧その他の救援物資を輸送させた

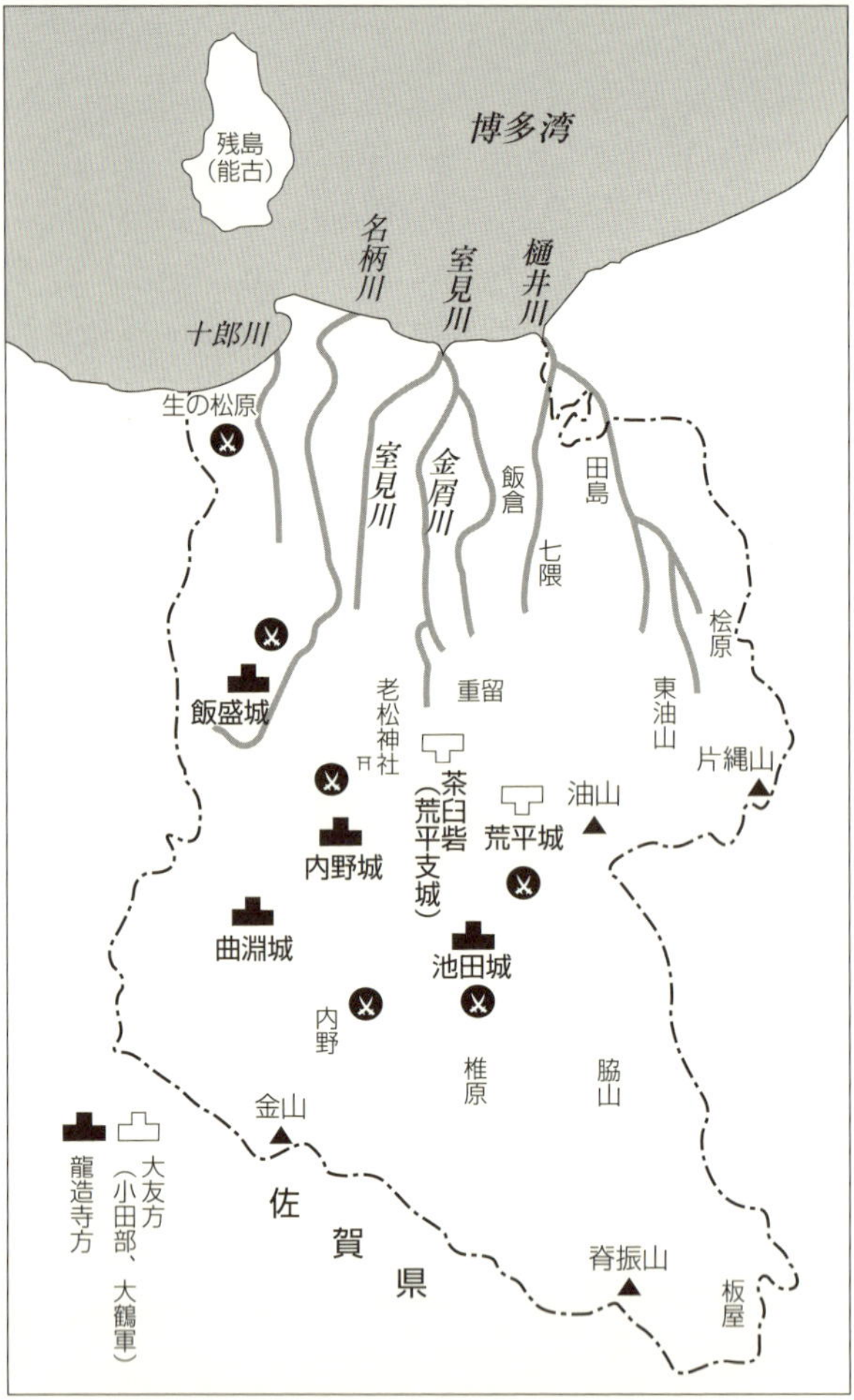

旧早良郡内の大友・龍造寺軍の戦跡図

が、ここに小田部の家臣で池田村（早良区）に大教《だいきょう》坊兼光《ぼうかねみつ》という者がいて小田部を裏切り、徒党を集めて龍造寺につき、執行《しぎょう》の家士百騎の応援を得て池田城に拠った。その場所は大日堂の西南三町の所であったという。

九月十一日夜、小田部紹叱は城を出て池田城を襲い、ついに大教坊兄弟及びその一党八十五人を討ち取った。

一方、内野村にあった龍造寺の将、執行越前守は池田城の危急を知ると神代、曲淵らの軍勢とともに嫡男新介を先鋒として脇山川を渡り、小田部、大鶴の大友軍を迎撃して先端を開き、たちまち激戦となった。

小田部方も大いに奮戦したが、何しろ大教坊との一線で軍兵を使い果たし疲労激しく、次々に新手をくり出す龍造寺軍の前に衆寡敵せずして全員包囲され、ついに大将小田部紹叱をはじめ嫡男、十六歳の九郎統房や加勢の大鶴宗逸は戦死し、その他一族郎党の多くは討ち取られた。小野、十時らの立花勢も内野を攻めんとしたが、すでに小田部父子の戦死を聞き、これ以上の合戦は無益として兵をまとめて立花に帰城した。

小田部父子討ち死に後、荒平城は女、子供や病人ばかりが残り、やむなく城中よりある女性が降伏、開城を申し出た。そこで攻城の原田、草野の士もこれを許して道をあけたので、籠城の婦女子たちはいずこともなく落ちて行った。

　この合戦の日付は各書まちまちで一定しないが、『大津留文書』天正七年卯月十五日付、大友義統より大津留右京入道宗秀に宛てた書状に、

「宗秀以二同志一当時安楽平江籠城之由候、殊依二詰寄一毎々被レ励二粉骨軍労一之儀不レ及レ申候」

とあり、天正六年十一月の耳川役後、脅威を振るう龍造寺隆信は、北部九州征服を企図して秋月、筑紫、原田らの諸氏を傘下に入れ、翌同七年春から筑前各地に残存する大友諸城に激しい攻撃を始める。鷲ケ岳城主大鶴宗雲（宗秋、宗秀とも書く）は、攻撃にさらされる子鎮元が守る荒平城救援のため弟宗逸以下を急行させた。彼らは籠城して戦う。文書は大鶴勢が小田部勢と一緒に荒平に籠城したことを伝えている。なお『筑後国史』は小田部入道、曲淵城の曲淵房助を攻めんとして彼の館に押寄せる途中、曲淵の伏兵に遭《あ》い、取り囲まれてついに討ち死にしたと記している。

　いずれにしても天文以来在城二十七年にして、西筑前における大友拠点であった荒平城はここに潰え去った。同年九月十一日、入部の老松宮も兵火に罹って焼失してしまった。

曲淵城は現在の曲淵小学校の裏手の山にあったといわれる。今、荒平山の山頂近く奥の院に祠《ほこら》があるが、ここが戦死者の首塚の跡といわれる。小田部氏の菩提寺は脇山の万徳寺である。

『陰徳太平記』、『肥陽軍記』は、小田部紹叱の首は執行越前の配下、古賀右衛門尉なる者が槍で突いて討ち取ったとしている。紹叱の墓碑は福岡市早良区脇山の安楽平神社境内にある。

　また、小田部鎮元と嫡子九郎父子は龍造寺軍と戦って戦死したが、鎮元の二男源二郎（新介）は、一族、老臣らと共に密かに脱出、夜の油山を越えて味方の立花城へ逃れた。『豊前覚書』には「同（天正八年）年四月に小田部殿忍び下城候て、立花のように御座候、御宿の儀は、原上村へ御家来共に御宿仰せ付けられ候」とあり、道雪は避

荒平城主小田部鎮元の墓
（福岡市早良区脇山）

難してきた小田部源二郎（当時十三歳）一行を労り励まし、立花山麓の原上村（新宮町原上）に住居を与えて庇護した。源二郎は新介と称したが、その後道雪に仕えて武功を立て、豪勇の士として知られるようになり、小田部土佐守統房と名乗った。道雪死後はその養子立花統虎（宗茂）に仕え、宗茂の妹を妻に迎え、宗茂の義弟として立花家のために働く。なお鎮元の長子九郎統房を統種としている書もあり、二男新介も土佐守統房と名乗っていて混同しやすいが、別人である。

荒平落城についての日付は各書次の通りである。

『北肥戦誌』　天正七年秋
『筑前国続風土記』　同　七年九月十一日
『豊前覚書』　同　八年三月
『九州軍記』　同　八年三月十八日
『肥陽軍記』　同　八年九月八日
『陰徳太平記』　同　八年九月
『太宰管内志』　同　八年八月
『荒平古城考』　同　九年

以上のように天正七年、八年、九年と分かれていて一定しない。ここで腑に落ちないのは『筑前国続風土記』の「古城古戦場　五」にある「籠城三年にして天正七年九月十一日小田部紹叱父子討死」としている記事であるが、討ち死にの三年前から籠城していたとすれば天正四年でなければならない。天正四年頃、龍造寺はまだ筑前西部には進出していないのである。また、同七年からの籠城ならば落城は同十年となる。前後の事情を類推して、天正七、八年頃が正しいと考えられる。

ところで荒平落城余話として次の話がある。小田部の家臣中村治部少輔は、紹叱の嫡男統房（当時十六歳）の身代わりとなって討ち死にし、統房は死地を逃れて隠棲し、名も中村兵衛門と変えて代々中の谷に住したという。この兵衛門、すなわち統房の後裔は黒田長政の筑前入国後、名字帯刀を許され、志摩地方の大庄屋格となった。現在の福岡市西区桑原であるが、この村はそれまで「中村」の一姓一村であり、数十軒は全て縁類といわれる。

ここの本家と呼ばれる中村喜美子さん宅に統房着用のものといわれる甲鎧一領（金小札《きんこざね》、黒縅《くろおどし》。四カ所の矢玉の跡がある）と、刀一振（銘備前国長船住友成作。刀身に数カ所の切込痕あり）及び、大友義鎮（宗麟）の小田部に対する感状一通が残されている。

なお、明治三十三年、小田部旧臣の子孫という人たちが集って、荒平山中に安楽平神社を建立し、小田部紹叱父子の墓碑を建てた。

小田部統房着用と伝えられる鎧
（福岡市西区桑原・中村貴美子所蔵）

西筑前の情勢

一方、龍造寺隆信の将太田兵衛は三千余人を率いて東脊振より坂本峠を過ぎ、筑前五ケ山の南、大野に出て、大友方の鷲ケ岳城を攻めるため、那珂郡南面里《なめり》に陣を取った。

また筑紫広門も手勢を率い太田と合流して鷲ケ岳を攻めた。

城主は大友方の将大鶴（大津留とも書く）宗雲である。

この大鶴というのは大友義鑑《よしあき》の近侍《きんじ》であったが、次第に登用されてついに那珂郡岩戸河内三百町の領主となり、天正の初め鷲ケ岳に城砦を築いて筑前西南部の守りとし、当時大友筑前五城の一つであった。

大鶴氏と小田部氏の関係図を示せば次の通りである。

（鷲ケ岳城主）
大鶴上総介鎮正入道宗雲
- 鎮信（平戸城主、松浦鎮信の養子となる）
- 鎮元（安楽平城主）民部少輔鑑湖
  - 統房
  - 源二郎
  - 太郎
- 鑑尚

この図で見ると、平戸、松浦氏との関係があり、小田部系図には、大内方の小田部民部少輔鎮隆が天文年間、肥前平戸より来て荒平城に入ったとしている。

『早良郡志』には「小田部の東北二町余りの処に松尾原という所あり、そこに松浦殿の墓あり」と記されている。また、『太宰管内志』には「統房、父戦死の時十四歳也十六歳まで肥前平戸に居住す」とある。

これから考えると、大内氏の頃、肥前平戸の松浦鎮隆が小田部姓を名乗ったものと思われる。この小田部民部少輔の養子として、鷲ケ岳城主大鶴宗雲の二男鎮元（一説には鎮通）が荒平へ入り、小田部民部少輔鑑湖と名乗ったものと考えられる。

さて、龍造寺、筑紫の肥前勢は、この大鶴が守る鷲ケ岳に対して鉄砲を乱射して、一気に城を落とそうと息もつかせず攻めたてた。この頃になると立花、高橋も宗像、秋月、杉らに備えなければならず、自領を守るのが精一杯で、とても救援までは手が廻らなかった。それに豊後大友への期待も望み薄で、鷲ケ岳のごとき小城は味方の援助が絶たれた場合、もはや命運尽きたと同じである。

まして小田部救援の際、宗雲は弟宗逸に手勢の一部を割いて荒平へ振り向けたので、鷲ケ岳の守備はいよいよ手薄になり、すでに食糧も底をつき、龍造寺、筑紫の大軍を前にして、降伏か死かの二者択一を迫られていた。

ここで大鶴もついに降伏、城を渡して退去した。『荒平古城考』に「那珂郡南面里の鷲ケ岳城主大津留宗秀も肥前勢に攻落されて安楽平に来る、天正九年統房、宗秀共に城を開く」とある。

しかし、この小田部、大鶴の戦死を扱った各書の記録も諸説粉々で一定せず、およその推定はできるが曖昧《あいまい》模糊《もこ》として定かでない。すなわち、『陰徳太平記』や『肥陽軍記』は小田部、大鶴とも立花方からの兵糧輸送の受取りに出向いて行って討ち死にしたことになっているが、『筑前国続風土記』では小田部討ち死に後に立花方の援軍が到着したようになっていて二説に分かれる。

大体、大将が二人まで城を明けて糧秣受領のために出て行って討ち死にするなどは、常識としてとても考えられない。ところが『大鶴史記』なるものによると、統房は龍造寺隆信から一命を助けられて佐賀へ連れて行かれ、そこで成長し、慶長六年、故郷脇山へ帰った。そして小田部姓を捨てて大鶴に復し、村人に諸式作法、書などを教え、元和八（一六二二）年、五十四歳で没し、子孫代々脇山に住すとある。

大鶴宗雲は生きのびて、のち遁世して浄慶と名乗り、南面里に一寺を興した。これが現在の鷲岳山正応寺であるといわれ、現住職大鶴速水氏は浄慶から数えて十七代目という。

龍造寺、筑前へ進出

かくて荒平、鷲ケ岳の二城は落ちて西筑前における大友防衛線は崩潰した。

天正七年以降、筑前国内の城主の大部分は大友より離れ、また宗像郡を支配する宗像氏貞も、肥前の龍造寺隆信と同盟して起請文を交わした（『宗像神社文書』）。今や筑前のうちで残る主な大友勢力はわずかに糟屋、御笠南北線上の立花、宝満、岩屋の三城だけとなり、龍造寺、秋月、原田、筑紫、草野、曲淵、神代らの二万の大軍は生の松原、姪浜に集結して、機を見て筑前一円を制圧せんとする態勢にあった。

そこで豊後よりの応援も望み薄となったので、道雪、紹運はやむなく龍造寺と和議を取り交わし、その結果、筑前十五郡のうち西南部の九郡を龍造寺領とし、東北部の六郡を大友領とすることで和平が成立した（『北肥戦誌』）。

天正八年七月中旬、龍造寺隆信は生の松原で博多湾の美しい光景を見ながら、高祖城の原田了栄、同信種、鏡城の草野鎮永らの賀詞を受けて、一門の鍋島信生（直茂）らとともに大いに祝宴を催した。

隆信は立花城へ使節をもって道雪へ書を送ったが、その返書に、

尊書致二頂戴一候。仍近日到二博多一、可レ被レ成二御出陣一之由、存二其旨一候。御通道之儀毎事不レ可レ存緩候。
随而龍涎香弐百斤并段物壱端諸色拝領忝候。此等之趣宜レ預二御取成一候　恐惶謹言。
七月十九日　　戸次入道道雪（判）
龍造寺六御党中

とあった。『北肥戦誌』によれば、隆信は五万余の大軍で博多に来着、この時道雪は家臣麻生主人助を使者として隆信の本陣に遣わして和議を賀している。道雪、紹運は衰退の大友家を支えるため、いったん和議の策をとったと考えられる。なお『陰徳太平記』は、佐賀勢糟屋郡に放火し、博多箱崎に陣を移し、九月末講和を行い、道雪より博多在陣の隆信に酒肴を贈り和議を賀せられけり、と記している。道雪の返書は、この講和の誓約によって龍造寺方の通行（糟屋、御笠以外）を認めたものと解釈される。

そこで隆信は荒平城に小田増光《ますみつ》を置き、飯盛城に神代、曲淵を在番させ、その他副島長門守、空閑《こが》三河入道、執行越前守らをして脇山、内野、鳥飼の諸城を守らせ、倉町左衛門大夫をして博多を守らせた。また佐賀の僧、

増吟を筥崎八幡の社務にすえて、隆信は佐賀へ帰城した。

これよりのち隆信の勢力は肥前、肥後、筑後、筑前などに及ぶ五州に振るい、対馬、壱岐と合せて「五国二島」の大守と称された。

この間の消息を示す『武雄鍋島文書』によれば、天正八（一五八〇）年三月朔日付、龍造寺隆信、同鎮賢《しげかた》（政家）父子が副島長門守に宛てた書状には、「筑前早良郡之内原村百廿町野片村三十町本名五十弐町」の計二百二町の坪付を長門守に与えており、荒平城攻めの功に対する行賞によるものであることがうかがえる。

また、筑紫広門も鷲ケ岳落城後は那珂一円を手中に収めて、その将奈良原内蔵助を御笠郡牛頸《うしくび》村の不動城（大野城市）に置き、同郡天判山《てんぱんざん》（天拝山）には帆足《ほあし》備後守らをして守らせた。これらはいずれも高橋紹運の宝満、岩屋に対する防備のために築かれたものであった。

ところで当時の城について述べてみよう。戦国の城は平和になった後代の江戸時代の城の形とは異なり、外敵を防ぐため、たいていは重畳たる山間の地か、あるいは峨々たる山上に構築されたものが多く、城というよりも砦というべきもので、平城や平山城とは違い、櫓の上からの眺望は思いのままであったから、天守閣などは無用であり、およそ美的外観などとは縁遠い質素なものであった。

したがって険阻な巓崖《てんがい》に木（主に丸太）、石（自然の大石などを利用した）を利用してできあがった山塞《さんさい》であり、砦であり、領主の戦時の館でもあった。敵から攻撃を受けた時の防禦を目的としたものであるから攻めるに難く、守るに易いという地形が選ばれるのは当然であった。

しかし前述のごとくこれらの地点が概ね山上であり、それも山と水を利用した天険が多かったので、それだけにいざ籠城となると何かと不便で、外部との連絡が絶たれて孤立状態となる恐れがあった。

戦国の領主はこのことを計算して絶えず里人を砦との連絡に使っていた。時にはこの者たちは諜者となって敵の動静などを知らせる役目もした。だが最大の弱点は、山間で平地面積が少ないため、食糧の貯蔵が利かないことと、水源の確保や悪疫などの発生である。自然の湧水があれば援軍の到着までの日数をかせぐこともできるが、山上から山麓の川まで、水の汲上げに往復していてはとてもおぼつかない。たいてい山中の湧水の有無や谷水の枯渇していない場所などを築城の第一条件とした。

籠城が長引けば食糧がひっぱくして城中の者は飢餓に悩まされる。さらに水源を絶たれたらそれこそ死を待つほかはない。だから地形によっては、攻城の将は急激に攻めて味方の損害を多くすることを避け、周囲を遠巻きにして糧道、水脈を絶つという戦法をとることも多かった。

戸次道雪は立花山に入城するに及んで、永禄十年から十二年にかけての前城主高橋鑑種の宝満山籠城を参考にして立花山城の食糧備蓄の策を講じたという。

また、山上にある領主と、平地に住む領民は常に通じて、侵入してきた敵の情報や食糧の搬入などは敵の目をかすめて秘密の間道によって連絡されたので、籠城がそれだけ持ちこたえられることもあった。荒平城の小田部氏に対して、檜原《ひばる》の太平寺が糧食輸送に協力していたことなどもそうである。

征服者はこれら領民たちを威嚇、懐柔、宣撫《せんぶ》しながら山城を攻め取らねばならず、多大の神経を使ったのである。また、日頃領主に不満があれば侵入者に加担して、進んで山上に通ずる間道を密告する領民もいて、いつ寝返りを打たれるか分からない。城の攻防の裏面には、自然的なものとあらゆる人為的な要素が加わっている。数日で落ちるはずの小城が数カ月も不落であったなどは、今述べた不測の要件による例である。

田原親貫の乱

このように四面楚歌の状態の中で、筑前においてひたすら大友家のために働く道雪、紹運の努力にもかかわらず、ここでまた大友家の衰運をさらに早めるような内紛が起きた。それは天正七（一五七九）年十月に起こった田原親貫《ちかつら》（秋月種実の弟長野種信の二男で田原親宏《ちかひろ》の養子となる）の反乱である。

田原家は二流に分立しているが共に大友の同紋衆で、国東半島一帯に所領を有し、大友直臣の最高クラスであり加判衆に列するほどの庶家最大の勢力をもっていたが、この田原親貫が国東半島鞍掛《くらかけ》城に拠って宗家大友に対して反旗を翻したのである。

それはちょうど耳川の役から一年後であり、豊筑の野に打倒大友の旗印をかかげる秋月種実や、怒濤の勢いで筑後へ侵入する龍造寺隆信に呼応してであった。

この事件の背景となったいきさつはいろいろあるが、これよりのち立花道雪が天正八年二月十六日に豊後の各宿老に宛てて長文の檄《げき》を送っており、その中にこの事件を指摘している個所がある。それによると親家《ちかいえ》（宗麟の次子）、親虎《ちかとら》（宗麟の甥）のキリシタンへの受洗と、宗麟自身の入信が多くの反感を買い、親貫の反乱もまた、それに起因しているとしている。

結局宗麟の子、義統が弟親家を討伐軍の大将として攻めさせたが、これに対し親貫は秋月氏をはじめ中国毛利氏の援助を乞い、秋月からは坂田市助らが救援に赴き、毛利氏も小早川隆景《たかかげ》の水軍を国東、安岐浦に廻して親貫救援に向かわせたが、大友水軍を率いる若林鎮興《しげおき》は、七年前の永祿十二年の合穂浦の海戦の時と同じように再びこれを追撃して、周防灘周辺で海戦をくりひろげ、毛利の水軍を破った。

十月、頑強に抵抗した鞍掛城は落ち、秋月より救援の将坂田市助も戦死して、田原親貫は宇佐郡に逃れたが、追撃されてついに討たれた。義統は弟親家に田原家を継がした。

田原親貫の反乱が鎮圧されて間もなく天正八年四月、やはり大友一族の田北大和守鑑重《あきしげ》（紹鉄《しょうてつ》）が謀反を起こして討伐を受け、一族郎党を引き連れて筑後を指して落ちのびる途中、同十三日、日田郡大山村竹の首（大分県日田市大山町）付近で大友家の追っ手のためについに一族五十余人、ことごとく討ち取られるという事件があり、これらの内紛を契機として大友家の衰運は急速に早まってきた。

蘆木の惨劇

一方、紹運の老臣に北原能登守鎮久《しげひさ》という者がいた。この鎮久はもともと高橋譜代の臣であったが、永禄十二年に起きた高橋鑑種の反乱が平定されると大友宗麟に願って別に高橋家を再興させ、紹運を迎えることに功労のあった者であるが、紹運からも重用されて一城を任される身となり、当時秋月備えとして築かれた吉木の龍ケ城を預かっていた。この鎮久へ秋月からの誘いの手がかかった。

『筑前国続風土記』は次のように伝えている。

「此の鎮久と云ひし者、勇あれ共智なく、只貪欲《どんよく》無道の者の由秋月種実伝へ聞、天正八年の比《ころ》、其家臣内田善兵衛を以てかたらひけるハ、近日種実太宰府に発向すべし、其方居城龍ケ城に此方の人数を呼入置、岩屋の城の裏切せよ、ためらはハ紹運急に滅すべし、其賞に岩屋の城を遣すべき由言遣す、鎮久元来欲深く義なき者なれば子細なく同心し相図の日を定む」

とあるように、やはり欲に目が眩《くら》んで秋月種実と通じるようになった。

天正八年八月下旬、種実の密使を受けた能登守は内通に同意し、岩屋城内の秘密を洩らした。

数日経って、能登守は岩屋に登城すると、何くわぬ顔で紹運に謁して、

「大友家は去る天正六年、日向耳川の役で島津に惨敗して、三老、七族をはじめとし多くの功臣、良将を失いましたが、宗家（大友宗麟）は未だに異教を信じて政務を怠り酒色におぼれて、佞臣《ねいしん》を寵愛し日に日に背徳を重ね、またその子義統様も年少暗弱で共に頼るに足らず、そのため今では家運も次第に衰微してかつての強大な軍事力も今や脆弱《ぜいじゃく》なものとなり、諸将たちの離反も相ついで起きています。

このような状態では他国への領土回復など思いもよらず、それのみか、豊後一国さえも満足に治めることができない有様です。しかしながらお屋形（紹運）は宝満、岩屋両城にあって大友の藩塀《はんぺい》としてよく尽しておら

高橋氏の支城龍ケ城山頂付近（筑紫野市大石）

れるが、そのために、また四方に敵をつくり、相つぐ戦に家臣たちも甚だ疲労しております。このままでは当家の運命も窮まり、城中餓死するのは明らかで、今のうちとくとお考え願いたいと存じます」

と言った。要するに先の見えた大友家を捨てて秋月方と手を結べということである。もちろん秋月種実との密約があったからである。

紹運は、能登守の話を聞き終って静かに形を改めると、

「余は大友の一族である。先に高橋の家名を嗣ぎ、宝満、岩屋の両城を与えられたからにはその恩義を戦場で報いたいと考えている。たとえ山野に屍《しかばね》を曝《さら》すことになろうとも、それはもとより武士たるものの本懐である。そちに異心があるからそのようなことを申すのであろう」

と、かねてから能登守の態度に不審を抱いていたので、それらのことを思い合わせて鋭く問い詰めた。

その場は何とかとりつくろって退城してきたが、能登守にしてみれば、もともと紹運は自分たちが筑前の名家である高橋家の断絶を恐れて大友家に願って相続させた者であり、その主君が老臣の意見を聞かないで、このうえ合戦に明けくれて家臣たちを疲弊させることにはどうしてもついてゆけない。まして落ち目の大友ではすでに先が見えている。紹運にそのことをいくら説いても、義のみを重んじる彼からは、かえって叛臣呼ばわりされる始末で、このままでは身の安全も覚束《おぼつか》ない。この際秋月の力を借りて然るべき主君を選ぶにこしたことはない。それに家中には屋山中務をはじめ、今村宗加《そうか》、また我が子進士兵衛《ししべえ》らの主立った者や、その他旧高橋以来の縁故の者も少なくない。このうえは一日も早く事を急ぎ、秋月勢を岩屋

に手引きして紹運父子を追放することを考え、昵懇《じっこん》の僧、林蔵主《りんぞうす》なる者を呼び寄せ、「紹運父子を豊後へ放逐して高橋の家は他から主君を迎える」という大胆な計画を打ち明け、彼を使いとして秋月に遣わし、種実に早急に計画を実行するよう促すとともに、具体的手筈を書いた密書を手渡した。

種実はこの能登守の内応を大いに喜び、高橋を倒す好機至れりと、能登守に対しては大いに協力することを誓った。このままだったらあるいは事は成就したかもしれない。そうすれば紹運の生涯もまた違ったものになっていたであろう。だが、この密謀が洩れた。

天網恢々疎《てんもうかいかいそ》にして漏《も》らさずの例どおり、この林蔵主なる者がどう思ったのか、知友の伊藤源右衛門に他言無用と念を押し、密かに耳打ちして能登守の陰謀を打ち明けてしまった。話し終わった林蔵主は、「この計画が破れたら貴殿の身も危うい」ということを付け加えた。

源右衛門もまた、能登守の嫡男進士兵衛から引き立てられ、能登守から何かと恩を受けている者である。やむなくその場はこの企てに同意する態度を見せ、決して他言しないことを誓ったのであるが、彼が去った後、源右衛門はしばらく思案にふけった。この秘密を紹運に知らせたら、おそらく能登守は誅殺されてしまうであろう。しかし、主君のためには恩ある能登守を売ることもまた、やむを得ないことである、と覚悟を決めた彼は直ちに登館して紹運に謁し、能登守密謀の一件をつつみ隠さず打ちあけた。

紹運も事の意外さに驚いたが、先日の能登守の言動で異心あることをうすうす察していたので、この上は一日も早く能登守を誅伐するようにと密かに策を立てた。

一方、能登守はこの計画が筒抜けに紹運の耳に入っているとも知らず、毎日林蔵主と会っては密議をこらしていた。紹運は家中の萩尾大学と内田下野《しもつけ》の二人をそっと呼んで、策を授けてその討手を命じた。

能登守はそんなこととはつゆ知らず、相変わらず何くわぬ顔で十月一日、岩屋へ登城してきた。

紹運が、「当城へ何用あって参ったのか」と問うと、「領地の境界を検分するため参上致しましたが、明朝また参上致します」と答え、しばらくして退出した。やがて翌二日の早朝、能登守が再び登城してくるのを萩尾、内田は通路にひそんで待ち構えていたが、それとも知らず能登守が紹運の館の下まで近づいてきた時、やにわに内田が飛び出して大声で、「やあ能登守、なんじは大胆にも謀反を企てて、主君の廃立を図った不届な奴、上意により誅伐する。覚悟……」と叫ぶや否や抜き打ちに彼の面を斬りつけた。

不意をうたれた能登守はそれでも刀に手をかけて飛び退き、身構えするところを、萩尾大学が槍で突き刺し、その場で討ち果たしてしまった（この時鎮久を斬った刀は内田下野の子孫に伝わって「鎮久斬」と称された）。

城中にあってこの変事を聞いた嫡子の進士兵衛（摂津守種興）は、一族の者を糾合して父の復讐をしようと協議したが、紹運は予め認《したた》めておいた書面を今村宗加（進士兵衛の舅）に託して進士兵衛に手渡させた。その内容は、「お前の父、能登守は秋月と通じて高橋の家に禍をなそうとしていた。そのためやむなく誅伐したが、お前の忠誠は兼ねてより自分がよく知っており、この事件とは何の関係もないことも知っている故に我が心を疑う勿れ……」とあった。

進士兵衛も父能登守の非を悟り、紹運の親書を戴き、その一族とともに誓書を差し出して自ら二心のない態度を表明したので、事件はこれで落着した。しかし進士兵衛は、父が非業の死を遂げたのは秋月のためであり、憎い秋月への怨を晴らそうと、憤怒の念はもっぱら種実に向けられた。

そこで、機敏な紹運は、この機を逃さず北原進士兵衛、伊藤源右衛門に命じ、能登守の死を逆用して秋月に対する策略をねらせた。

『大友興廃記』には、北原摂津守種興（進士兵衛のこと）が秋月方の将内田彦五郎に宛てた八月十五日付の文書が記載されている。要約すれば、次の文意である。

「わが父鎮久（能登守）と秋月公との密約による陰謀が発覚して、父鎮久は紹運のために誅殺されました。父の死は私にとって遺恨の極みです。父の仇を討つため、紹運と戦って死ぬ覚悟でおります。どうか近日中に岩屋城へ軍勢を差し向けて下さい。私は手兵を岩屋城内に籠もらせ、貴殿と戦いが始まった時、城中に火を放ち門を開いて貴軍を入れ、紹運を討ち果たし、貴軍の下で勝利の旗を挙げたいと思います」（原漢文）

つまり、父の怨みを晴らして秋月への忠義の証《あかし》にしたいというものであった。

これに対して種実は、八月十七日付で次の返書を出している（原漢文）。

「貴書受取り委細承知しました。貴殿の父鎮久老が紹運のために命を落とされたことは、まことに愁傷に堪えません。心中お察し致します。また貴殿申入れの岩屋への案内（手引）の件は、実に殊勝な考えです。そのため、来る二十五日、内田彦五郎、秋月藤次郎を差し向けますので、決して手抜かりのないように」という内容であった。秋月種実は、北原進士兵衛の紹運への復讐と、その謀殺計画を真に受けて岩屋城乗っ取りを脳裡に画いていた。

この進士兵衛の計略にまんまと引っかかった種実は、彼を信じて岩屋へ討ち入りの日時を定め、細かい手筈などを決めて、内田彦五郎を通じて密かに進士兵衛のもとへ連絡してきた。むろん彼は、これを逐一《ちくいち》紹運に報告して指示を仰いでいた。『橘山遺事』、『岩屋軍記』、『筑前国続風土記』などは十月十八日とし、『陰徳太平記』、『大友興廃記』は八月十八日としている。秋月種実は内田彦五郎を将とし、五百余人をもって岩屋へ向かわせた。

手筈通り宝満の東麓本導寺（筑紫野市）の大日堂まで来たが、日はすでに暮れていた。まず蘆木《あしき》山にある龍ケ城に着くと、北原進士兵衛は秋月の兵をそこここに分散させて留め置き、内田彦五郎以下の秋月勢に酒肴を出して振るまい大いに歓待した。秋月勢は安心と軍旅の疲れから、たちまち酔いつぶれて前後不覚に眠りこんでしまった。

この時、紹運はかねての計画通り岩屋より屈強の士六百をもってこれを包囲し、夜半に至って進士兵衛の合図とともに、一斉に鬨《とき》をつくって秋月勢に襲いかかった。何しろ夜中のことであり、また、地理不案内な敵地の中で不意をくらった秋月の兵たちはただ狼狽してうろうろするばかりで、高橋勢の思うまま、ここかしこに討ち取られていった。

秋月の方でも主立った者は勇を振って渡り合ったが、衆寡敵せず斬り立てられて倒れていった。大将内田彦五郎も向かう敵と激しく戦ったが、もはやこれまでと引組んで刺し違えて死んだ。逃げようとして道を誤り暗黒の谷底へ転落して行く者や、峰伝いに落ちのびようして、待ち構えた高橋の兵に討ち取られる者など、おびただしい秋月勢の血汐は樹々の葉に飛び散って辺りを真紅に染め、蘆木の夜の惨劇は凄絶な光景をくりひろげたという。

血風奈須美の陣

秋月勢遭難の悲報は死地を脱したわずかな者によってもたらされた。種実は無念やる方なく、彼らの仇を報ぜんと直ちに岩屋へ向かって出陣を命じ、自ら陣頭に立って進撃を開始した。秋月一万二千の軍勢は、種実を大将に秋月治部少輔、上野四郎兵衛、恵利蔵人《えりくらんど》、綾部駿河守らの部将に率いられ、まず奈須美《なすみ》の森に陣を敷き、宝満、岩屋を攻撃せんとした。

これを見た高橋勢は、大将紹運はじめ救援に駆けつけた立花の将小野和泉、由布雪荷《せっか》が先陣となり、道雪以下立花勢も一緒になって奈須美に押し出し、ここで両軍接触して激しい合戦となった。

両軍鉄砲を撃ち、弓を射かけ、槍隊を押し出して烈しく闘ったが、互いに一歩も退かず戦況は優劣つけ難い状態であった。この時、遊撃にあった綿貫三佐兵衛《わたぬきさきべえ》、竹迫進士兵衛らが側面を突いてきたので、秋月の体勢思わず崩れ立ち、後退しはじめた。

道雪、紹運両将は、敵の動揺を見てとると、これにつけ入ってどっと襲いかかったから、秋月勢はたまらず、陣形たちまち崩れてしまって退却に移った。種実はこの様を見ると烈火のごとく怒り、「返せ、戻せ！」と部将たちを叱咤して陣容を立て直そうと必死になったが、この時奈須美一帯の戦場を取り巻くように、翩翻と翻る大友軍の旗幟《きし》を見てぎょっとした。新たな大友の援軍が到着したものと思いこんだ種実は、退路を断たれる危険を感じて、そのまま引き鐘を打たせると、兵をまとめて古処山城へ退いた。

種実に大友の援軍到来と思いこませたのは紹運の謀略によるもので、虚旗をもって秋月を走らせたのである。かくて内田彦五郎以下の弔合戦も徒労に帰して秋月方の敗退に終わった。

ところで奈須美の森というのはどこを指すのであろうか、その地点は不詳である。ただ、安見、茄子に通じるので甘木周辺の安見ケ城付近かと想像されるが、敵の領内まで高橋勢が進入していったかどうか、疑問である。

潤野原・石坂・八木山（穂波合戦）

石坂・八木山合戦とは、秋月方の諸城を攻めんとして、筑後生葉郡に侵入した大友軍に呼応して、天正九（一五八一）年十一月六日、秋月領の嘉麻、穂波地方へ道雪、紹運の両軍六千余人が攻めこんだ秋月攻撃作戦である。

生葉で大友軍に釘付けになっていた秋月種実は、立花、高橋勢が嘉麻地方に打って出たことを知ると、急ぎ上野、坂田の老臣らに命じ、兵の一部を割いてこれに当たらせるとともに、豊筑の長野、城井、千手、杉らの応援を得てその勢五千をもってこれに対抗し、穂波郡潤野原《うるのばる》、石坂、大日寺などで戦い、土師《はじ》村に至って立花、高橋勢はついに秋月方の首級三百を取って帰陣せんとしたところ、秋月勢が新手をもって追跡してきたので、再び激しい戦いとなった。

立花、高橋勢も疲労のため苦戦に陥り、この時三百人余りが討たれたと『九州軍記』は記している。しかし苦戦しながら、労兵を督《うなが》して糟屋郡まで引き下がることができたのは、ひとえに道雪、紹運の巧みな統率力によるものであった。

天正九年十一月立花道雪、高橋紹運、同陣出張秋月領中、放火於賀摩穂波郡邑、而所々発動焉、秋月一族五千許相戦於石坂敗、立花追討之、至土師村、得首級三百、越年於赤司村、

（『歴代鎮西志』十七、天正年表）

天正九年十一月六日於穂波表合戦之砌、戸次伯耆入道道雪家中之衆或分捕高名或被レ疵戦死之着到令二被見一訖、

姓名　署之

（『立花文書』）

右一連の文書で示す通り、この合戦の記録は天正九（一五八一）年十一月六日になっており、『筑後国史』、『陰徳太平記』、『筑前軍記略』、『九州治乱記』、『橘山遺事』など全て同様である。

この合戦は、潤野、石坂、八木山、石垣山と関連の作戦であるが、一方、統虎立花入嗣のことと考えれば、統虎初陣の穂波合戦に含まれる同一の戦いとして見なければならない。

石坂とは『筑前国続風土記』八木山の記事に、「西は篠栗の方より山伏谷の高き坂をのぼりて此の谷に入、東は穂波の方より石坂をのぼりて此村に入る……」とあるので、おそらく現在の国道二〇一号に沿って飯塚より八木山《やきやま》へ登る東の坂を指していうのであろう。したがって八木山と石坂とは同一のものと考えられる。

『戸次軍談』の記すところでは、「同年十月中旬道雪、紹運ニ申ケルハ秋月カ居城古処山ハ要害険阻ノ地ナレハ力攻ニハ成カタシ、此ニ穂波郡大日寺ハ後ニ石垣山ヲ当テ、前ハ平地ニテ馬ノ脚立モ能処ナレハ両家ノ勢六千余人大日寺ヘ出張シ、三千余人ヲハ石垣山ニ隠シ置、足軽ヲ僅ニ三百人出シ、秋月カ城辺ノ在々処々ヲ放火

セシメ、古所城ヘノ往還ヲ妨ケ悩《さまたなやま》ス者ナラハ秋月怺《コラエ》ス是ヲ追散シ其時弱々ト大日寺へ引取ハ、敵進ンデ付来ン、思フ図ニ引受テ伏兵一度ニ四方ヨリ切テ出ハ必定ノ大利ナルヘシ」とあり、道雪の卓抜な戦略に紹運も賛成し、額《ひたい》を集めて綿密な策謀がなされたが、この計略にまんまと秋月が引っかかってしまった。

それまで秋月領を放火して種実の出方をうかがっていた立花、高橋勢に対して怒り心頭に発した種実は、直ちにこれを駆逐するため出撃を命じた。そしてその将に、井田次郎親氏《ちかうじ》が選ばれた。親氏、時に二十歳。秋月の重臣井田左馬助親之《さまのすけちかゆき》の嫡男で、早くから武勇の誉れ高い青年武将であった。

じきじきの君命を拝して武門の名誉これに過ぎたるはなしと喜び勇んで、一千騎の軍勢を率いて秋月を発ち、敵影を求めて穂波へ向かった。途中で立花、高橋の小部隊と遭遇、「これしきの軍勢か、それ、蹴散らせ」とばかり、血気に逸《はや》る親氏は、しゃにむに突進していった。

ところがどうしたことか、頑強に抵抗するものと思っていた大友勢が、さして戦おうともせず弱々とした逃げ腰で引いて行く。これを見た親氏は、「大友勢何するものぞ」と、すっかり自信をつけて、これに急追を命じた。膂力《ひりょく》優れ、豪勇といわれた親氏であったが、まだ戦の駆け引きに馴れず、歴戦の将道雪と紹運の計略とも知らず七里（約三〇キロ）余りも深追いして、大日寺に至った頃には兵も馬もすっかり疲れ果てていた。

この時、大日寺の後方、石垣山に待機していた大友の伏兵が俄に起こって鬨を上げ、秋月勢の前後から襲いかかった。不意をうたれた秋月勢は、狼狽してたちまち列を乱して逃走しはじめた。人馬の激しいどよめきの中を、朱に染まった秋月兵の死体がそこここに散乱して、初冬の枯葉がその上を舞い散った。

親氏は、返り血を浴びて真赤になった顔を火照《ほて》らせ、小高い所に馬を乗り上げて、「返せ、返せ」と大声で喚《わめ》き、敗走する兵を引き止めるのに懸命であった。するとその時、一人の武者が騎馬をかきわけ親氏目がけて、さっと馬を乗り入れてきた。「立花家臣、十時摂津守でござる。そこにおられるは今日の御大将とお見受け申した。尋常に勝負されたし」と大音声に呼ばわった。親氏は立花の重臣として知られる十時とめぐり合ったことを喜ぶと、にっこりと笑みをたたえ、馬を寄せると、「多くの軍勢の中から先陣をつけられるお振舞、中々にもって見事でござる。名は思う仔細《しさい》あって明かしかねるが、もし討たれた時は後でいづれ判ることでござろう。いざ組んで勝負を決せん」（『橘山遺事』巻四の五、原漢文）と甲冑をつけたまま、馬上でむんずと組むとそのまま勢いよく馬の間に落ちて行った。

しばらく上になり下になり組んずほぐれつもみ合ったが、ついに年若い親氏が十時を取って押さえ、あわや首を斬ろうとした時、十時の郎党が駆け寄り、親氏の背後から右肩先目がけて斬りつけた。振り向いた親氏が、これを払いのけようと身体を動かして立ち上がった時、真下になっていた十時がすかさずはね返して押さえつけ、ついにその首を取った。

たまたま紹運の家士の中に、この親氏を知る者があって、「これは、秋月の重臣井田親之の一子、親氏である」ということが分かった。首実検の後、その遺品を検《しら》べた時、冑の縫い目より笛一竿が出てきた。これを見た道雪、紹運もその哀れな心情に思わず落涙、丁重に遺体をおさめると、遺愛の笛とともに使者をもって父井田親之の許に送らせた。

愛児の死を知った親之は、悄然《しょうぜん》と肩を落として、しばし悲嘆の涙にくれた。紹運の使者もまた、慰める言葉もなくただ粛然たるのみであった。戦国の世とはいえ、討つ者、討たれる者も所詮は人の子であり、この老父の涙を前にして、討った者も暗澹たる思いであったろう。

親之は涙ながら息子の遺体を寺に葬ると、仏壇の柱に和歌一首を書きつけて、その霊に手向けた。

「誰も皆子を思ふ道に迷い行く　後の世照らせ山のはの月」

一子に先立たれた老将左馬助親之は深く決するところあって、のちの合戦で自ら進んで先陣に立ち、壮烈な死をとげて息子の後を追ったという（『陰徳太平記』）。

立花宗茂の登場と養父道雪の死

千熊丸から統虎へ

立花統虎《むねとら》（のちの宗茂《むねしげ》）の初陣は、天正九（一五八一）年、十年、十一年と、これまた各書まちまちであって、どれが正しいか一定しない。しかし宗茂の出生が永禄十（一五六七）年十一月十八日（一説では十年八月十三日）とされているから、これから逆算すると、天正九年では十五歳であり、十一年では十七歳となる。

しかし、川添昭二氏の『嘉穂地方史　古代中世編』に採録されている「横大路文書」には、横田伊豆守に宛てた感状で、天正九年十一月十一日の統虎、道雪《どうせつ》連署の花押があり、これから考えれば、天正九年はすでに立花嗣子となって、岩屋より立花城に来ていることが証明される。したがって、『立花記』の九年八月十八日に立花養子として入城している記事が、最も年数にかなう。『立花家累代略記』には、天正九年十月十五日としている。八月に立花養子として入り、十一月に穂波合戦に出陣したとすれば、初陣は十五歳ということになる。

統虎（宗茂）は各書にある通り容貌魁偉《かいい》で、彼の画像を見ると、額が異様に出て顔面ただならぬものを思わせ、尋常の者でないことがすぐ分かる。四、五歳の頃から言語明晰《めいせき》で、大人も舌を巻くほどであったという。

幼名は千熊丸といい、三歳の時すなわち元亀元（一五七〇）年五月、父鎮種《しげたね》（紹運《じょううん》）の宝満入城に随って豊後、国東の地よりこの太宰府へ移ってきた。父の紹運（鎮種は天正元年頃より紹運と号した）に似て身体が大きく、それに首が太くどっしりとして短く、猪首であり、眼光は炯々《けいけい》としていた。とくに臂力《ひりょく》が秀れ、六、七歳の頃から相撲が好きで、同年輩の子では歯が立たず、いつも二、三歳年上の子と相撲をとって、負けることがなかったという。弓もまた巧みで、十歳頃では数間先の小鳥をも射落とすほどの腕前であった。

宝満城に来てからの千熊丸は、四王寺山にある高橋家の支城、岩屋城にも、よく父の巡見に従って登ったが、足早の父に少しも遅れをとらなかった。

筑紫の自然は美しい。春は竈門《かまど》の桜花の下で相撲に興じ、夏は白川の流れに魚を掬《すく》い、秋は紅葉に燃える竈門の峰深く、野鳥を追って射術の腕を磨いた。竈門山は山号を金剛宝満と号したので、一名宝満山とも称したが、叡山に属して天台の宗法を守り、弘治年間（一五五五—五七年）の初めまでは坊中三十町を有し、多くの坊があったが、弘治三年、宗麟《そうりん》の検地課役に端を発して焼かれ、紹運の着任頃には二十五坊に減ってしまった。

立花宗茂像（柳川市・福厳寺所蔵）

筑紫野の柿の葉が、かさかさと鮮やかな真紅の色を見せながら散る頃、夕映えに観世音寺の甍《いらか》が煌《きら》めく中を、都府楼跡の辺りまでも遊んだ。冬は白皚々《はくがいがい》の雪の中で、宝満一帯の鷹狩りが行われた。尾根から尾根へと獲物を求めながら、千熊丸は息をはずませて跋渉《ばっしょう》した。筑紫の風土は、千熊丸を一層逞しく育てていった。

ある日、鷹狩りに出て子供たちと歩いている時、突然大きな犬が飛びかかってきて、少年たちに嚙《か》みつこうとした。少年たちは驚いて、一目散に逃げ隠れてしまったが、千熊丸は少しもあわてず、腰の刀を抜くと犬の背にしたたか峰打ちを食わした。犬は悲鳴をあげ驚いて逃げ去った。千熊丸は、逃げていた子供たちを呼び集め、平然として城へ帰ってきた。のち、父の紹運がこの話を聞き、千熊丸を呼んで、「刀を抜いて防ぐのなら、なぜ犬を斬らなかったのか」と尋ねると、彼は笑いながら「刀は敵を斬るためにこそあります。犬猫を斬るものとは違います」と答えた。

紹運は息子のこの言葉に深く感じるものがあった。「我が子ながら器量まことに抜群であるが、将来自分の才を驕《おご》ることがあってはなるまいぞ」と戒めた。

　また、八歳の頃、興行見物の最中、俄に群衆の中から喧嘩が起こり、白刃が閃《ひらめ》いてついに死傷者まで出る騒ぎとなった。群衆は逃げ迷って、周囲は騒然としていた。千熊丸の供の者も、急いで彼の手を引いてその場を去ろうとしたが、千熊丸は少しも恐がる様子もなく、「今日の見物は、これで終わったのか」と聞いた。供の者が、「今危ない騒ぎが起こったので、ここにおられては危険ですから、急いでこのまま帰りましょう」と言うと、彼はさもおかしげに笑って、「お前たちが、あわて騒ぐことの方がよほどおかしいぞ。こちらから相手にならなければ讐《あだ》をされるいわれもない。ともかくせっかく見物に来た以上、終わるまではどんなことがあっても帰らないぞ」と言って、立ち上がろうとしなかった。そのうち騒ぎも治まり、逃げていた人たちも再び集まってきて、もとのように見物をしたが、この時の千熊丸の落ちついた態度に、供の者は皆感服してしまった。

　九歳の時のことである。ある日、立花城の道雪の所に遊びに行った時、道雪と一緒に食膳に向かっていた。膳には香ばしい鮎がのせてある。千熊丸は、それをつまむといちいち小骨をとって、身をむしって食べた。入道頭のギョロッとした大きな目がこれをとらえると、たちまち破れ鐘《わ》のような大きな声が、千熊丸の頭上に飛んだ。「おなごのように、いちいち骨をむしって食うなどとは、武士のなすことではない。頭から食え、骨も食え、みんな食ってしまえ。それが武士の食い方ぞ」。猛将と怖れられた立花道雪の一喝に、千熊丸も驚いて涙が出そうになったが、さすがにぐっと我慢すると、鮎を頭からモリモリと噛み砕いて呑みこんでしまった。

　十歳になった頃は、すでに大器の片鱗を見せはじめていた。ふだんは物静かで口数が少なく、何を考えているのか茫洋としたところがあったが、ひとたび口を開くと、ここぞと思うところは滔々《とうとう》として意見を述べるところがあった。この年、高橋家中の士で重罪を犯した者がいて、紹運は家中きっての使い手である萩尾大学に討手を命じて、これを誅伐したが、事が終わってのち、千熊丸は大学を傍近く召し寄せて、「このたびのそちの働き、なかなか見事であった。どのようにして仕留めたか、詳しく余に話して聞かせよ」と命じると、大学は、「相手と行き違いましたが、わざとやり過ごしておいて、後ろから声をかけて、相手が振り向くのと同時に一太刀で斬りおろして討ち果たしました」と答えた。これを聞くと千熊丸は、「そのやり方はまことに見事であった」と言って大学を大変誉めた。その時、傍近くにいた者たちが、この話を聞いて、「相手を後ろから斬ることは、誰でも容易にできることであり、たいして手柄でもない」と、ひそひそと話し合っているのを千熊丸は耳にして、「相手を討つのに、たやすく討つ法を考えてこそ手柄というものである。討ちやすいことを考えないで、討ちにくいことをして、かえって仕損じるようなことがあったら、何とするつもりぞ。そのような考えを持っている者は、自分が成長した暁《あかつき》、合戦の際、軍を不利にして戦の妨げになるから、以後気をつけるがよい」と言い聞かせたので、囁《ささや》き合った連中は、その道理に顔を赤くして恥じ入った。

紹運は千熊丸に、高橋家の嫡男として、戦乱の中に生きる強靭な身心を鍛錬させることを怠らなかった。一緒に山野を歩いている時、よく紹運は千熊丸に向かって、「今、この地形で不意に前後から敵に襲われた時、如何するぞ」と問いかけることがある。竹の小枝をとって、鞭《むち》代わりに周囲の状況を指し示しながら、敵、味方の人数などまで想定しての兵学訓練である。老松の幹に、さんさんと日が注いでいる。坊主頭の入道のいでたち、長身で肩幅の広いがっしりした体格の紹運の目が、厳しい中にも優しく息子を見詰めていた。「ハイ、父上、私は右側の小高い所まで兵をつれて一気に駆け上り、山を背にして敵を防ぎます」、「何故か」、「ハイ、我が方は光を背にして戦い、敵は光に向かうので充分な働きができません」、「なるほど、しかしあそこまでは目測で三十間（約五五メートル）はあるぞ。部下を誘導するのに時間がかかる。戦は一刻の猶予もない。遅れをとったら、こちらが全滅するかもしれない。父ならこの場合、この松の大木を背にして兵を二手に分け、一手をもって前方の敵に当たらせ、一手で後方に備えるぞ」。

万事このような調子で、父紹運からいつ質問が飛び出すか分からない。歩いていてもいつも周囲の状況に目を配って、正確に判断できるように心がけた。いつしか彼は、自然に戦術に興味をもつようになった。千熊丸の脳裡には、まだ見ぬ甲冑をつけた敵の顔や、人馬の喚《わめ》きや、戦場に翩翻と翻る旗印などが描かれて、その中で勇ましく采配を振っている自分の姿を想像して、異様な興奮を覚えた。城中にあっても、常に生活そのものが戦闘のためにあるといってもよかった。紹運は、千熊丸が年とともにたくましい有能な武将として成長していくのを見ると、自分の若き日の姿を見るような思いであった。

十五歳の春、千熊丸は元服して名も統虎と改めた。「統」の一字は主家大友義統よりいただいたものである。すでに若獅子のようなたくましい若武者に成長し、父紹運に似て背丈《せたけ》も高く、肩幅もがっちりと堂々として、精気が溢れていた。

だが、このように高橋家にとって将来頼もしい跡嗣ぎであった統虎を、紹運はついに手放さなければならない事情になった。というのは、紹運が日頃から尊敬していた立花道雪から、統虎をぜひ立花家の養子にと懇望されたからである。

道雪のことは前にも述べた通り、大友家の魂とまでいわれた人で、天正六年の耳川の役以後、衰えていく大友家の屋台骨を支え、紹運とともに筑前の守りを固めてきた。龍造寺、秋月らの侵略を許さなかったのは、道雪あるためであった。

紹運より三十五歳も年長であったが、この二人の性格がよく似ていて、ともに竹を割ったようなスカッとした気性の持ち主で、何よりも武門の名誉と信義を重んじ、卑怯未練な振る舞いを最も嫌うといった武将の典型であった。さらに共通していえるのは、戦場においては常に先頭に立って指揮する勇猛果敢な点も一致していた。年齢の差こそあれ、この二人は互いに信じ合うことができ、ともに用兵の術に秀れていた。言い換えれば、この両将はともに日頃から家臣を大切にして、薫陶し、民生の安定に心を用いたからこそ、一旦戦が始まると、家臣たちは身命を惜しまず働いたのである。

道雪は、この年若い紹運と組んで、崩れゆく大友体制の維持に老いの執念を傾けたのである。その姿を見て、紹運は道雪を敬慕してやまなかった。周囲が敵となってゆく状況下で、紹運は道雪より武門の生き様を学んだ。それは、兄弟あるいは師弟のような関係で、その影響は大きなものがあった。だから常に「紹運あるところ道雪あり」といわれたほど、形影伴って二人の心の結びつきは深かった。

それまで道雪は子に恵まれず、最初の妻入田氏とは、結婚後、故あって離別、その後再婚したのが筑後生葉郡長巖《ながいわ》城（うきは市浮羽町新川）主、問註所《もんちゅうしょ》鑑豊《あきとよ》の娘、仁志（西とも書く）姫であった。彼女は、はじめ三潴郡安武城主、安武河内守鎮則に嫁したが、事情があって別れることになり、彼女は一男一女を連れて実家の長巖城に帰ってきた。永禄十一年、宗麟の媒酌で、当時筑後問本《といもと》城（久留米市草野町）にいた道雪は、この仁志姫と再婚し二人の子を引き取った。このうちの男子が幼名亀菊丸、のちに筥崎座主となった方清法印である。道雪五十六歳の時である。そして翌永禄十二年七月、この問本城で女子誾千代が生まれたが、すでに老境に入っていた道雪は後嗣のことで悩んでいた。こればかりは勇将といわれた道雪でもどうすることもできなかった。

彼は立花家の後継について、一時、後妻の連れてきた娘、政千代（当時十歳）に将来、重臣鷹野《こもの》増時《ますとき》（当時二十八歳、三河守賢賀）を養子にして立花家を相続させようと考え、増時に再三その旨を伝えたが、彼は「立花家は大友一族であり、ぜひ御一族の中からお迎え下さい」と固辞して受けなかった。政千代は不幸にして十二歳で病死している（『鷹野家譜』）。

鷹野は代々国人で、昔、糟屋郡鷹野一帯の領主であった丹治《たんじ》式部《しきぶ》少輔《しょうゆう》峯延《みねのぶ》の後裔であるが、早くから大友家に随身して立花家臣となった家柄で、現在でも新宮の東五キロに鷹野（古賀市）の地名が残っている。

増時は智謀すぐれ、生の松原合戦をはじめ、数々の合戦に出て武功を表わし、道雪の将として立花家のために尽くした人物である。その増時が固辞したので、ついに道雪も諦めたが、のち天正三年五月、誾千代七歳の時、彼はこの娘に立花城督を譲ることになった。

統虎、立花家に入る

それから数年後、増時はすでに高橋千熊丸の非凡な器量を見抜いて、ぜひ立花家の養子に迎えるように道雪に説いた。道雪としては、老境に入り、しかも戦乱のさなか、いくら利発といってもまだ年少の童児を嗣子に迎える心もとなさを考える時、躊躇《ちゅうちょ》するものがあったが、増時の言を聞いてから後、千熊丸をそれとなく観察してみると、なるほど常に二、三歳ぐらい上の子と比べて少しも劣らないほど、秀れた資質をもっている。父、紹運に似て背も高く堂々として、何ものをも恐れない勇気と天性の智略を備え、まさに将来大器を思わせるものがあった。自分の亡き後、立花家を盤石《ばんじゃく》にするものはこの千熊丸よりほかにはいないと思いこむと、もう老いの一徹で、この子をぜひ養子にもらい受けねば安心して死にきれないような気がしてきた。

そこで千熊丸が元服して名も統虎と改めたある日、道雪は岩屋に紹運を訪ね、「統虎殿を立花家にいただきたい」と切り出した。紹運もさすがに困り果て、「この儀ばかりは、どうか御容赦下さい」と断わったが、道雪は諦めず、入道頭の大きな体をちぢめて、さらに紹運をかき口説いた。

「私は大友家のため、今まで貴殿と心を合わせて幾十度となく戦場に出て戦ってきました。しかし近年、大友の家運も衰え、筑前では貴殿と私だけが残るのみです。しかも私はすでに老い、余命いくばくもありません。この乱世に娘一人を残しては、とても安心して死ねません。それにひきかえ、貴殿は壮年でまだ若く、男子も二人もっておられます。統虎殿が立花へ来て下さるならば、家中の者たちはどんなにか喜び、高橋家としっかり手をとりあって大友家のために尽くすことができます。決して自分一個の願いからではありません。どうか老い先短い、この年寄りの頼みをお聞き届け下されし」

額に汗を滲ませながら、道雪は必死の面持ちであった。それはひたすら大友家を思う切々たる真心からほとばしり出た言葉であった。義心は自ら顔に顕われて、聞く者の心を動かした。紹運は感動して、「よく分かりました。どうか御安心下さい。統虎養子のお話は、確かに承知致しました。いかにも立花家へ差し上げましょう。ですが何分まだ十五歳の若年なので、これからどうか厳しく御養育下さい」と言うと、道雪の頭が下がり、大きな目からはや涙が溢れ出た。

こうして統虎は立花家の養子と決まり、天正九年八月、秋風が立ちはじめる頃、十二年間過ごした懐かしい宝満や岩屋の城と別れを告げて立花城へ向かった。出立にあたり、紹運夫妻は大広間で家臣とともに別離の宴を張って、息子の門出を祝った。

『浅川聞書』に、「紹運様ハ常ニハ左のミ烈しき御事も、不被為有候得共、はつれに言語ニ絶したる厳しき御意地御座候、立斉《（宗茂）》様御当家へ御養子ニ御出し折柄、御衣装被召、紹運様御前ニ御出、御暇乞《おいとまごい》乃御盃被遊て、紹運様今日より後ハ、此の紹運を努《つとめ》て親と思ふまし、武士乃 習《ならい》乱れたる世ハ、明日ニも道雪老と敵味方ニ成ましきにあらす《（ず）》、左ある時ハ道雪老乃御先ニ被立成程、此紹運を討候へ、道雪老ハ少も未練なる事を大ニ御嫌ひ乃御生故、自然不覚乃御覚悟ニ而、義絶等有ラン時ハ、岩屋乃城に御皈被成間敷《おかえりなられまじく》候、其時者《そのときは》、是非を以ていさきよく御生害あられよとて長光乃剣を被下候、御手つから被下乃事故、今に御忘不被遊《おわすれあそばされず》、常々御身を離されす御形見と被思召との御はなし也」とあるように、その席で紹運は統虎に、「今日よりは道雪殿がお前の父である。この争乱の世にいつ道雪殿と敵味方になって戦うようなことになるかもしれない。その時は、立花家の先陣に立って、お前はこのわしを討ち取れ。道雪殿は卑怯未練なことが大嫌いなお人である。かりにお前が道雪殿から離別されるようなことがあったら、二度とこの城に帰ってきてはなるまいぞ。その時は、この剣で潔く自害せよ」と、手ずから備前長光の剣を与えた。表現は厳しいが、つまり立花家のためにしっかりやれという激励であった。

宝満から立花山までは約一五キロの道程である。立花よりは原尻宮内を迎えに出し、高橋からの従者は世戸

立花山全景（糟屋郡新宮町）

口十兵衛、太田久作の両名だけであった。鷹野増時も山麓の下原《しもばる》村（福岡市東区下原）まで出迎えた。立花城はあげて統虎の入城を喜び、筥崎座主はじめ群臣は城に出てこれを迎えた。領民は口々に立花家の千秋万歳を唱えて祝い合った。祝宴は三日三晩にわたってくりひろげられ、城中では幸《こう》若舞《わかまい》や家臣たちの余興も加わって、この若い領主を歓迎した。道雪の娘、誾千代は統虎より二歳年下でこの時十三歳であった。色白の美人であったが、父道雪に似て気性が激しく、男勝りの評判が高かった。ここに統虎、誾千代の若い夫婦が誕生して、筑前の大友陣営に新風を吹きこむことになった。ともあれ、立花城は喜びにわいていた。

立花山（糟屋郡新宮町）は標高三六七メートル、北に玄界灘を望み、また博多方面を一望にできて眺望が素晴らしいが、現在では周辺に多くの団地ができて、和白、三苫《みとま》、香椎、名島、貝塚辺りまで続いている。登り口は、下原、立花口、原上、山田からである。山頂はラクダのこぶのように三つに分かれていて、遠くからも山容がすぐ分かる。この山は昔、二神《ふたがみ》山と呼ばれていた。全山、樟林であったが、近年伐採のため山容が変わっている。大別すると三峰に分かれていて、最も高い所を井楼《せいろう》山、本城といい、立花口と下原の境界をなし、山頂の広さは平地約一反《たん》（約九九〇平方メートル）で、北方に水の手があり、谷水が出ている。続いて、この北に松尾岳があり、これは山頂の面積約五、六畝《せ》（約六〇〇平方メートル）、さらに続いて白岳があり、こちらの広さは約一反である。これらを総称して立花山といっている。

ここに最初城を築いたのは、南北朝期の元徳二（一三三〇）年、大友家六代貞宗の子、貞載《さだとし》の時である。以来、豊後の本家を「東の大友」といったのに対して、この立花を「西の大友」と称した。そして山麓の立花口に伝教大師ゆかりの独鈷寺《どっこじ》があり、また六所権現をまつる六所宮がある。道雪は、この六所宮で戦勝を祈願して出陣したといわれる。

さて、道雪は統虎がこの立花に入城すると、薦野増時とひき合わせて、「今日、めでたくお前をこの立花家に迎えることができたのは、ひとえにこの増時の力によるものである。お前も聞き及んでいることと思うが、増時は今日まで数多くの合戦に出て、立花家のために忠義一途に働いてきた忠臣である。自分はかつて増時を立花家の嗣子に決めようとしたことがあったが、彼は固辞してついに受けなかった。そしてかえってお前を立花家の嗣子として迎えることを、このわしに勧めてくれた。これで我が立花家も安泰である。わしも老い先短い命であり、いつ死ぬか分からないが、自分の死後は必ずこの増時を重く用いて、何事も相談するがよい」と言って、増時には改めて、「三重」と称する若州冬広の名刀を与えた。そして紹運に乞うて、統虎の妹を増時の長子成家《しげいえ》の妻となす約束を取り交わした。

統虎の将器

統虎が立花家へ来て間もなく天正九年十一月に入り、立花、高橋の連合軍は秋月と対戦するため嘉摩、穂波郡へ出陣することになった。というのは、その頃、筑後生葉郡井上城主、問註所鑑景《あきかげ》は、それまで大友方であったが秋月方に寝返ったので、同族の長巖城主、問註所統景《むねかげ》は、豊後へ急使を出して、義統へ援軍を乞うた。そこで義統は直ちに朽網宗暦《くたみそうれき》に三千の兵を率いさせて、筑後へ差し向けた。大友軍は同年十一月、玖珠《くす》郡より日田へ入り、筑後川に沿って西下し、生葉郡に侵入して井上城を囲んだ。

一方、秋月種実はこの報を聞いて、子（一説には弟）高橋元種の軍と合わせて六千騎をもって、井上城の救援に駆けつけてきた。腹背に敵を受けることになった朽網宗暦は、それまでの包囲を解いて、筑後川の線まで後退して、原鶴（朝倉市杷木志波）を挟んで秋月と対陣した。この時、秋月の家臣で三奈木の住人、三奈木弥平次は、当時二十二歳の若年ながら、大友方で豪勇をもって知られた野上一閑と原鶴の河中で壮烈な一騎打ちを演じて野上を討ち取ったが、自分もまた大友軍のため討たれて死んだ。両軍は鉄砲を撃ちかけて激しく応戦したが、いずれとも勝敗がつかないまま、膠着状態となった。

そこで大友義統は、立花道雪と高橋紹運に急いで朽網援助を命じたので、道雪、紹運の両軍五千騎余は、立花、宝満を発って筑後へ向かったが、この中に初陣の統虎も加わっていた。ところが、立花、高橋両軍が到着する前に豊後から急に召還の命を受けて、朽網は軍をまとめて本国へ引き揚げてしまった。秋月もまた井上城に入ったので、やむなく道雪、紹運は引き返したが、怒りが治まらない両将は、せめて秋月領を荒らして溜飲《りゅういん》を下げようとし、嘉麻、飯塚、片嶋辺の民家を放火して焼き払い、稲を刈りとって、敵地を蹂躙《じゅうりん》して帰城しようとした。ところがこの知らせを聞いた秋月種実が五千の軍勢を率いて追跡してきた。道雪、紹運は、いちはやく石坂でこれを迎撃する態勢をとり、鉄砲隊を坂の途中に配置して、いつでも銃撃できるようにし、道雪は千余の兵を松林にひそませて、静かに敵の接近するのを待った。

この時、初陣の統虎の扮装は、唐綾縅《からあやおどし》の鎧に鍬形打った冑《かぶと》の緒《お》をしめ、金作りの太刀を帯び、十六本の矢入を筈高《はずたか》に背負い、塗籠《ぬりごめ》の弓を真中からしっかり握り、栗毛の馬に金具の鞍を置いて乗っていたが、馬上から下りると、「敵はすでにこちらへ近づいてきた。自分について来たい者はこちらへ来い」と命じて、父紹運の本陣から三町（三三〇メートル）ほど離れて陣を構えようとした。これを見た後見役の有馬伊賀が驚いて、「若殿、これは何としたことですか、本隊から離れてしまえば敵のつけ入りやすいところとなり、危険にさらされます。どうか紹運公と一緒に陣をお取り下さい」と諌めたが、統虎は笑って、「敵大勢ナリトテモ、何程ノ事ノ有ヘキソ《あるべきぞ》、父ト一所ニ向ナハ《むかいなば》、我ニ従フ者モ、彼ノ勢トトモニ進退シテ、ヨモ我下知《わがげち》ニハ従ハジ、是非ニ理ヲマゲテ、我ガ計《はからい》ヒニ任セヨ」（『筑後将士軍談』巻十四）と言って、かえって伊賀を説得した。若年にも似ぬ理非《りひ》を弁《わきま》えたこの胆略に伊賀も深く感じ入った。「戦馴れた者でも、このような考えはもたないのに、わずか

十五、六のしかも初陣の身でありながら、このような人並はずれた計らいをされるのは、生まれながら武将の器であろう。ここは若殿の言う通りに任せておこう」と、百五十騎を分けて統虎の陣につけた。

一方、秋月勢は強行軍をもって、息もつかずに険阻な石坂を攻め登ってきた。紹運は秋月の兵を引きつけるだけ引きつけておき、頃合いを計って合図をすると、鉄砲の音が激しく山中に響いて、一斉に火をふいた。そして弓隊から射出される無数の矢音がヒュウヒュウと唸りを生じて、秋月軍の中に落下した。先頭の兵がバタバタと倒れていくのを見て、秋月方は少し怯《ひる》みはじめた。紹運すかさず、時分はよしと見て、「者どもかかれ」と下知した。秋月の先陣七百人は、思わぬ集中攻撃を受けて支えきれず、坂下まで追い落とされてしまった。続いて第二陣の一千騎余りが喚き叫んで、攻め登ってきた。紹運はこれを見るとさらに勇気を起こして、自ら長刀を振って、当るを幸い前後左右の秋月兵を斬り倒した。

それまでじっと戦況を見ていた統虎は、戦機熟すと見て、部下に命じて猛然と横間《よこあい》から突入した。秋月の後陣三千騎も続いて攻め上ってきて、紹運の軍千五百と火の出るような激しい戦闘が展開された。高橋方にも討ち死にする者が出た。唐綾縅が揺れ動くと、秋月の兵が倒れた。その鍬形をうった冑目がけて、秋月の兵が群がった。

有馬伊賀は敵三騎を斬り伏せ、統虎をかばって身に数カ所の傷を負い、額に受けた傷から滴り落ちる血潮が目に入って、思うように動けなくなった。この時、秋月家中で堀江備前という豪勇の士が、高橋の雑兵を斬り伏せながら、伊賀の方に向かってきた。統虎はこれを見ると、塗籠の弓に矢を番《つが》い、狙いをつけて引き絞り、勢いよく放つと、誤たず矢は堀江の大太刀の柄を削って弓手の腕にぐさりと突き刺さった。堀江はこれに怯まず長刀を投げ捨てると、統虎目がけて飛びかかって、むんずと組みついてきた。しかし長身でたくましいこの若武者の前には豪勇の士堀江も敵ではなかった。統虎は、かえって逆に堀江を取って押さえ、部下の萩尾大学を呼んで、その首を討たせた（統虎のこの時の動きを見て、道雪は養子の約をしたと記している書もある）。

やがて戦場は混戦状態となり、勝敗は容易につかなかったが、折しも道雪の伏兵一千余騎が松林の中から一度に起こって、「ワァッ」と喚声をあげて襲いかかったので、それまで勇戦していた秋月勢も、この勢いにたまらず総崩れとなって敗走した。

この石坂の戦いで秋月の損害は戦死者七百六十名にも及び、一方、高橋、立花にも三百名の戦死者が出たと記されている（『九州軍記』）。

彦山炎上

石坂の合戦と前後して、その頃大友軍は豊前の彦山を包囲していた。彦山は、豊前、豊後、筑前の三国にまたがる鎮西の名峰として知られている。海抜四千尺（一二〇〇メートル）の頂上から晴天の日は、九重、阿蘇の山々や、遠く周防灘をへだてて四国の山々までも望むことができる。

古来、鎮西最大の修験場として、最盛期は三千八百余坊もあったが、その後数度の兵乱で破壊され、天正年中では千坊余に減ってしまった。それでも依然として豊前鎮護の一大法域で、それを執当する世襲の座主のもとに厳然たる法規を守り、莫大な神領と独特の山岳武術を鍛錬した数千の僧兵を有し、また、法灯護持の名のもとに守護不入の地として畏敬されていた。朝廷から「英」の一字を贈られ、英彦山《ひこさん》（すぐれた山という意味）と称するようになる。中世期の彦山は、入峰の行事が盛んに行われ、名実ともに天下の祈禱所として崇敬され、その権勢は天正の初期頃までは戦国諸侯を凌ぐほどであったという。

彦山座主の始祖は、後伏見帝の第六皇子、助有《すけもち》法親王で、元弘三（一三三三）年十二月に彦山に下って妻帯となり、以来天正年間まで約二百五十年にわたって皇胤《こういん》をもって連綿と続いてきた。

天正に入ると時の座主は舜有《しゅんゆう》であった。天正七年正月、舜有は縁家の秋月種実と大友氏に対する攻守同盟を結んだ。もともと彦山は大友のキリスト教入信以来反目して対立関係にあった。そのため座主は、反大友の秋月と親交を深め、さらに舜有の娘が秋月種実の嫡子種長に嫁するに及んで、その関係はいっそう親密になった。また、その間に生まれた女子、昌千代は舜有にとってたった一人の孫娘であり、のちに彦山統轄の座主となる。

一方、大友義統は嗣子に恵まれない彦山座主の跡目に自分の弟を立てようとして、力ずくでもと、たびたび使者を登らせて強要したが、先例のないこととて一山宗徒はこぞって反対したため、交渉は決裂し、山徒はついに使者を殺してしまった。

これを聞いた義統は烈火のごとく怒って、天正九年十月中旬、大軍をもって彦山を襲撃させた。戦いは山麓の別所口、落合口（添田町）より始まったが、鉄砲に物をいわせる大友軍のために中腹に追い上げられ、大友軍は大講堂を占拠してここに陣営を置いた。舜有は西谷上仏来《かんぶく》山に拠って頑強に抵抗したが、戦闘一カ月余にしてついに降伏、上宮はじめ座主執当の政所坊、亀石坊など、名ある各坊、堂宇はすべて灰燼に帰し、多くの山伏たちが奮戦の末散った。

秋月はこの時、大友と対戦中であったから、彦山を救援することができなかった。彦山焼き打ちは、織田信長の比叡山焼き打ちとともに二大法難とされている。しかし戦勝した大友方も、家運の衰退により彦山を手中に収めるまでにはいかなかった。その後、彦山座主の後継者となったのは、舜有の孫娘の昌千代とその婿養子となった日野輝資の三男、忠有であるが、これには昌千代の実父、秋月種長が後見役となった。それまで彦山座主の居館は、代々神領の上座郡黒川院（朝倉市黒川馬場）にあったが、忠有の代になって彦山に移住した。

ちなみに舜有の墓は黒川字宮園にあり、碑に「権大僧都《ごんだいそうず》法印《ほういん》舜有《しゅんゆう》尊位《そんい》　敬白　天正十五十亥天六月五日」と記されている。

小金原の戦い

小金原《こがねばる》の戦いは、穂波合戦が終わって間もない天正九年十一月十三日に、鞍手郡若宮町（宮若市）を中心にくりひろげられた宗像、杉、秋月の各軍と立花方との合戦であるが、これも異同があり、次のように、九年、十年と年記がそれぞれ違っている。

『九州軍記』　天正九年十月十三日
『宗像記追考』　同　十一月十三日
『九州諸将軍記』　同　十一月十三日
『橘山遺事』　同　十一月十三日
『筑後将士軍談』　同　十一月十三日
『宗像軍記』　同　十一月十七日
『九州治乱記』　天正十年十月十日
『九州記』　同　十月十三日
『筑前国続風土記』　同　十一月十三日
『宗像記』　同　十一月十三日

これ以外に『歴代鎮西要略』、『軍記略』は十年正月としているが、ここに立花側の大友義統袖判の「天正九年十一月十三日於山東宗像表合戦之砌戸次伯耆入道々雪家中之衆或分捕高名或被疵戦死之着到令披見訖」(『立花文書』)という文書があり、また、宗像側より見た『宗像記追考』なども天正九年十一月十三日とあるので、この年記に信頼が置ける。

ともあれ、戦国期における鞍手郡下最大の合戦といわれるこの小金原合戦については、その見方が二通りに分かれる。一つは、この合戦については、立花方に対して秋月が、宗像、杉らをかたらって起こした戦であるというのと、もう一つの原因は、立花に遺恨をもつ一部宗像家臣の一揆によるもので、大宮司氏貞も、この事件が起こるまで何も知らなかったといわれる説である。

この事件の発端となった鷹取城（高鳥または高鳥居とも書く）は直方市の東端永満寺にあり、福智山の支峰をなす鷹取山上にあった。城主毛利鎮実は、当時鞍手地方における無二の大友幕下で、秋月方の杉十郎が籠る龍徳城（龍ケ岳）や、秋月の将恵利内蔵助が守る笠木城と対立していて、日頃小ぜり合いが絶えなかった。領内はしばしば秋月方に侵攻され、まったく孤立状態であったが、衰運の大友方ではそれを救援することもできなかった。しかもその年は領内不作であったから、鷹取城では大いに苦しんでいた。そんな時、秋月軍がまた攻め寄せるという噂が入ったから、城主の毛利鎮実は意を決して、立花城へ救援を乞うた。

小金原古戦場付近の犬鳴川（宮若市小伏付近）

当時、立花城にしても、龍造寺、筑紫、秋月、原田らの敵と相対していて、領国の防衛だけでも大変であったが、この友城からの救援依頼を受けた道雪は、あえてこれを承諾して、直ちに粮米三百俵を集めて馬に積ませ、一族の戸次《べつき》兵部や薦野《このもの》三河、小野和泉《いずみ》らを救援軍の隊長とし、十時摂津、米多比《ねたび》五郎次郎、由布美作《ゆふみまさか》、足立式部、安東紀伊、堀勘解由《かげゆ》、森下河内など立花家の名ある勇士以下六百名（あるいは五百名）を鷹取へ向かわせた。『橘山遺事』は、各人米二斗（約三〇キロ）を背負ったと記している。立花から鷹取までは約七里（約二七キロ）の距離である。

十一月十二日早朝に立花城を発った軍勢は、犬鳴《いぬなき》の険を越え、宗像領内の若宮郷に入り、そのまま犬鳴川に沿って東進して、福丸、長井鶴を過ぎ、やがて秋月方の杉連並《つらなみ》が守る龍徳にさしかかった。立花軍は杉の兵の来襲に備えて油断なく進んだところ、果たして杉の兵三百名余りが待ち伏せしていて立花勢に襲いかかったが、かえって立花方に打ち破られて、龍ケ岳の城に逃げこんでしまった。輸送隊は、やがて遠賀川を渡って直方に達し、鷹取の麓の永満寺へ着き、さらに山上の城内に運び入れた。城中は蘇生の思いで喜び、この兵粮輸送で一応の危機を脱した。そのまま鷹取で夜を明かした立花勢は、翌十一月十三日の朝下山して立花城への帰路についた。

ここで前述の遺恨説になるのであるが、永禄十二（一五六九）年の毛利撤退後、宗像は大友と和睦して、元亀二（一五七一）年、政略のため宗像氏貞は、妹於色《おいろ》姫を立花道雪のもとに輿入れさせたが、道雪は前述のように、この人質の娘を正妻としてではなく側室として遇したようである。大友宗麟に対してならまだしも、その臣下の将、道雪の側室ということは、力関係によるものとはいえ、名族宗像家の誇りが許さなかったものと思われる。宗像家の者たちがこれを屈辱としたことは容易に頷ける。

この時、氏貞は化粧料として西郷の庄三百町を道雪に贈った。化粧料といえば聞こえはよいが、おそらく和議の印として立花へ献上したものと思われる。道雪はこの地を小野、十時、安東、堀、内田らの重臣に与えた。それとともに西郷の郷士たち三十六人は、氏貞の命で鞍手領の友池、金丸地域に住み替えになった。彼らにとって永年給地《きゆうち》として住み馴れた西郷の土地への愛着は並々ならぬものがあったが、立花との和議のためにはやむなく主人氏貞の命に従って鞍手の地へ移住したのである。領地を追われた彼らは、以来立花に対して深い遺恨の念を抱くようになった。

この鷹取輸送に際しては、立花より宗像に対して、事前に領内通行を求めてきている。氏貞はこれを承諾して、領内の者たちにも立花方に対し決して粗相のないように厳重に命じておいた。しかし彼らは、立花方の鷹取輸送を知ると、日頃の鬱憤を晴らすのはこの時とばかり、主人氏貞の厳命を無視して、同志五十余人とともに立花勢を襲撃するため、河津《かわづ》修理進《しゆりのしん》を将として、犬鳴川の河水をせき止めて増水させ、立花勢の渡河をねらって烽《のろし》の合図とともにこれを攻撃、一挙に殲滅《せんめつ》せんとする計画を立てた。

恵利内蔵助暢堯の居城だった笠木城趾
（宮若市千石）

一方、この朝、鷹取を発った立花勢は、昼頃には長井鶴辺りまで進んだが、友池川の水が急に増水しているのに気づき、早くも宗像勢の計略を悟って、全軍に注意を呼びかけて用心させた。宗像の斥候《せっこう》は、あわてて立花方が川を渡る前に烽を上げてしまったので、この計画は失敗した。河津修理進はこの日、川岸で宗像勢を指揮して一際目だっていたが、立花の将由布惟次は、これを見て対岸より銃で狙い撃ちすると、弾丸は河津に当たり、もんどりうって倒れた。これをきっかけに戦闘は川を挟んで鉄砲の撃ち合いで始まった。

この報は蔦ケ岳《つたがたけ》城（宗像市陵厳寺）の氏貞の耳にも入った。氏貞は事の重大さに驚き、家老の吉田次郎右衛門と石松加賀守に、直ちに行って若宮の者たちを鎮撫して、戦から引かせよと命じた。両家老は、主君の命を伝えんと早馬を駆って、戦場へ急行した。その頃になると、戦はすでに西へ移動して、友池、金丸、原田を経て、西山を望む小金原へと移っていた。若宮郷のうちからも、河津、深川、井原、原らの名ある者たちが戦死してしまい、宗像勢敗色の報は近郷に伝わり、氏貞の命も聞かずに押っ取り刀で救援に駆けつける宗像の郷士たちは、小金原を目ざして、犬鳴川を西へと走った。

一方、秋月方においても郡境の笠木の城より城代の恵利内蔵助が、柏井《かしわい》九郎右衛門、乗手《のって》岩見《いわみ》をはじめとして、三百余人を引きつれて、宗像救援に向かった。また、遠賀郡吉木城代の吉田左近允《さこんのじょう》も手勢を引きつれて駆けつけ、宗像勢に加わった。これで勢いを得た宗像勢は、新手をくり出して立花を崩しにかかったので、立花方も苦戦となり車引きになって退いたが、この時四郎丸村の郷士古野神九郎は、手勢五十騎をもって立花勢に斬り入り、その将足立式部を討ち取ったが、自分もその後、小金原台地で戦死した。

立花方の戦死者の数も次第に増えて、負傷者も多く出た。そこで立花方は金生《かのう》の前より川を渡り、高野を指して引き揚げんとしたが、冬の寒さに水に濡れた人馬の動きは思うようにならず、それでもかろうじて後を追ってくる敵を追い払い、あるいは討ち取ってひた走りに小金原の方へ向かった。

『筑前国続風土記』小金原の項に、「小伏、高野、稲光、三村の境に長き原あり、小金原と云う」とあり、現在の糟屋郡久山町より犬鳴峠を直方に向かって脇田温泉を過ぎ、犬鳴川を東へ下ると清水の上、西山より流れている水が中村川となって、黒丸を通り高野付近で合流する地点に宮若市がある。この付近には古墳が多くて、その代表的なものに装飾壁画で知られる竹原古墳がある。また、小金原、清水原、平原などの「原《バル》」と名が付く所が多く、今その地勢を見ると広々とした丘陵地帯にあり、早くから古代人の集落があったことが頷ける。そして当時、糟屋郡より粥田《かいた》（鞍手地方の古名）へ通じる道は犬鳴峠と鷹野峠の南北の線を結ぶ山境を越えねばならなかった。この二つの峠を越えた道が交わる地点の西に、細長く拡がるのが小金原台地である。小金原というから原野かというとそうではなく、標高五〇—六〇メートルの帯状の台地である。

立花勢は高野より西の稲光まで来て、高地にとり登り、ここで人馬の休息をした。また、立花勢を追った各地の宗像勢は、小金原台地南麓の小伏《こぶし》まで来て、ここで人馬を休めた。

一方、氏貞の命を受け、郷士たちの鎮撫に向かった石松、吉田及びその一族郎党たちは小金原で追いつき、氏貞の命を伝えたが、死を覚悟しての彼らの立花に対する積年の遺恨を雪《そそ》ごうとするその切々たる心情に動かされて、彼らに協力して、もはや氏貞の御前には帰らず、ここで一族郎党全員討ち死にの覚悟を決めた。

日は申《さる》の刻（午後四時）に近かった。午《うま》の刻（正午）以来の激戦で立花方も疲労していたが、全員最後の勇気を振るって犬鳴山を背にして鬨《とき》をあげ、鷹野三河をはじめ一丸となって山を駆け下り、小金原の野に打って出た。

石松加賀守は、「この夕日を前にして高所の敵に当たることは軍法に適《かな》わず。一旦、西に下がって備えを立

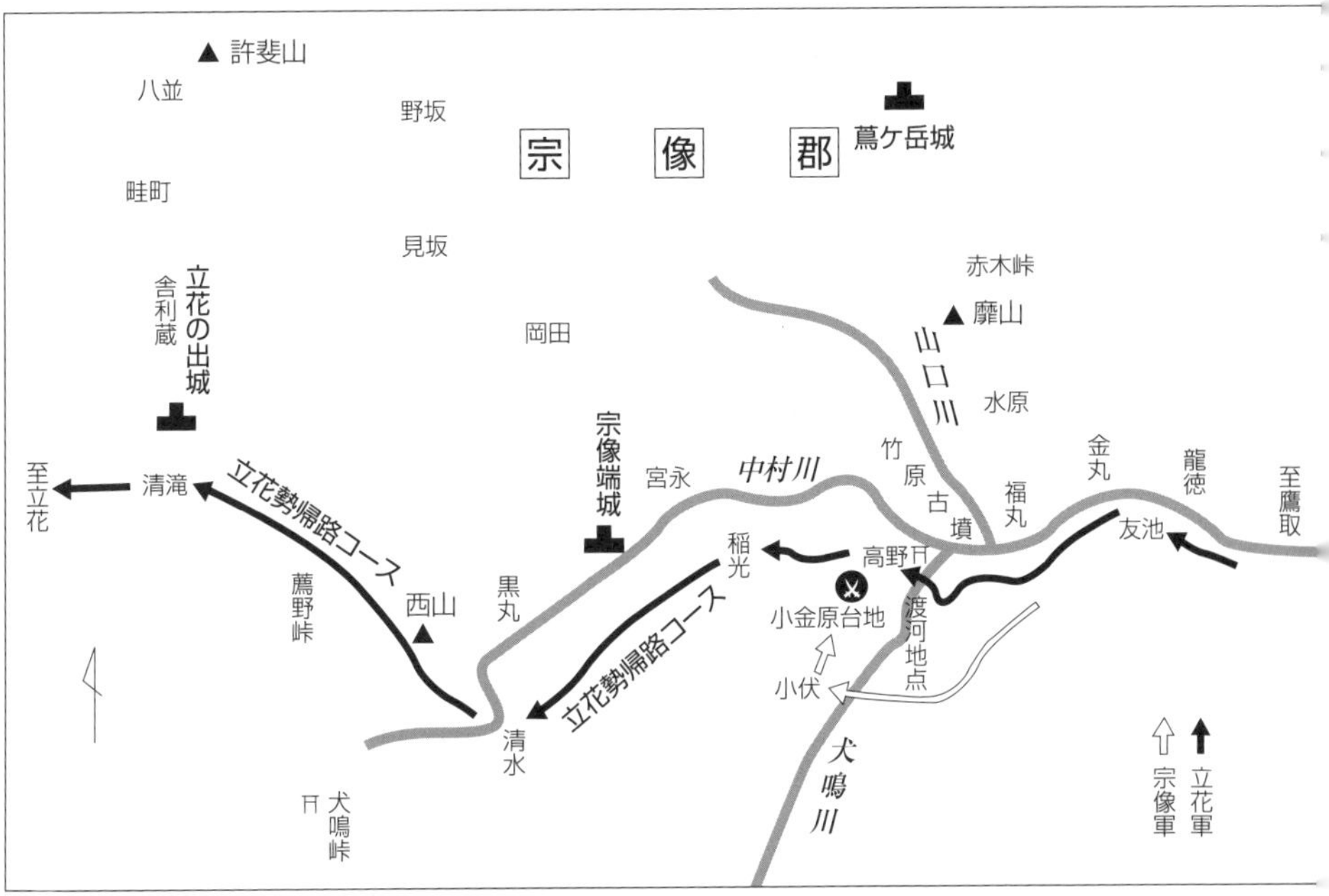

小金原合戦（天正９年11月13日）略図

て直し、北に向かって攻めかかれ」と下知しているうち、すでに敵が山を駆け下りてきたので、ついに陣を移動することもできなかった。石松の言った通り、宗像、秋月勢は折からの夕陽を正面に受けて太刀さばきも自由にならず、上から一斉に駆け下りてくる立花勢に押しまくられて小伏まで後退し、谷へ追い落とされる始末で、谷から上ってくる者も光が目に入って面も上げられない状態で、上から突かれたり斬り下ろされて、討ち死にする者が多かった。それでも数に優る宗像、秋月勢は、不利な戦いながら次第に勢を盛り返して、立花勢を圧倒しはじめたが、この時立花方の内田鎮家《しげいえ》（玄叙）は味方の兵を督《うなが》して、「戦はすでに我が軍の勝ちぞ、今一揉みぞ、勇気を出せ」と大音声に呼ばわって、士気を鼓舞して廻り、目ざましい働きを見せた。これに力を得た立花勢は、再び錐《きり》をもみこむように、宗像、秋月軍の中核に突入していった。

宗像、秋月の兵、合わせて八百余人、立花勢六百人余りが、入り乱れて凄惨な死闘を展開し、秋風颯々《さつさつ》たる小金原台地を血臭で覆った。戦いは地の利を得た立花方が優勢で、宗像、秋月の連合軍を押していった。宗像の老

古野神九郎の墓
（宮若市・若宮ゴルフクラブ場内。和田俊樹氏撮影）

臣、吉田次郎左衛門貞辰、石松加賀守秀兼も討ち取られ、貞辰の弟六郎貞永や、秀兼の嫡男新三郎、同十郎ら、石松、吉田の一党も大半討ち死にし、その他若宮の郷士百五、六十名もほとんど討たれてしまった。吉木の吉田左近允は深傷を負い、戦意を阻喪《そそう》して遠賀へ引き揚げてしまった。

一方、立花方も名ある勇士三十余人が戦死し、その他負傷者も相当の数にのぼった。日はすでに暮れ、戦場は夕闇に包まれはじめた。立花軍は小金原を引き揚げ、西の清水にある観音堂まで来て、疲労の人馬を休め、討ち取った敵の首を堂の前に並べて置いた。ここで夜を明かし、翌十四日未明、険しい鉾《ほこ》の塔を越えて、清滝の山道を通って鷹野へ入り立花へ帰城した。『九州軍記』には「其日もすでに暮ければ、立花の士共は野坂に陣をとり、翌朝立花に帰りけり」とあるが、これは見坂の間違いではなかろうか。見坂、内殿、青柳のコースを辿ったとすれば頷けるが、野坂では宗像領であり危険が伴うので、この線は考えられない。また、文中にある鉾の塔とは、どこを指しているのだろうか、恐らく西山のことかと思われる。

以上が小金原合戦の顚末《てんまつ》であるが、秋月の恵利内蔵助以下のせっかくの救援も効を奏せず、却って多くの犠牲者を出した。その敗因は、秋月、宗像、杉らの指揮系統が定まらず、各家中ばらばらで敵に向かったことなど、作戦の無謀さを表している。しかし立花家にとっても、この小金原の戦いは「生の松原」以来の激しい血戦であった。立花側にも足立式部をはじめ、中堅クラスの武士三十余人が戦死。負傷者も多かったが、中でも道雪の将由布惟信（雪荷）は、全身に十三カ所の傷を負い、立花に帰着した時は虫の息の危険状態だったが、手当のかいあって蘇生し、その後快復したと『橘山遺事』は伝えている。

小金原古戦場跡は開発されて今は広々としたゴルフ場になり、死闘を演じた起伏に富んだ丘陵地には綺麗な芝生が広がり、球音が響いている。その中の十三番ホールの小高い所に、この合戦で戦死した古野神九郎威成《たけしげ》の墓が立っている。小金原合戦の唯一の資料で貴重な文化遺産である。

『筑前国続風土記』は、この合戦の発端となった若宮郷士たちの行動に対して「君命に背《そむ》き、隣国との和を阻害し、私憤を以て罪なき多くの敵味方を殺傷させた事は大不忠。不仁《ふじん》の至り」と痛烈に決めつけ、最後に「是不義を以て兵を起し、謀《はかりごと》拙《つたな》きを以てやぶる。誠に愚痴《ぐち》の至《いたり》、是非を論するに不足《たらず》と言うべし」と結んでいる。

吉原・八並の戦い

小金原合戦の後も、立花、宗像両家は境界をめぐり小競《こぜ》り合いが絶えなかった。道雪は先年、宗像側が盟約を破って立花家に多くの損害を与えたことに憤りが止まなかった。

『宗像記追考』によれば、道雪は重臣小野和泉、由布雪荷（可）らに五百余騎を添えて出陣を命じた。この時、小野和泉は道雪に対して「小金原合戦は、もとはと言えば、若宮郷士たちの軽はずみな行為から仕出かしたもので、彼らの主君氏貞殿は知らずに、後でこれを知ったのであり、今、軍勢を出して再び合戦に及べば、両家の和は中絶して末永く不和となりましょう。その上、また兵乱が起これば、諸民の苦しみは、いかばかりかと存じます。どうか今度の出兵は何としてでもお取り止め下さい」と諌言した。だが、道雪の怒りはおさまらず、和泉に向かって「そちの申すことにも一理はあるが、そちは出陣するのが嫌になったのであろう。ならば、この道雪が代わって行こうぞ」と、苦々《にがにが》しく言った。和泉もついに出陣せざるを得なくなり、やむなく兵を率いて三月十六日の早天に立花を発って、辰の刻（午前八時頃）に宗像領の八並《やつなみ》、吉原に攻め入った、と記している。

吉原源内の墓（福津市）

一方、立花側の記録『薦野家譜』には、「去年、立花、宗像不慮の弓矢を起せし後ハ、互に境をあらそひ、小攻合ひ絶る事なし、道雪《（戸次）》、紹運《（高橋）》相議し、宗像を退治すへし、先許斐《まずこのみ》の城を攻取んとて、天正十一年三月初め、紹運立花表に来り、原上村《（糟屋郡）》に陣をとり、数日道雪と評定ありて同十五日、両将出陣せらる。道雪、統虎の勢一千五百余人、紹運一千余人を率し宗像郡に働入給ふ、宗像氏貞も二千余人にて出向ひ吉原口と云所にて一戦に及ふ、され共、道雪、紹運の智勇に敵し難く、宗像勢打負て、赤馬、白山方々の城に引入ける。其後道雪、紹運許斐の城を取巻、数日攻給へ共、氏貞後詰もなかりけれハ、宗像民部防戦の術尽《つき》て、夜に紛《まぎ》れ城を落て、津屋崎浦より小舟にのり大嶋へそ渡りけり、許斐の城にハ立花より人数を籠置き、両将ハ帰陣せられける」と記されている。つまり、道雪、紹運の両将が宗像領に侵入して許斐城下の吉原（福津市）に攻めこみ、宗像勢と戦ってこれを破った。氏貞らは赤間の蔦ケ岳《つたがたけ》城や、白山《はくさん》城へ敗走。支城の許斐城も落とされて、城代宗像民部らは城を脱出し、津屋崎浦（福津市）から小舟で大島へ逃れた。道雪、紹運の両将は許斐城を占領後、守備兵を置いて帰陣したと伝えている。

許斐城は十二世紀前半、宗像大宮司氏平が許斐山（二七一メートル）頂に築いた山城で、その後、一族許斐氏の居城となった。戦国期に入ると、この城の重要性は増し、大友方の立花城に対する戦略防衛拠点であり、許斐城が落ちれば氏貞の居城蔦ケ岳城への進入は容易になり、絶対に失ってはならない要城であった。

吉原は、この山城の西麓にあり、八並、王丸の周辺村落とともに、城を三方から守備するような態勢で囲んでいた。この戦いで、在地の勇士吉原源内を討った立花の将薦野勘解由丞《こものかげゆのじょう》に対する立花統虎・道雪連署の左記の感状がある（読み下し）。

前十六（日）吉原口防戦の砌《みぎり》、最前《さいぜん》（一番先）手を砕かれ、吉原源内討ち取られ、御高名感悦極《きわ》まり無く候、必ず上聞《じょうぶん》に達すべく候の条、御感《ぎょかん》余儀有るべからず候、殊《こと》に僕従《ぼくじゅう》新三郎刀疵《かたなきず》を被由《こうむるよし》に候、感じ入り候、時分を以て一稜《ひとかど》これを賀し申すべく候、恐々謹言、

（天正十一年カ）三月十八日

（戸次）統虎御判

（戸次）道雪御判

薦野勘解由丞殿

この文書末尾の連署名、統虎は、立花入嗣の直後は戸次弥七郎統虎と名のっていたからである。『豊前覚書』によれば、道雪が立花の名跡を嗣ぐのは天正十年十一月十八日としている。道雪はそれまで、主家大友宗麟に立花冒姓を願い出ていたが、宗麟は謀反を続けた不忠の立花氏の名を継ぐことを許さなかった。そのため道雪も立花襲名を憚《はばか》り、立花城督就任後も従前どおり、本姓戸次鑑連と号名の戸次道雪を称し、また受領名伯耆守《ほうきのかみ》、入道名麟白軒《りんぱくけん》なども併用した。

統虎（宗茂）が立花城に入婿後、養父道雪に従って戸次氏を名のったことも以上のような事情による。この連署から、統虎がすでに家督の立場にあり、道雪は後見となっていることが分かる。

岩戸合戦

その頃、高祖《たかす》城の原田信種（了栄《りようえい》の孫、草野鎮永の子）は、龍造寺に属して筑前西部の早良郡に勢力を伸ばしていた。金武村の飯盛城を拠点にして、曲淵《まがりぶち》城の曲淵信助や、小田部滅亡後の荒平《あらひら》城も傘下におさめ、五ケ山の筑紫広門に協力して那珂郡に侵入、岩戸村久辺野《くべの》に砦を築いた。

当時不入道《ふにゅうどう》村に猫峠城があって、大友方の山田兵衛丞が守っていたが、ここは筑紫方に対する押さえとし

て前哨基地であり、那珂川上流における大友方の出城は、鷲ケ岳落城後、この猫峠城だけとなっていた。
原田方はこの方面の手薄なことに目をつけて、隊将笠大炊助《りゅうおおいのすけ》以下三百余人をもって久辺野の砦を守らせ、立花、高橋に対して攻勢を始めた。そこで、これを討つため天正十年四月十六日、道雪は嗣子統虎を将とし、それに薦野増時、同成家、由布大炊、小野鎮幸など千余人をつけて、那珂川を上らせた。

『筑前国続風土記』によると、この川筋で岩戸を一河内とし、山田を一河内、四ケ畑を一河内とし、五ケ山を一河内とするとある。五ケ山とは五ケ村のことであり、すなわち、網取、道枝折、桑野、大野、小河内の五部落を指していう。当時の民家は、桑野で十二、三軒、大野で七、八軒としているので大体の戸数が分かる。

現在この辺りは、筑紫耶馬渓と称されているが、奇岩怪石に富み、河鹿《かじか》鳴く山里の渓谷美は、まことに別天地の眺めである。またこの上の方に南畑ダムができて以来、ハイカーの訪れも多い。現在でも野猿が棲息していて、時々道路に出てきて人を驚かせることがある。

不入道より先は鷲ケ岳、一の岳などの山々が重畳として連なり、脊振、九千部へと通じている。不入道とは、ここより脊振までの守護不入のことをいったものであろう。この霧深き山中では良質の茶が採れ、この川の特産として、清魚「えのは」が記されている。また、桜多しとあり、戦乱の中にあっても春は全山桜花で包まれ、見事な景観を呈していたことだろう。

だが、立花軍はこの幽邃《ゆうすい》な山里に攻め入ってきた。人馬のどよめきは渓谷を震わせ、立花方は東西二手に分かれて進み、辰の刻（午前八時）から城攻めにかかった。原田勢は、砦の上から石を転がし、矢を射かけ、鉄砲を撃って防戦したが、薦野、小野、由布らは柵を乗り越えて中に斬って入り、散々に敵を斬り伏せた。このため味方は勢いを得、柵《さく》を破ってどっと攻め入り、所々に火を放ったので、砦はたちまち炎で包まれ、煙に迷う者はいちいち斬り捨てた。原田勢はたまらず、ついに笠大炊助以下残兵は早良を指して逃散した。

この日、立花方で討ち取った首は、百五十に及んだ。この戦で薦野一族の働きは目ざましく、統虎、道雪は感状を与えて、これを賞した。

本能寺の変と博多商人

天正十（一五八二）年六月二日、国内統一を進めていた織田信長は、配下の明智光秀の反逆にあい、京都四条西洞院《にしのとういん》本能寺において四十九歳の悲運の生涯を閉じた。

この事件は当時天下を震撼させたのであるが、『嶋井家由緒書』には、島井宗室《そうしつ》が神屋宗湛《かみやそうたん》を同道して上洛し、本能寺に罷り出たように記されているし、また、明治二十五年の江島茂逸、大熊浅次郎両氏編の『商人亀鑑博多三傑伝』の挿絵には、本能寺の事件の際に二人が現場にあった弘法大師の真筆を取り出そうとしている図がある。その六月二日、信長と同寺に泊まっていた宗室と宗湛は、事変と知るや、床の間に掛けてあった大師の真筆の一軸をはずしてその場を脱出し、名幅の危難を救ったという。信長の死後、彼ら豪商たちは秀吉へと接近を図るのである。

米の山砦

天正十年九月下旬、筑前では筑紫広門の兵が御笠郡に乱入してきて、高橋領に狼藉を働いたので、紹運も直ちに岩屋より打って出て筑紫の兵と交戦し、五、六日の間戦ってついにこれを領外へ退けることができたので、水城（太宰府市）へ引き揚げた。

ところがこの時、筑紫と同盟を結んでいる秋月種実は、この隙をうかがい、紹運の出城である「米の山砦」を急に襲った。

米の山は宝満山の東尾根にあり、宝満川の上流、柚須原《ゆすばる》村より米の山峠を越えて、穂波郡山口村と境を接し、往古は太宰府よりこの米の山越えをして、飯塚、直方、木屋瀬《こやのせ》、黒崎へと出る官道であった。紹運は秋月押さえのため、ここに砦を築いたのである。

秋月は、高橋方が筑紫と戦っているのを幸いにして、米の山の砦が手薄なことに目をつけ、兵を入れて衛兵を追い出し、これを乗っ取った。この知らせを聞いた紹運は、「この砦を取られては、日頃の働きも水の泡となる。一刻も早く追い出せ」と声荒く下知して、十月二日、自ら手勢を率いて米の山に向かい、喚声を挙げて一気に攻め込んだので、秋月の兵はたまらず城外に飛び出し、摩志岐（馬敷）山口を通って、夜須郡指して命からがら遁走した。戦いは一刻ほどで終わり、紹運はこの砦を奪回した。

寄せ手は逃げる秋月勢を一里（約四キロ）ばかりも急追して、二百余り（『橘山遺事』には七十人とある）の首を取ったが、秋月勢はこの激しい追い討ちによほどあわてたのか、弓、太刀、槍も捨てて逃げるという醜態ぶりであった。

天正十一年正月に入り、立花寺《りゅうげじ》（福岡市博多区）付近にまた筑紫の兵が出没して民家を荒らしたので、道雪、紹運は示し合わせて、二月四日の夜、密かに兵を遣わしてこれを待ち伏せさせた。筑紫の兵三百人余りは、それとも知らず、夜陰に乗じて、またまた乱暴の挙に出ようとして彼らの前に姿を現わした。この時、伏兵が一度にどっと起こってこれを襲った。立花方の竹原藤内は先頭切って敵武者と渡り合い、ついに首を取り、続いて大勢が攻めかかったので、筑紫勢は散々に打ち破られて、なすこともなく逃げ散った。この夜、立花方は筑紫の兵百五十の首を討ち取った。

宗像地方の戦い

宗像郡内の要城であった許斐城は、また許斐氏発祥の地でもある。許斐氏家系によれば、人皇五十九代宇多天皇の皇子で、醍醐天皇の弟、清氏親王が延喜十四（九一四）年に宗像姓を賜って大宮司職となって下向し、筑前諸国に八百町を領したとある。清氏の次男、氏章は許斐の姓を賜わり、王丸村（宗像市王丸）に居住したので、この山を許斐岳と呼ぶようになったといわれる。

ここに初めて城を築いたのは宗像大宮司十五世、氏平の時であったが、その後廃城となっていたのを、宗像一族の占部《うらべ》是安《よしやす》が、天文二十四年九月、その要害の地に着目して、当時筑前を領有していた大内氏に願って、鞍手郡吉川の私領三百町と交換条件にここに再築城を許されたのであるが、地理的には現宗像市と福津市の境界にあって、立花、宝満の押さえとして宗像家にとっても重要な位置にあった。

標高二七一メートル、三面は崖をもち、北面は海を望み、宗像、古賀方面を眺望することができる。この時山麓の吉原口にも里城が置かれたが、占部豊安《とよやす》、同尚安《なおやす》、同尚持《なおもち》の三代にわたって、当主宗像氏貞を擁して大友氏と戦い、その誠忠は宗像家の柱石と謳われた。

弘治二年十一月十一日、尚持は父尚安とともに杉《すぎ》権頭《こんのかみ》連緒《つらつぐ》を若宮庄の室木に破り、同三年七月八日には大友の将、立花鑑載に通じて宗像に叛いた多賀隆忠を畦《あぜ》町河原で討ち果たした。

永禄二年乙未九月二十五日、怒留湯《ぬるゆ》鎮氏《しげうじ》麾下の数千の大友軍に攻められたが、当時、宗像家は大内氏滅亡後は中国の雄、毛利氏に従っていたので、主な家臣三百騎を毛利応援のため中国に発向させていて城中は手薄であったからこらえきれず、一時氏貞を奉じて神湊《こうのみなと》の沖合二里（約八キロ）の大島へ避難した。その後、神湊の草崎城に拠って奪回の機を狙っていたが、永禄三年三月二十七日、占部尚持は千余騎をもって夜陰に乗じて許斐岳を急襲してこれを奪回した。

同年八月、大友方は怒留湯長門守鎮氏、高橋三河守鑑種、戸次伯耆守鑑連、臼杵越中守鑑速、吉弘伊予守鑑理以下五千の軍勢をもって宗像郡内に攻め入った。許斐城では占部一族や河津、井原、温科《ぬくしな》、深川らの西郷党の百余人が固く守った。また、吉原口には占部尚持三百騎をもって守り、蔦ケ岳古城にも二千人余りが籠城した。当時十六歳の大宮司氏貞も白山城に一千余人を従えて立て籠った。同月十六日から十九日まで許斐をはじめ郡内の所々で戦ったが、宗像勢はよく防ぎ戦ったので、さしもの大友勢もこれを抜くことができず相当の損害を出して立花領へ退いた。この時、許斐城下の戦で宗像家屈指の勇将と謳われた占部尚持が戦死した。尚安は杖とも頼む尚持に先立たれて悲嘆にくれたが、平井村（宗像市）に建興院という一寺を建てて、その菩提を弔った。

永禄四年四月上旬、大友宗麟の家臣、都甲《とこう》十郎、矢野隼人《はやと》らの率いる大友勢は、田川を越えて永満寺の鷹取城主、毛利鎮実を案内として許斐城下に攻め寄せた。当時許斐城には許斐安芸守氏鏡《うじあき》、石松摂津守氏豊が城番として守っていたが、敵の近づくのを待って、大木、岩石を切岸に向かって投げ落したので、たちまち豊後勢の先陣五十騎余りが谷底へ転落していった。軍奉行の占部氏時は各木戸を開いてどっと打って出て散々に戦ったので、その鋭峰にたじたじとなって大友軍は鷹取城へ引き揚げてしまった。

宗像氏居城跡の蔦ケ岳山頂（宗像市赤間）

翌五年の冬、氏貞は前年夏頃から普請を急がせていた蔦ケ岳《つたがたけ》（蘿ケ岳とも書く。宗像市赤間）の城が完成したので、それまで十二年間住んだ白山の城から移った。白山は交通不便の地にあったから、敵から攻められた時、急に援兵を送ることが困難で、近年大友方より許斐岳を攻めることがしばしばであったので、そのためにも地利に適した蔦ケ岳に築城したのである。ここは赤間《あかま》にあったので一名赤間山城とも呼ばれ、のち城山ともいった。現在では山麓に福岡教育大学の白亜の校舎が建っている。『宗像軍記』によると、「群臣ノ家ハ山上ヨリ山下ニ立並ビ、赤間ノ町口吉富マテ商売ノ棚ヲ造出ケレハ、アタカモ京洛の四条、五条ノ辻ニコトナラス」とあるので、当時すでに城下町の形態を整えていて賑わったものと思われる。

氏貞の蔦ケ岳入城後、数年間は大友、毛利の和睦で宗像地方にも平和が甦った。それまで戦乱で疲弊した領民もようやく生気を取り戻し、農民たちもまた田畑に出るようになった。しかしこの平和も永くは続かず、永禄十年六月、宝満、岩屋両城に拠った高橋鑑種が、中国の毛利に誘われて大友に反旗を翻したので、宗像氏貞、許斐氏備《うじのぶ》らもそれに呼応して立ち上がり、再び大友を離反し、立花城を攻撃するため、永禄十年九月五日、蔦ケ岳を発って内殿村の飯盛山に陣をとった。

当時立花山には井楼岳と白岳の二城があって、井楼岳は立花鑑載《あきとし》、白岳は怒留湯入道融泉《ゆうせん》の大友の両将がそれぞれ守っていた。鑑載、融泉の二人はこの知らせを受けて席内《むしろうち》村の東、団の原（福津市上西郷）で迎撃した。宗像勢はこの戦で敗色濃く赤間山城へ退いたが、この時、立花の将怒留湯久則は宗像方の十八歳の若武者、吉田守致《もりむね》と組み、大力にものをいわせてこれを組伏せ、首をかこうと手を腰にやった瞬間、下より守致が短刀をもって突き上げたので、たまらずのけぞりながらどっと倒れた。その滴る血が守致の眼に入って、しばし開けられなかったが、ついに久則の首級をあげることができた。しかし守致はこれよりのち、ほどなく眼病を患い、ついに盲目となった。この戦で討ち死にした双方の死者は雑兵合わせて二百人に及んだ。

さらに九月八日、宗像氏貞、許斐氏備の軍は上和白に出て近辺を放火し、立花城に押し寄せようとしたので、怒留湯、立花の両将は兵を出してこれと戦ったが、双方利なくして日没とともに引き下がった。

西郷党

西郷（福津市）は、許斐岳の西辺にあり、立花領と隣接する軍事境界であった。その頃、西郷に河津を頭領として深川、井原、温科《ぬくしな》、難波《なんば》、石津、河野、桑原らの郷士がいたが、彼らは西郷三百町と香椎、上府、下府に八十町の領地を有して天文の頃までは大内家の被官であった。大内滅亡後、陶《すえ》、さらに毛利へと服属してきたが、すでに小身では独立し難く、永禄の末、彼ら一党六十六人は毛利方の宗像家へ随身することになった。それまで彼らの居城、西郷城は同村亀山にあったが、宗像家臣となるに及んで氏貞は、そのまま彼らを糟屋口の押さえとして配置した。

一方、立花方からも、何とかして大友側に従属させようとしてたびたび兵を出したが、どうしても彼らを臣従させることができなかった。そのうち、一党あげて宗像へ臣従してしまったので、立花の方ではまことにいまいましい思いであった。のち元亀元年正月、宗像、大友和睦の時、西郷党の領主河津《かわづ》掃部介《かもんのすけ》隆家《たかいえ》を、大友方は氏貞に命じて蔦ケ岳山麓の妙湛《みょうたん》寺で殺させ、その首は立花へ送られた。隆家、時に三十八歳であった。彼の妻は占部尚安の女である。しかし『宗像記追考』では大友に内通して氏貞より殺されたとしている。

ちなみに、この隆家の弟が、仏門に入った有名な景轍玄蘇《けいてつげんそ》和尚である。玄蘇は天文六年生まれで兄隆家の殺された時は三十四歳であった。博多聖福寺第一〇九世の住職で、一時博多の戦火を避けて大島に住したこともあり、当時筑前における学識豊かな高僧であった。文筆に秀れ、『仙巣稿《せんそうこう》』という詩文集もあり、のちに黒田如水の墓碑銘も撰したが、文禄の役で秀吉の使いとして朝鮮に渡り、得意の詩文に物をいわせて筆談交渉に当たった。宗像氏貞もこの玄蘇から詩歌を学んだ。のち、対馬の宗義智《そうよしとし》の智遇を受け、義智の死後、幼主の教育指導に当たり、この地で入寂した。玄蘇の末妹が博多の豪商、神屋宗湛の妻となった女である。宗湛が唐津を舞台に海外貿易で巨利を得たのも、妻の実家の河津と松浦党との繋がりがあったからとも考えられる。また義兄の玄蘇を通じて宗氏との繋がりや、さらに宗氏を媒介とした朝鮮貿易の線も考えられる。武将の血を引いた宗湛の妻はおそらく気位の高い女性であったと思われる。宗湛の晩年に起こった遺産争いにはさすがの宗湛も病床にあってどうすることもできなかったといわれる。

立花方は宗像のたび重なる攻撃で怒り心頭に発し、永禄十年十月二十二日、米多比《ねたび》大学助、薦野河内入道らの千五百人をもって、西郷、許斐を攻めるため福間（福津市）の辺りに進攻して近在を放火した。氏貞はかねてから通じていた鞍手郡の杉連並や遠賀郡の麻生元重らの救援の兵とともに二千余人を率いて福間河原に出て戦ったが、やがて日没となったため双方相引きとなった。

ところがこの翌年の四月、立花鑑載はそれまで忠誠を尽くしてきた米多比、薦野の両人を立花本城で謀殺してしまった。理由は鑑載が主家大友を裏切り毛利に付こうとしたのを諫めて、その怒りにふれ、難に遭ったものである。しかし鑑載もまた前述のごとく戸次、吉弘、臼杵の大友三老による包囲を受けて討ち死にする。

その頃、遠賀地方では上津役《こうじやく》城の麻生鎮里《しげさと》が大友につき、永禄十年七月八日、同族花尾城の麻生隆実《たかざね》を追い払わんとして戦った。隆実からの要請で氏貞は上津役城に占部八郎貞保《さだやす》（尚持の子）らの宗像勢を急行させたので鎮里は敗れ、一時豊後へ逃れた。『宗像記追考』には、次の宗像氏貞文書が記されている（読み下し）。


今度《こたび》麻生鎮里強《しい》て入部に依り、去る七日同隆実に対し、加勢令《し》むる之処《のところ》、翌日上津役《こうじやく》要害切崩《きりくずす》に於て、防戦を遂げ、敵数人これを討捕《うちと》る、剰《あまつさえ》鑓疵《やりきず》左手一カ所被《こうむ》り別して粉骨の次第、誠に感悦《かんえつ》比類《ひるい》無く候、彌《いよいよ》忠貞抽《ぬきんじ》らる可《べ》き事、肝要に候、猶《なお》石松摂津守《せっつのかみ》に申す可く候、恐々謹言

七月十日　氏貞

占部《うらべ》八郎殿

永禄十二年十二月、毛利撤退後、宗像氏貞は大友と和議を結んだが、この時の条件は、

一、氏貞は毛利と手を切り大友に従属するとの誓紙を出すこと。
二、近年知行の半分を預けること。
三、河津隆家を誅伐すること。

などであった。

これに対して氏貞は協議の末、西郷、若宮の地を大友方に割譲して和睦した。また約束に従って隆家を殺害してしまった。大友方ではこれを喜び、氏貞の妹、於色姫を改めて道雪の側室として輿入れさせた。

天正六年六月一日、宗像宮の正遷宮が行われたが、『宗像宮御造営記録抄』には「弘治三年四月二十四日夜焼失、天正六年迄二十二年間神殿無之《これなき》ナリ」とあり、大宮司職氏貞の代で初めて神殿造営の悲願が達成された。

許斐岳落城

天正十一年、立花、宗像両軍が戦った宗像地方最後の戦いとされる許斐岳の攻防戦は前記吉原、八並の戦いと関連し重複するが、各史書の記述は次の通りである。

〈出典〉	〈年月日〉	〈城主名〉
『九州治乱記』	天正十一年秋	宗像弾正
『筑前国続風土記』	同　十一年三月十五日	宗像民部
『立花近代実録』	同　十一年四月廿三日	宗像大宮司
『立花家譜』	同　十一年四月廿三日	宗像氏貞
『薦野家譜』	同　十一年三月十五日	宗像民部
『福岡県地理全誌』	同　十一年三月十五日	宗像民部

右城主の名を宗像民部、宗像氏貞、宗像大宮司、宗像弾正としているが、民部が多い。一方、『宗像記追考』、『宗像軍記』などの宗像側の記録には記されていない。討たれた側の記録が定かでないので、信憑性を欠くきらいがあるが、一応前記の出典から考察すると天正十一年ということでは一致している。しかし、日付と人名が異なっており、氏貞が果たして許斐岳にいたかという確証はない。あるいは蔦ケ岳の本城にいたというのが正しいかもしれない。『訂正宗像大宮司系譜』を見ると、宗像当主歴代補任名は左衛門尉、刑部少輔、掃部助、摂津守などが多く使われていて、この当時、弾正、民部を名乗る者は不明である。ただ七十七代氏続が民部少輔と称したことがあるだけで、前記の弾正、民部とは誰を指すのか、と疑問がわく。

もし氏貞ならば各書に引用されている大宮司職か、左衛門尉、掃部助あるいは四郎を称している。また、宗像家の当主が本城をあけて許斐の支城で攻め落とされるまでいたのもおかしい。この詮索は尽きないが、一応『筑前国続風土記』の説にしたがう。

ともあれ立花道雪と高橋紹運の兵二千五百人は許斐山麓を包囲した。赤間の城から氏貞も二千の将兵を率いて許斐城救援に向かい山麓の吉原口で戦ったが、宗像勢敗れて赤間や白山の城へ退いた。このため許斐城は孤立状態となり道雪、紹運の激しい攻撃を受けてよく防戦したが、月余にしてついに支えることができず落城した。生存者は夜陰に乗じて城を脱出、津屋崎の浦から小舟で大島へ逃れて行った。なお、『九州治乱記』に「さぞ逃げ足いそがわしかりけむ、一人の老母を城中に捨て置き、敵の手に掛しかば、末代迄の嘲を人々に残しけり」と記されてあり、落城のどさくさに慌てふためいて老母を置き捨てて逃げたとしている。また、『立花近代実録』に「道雪福厳公天正十一年七十一歳四月二十三日、攻破筑前許斐城、宗像大宮司棄母走香春城龍徳杉十郎（連並）畏兵威而降」とあるので、杉もこの時降伏したものと思われる。

島津軍、博多へ侵入

『石城遺聞』によると、『博多某家記』に天正十一年十二月一日（『筑前志』は十一月十一日）、島津の将川上左京が兵千五百を率いて博多津内に侵入、大友の兵と戦い矢倉門にあった大友の館を目がけて早朝より焼き立てた。そのため民家類焼して家族をつれて遠賀郡の方へ避難したと記しているが、町家の者たちは突然のことで驚き、着のみ着のままで縁類を頼って逃げのびたものであろう。

島津軍が博多の町へ姿を現わしたのは、戦国期に入って以来、おそらく初めてのことではなかろうか。島津軍がどうしていきなり博多へ攻めてきたのか、大友勢を駆逐して博多を占拠するためだったのか、その侵入経路や動機などをはっきり示す資料はないが、秋月、筑紫の案内があってのことと考えられる。

すなわち天正の初めに至って、領国経営に成功した島津は、やがて九州の覇者を目ざして北上の機を狙うようになる。八代《やつしろ》の伯耆《ほうき》顕孝《あきたか》、熊本の城《じょう》越前守らの北進の勧誘を受けて、島津義久は肥後国内に攻め入り、龍造寺と対戦したが、天正十一年、龍造寺との間に協定が成立して、菊池川を挟んで肥後を南北に二分することになり、島津は御船《みふね》に、龍造寺は南関《なんかん》にそれぞれ本陣を置いた。この時いち早く、秋月種実は、田川糸の庄の星野九右衛門（筑後星野の一流）とともに、高瀬に在陣中の島津方へ行って一味の誓いをした。

また、筑後にあっては天正九年五月、龍造寺隆信による蒲池鎮並《しげなみ》の誘殺によって起きた龍造寺不信の波紋は意外に拡がり、翌十年八月、田尻鑑種（鎮並の伯父）の反逆が起爆となって、筑後の諸将は佐賀に反して島津につきはじめた。島津も田尻に援軍を送ってこれを助けたので、怒った隆信はその報復として、その頃質人に預かっていた叛将の子女たちを次々に残酷な方法で殺すといった残忍ぶりを発揮したので、彼らの怒りを一層かきたてる結果となった。

肥後から筑後へ、さらに冬の筑紫路へと遠路はるばる地理不案内の博多の町へ、千五百ほどの小勢で攻め入ることは島津の威力をもってしても無謀なことであるが、その背景には筑後の旗頭田尻、蒲池らの筑後衆が島津幕下に入ったことでその北進を容易ならしめたのと、さらに秋月の勧めがあったものと思われる。また、当時筑後川対岸の鳥栖付近から二日市周辺までは、筑紫氏の勢力圏にあったが、筑紫氏も秋月と同盟を結んでいたので、島津軍は筑後川を容易に渡ることができ、博多に近づくことができたものと推考される。

秋月、筑紫は古くから龍造寺とも盟約を結んでいた。いわゆる二股膏薬《こうやく》だが、当時としては、秋月、筑紫だけに限らず原田、宗像、杉、麻生と筑前の国人たちは自分より強い勢力と結びついて、武門の信義や節操よりも現実的な身の安全を図った。それが正邪二道にまたがることもやむを得ない時代の趨勢であった。

だが、立花道雪と高橋紹運の両将だけは、この筑前で衰運の大友を見捨てることなく、あくまで節義を重んじ誠忠一筋に生きた、当時としては珍しいほどきまじめな武将で、共に戦場経験豊富な勇将であった。

博多に侵入した川上左京の軍と、この両将が戦ったという記録はないが、島津軍は博多を制圧することができず、示威行動だけで津内より引き揚げていったものであろう。

岩屋焼失

世情騒然のうちにその年も暮れて、明くれば天正十二年となる。この年二月七日（三月七日ともいう）の夕方、筑紫広門は家臣をして茶売商人と偽らせて岩屋へ潜入させた。この男は茶を売り歩くふりをしながら、太宰府口から岩屋の方へ登っていった。茶籠を背負って大手門の虚空蔵台よりゆっくりと正門の方へ近寄ってきた。「何者だ。どこへまいる」。衛兵の誰何《すいか》に、かの男は深々と頭を下げると腰を一層低く屈《かが》め、「里の者でございます。茶を売りにまいりましたので、どうかお通し下さい」と言葉巧みに欺き、城内に進入し、素早くあちこちの建物の陰に近づき、そっと気づかれぬように卵火を置いて廻った。卵火とは小さな毬《まり》状の形をしたものの中に火だねを詰めておき、だんだん熱して時間がくれば発火する仕組で、つまり現在の発火装置の極めて初歩のものである。

彼はそのまま何喰わぬ顔をして山を駆け下り、観音（観世音）寺を通り抜けて天判山（天拝山）の武蔵城へ逃げこんで、城将の帆足弾正《ほあしだんじょう》へこのことを知らせた。弾正はすぐ広門のもとへ急報した。首尾やいかにと、この報を待ち受けていた広門は、直ちに太宰府に向けて出陣の用意をした。

夜に入って風が強まり、投げ置かれた卵火はあちこちから出火して、たちまちのうちに岩屋の建物は紅蓮《ぐれん》の炎に包まれはじめた。夜のことで城兵たちは驚き慌て、右往左往して消火に走り回った。筑紫広門は、この騒ぎにつけこんで岩屋を乗っ取ろうとして観音寺辺りに陣をとり、それより岩屋へ攻め登らせた。岩屋城代の屋《や》山中務《やまなかつかさ》は、火焔の中でよく城兵を指揮して敵に備え、攻め上がってきた筑紫の兵を追い落として城中に一歩も入れず、奇略をもって防いだ。この時、宝満城にいた紹運も岩屋の火の手を見て直ちに手勢を率いて駆けつけ、一緒になって敵に当たったので、筑紫勢はこらえきれず多くの死傷者を出して武蔵城へ逃走した。今村五郎兵衛は逃げる敵を追って先頭を進み、名ある者の首をあげ、目ざましい働きをした。

二月の筑紫路はまだ寒く、四王寺山から吹きつける風は冷たく凜烈たるものがあった。その四王寺山の夜空を真赤に焦がして、炎々と岩屋城は燃え続け、翌八日の早朝までにはほとんどの建物が焼失した。火は城下に移り、さらに天満宮にも飛び火して神木「飛梅」も焼かれた。当時の落書きに、「飛梅はけ《(げ)》に神木の故やらん焼けても立《たち》て花そ《(ぞ)》咲くなり」とあった。「立て花そ」とは「立花」を指したものであろう。

この報が立花城に伝わったのは、八日の朝午前十時頃であった。道雪は、すぐ家臣を集めて火事場装束で岩屋へ駆けつけ、紹運とともに焼け跡の整理に当たった。

これより十日後、岩屋守城に功績があった屋山中務に対して、大友義統はその軍功抜群なりとして、左の感状を与えている。

去八日寅刻筑紫以レ行入忍、岩屋城焼立、既敵等雖二切登一、其方励二粉骨一、数十人討捕。
当城無二異儀一之由、忠義之次第感入候、紹運《(高橋)》申談追而一稜可レ賀之条、彌馳走可二悦喜一候、
恐々謹言
二月十七日《(天正十二年)》　義統在判
屋山中務少輔とのへ
(『屋山文書』)

龍造寺隆信の死

天正十二年甲申《きのえさる》三月十二日、「肥前の熊」と恐れられた龍造寺隆信は、島原半島で島津に通じて叛旗を翻した有馬《ありま》晴信《はるのぶ》を討つため、嫡子政家、二男家種(江上)、三男家信(後藤)、義弟の鍋島信生《のぶなり》(直茂)や一門の者

たちはじめ、肥前、筑後の兵力三万余（諸説あり）を結集して、旗本の将士とともに有明海を渡り神代《こうじろ》海岸に上陸、自ら指揮をとり直ちに南下して、二十二日には島原近郊に達し、軍を三手に分け、有馬の前衛森岳城をひと揉みにして、晴信の本拠日野江（日之江とも書く）城（南島原市北有馬町）への進攻を図った。

一方、これを救援するため島津義久は、末弟家久に新納《にいろ》忠元《ただもと》、伊集院《いじゆういん》忠棟《ただむね》の両将はじめ山田有信、鎌田政近、川上左京亮らに兵三千余をつけて有馬へ渡らせ、日野江城に籠る有馬晴信とともに龍造寺軍を迎え撃つため軍議をこらしたが、家久は城内で戦えば敵の重囲に陥り、糧道を絶たれる危険性を考え、城外に出て戦う積極戦法を採った。そのためには、迎撃する場所をどこにするかということになったが、その結果、島原北方二キロの沖田畷《おきたなわて》に決めて、三手に分かれて行動を開始した。すなわち山際は新納忠元以下千人、中央は先手を肥後の赤星（前年、隆信に二子を殺されている）勢五十人に、大将家久が率いる千人で、南の森岳の砦（現島原城）は有馬晴信が五百余で守り、東に伊集院忠棟の千人を配置した。『校正鹿児島外史』は「家久ことごとく舟楫（舟のかじ）を捨て、弾薬二発を残し、余りはことごとく捨てる」と記し、舟を使用できないようにして、全員に死を覚悟させ、背水の陣を布いた。家久は有馬晴信と図り、森岳の麓から海岸に向けて柴垣を築いて根城をつくり、大城戸《おおきど》を正面に構えて防御線を張った。

当時の島原は、前山（今の眉山《まゆやま》）の山麓より海まで約三キロは沼沢の多い葦が茂った牟田（深田）であり、そのほぼ中央を二、三人が並列して通るのがやっとの畦道が、海岸に沿って細長く続いていたという。沖田畷は、その海岸線にあった。家久はこの一本しかない攻撃路を利用して、十倍に余る龍造寺軍の動きを封鎖し、山際と海岸の東西に兵を伏せて、中央の部隊と連携して一度に挟撃壊滅させ、敵本陣を突いて隆信の首をとるのが狙いであった。このため浜の林の中に五百挺の銃を隠しておき、海には有馬方の大軍船に天草伊豆守らが乗り、大砲二門を搭載して海上より砲撃の用意をさせた。

家久は有馬晴信と共に、新納、伊集院の両将をはじめ、主立った部将たちと綿密な軍議をこらして、戦闘の手順を細部にわたって示し、この作戦遂行に齟齬《そご》をきたさないよう命令厳守を申し渡して全軍の将兵に徹底させた。

もともと島津家には、島津軍法という厳しい軍律があり、これが戦場における薩摩隼人の士気をいやが上にも昂揚させた。すなわち、「我が隊将の首級を敵に渡すべからず。このような事態が起こった時は、一隊ことごとく討ち死にせよ。一人の敵をも殺したる証拠なき者は死罪。その父子親族まで重科に処せられることあるべし」という、まことに峻烈なものであるが、沖田畷においても前記訓令の中に、島津軍法の精神が表明されている。

家久の一子、又七郎（豊久）はまだ十四歳の前髪立の少年であったが、自分から願ってこの陣に参加していた。合戦の前夜、家久はあどけない息子を討ち死にさせるのを忍びず、鹿児島へ帰ることを勧めたが、豊久は頭を振ってこれを拒み、「自分がもし国にいても、父の苦戦を聞いたなら飛んでくるのに、この陣中に来ていて戦わず、夜逃げして帰ったなどと噂を立てられては、末代までの恥辱であります。明日の先陣は、ぜひ自分にやらせて下さい」ときっぱり言いきった。その朝、家久は息子の兜《かぶと》の紐を自分で結んでやり、「もし運が強くて生きて帰ったら、その紐は父が解いてやる。もし武運拙く討ち死にしたならば、自分もまた死ぬのであるから、一緒に冥土《めいど》の門出をしよう」と言って出陣した。

一方、隆信は軍を三手に分け、長銃千挺、槍、刀、弓矢、大鉄砲の八千の軍勢を中心にして、二男の江上家種と三男後藤家信を浜際に当て、中央の大手は嫡子政家と鍋島信生をもってし、自らは旗本を率いて山手から攻撃することにしていたが、小高い所から敵陣を望むと、その軍勢があまりに少ないのを見て嘲笑し、「敵は小勢、何するものぞ」と侮《あなど》り、当日になって五陣三手の作戦を独断で変更し、政家と信生を山際に向け、自ら中央の大手に廻った。このため陣中は、攻撃前の陣替えで動揺した。

二十四日早朝、隆信は全軍に向かって進撃を命じた。途中、有馬の前衛拠点島原の森岳城を攻め破って、そ

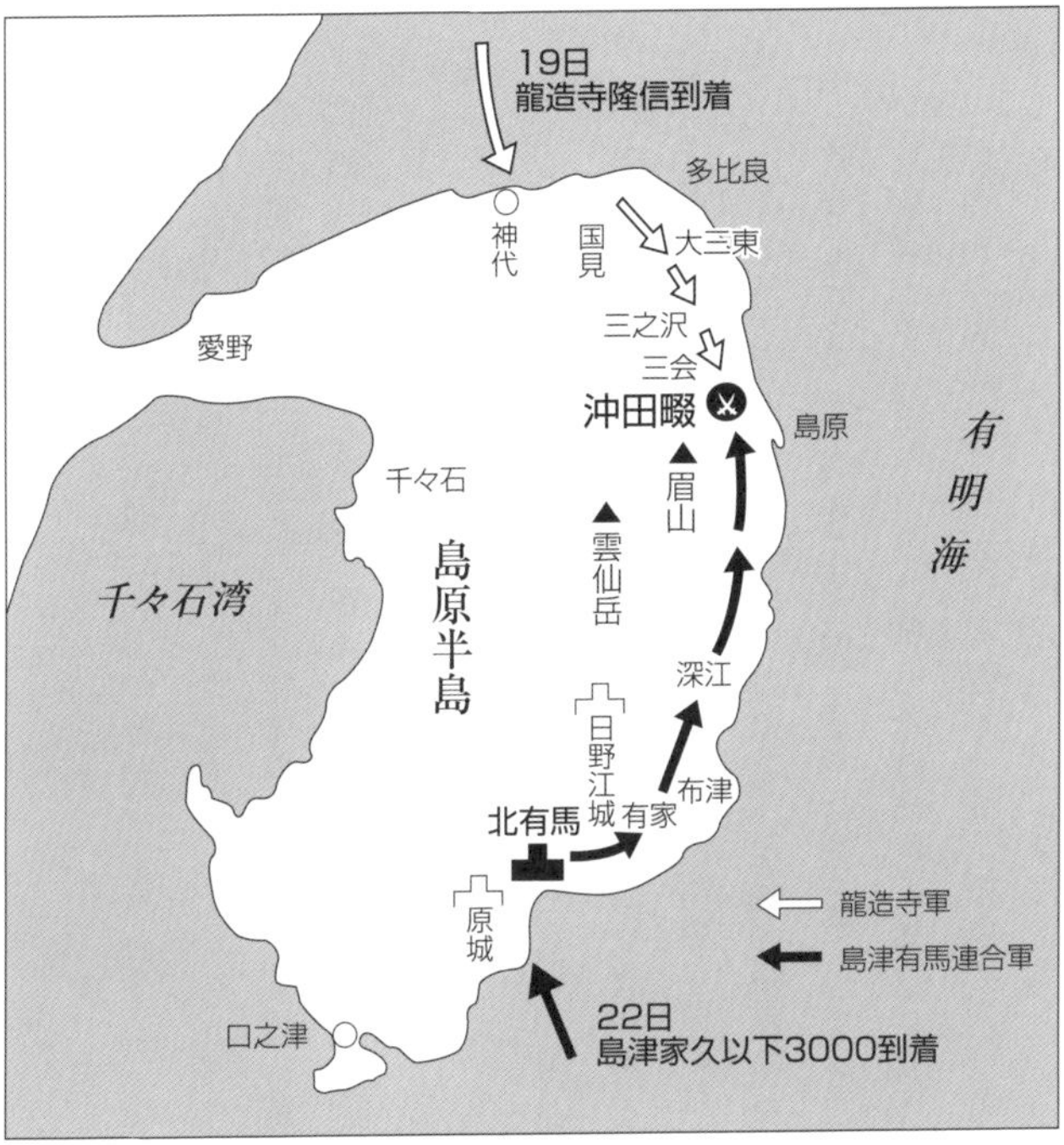

沖田畷戦（天正12年３月24日）略図

のまま有馬まで押し寄せるつもりであった。隆信は、有馬、島津の主力はあくまで日ノ江か原城に拠って待機しているものと考えていた。ここに隆信の誤算があった。先手の太田兵衛の隊が、森岳前方約一キロの地点まで近づいた時、初めてちらちら動く丸に十の字の島津の旗印を見てギョッとした。すでに島津軍が到着して自分たちを待ち構えていることなど夢にも考えず、敵斥候の小部隊と思って侮り、物見を出そうともせず、「蹴散らして軍神の血祭りにあげよ」と、そのまま行軍隊形を変えずに、島津軍に銃撃を浴びせて突きかかっていったが、さしたる応戦もせずに弱々しく引き下がって行く敵を見て、龍造寺軍は、これが地獄への罠とも知らず、勢いに乗って小道に殺到してきた。この時点でも、隆信はまだ島津の主力が待ち伏せしていることを察知できなかったのである。知らず知らずのうちに誘いこまれてしまい、島津軍得意の「釣野伏《つりのぶせ》」の戦法に引っかかった。

　負け戦を装って島津の小部隊は弱々しく引いていく。これを龍造寺の先鋒は追いかける。頃はよし、敵を充分射程内に引きつけた島津の銃列は、家久の命令一下轟然《ごうぜん》と火を噴いた。第一弾、続いて第二弾、さらに間髪を入れずにヒュウヒュウと唸りを生じて飛んでくる矢衾《やぶすま》の雨。龍造寺の部将太田兵衛の率いる千余人の先鋒部隊が、まず島津軍の一斉射撃を浴びてバタバタと倒れ、兵衛も眉間《みけん》を打ち抜かれてあえなく戦死。続いて家信の率いる五百も急所を突かれて崩れた。一陣敗れ、これを助けようとする二陣も左右が沼田で思うように戦えない。狭い小道に馬、甲冑、馬具などがふれ合って動きがとれず、互いの足を引っぱり合う始末。そこを島津、有馬の銃弾が容赦なく狙う。島津の鉄砲は、天文二十三年の岩剣合戦で使用以後、家中の諸士に熟練させ、発射間隔を工夫し、装塡着火を繰り返す「繰り詰め」戦法を用いた。すでに元亀元（一五七〇）年には領内五反歩（約五〇〇〇平方メートル）につき一挺を賦課したほどの充実ぶりであったし、有馬もまた、永禄十（一五六七）年以来、南蛮貿易で鉄砲を購入貯蔵していた。

隆信は先陣が一向に進まないのに腹を立て、側近の者を使いに出して様子を見させたが、その使者が「先手が進まぬので、後陣がつかえて大将が御立腹である。この上はただ、しゃにむに進まれよ」とふれ回ったので、先陣の諸将はいきりたち、「それほど死ねと言われるなら、ただ今ここにて討ち死にを御覧に入れよう」と叫んで、部下と共に前へ前へと出て、銃弾の犠牲になった。蜿々《えんえん》一〇キロにも及ぶ軍列の後方は、先陣が苦戦に陥っていることも知らずに、まだ行進を続けていたというから奇妙悲惨な話である。後ろから早く進めと喚きながら、トコロテン式に押し上げられ、後方の部隊が前に出る頃には、すでに周囲の沼田の中に累々と味方の骸《むくろ》が折り重なって倒れ、草摺《くさずり》、上帯、胸板が見えないほどずるずる深田に没して、もがき苦しんでいる者もいて、目も当てられぬ惨状であった。さらに海上からの威嚇砲撃で、激しい砲声が周囲を圧して戦場を覆い、龍造寺の兵を恐怖におとし入れた。

やがて家久の采配が高く打ち振られ、それを合図に剽悍《ひようかん》決死の島津軍は一斉に抜刀し、全力をあげて龍造寺軍に襲いかかった。その中には、先年隆信に二子を殺され、憤怒の炎を燃やす肥後の赤星統家の率いる赤装束に縄たすきをした一団もあった。

戦況は龍造寺軍にとって、刻一刻と不利になっていった。隆信の旗本もすでに投入されて、乱軍の中にあった。この時、西の山際にそれまでじっと待機していた新納忠元率いる千人の部隊が横間から突いて出た。これも島津軍得意の「横入れ」である。さらに、東の林中より伊集院忠棟の兵千人がどっと襲いかかったからたまらず、恐怖と混乱の坩堝《るつぼ》と化して、総崩れとなって敗走に移り、収拾のつかぬ大混乱に陥った。

山手にあった鍋島信生は、島津の将猿渡越中守と戦い、その子弥次郎を討ち取り、はじめ有利であったが、味方の敗軍に押されて崩れ立ち、自軍をまとめるのに懸命であった。

午後に入って、龍造寺方の大惨敗は、もはや決定的となり、戦い半ばより降り出した雨に霧も加わって、戦場は濃い靄《もや》に包まれ、味方の動きも識別しがたいほどであったが、島津軍は隆信の本陣求めてしゃにむに突入した。隆信の四天王といわれた成松遠江守《とおとうみのかみ》は郎党とともに隆信を守って防いでいたが、ことごとく討ち果たされてしまい、自らも敵兵七人まで斬ったが、力つきてついに討たれた。また、百武《ひゃくたけ》志摩守も主従四十人と共に隆信の身辺を守って、阿修羅のごとく奮戦して、群がる島津勢に討ち取られた。

この時、危険を知った部下の勧めで、隆信は畦《あぜ》伝いに逃れたが、地理不案内のため農家の庭先に馬を乗り入れてまごまごしているところを、島津の隊将川上左京亮忠堅が追いつき、馬上の隆信に名乗って、一瞬早く下から隆信の向こう脛を斬り払ったので、たまらず馬からどうっと落ちたところを、島津の兵たちが群がるようにして首をあげた（『陰徳太平記』）。

また、馬から下りて床几《しょうぎ》に腰をかけていた隆信を見つけた左京亮が近づいて、「龍造寺隆信殿とお見受け申した」と叫んで、自分の姓名を名乗り、槍で突いて倒した。これを左京亮の家来、万膳仲兵衛が駆けよって首を切り落としたともいう。この時、隆信はすでにあきらめたのか、従容として動かなかったといわれる。

隆信、時に五十八歳（五十六歳ともいう）、法名は泰巌宗竜である。これを討った川上左京亮は二十七歳であった。その時刻は未の刻（午後二時頃）としている。

隆信は肥大漢で、高血圧の症状であったから、馬に乗れず駕に

鍋島氏家紋

龍造寺氏家紋

乗って移動し、床几にかけて指揮をとっていたと記しているものもある。当時の宣教師ルイス・フロイスは、「沖田畷より三キロに至る平野に二千を超す屍あり」と報告している。隆信の首は、薩摩に送られる途中、熊本高瀬（玉名市）の願行寺《がんぎょうじ》に葬られた。およそ戦国大名の中で、戦場で首をとられたのは、桶狭間の戦いで織田信長から討たれた今川義元と、秀吉に敗死した明智光秀と、この隆信の三人ぐらいであろう。

浜手に廻っていた隆信の子、江上家種（二男）と後藤家信（三男）の兄弟は部下を指揮して島津軍と戦ったが、父隆信戦死を知ると、討ち死にを覚悟して敵中に斬り入ろうとした。だが、部下の必死の諫めで思い止まり、戦場の危地を脱し、ようやく居城に生還した。

山手にあった鍋島信生も、敗走の軍に加わってやっとの思いで戦場を離脱し、島津軍の追跡を振り切って、舟で柳川城へ帰りついた。

島原戦後、島津の勢いはさらに強大になり、残る大友を討って名実ともに九州の覇者たるべく統一への道を進むのだが、この沖田畷の戦いが事実上の九州分け目の戦であった。

『西藩野史』によると、隆信が帯びていた刀は相州國次《そうしゅうくにつぐ》作であったといわれ、これは討ち取った川上左京亮の子孫に代々伝えられたという。隆信は橋本道弘をお抱え刀工としていたが、この道弘の子が、のちの肥前新刀の祖といわれる橋本新左衛門忠吉である。俗に「五字忠吉《ごじただよし》」といわれる名工である。

なお隆信には辞世はない。『島津国史』巻之十九、五月廿八日の項に、島津義久の島原戦捷を賀して、大友義統が藤原定家筆の『新勅撰和歌集』一冊を贈ったと記されているが、肥前の宿敵隆信の死がよほど嬉しかったのであろうか。

その残忍性において、九州戦国武将の中で隆信の右に出る者はいない。かつて零落中に庇護を受けた大恩ある筑後の蒲池《かまち》家を滅ぼし、娘婿、小田鎮光を誘殺し、肥後の赤星の二人の子を磔刑に処したことなど、その最たる例であるが、その怨念を一身に集めたのか、彼の晩年の動きは鈍り、それゆえ討たれる時も自ら諦観の境地であったのではなかろうかと思われる。
最初、有馬攻めを父隆信から命ぜられた政家は、彼の妻が有馬晴信の妹であったから、攻めるのをためらった。隆信と違って凡庸な政家は舅を殺すことに畏怖を感じた。戦もいやいやながらで、はかばかしく進展しない。そこで隆信から、「女の情に溺れて戦を手加減するなど武将のすることではない」とまで面詰されている。そのため隆信は自ら出馬することになって敗死したのである。

一方、島津家久の子豊久は、敵将一人を斬って隆信の本陣に斬り入り、目ざましい働きをして無事生還したが、約束どおり家久は息子の兜の紐を解いてやった（『常山紀談』、『薩藩旧伝集』）。

ところで、この隆信が六年前の天正六年になぜ薩摩に攻め入らなかったのかと疑問に思う人もいるであろう。当時島津は、日向耳川の戦いで大友と対戦のため全軍を投入したので、本国は戦闘能力のない老人婦女子、病人のみであった。そこをもし隆信が突いていれば、この沖田畷の無惨な敗北もあるいはなかったかもしれない。とはいえ、戦いとは常に錯誤の連続であり、隆信の死もまた異常心理の中で働いた想定外の行動の結果と考えられる。今、有明の海近く、この沈鬱な沖田畷に佇《たたず》むと、海鳴りのように啾々《しゅうしゅう》としてむせぶかのごとく霊気が胸に迫ってくるのを覚える。

五国二島の大守と仰がれた九州の猛将、龍造寺隆信の敗死後、筑前の風雲は急を告げる。

ここに筑前における隆信戦死の消息を物語るものとして、立花道雪が鷹野増時に宛てた書簡がある（『鷹野家譜引用文書』）。これを見ると三月二十四日の島原での隆信討ち死にの情報が、二十七日には筑前にも達していたことが分かる。

昨日俄に宝満表まで御出之由に候御辛労不レ及レ申候、仍龍造寺於二高来表一先刻或は討たれ或は散々罷成候事必定に候、隆信親子生死之儀未不レ定之由ニ候、然共方々より到来之状曰、為二御心持（待カ）一之間、為二御被見㆒進入候、何も聽而可㆓返給㆒候、方角之臆病づらを早々踊ら而可㆑有㆓御覧㆒候、為㆓御心得㆒候、けにく紹運（高橋）申談何方へ可㆓一動㆒との内存候必追而可㆓申談㆒候、恐々謹言

（天正十二年）三月廿七日　　道雪（御判）

増時（薦野三河入道玄賀）

参

なお、『九州治乱記』は、この戦いを天正十三年七月二十七日としているが、隆信菩提寺『龍泰寺過去帳』、『耶蘇会士日本通信』、『上井覚兼日記』などの天正十二年三月二十四日を定説としてこれに従った。

血戦鹿家峠

ここで糸島方面に目を転じてみると、高祖城主原田下野守信種と肥前岸岳（佐賀県唐津市）城主波多三河守信時との確執は、多年にわたって根深いものがあったが、天正十二年甲申三月十二日、波多は兵三千をもって浜崎より鹿家《しかか》（糸島郡二丈町）に攻め入り、一手の勢千人余を信種の実家である草野宗久に備えさせ、主力は七山口の民家を焼き払って男女二百の首をとった。

一方、原田信種もこれに対して、笠《りゅう》、石井、波多江、上原、小金丸、有田、富田、鬼木、岩隈らの名ある勇士をはじめ、三千人余をもって深江より吉井（二丈町）にかけて陣をとった。

翌十三日、原田の先鋒、原田中務をはじめ、有田、富田、笠、荻原、小金丸らの千五百人は吉井浜より海岸伝いに、鹿家の峰を越えて波多の先鋒、信時の従弟波多《はた》掃部助《かもんのすけ》の率いる千余人にどっと攻めかかった。

形勢は、双方優劣つけ難い状態で推移したが、原田信種の率いる後続の千五百人が、鹿家峠の山陰を伝って、密かに敵の背後に廻って鬨《とき》をあげて攻め立てたので、波多勢は前後から挟撃されてこらえきれず、浮足立って

浜崎（唐津市浜玉町）まで後退した。

　波多掃部助は、逃げて行く味方の後ろから大声で「返せ返せ」と呼んで必死に食い止めようとしたが、引き返す味方は一騎もなかった。やむなく郎党二十四人とともに原田方の笠、石井、富田、中園、波多江、上原、浦志らの五十七騎と渡り合って戦ったが、掃部助の乗っていた馬が首に二度の太刀疵を受けて、どうっと横倒しになったので馬から飛び降りて、なおも敵と戦ったが、郎党も残らず討ち死に、自分も多数の痛手を負って自害しようとしたがならず、ついに笠大炊助《おおいのすけ》に討たれて首をあげられた。

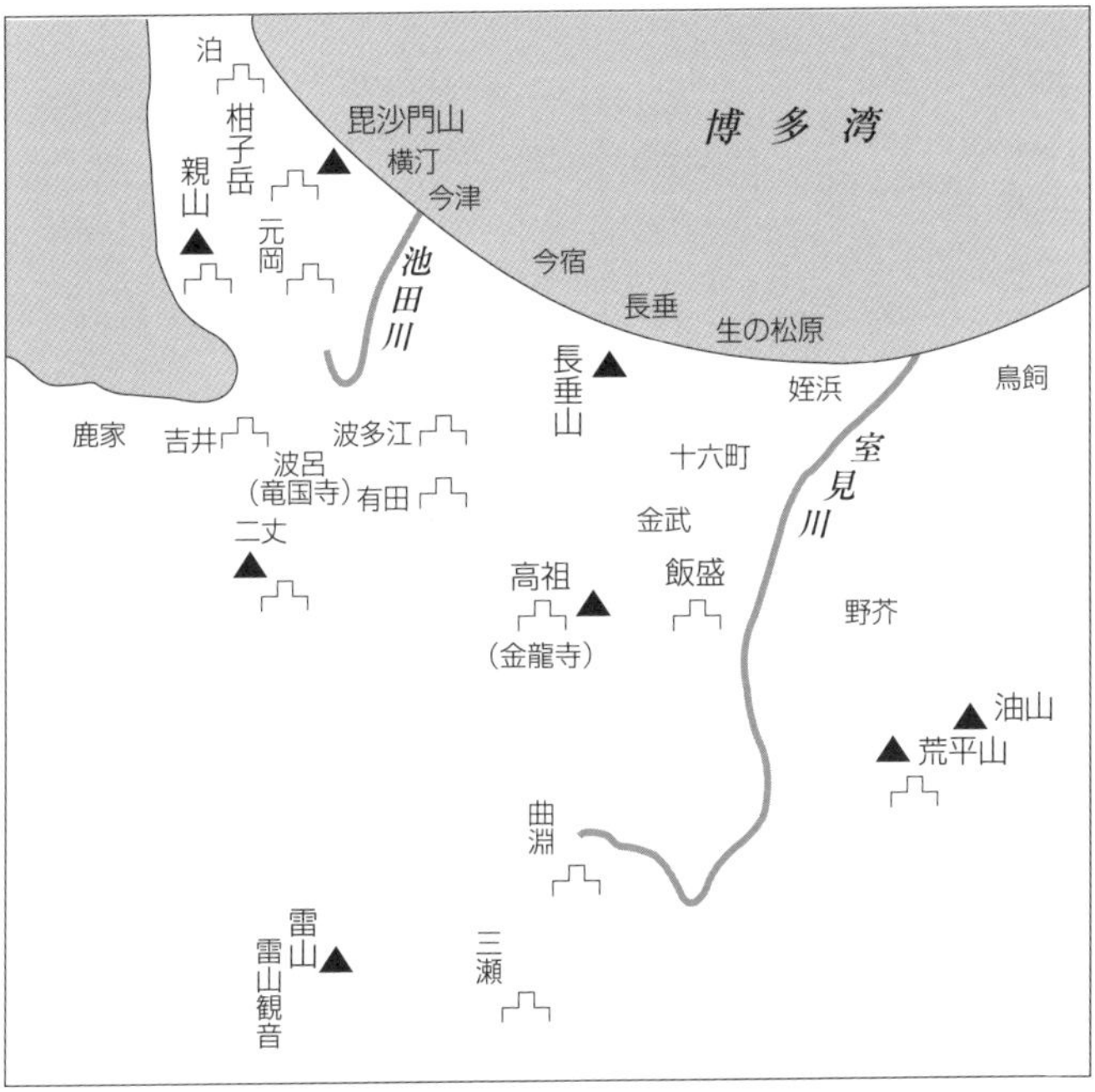

筑前西部（早良・糸島方面）図

　一陣敗れた波多勢は、七山口に向かった一隊を呼び集め、ここで陣をととのえているところへ、原田信種以下先陣後陣の兵三千が一緒になって攻め寄せてきた。信種この時二十三歳の青年部将で、この日、黒糸縅《おどし》の鎧をつけて黒馬にまたがり大身の槍をしごいて颯爽たるいでたちで、真先に進んで指揮をとったので、全軍の士気はあがり、原田勢は勇み立って波多軍へ突っこんだ。

　波多も備えを立て直して原田と戦ったが、先手の隊が原田の勢いにたまりかねて引き色になったところを、深江城より深江豊前守良治以下五百人が船で波多軍を攻撃し、吉井城よりも吉井左京亮《さきようのすけ》一党が波多の横間をついてきたので、どっと崩れた波多軍は浜崎指して一斉に退却しはじめた。この時、三河守信時はくやしさのあまりただ一騎踏み止まって、追ってくる敵を五騎まで突き落とし、さらに敵の大将信種と刺し違えて死のうと、信種の馬印を目がけて敵中に駆け入ろうとしたのを、信時の家臣池田左馬允、大川野玄蕃允《げんばのじょう》、岡九郎兵衛らの波多家の勇士十六人が駆け寄ってきて、信時の馬首を味方の陣の方へ向き変えさせた。ぜひにも信種に一太刀浴びせんものといきり立った信時が、再び馬を引き返して敵陣目がけて乗り出そうとしたのを見て、驚いた池田左馬允が手綱にすがりついて、「殿、命を粗末にされてはなりませぬぞ。この場はひとまずお引き取りを……」と必死の形相で押し止めたが、怒りに狂った信時はその諌めも耳に入らず、「そこを放せ、信種めと刺し違えて死ぬまで」と喚きながら刀を抜くと、あくまで手綱を放そうとせぬ池田の冑の鉢めがけて二度三度と打ちつけたが、よほど冑がよかったのか砕かれもせず、ひたすら諌止しているところへ、大勢走り寄ってきて、しゃにむに引き下がらせたので、信時も今や仕方なく浜崎指して退いた。原田軍はなおもこれを追ってきたので、池田、大川野、岡らの勇士十数人は信時の身代わりとなって、敵に取り囲まれて討ち死にしてしまった。その隙に信時は唐津まで一気に引き取ることができ、危地を脱した。

この戦で原田軍が討ち取った首は四百余級にのぼったが、原田の方もまた殺された領民など、合わせて三百人余りの死者を出した。しかし血と血で争ったこの両家も、これから数年後、豊臣秀吉のため領地没収の憂き目にあい、取り潰されてしまったのも、思えば皮肉なめぐり合わせである。

今、古戦場近くのこの鹿家串崎海岸に立つと、渺茫《びょうぼう》たる玄界灘より吹きつける汐風の中に、時空を超えて戦国の世の厳しさが伝わってくるようである。

道雪・紹運、筑後へ出陣

天正十二年七月以降、主戦場は筑後へ移動した。筑後方面は隆信の死後、龍造寺の勢力が急速に衰え、今や九州最強となった島津に通じる者や、また、肥前方に依然として止まる者などその去就が注目されていた。

その中で大友氏の筑後地方での主な味方といえば、矢部（八女郡）の高屋《たかや》城主五条鎮定《ごじょうしげさだ》と、生葉《いくは》郡（うきは市）長巖《ながいわ》城主問註所刑部少輔統景《むねかげ》の二人であった。

生葉の問註所氏は刑部少輔統景と治部少輔鑑景《あきかげ》（町野姓からのち問註所を名乗る）の一族が分立して、大友と秋月にそれぞれ従い、互いに攻め合っていた。そこで豊後にあった大友義統は、筑後回復の機はこの時とばかり、弟の田原親家、親盛を大将に、一族の朽網《くたみ》、志賀、清田、田北、木付、臼杵、佐伯、一万田、奈多らを軍将とし、およそ七千の軍勢を授けて筑後へ向かわせた。七月下旬、豊後勢は玖珠《くす》より日田に入り、筑後川を西下して生葉郡（うきは市）に攻め入った。

生葉地方での大友方は前述の問註所統景だけである。それまで筑後地方は龍造寺の勢力下にあり、秋月もこれを助けて筑後に問註所鑑景や、草野、星野、黒木らの諸氏とともに大友方の諸城を攻めた。

危機を前にして五条鎮定や問註所統景より大友に対して筑後出兵の要請があった。耳川の大敗以来、大友家は衰運に向かってはいたが、それでも島津の蹂躙《じゆうりん》にまかされるよりはこの機会に失地回復をはかり、島津の来攻に備えるべしとして、やっと七千の兵を動員して筑後へ送ったのである。

豊後勢は問註所統景を案内として、妹川《いもがわ》谷より北川内に進み、まず攻撃目標を猫尾《ねこお》城に向けた。守るは龍造寺配下で豪勇をもって知られた黒木兵庫頭《くろきひょうごのかみ》家永《いえなが》（一説には政実とある）である。黒木氏は川崎、星野と同族であり、黒木千五百町を領して、調《しらべ》一党の惣領をもって任じていた。

猫尾城は黒木町の東にあり、黒木城、または調山《しらべやま》といわれ、始祖助能《すけよし》より数百年にわたる黒木氏の居城で、南北朝以来の武勲の家柄であった。当時、家永は龍造寺へ嫡子四郎丸を人質に送っていたので、今さら大友に降るわけにはいかなかった。大友方も猫尾城を落とせば他の諸城は容易に降るものと考えていたのである。

これに対し、佐賀からも黒木救援のため、倉町近江守、久布白《くぶしろ》又衛門をはじめとし、鉄砲隊を含む数百人の援兵を送ってきた。

一方、島津義弘は居城、真幸院《まさき》の飯野城《いいの》（宮崎県えびの市原田）より兵を進めて肥後吉松に入り、さらに北へ進んで天正十二年九月十日には肥後隈本（熊本）に達し、同二十四日、高瀬（玉名郡）に入った。

この時、秋月種実、原田信種、筑紫広門ら筑前の国衆や、筑後の草野宗養、肥前の龍造寺政家（隆信の嫡子）らも質を出して島津幕下となっている。また、太宰府天満宮の大鳥居信寛も使僧をやって島津軍を慰問している。島津の将上井覚兼《うわいかくけん》の日記に、「天正十二年十月十四日（中略）天満宮大鳥居信寛法印より使僧預候、幷書状到来候、趣、爰元出張故音信候、天満宮社家一篇之儀候間、御祈禱巻数預候、自今已後崇敬可中之由也、梅花香一箱送預候、相応之致返答候也、使僧参会候而御酒寄合候也」とあり、島津家の老中職にあった宮崎城主上井覚兼が、高瀬において太宰府天満宮の大鳥居信寛からの使いの僧の陣中見舞を受け、信寛の書状を受け取ったことを述べ、この場所に出陣してきているので、ここから音信をする、天満宮からの社家の総意による御祈禱の巻数《かんず》を受け取った、今より已後（以後）天満宮を崇敬する、梅花香（梅花の香料カ）一箱送ってもらい、相応の返答をした、また使僧が参ったので酒を一緒に飲んだ、という意味で、肥後まで北上してきた島津氏に対する天満宮側の神域、社領保護を願っての陣中見舞であったと解される。なお、巻数とは、寺や神社の厄除の祈禱に経文、または祓詞、奉幣など種目と度数を記し、短冊形に巻いて願主に届けられた。数える単位を一枝、二枝と呼んだ。

さて同年七月初め、炎天の中を大友軍は、黒木二千の兵が守る猫尾城を包囲した。矢部の五条鎮定も上妻《こうづま》、稲員《いなかず》らの東筑後勢とともに大友の陣営にあってこの攻略戦に加わった。激しい攻防戦が昼夜にわたって続き、援軍の佐賀勢は急峻な三の丸の所に塹壕《ざんごう》を掘って、四方から攻めかかる大友軍を悩ました。

戦はひと月余りに及んだが、黒木勢の反撃はものすごく、数で優勢な大友軍もしばしば敗退を余儀なくされて攻めあぐんだ。この城攻めに参加している豊後の隊将たちは、一部の将を除いてはほとんど若い部将ばかりで実戦の経験も浅く、戦術に不馴れで、兵を動かす将器に欠けていた。

この状況に業を煮やした大友義統は、実戦経験豊富な、今や大友軍の切り札ともいうべき筑前の立花道雪と高橋紹運の両将に知らせて、その出陣を促した。この歴戦の両将にとってみれば、ひと月にもなるのにまだ落城させきれずにいる豊後の若い部将たちのふがいなさに切歯扼腕の思いであったので、義統から出陣の命を受けると直ちに兵を動員し、八月十四日、太宰府高尾山付近に集結して軍議を定め、同月十八日の夜半、紹運が先陣、道雪が後陣となって黒木へ向けて出発した。

なおここで両家の兵力について考えてみると、今までの各合戦から推計して立花三千、高橋二千が妥当なものと考えられる。このうちから紹運は宝満城の留守に統増を置き、老臣伊藤源右衛門を添え、また、岩屋城には城代屋山中務をはじめ簗瀬《やなせ》、村山らの老臣を置き、これら合わせて八百余人をつけて留守を固めさせた。一方、道雪も立花城守備として養子統虎を大将に、薦野増時《こものますとき》、十時摂津《ととき せっつ》、米多比《ねたび》五郎次郎、小田部源二郎らに兵千余人を残したので、これらを差し引くと、筑後発向の総兵力は四千ないし五千くらいと思われるが、『橘山遺事』には「公（道雪）二千余人を率い」とあり、高橋側の兵数は記されていない。『九州治乱記』は両家の軍勢五千余人と記し、『筑後国史』も五千人、『歴代鎮西要略』、『軍記略』などは四千七百人と記している。出発に当たり道雪が、その烏帽子《えぼし》児である香椎廟の大宮司民部少輔清連に対して、立花城の留守を依頼したということが『太宰管内志』に記してある。

黒木までの行程は十五里（約六〇キロ）で、その間筑後川をはじめ耳納《みのう》連山の九十九折《つづらおり》など山勢険しい多くの難所を越えねばならない。しかも途中はすべて敵地である。

吉木、川島、鳥越、夜須、山隈、三原を過ぎ、両将は、秋月、筑紫、草野、問註所らの敵方の動きを警戒しながら進んだ。やがて筑後川の辺りで夜はほのぼのと明けた。片瀬（久留米市田主丸町）を渡河地点と決めて、紹運は先頭に立ってまず馬を水中に入れて難なく渡ったので、全軍その後に続いて押し渡った。ところがたまたまこの時、秋月の臣芥田兵庫が五十人ばかりの兵を引きつれて星野より番代わりして帰るのに出会った。紹運の隊を見ると芥田は何気なく近寄ってきて、「どこの衆の方でいずこへ行かれるのか」と問いかけてきた。紹運は返事をするより早く咄嗟に部下の者に目配せをすると、有無を言わさずこれを取り囲み、兵庫以下一人も残さず討ち取って筑後出陣最初の血祭りにあげた。

それより石垣（久留米市田主丸町）で後陣の到着を待ち、ここで隊列をととのえ、由布雪荷を殿《しんがり》にして耳納山（水縄山または箕尾とも書く）を越えた。耳納山は、御井、山本、竹野、生葉の四郡にまたがり、東はうきは市浮羽町辺りから西は久留米の高良山まで、およそ五里（約二〇キロ）にわたって標高五〇〇―六〇〇メートルの山々が帯状に屏列して、筑後川に沿って東西に続いている。この中には個名のある山もあるが、これらを総称して耳納連山といい、上古は生葉山とも呼ばれていたという。

その北側のほぼ中央付近に「植木」の町として知られた田主丸がある。最近では高良山より発心岳《ほっしん》までの峰を約一三キロにわたる道路、耳納スカイラインが開通して、山上より見る筑後平野の眺望は素晴らしい。山麓一帯は山と水の風土が調和した肥沃な土地で、樹木の生育に適し、また豊かな筑後の穀倉地帯につながっている。そのため、この地方は古くからひらけて、五―七世紀にかけて大陸との交渉を物語る装飾古墳が多い。

現在、耳納を越えて南麓の黒木、星野などの八女地方に入る道路はいくつかあるが、主なものは東のうきは市吉井町付近から越える耳納峠と、田主丸より石垣を通り耳納山脈最高の鷹取山（八〇二メートル）を越えるものと、さらに西に沿って草野から発心《ほっしん》岳越えの道などがある。

立花、高橋の筑前勢は、恵利の渡しを経て、田主丸、石垣の線を進んだとすれば、鷹取を越えたことになるが、低い方の発心（六九八メートル）越えをしなかったのは、地勢や敵地の事情などを考慮に入れてのことだったろうか。ともあれ古書は石垣としているので、やはり田主丸から入り、石垣村を通り、古墳群がある平《ひら》原《ばる》付近より鷹取登山にかかり、頂上から八女に下って鹿里、小野河内を過ぎ、星野川に沿って高牟礼《たかむれ》への道を進んだものと考えられる。

耳納を越える途中、九十九折の難所で秋月、筑紫、草野、問註所らの伏兵がここかしこに隠れていて、激しく鉄砲を撃ちかけてきた。道は狭く、両側は深い谷である。そこを狙って敵は銃撃してきたので、高橋、立花方にもかなりの死傷者が出た。そのうち一弾が道雪の駕籠を担った兵に命中、その兵がどうっと倒れ、道雪は危うく駕籠から放り出されそうになった。

道雪の駕籠を狙った敵兵は熟練の射手で、その方向から正確な射撃を続け、味方に損害を与えた。激怒した道雪は、「あれを仕止めよ」と側近の者たちに命じて、弓、鉄砲を撃たせるが、木陰に隠れているので少しも当たらない。業を煮やして紹運のもとに使いをやり、「貴軍の方で何かよい手だてはあるまいか。あの者を鉄砲で仕止める者はいまいか」と言ってよこした。そこで紹運は、家臣の中でも射撃に優れた市川平兵衛を呼んで、策を授けてこれを撃たせた。銃を持って待ち構え、敵が顔を上げる瞬間を狙わせたのである。平兵衛の撃った一弾は、ものの見事に敵狙撃手の眉間を貫き、もんどりうって転げ落ちていった。筑前勢の中から期せずして歓声が湧き起こった。だが敵は背後から攻め上って、最後尾の由布隊に追いすがってきた。

由布惟信（雪荷）は、ここを死処と決めて、「あくまで防ぐので、その間に山を越えられるように」と道雪のもとへ伝令を遣わし、立花次郎兵衛、後藤隼人、安部六弥太、薦野弥助らの殿軍を率いてとって返し、下から追い迫る敵中に斬り込んでいった。この時の戦いで、薦野弥助は手疵を負った。

道雪はこのことを先陣の紹運にも知らせるとともに、大返し（全軍反転）の太鼓を打たせ、坂下に向かって軍を転回させようとしたが、この時立花方の軍師、大橋桂林はこれを押し止めて、「ここは私にお任せ下さい。全軍で向かうほどのこともありません」と言って、隊列の乱れるのを止め、一隊を率いると音吐朗々と「一張の弓勢」という一曲を謡いあげ、坂下の敵陣目がけてさっと采を打ち振って、まっしぐらに駆け下りていった。

ここで由布隊と戦っていた秋月、筑紫、問註所、草野らの混成軍は、上から喚声をあげて駆け下りてくる大橋隊の激しい勢いにまくり立てられて、支えきれず各谷へ追い落とされて、ちりぢりになって逃げていった。

こうして筑前勢は、途中に待ち伏せする敵を排除しながら耳納を越え、十九日の夕方、黒木領へ進入し、猫尾の支城、高牟礼城を前にして山上で夜を明かしたが、この夜、風雨激しく野営の陣を吹き濡らした。道雪、紹運は、篠突く雨の中を夜通し陣中を見回って兵を慰労し、自らは眠ろうともしなかった。このため将兵の士気は大いにあがった。

明けて八月二十日、天候も治まり、両将は使いをもって黒木在陣の諸将へ、ただ今着到の旨を報じさせた。豊後の諸将たちは、いかに勇敢な両将でも、まさか十五里の敵中を突破して無事来られるとは思いもよらなかったので、夢かとばかり驚くとともに、これに力を得て豊後勢の士気は大いに振った。猫尾城攻撃を前にして、両将は高牟礼城を守る黒木の城代椿原式部《つばはらしきぶ》に対して内応工作を進めたが、二十四日に至りついに開城したので、その後の黒木攻めを容易ならしめることとなった。この時、佐賀より黒木援軍として高牟礼に来ていた龍造寺の将、土肥出雲は抗しきれず逃れ去った。続いて上妻郡犬尾城《いぬお》（八女市山内）の川崎重高も降り、二十五日には川崎の権現山に陣替えしたが、高良山座主良寛《りようかん》、大祝保真《おおほおりやすまさ》、大宮司孝直、甘木四郎家長、稲員安守《いなかず》らも大友軍に加わった。

だが龍造寺もこれに援軍を送ったので激戦となり、道雪の弟戸次右衛門大夫はこの戦で流れ弾に当たって戦死した。薦野家中の奮戦は目ざましく、歴戦の勇士安部六弥太は壮烈な死をとげた。そこで大友軍は一旦退いて付近の佐賀勢の掃討に当たった。

二十八日には坂東寺に入って、佐賀方の西牟田家周《いえちか》、同家和兄弟を城島《じようじま》に攻め、酒見、貝津、榎津（大川市）などの部落を焼き払った。

さらに両将は、豊後の諸将と軍議をひらいて、いよいよ猫尾城の攻撃にとりかかった。新たに筑前勢が加わったので、攻撃は一段と熾烈になった。『稿本八女郡史』によれば、「城の本丸は南北に三十間、東西十五間、その周囲に長屋の跡あり」とあるので、当時家士たちの籠城のためのものと思われる。二の丸はその西方少し下った所にあり、方十五間、この中間におよそ五十間ばかりの馬場があり、その東の少し下った所に三の丸があって、これは大友の来襲に備えて堀を穿《うが》った所である。また、城の南西麓に星野川が流れている。平時の居館はその麓にあり、諸士の家宅もそこにあった。陣の内というのがそれである。

黒木の支城高牟礼（高群とも書く）や出城が次々に開城したことで、今や内外に敵を受けることになった黒木家永は、最後の死力を尽くして防戦したが、佐賀からの援軍もないまま孤立状態となり、連日城中に撃ち込まれる鉄砲や大筒の激しい攻撃で、婦女子の恐怖は極度に達し、城中のあちこちで泣き叫ぶ声は、この世の地獄かと思われた。すでに水の手も断たれて飢渇に苦しんでいたが、九月四日に至り大友軍の総攻撃を受け、内応者らが大友軍を城中に引き入れたので、ついに家永は万策尽きて押し寄せる敵を前にして自刃。猫尾城は落城した。

ところで、この家永の最期について、『毛利秀包記』（山口県文書館所蔵）には、十三歳になる娘に介錯させて自害、娘は攻めよせる敵一人を斬り、父の首と刀を投げつけたと記している。

黒木落城後は豊後の部将田北宗哲をして守らしめ、また、内応の功で椿原式部も高牟礼城の守備を任された。続いて九月八日、山下城を攻めるため禅院村（みやま市瀬高町廣瀬）に陣を移したが、この地の名刹建仁寺《けんにんじ》（天台宗）に対して次のような制札をかかげて保護した。

禁制　禅院山

右軍勢甲乙濫妨狼藉竹林採用ノ事堅令二停止一畢若於二違犯一可レ処二厳科一者也。仍執達如レ件

天正十二甲申年九月七日

主膳入道紹運（判）

『南筑明覧』には、下妻郡禅院村に禅院建仁寺云々と記され、建仁元年の草創也として、「雪舟も此寺に暫く居た。十六羅漢画像があり雪舟の画なり。又自作の庭有り道雪公、紹運公黒木誅伐の後、此所に詣で制札相伝え曰《い》う紹運公の筆跡なり」と記述されている（原漢文）。

なお、同所禅院村にあった尊寿寺は後、文禄二（一五九三）年五月、大友義統が秀吉から豊後の国を没収されて長門（山口県）へ配流された時、その室（紹運の妹）が柳川の立花宗茂を頼って来て禅院村にいたが、死去して当寺に葬られ「尊寿院殿」と諡号《しごう》された。宗茂は追福のため田一段七畝を寄付し給うとある（『南筑明覧』）。

九月十一日、福島の山下城主蒲池鎮運《しげゆき》は、降伏して開城したので、大友の将宗像掃部《かもん》を城番として守らせた。さらに道雪、紹運は、黒木、福島周辺の谷川、辺春、兼松、山崎などの諸城を攻め落とした。それより下筑後に転じて坂東寺に陣をとり、豊後の田原親家（大友義統の弟）と軍議して、西牟田村、酒見村、榎津近在の数百軒の民家をことごとく焼き払い、山門郡内の龍造寺方の諸城を攻めた。鷹尾城の田尻鑑種、鎮種父子はこの時佐賀へ出向いていてわずかな兵で守備していたが、大友の大軍を見て城を捨てて逃げ去った。このように大友軍の主軸となって両将が率いる筑前勢の活躍は目ざましく、豊後から来た大友諸軍の働きも、両将のため霞《かす》んでとかく精彩を欠く感があった。『大友興廃記』には、大友軍の大将を戸次紀伊入道道雪、高橋紹運、朽網三河入道宗暦の三人としている。

筑後における大友の失地回復は、局地的効果はあったが、柳川方面の龍造寺勢を追い落とすまでには至らなかった。とくに柳川城は、沖端《おきのはた》川と花宗《はなむね》川の水路がいりこんで、泥沼の湿地帯が自然の要害をなし、筑後における肥前方の拠点として難攻不落を誇っていた。城主龍造寺家晴（隆信のふたいとこ）は、空閑、内田、大塚らの諸将に、草野家清（鎮永嫡子）の兵も加わって、これら数千人とともに立て籠り、堅く守って城から出なかった。数十艘の番船を繋いで敵を近づけず、数カ所の端城を構えて本国佐賀への通路を自由にしておいた。

ここに、先の島原の戦いで隆信とともに戦死した百武志摩守の妻で、円久尼という女性がいたが、龍造寺の執権鍋島直茂（当時は信生）の命でこの時、蒲船津《かまふなつ》（柳川市三橋町）の城を守っていた。『北肥戦誌』によると背が高く、髪を長くして大力の持主で、荒馬をよく乗りこなし、大友勢が攻め寄せると聞いて部署を固めさせ、自ら大長刀（薙刀）を携えて城戸口に出て諸卒を指揮し、勇敢に戦ったので、大友勢もこれを落とすことができなかったとしている。

柳川城攻撃が難航し、道雪、紹運や豊後の諸将も攻めあぐんでいた頃、高良山座主の良寛より使者が来て、高良山への陣替えを勧めてきた。高良山は筑後一の宮と称されて、標高三一二メートルの山上には高良玉垂《こうらたまたれの》命《みこと》を祭り、耳納（水縄）山脈の西端の一峰であり、眼下に筑紫の大河千歳川《ちとせ》（筑後川）が流れて、筑前、筑後、肥前三国にまたがる軍事的要衝として古来戦乱の中心になり、幾多諸豪の本陣に利用された。古代「筑紫の君」と称された磐井《いわい》が、この山によって勢威を振ったといわれる所である。また、府中の名が示す通り、山麓の御井《みい》町（久留米市）に筑後国府が置かれていた。降って南北朝時代、征西将軍懐良《かねなが》親王の征西府になったこともあり、九州争乱の時も、少弐、大友、菊池、島津の四頭が輪番制で祭事を執り行ったとしている。戦国期に入ると、大友、龍造寺の戦いでしばしば本陣にされ、東西南北への接点として極めて重要な位置を占めていた。

古来から朝廷の尊崇あつく、宇多帝の寛平九（八九七）年、正一位の神階を贈られているが、以来北部九州の総鎮守をもって任じてきた。座主は、大祝鏡山氏で、始祖は物部氏から出ていて、大祝良寛はその四十四代であった。大祝《おおほおり》とは神仏に奉斎する職名で、鏡山は姓である。昔は職名と姓を連ねて書いた。最盛時は、山内三十六カ寺、三百六十坊を有し、一千余の僧兵と御井郡を中心として九千町の神領を手中に収めて、ゆうに戦国大名に比肩し得る勢力をもっていた。天正年間になって、座主良寛と弟の鱗圭《りんけい》は、大友、龍造寺にそれぞれについて敵、味方に分かれ、座主職を争った。

道雪、紹運の両将は柳川押さえの兵を残し、秋風の中を十月三日、陣を払ってこの高良山に入り、ここを本陣とし、翌十月四日、兵を出して草野鎮永《しげなが》を攻めている。草野の居城は吉木村の竹ノ城であったが、防御に弱いこの城を捨てて鎮永は、耳納山中の発心岳の城に立て籠り、問註所鑑景もまた同城に入って、一緒になって防いだ。寄せ手はまず竹ノ城を焼き払い発心城を攻めたが、何しろ天険で落とすことができず、攻撃を断念して、今度は星野、問註所の領内を荒らし、筑後川を越えて秋月領に入り、甘木辺りまで焼き打ちして高良山に再び帰陣した時は、すでにこの年も暮れようとしていた。

『高橋紹運記』や『北肥戦誌』によれば、この時田原親家らは長陣に飽き、また自分たちがいくら働いてもそれは道雪、紹運のみの手柄になることが多いのを不満に思い、この筑後陣から兵をまとめて豊後へ引き揚げていったとし、「豊後もそこまで落ちぶれたか」と、両将を嘆息させたとある。また、『九州治乱記』ではその頃日田にあった親家が、道雪、紹運の秋月領侵入に呼応して日田より攻めこんだが、若年で戦に未熟なため、かえって秋月勢から反撃されて敗れ、ほうほうの体で豊後へ逃げ帰ったとしている。全軍の中心である大友義統の弟が帰国してしまったことは道雪らの計略を狂わせた。しかし朽網、志賀らの老将はさすがに若い部将たちとは違って、最後まで紹運、道雪とともに戦った。豊後、筑前の大友諸軍は高良山を中心にして柳坂、北野村に在陣してその年を越したのである。

天正十三（一五八五）年二月、筑後一円に春の陽気が訪れはじめると、龍造寺家晴は柳川城を出て西牟田（筑後市）に陣をとり、各地からの軍勢の到着を待って、高良山の大友軍と対峙した。秋月もまた、長野、城井らの豊前勢とともに、両筑国境に出て肥前勢の後詰をなした。

四月十八日、佐賀から龍造寺の将、後藤家信（龍造寺隆信の三男）、波多三河守、高木左馬助と基養父（鳥栖市）の筑紫広門らの八千の軍勢は筑後川を渡り、久留米表から高良山下に迫った。高良山座主良寛の弟鱗圭も龍造寺に従って、僧兵とともに出陣した。

大友方では軍議が開かれ、二手に分かれて当たることになった。豊後の諸勢は秋月、草野、長野、城井らを西小田に押さえ、道雪、紹運の筑前勢は後藤、筑紫の兵と戦うことになり、山を下って高良山と一里の間にある小森野、十三部《じゅうさんぶ》（久留米）付近で龍造寺、筑紫勢と戦端をひらいた。両軍鉄砲の撃ち合いで始まったが、敵は大軍、味方は小勢で次第に後退し、敵は勝ちに乗って荒い息を吐きながら、紹運の旗本まで追跡してきた。「紹運は敵を平場に引出し無二の一戦に勝負を決すべしと兼て思惟し先手を山下まて引取せ敵を手もとにとうとうと引受成富左衛門、萩尾大学という大剛の手柄者を真先に立て自身も鎗を取総掛りて懸って一文字に入ってけり」（『九州治乱記』）と記されているように、平地での戦いは紹運の最も得意とするところであり、敵を充分に引きつけておいて、萩尾、成富、福田、伊藤以下剛勇の士を真っ先に立て、紹運自ら鎗を振るって突き進んだので、長追いに備えを乱した肥前勢はそのまま棒立ちになって、陣を立て直すこともできず右往左往した。後藤、筑紫は馬を乗り廻して、「敵は小勢なるぞ、備えを立てよ」と大声で下知したが、浮足立った兵たちを止めることができなかった。

そのうち道雪は、兵を転じて北野村へ迂回し、その横間《よこあい》を衝いたので、龍造寺の兵はたちまち突き崩されて、後藤、波多、高木、筑紫の連合軍は西久留米へ退き、筑後川を渡って逃げたが、これを追って鳥栖辺りまで攻めて数百の首を討ち取り、近辺を焼き払った。この時千栗《ちりく》の宮に火が移り、八幡宮の社殿も灰燼に帰した。第一戦は、道雪、紹運の戦勝となったが、この間の情況を物語るものとして、『橘山遺事』に「四月十一日天叟公（紹運）増時（薦野）ニ与ヘシ書ニ曰ク。此間ノ形勢甚ダ佳シ必勝ヲ期ス可シ」（原漢文）とある。

小森野で紹運、道雪から手痛い敗北を喫した龍造寺方は、肥前軍一万余を高良山付近に配置して大友勢と対した。夥しい旗印は周辺の山々に翻り、大友軍を圧したが、今度は紹運と朽網宗暦が主力となってこれに当たった。紹運三千余の兵と、また、座主良寛の率いる七百余もこれに加わり、さらに立花方の小野、由布を将とする遊軍二千を備えて戦端をひらいた。この時もまた紹運の引き寄せ作戦が用いられ、弱々と敗走してゆく紹運の先陣の小勢を見て、謀略とも気づかず肥前方は、一揉みに押し潰してしまえと一団となって追いかけてきた。ここで紹運の思うつぼにはまり、深く引き寄せられた肥前勢に対して、紹運の采配一閃《いっせん》すると後陣の兵が槍の穂先をそろえて一斉に突進してきた。

道雪は頃合いをはかって、小野、由布らの遊軍や良寛の率いる僧兵たちに対して、「かかれっ」と命じ、二千の軍勢が鬨をつくって襲ったので、その勢いに押されて支えきれず敗走してまたも龍造寺軍の敗北となり、討ち取られた首は冑首だけで二百八十三を数えた。この戦で立花方にも若干の戦死者が出た。その後も祇園原などで戦ったが、いずれも道雪、紹運の機略で敗退に終わり、そのまま両軍対峙の状態となった。

『浅川聞書』によれば、この戦いのあった頃、道雪の部下三十余人が長陣による望郷の念止み難く、家族に会いたさのあまり、密かに陣中を抜け出して立花に帰ったことが分かり、道雪はこれらを陣中脱走者とみなして、家族もろとも斬罪に処して軍法の厳正を示した。たまたまこの中に十八歳になる竹迫進士兵衛の弟がいたが、道雪は武勲の勇士進士兵衛の弟だからといって赦すことをせず切腹させてしまったと記している。

立花統虎の夜襲

筑後では高良山付近を中心として、小森野、十三部、千本杉、祇園原（いずれも久留米市）などで激戦が展開されていたが、この頃立花城には、秋月種実の率いる八千の軍勢が押し寄せようとしていた。種実は、筑後出陣には部将を自分の代わりに出して、自らはこの年三月、道雪、紹運の出陣の留守を狙い、小勢で守る立花城を乗っ取ろうとし、近辺を放火して立花山近郊の香椎（福岡市東区）に陣をとった。

留守を固める統虎（宗茂）は、当時十八歳の若年ながら秋月の大軍を前にして少しも恐れず、烈々たる闘志を燃やしていた。諜者の知らせで敵が明日総攻撃をかけてくると分かったその日、統虎は薦野増時、十時摂津、米多比五郎次郎の三将を呼んで、秋月軍に対して夜討ちを命じた。三将は統虎に小勢で立ち向かう無謀を諫め、立花は無双の要害なので、こちらからしかけずに敵の出てくるのを叩く、いわゆる「待合戦」にした方がよろしいと進言したところ、彼は怒気を表情に浮かべ、「お前たちが行きたくないのなら、是非もない。自分が行って追い払ってやるまでだ。戦は数の多少で勝敗が決まるものではない。奇手、奇策を用いてやれば勝てないことはない」と言って立ち上がった。さすが歴戦の三将もこれには返す言葉もなく、「それでは自分たちが行って、敵を蹴散らしてきましょう」と言って、精兵五百を三隊に分け、香椎の敵陣に夜襲をかけた。

秋月の方では、総攻撃を明日にひかえて、まさか小勢で城から打って出てくるとは思いもよらず油断していた。立花勢は馬に轡《くつわ》を咬《か》ませ、兵は草摺を倦いて物音を立てず、密かに敵陣に近づき、一度にどっと鬨をあげて三方から襲いかかったから、秋月勢は不意をつかれて仰天し、四方に逃げまどい混乱におちいった。しかし、さすがに種実は勇将といわれただけあって、この騒ぎの中に泰然として動かず床几に腰をかけたまま、采配を高く指し上げて「種実ここにあり、者ども一所になって戦え」と諸卒を指揮したので、これに勇気を得た四、五百の兵が集まって切先そろえて立花勢へ向かったが、米多比の率いる二百の軍勢から背後をつかれ、さらに伏兵百余が側面から打って出るに及んで、陣形は乱れて散々切り立てられて敗走した。この夜の戦で、立花方の討ち取った首は三百級にも及んだ。

秋月はさらに立花の家臣桜井中務とその弟の治部《じぶ》を懐柔して、謀反を起こさせ城に放火させようとしたが、事前にこのことが洩れて統虎の知るところとなり、増時の家来安部和泉、東郷三九郎に命じてこれを討ち果たした。その後も秋月はたびたび立花領内を荒らしたが、そのつど統虎の反撃にあって撃退され、ついに立花城攻めを断念して、本拠秋月へ引き揚げてしまった。

『北肥戦誌』には、この頃立花城より早良郡内の曲淵、飯盛などの龍造寺方の諸城を攻めたと記しているが、これが事実ならば、城を守るさえ非常な苦難であるのに、さらに城外に出て早良郡内まで攻め入っているとは、さすが統虎で、その闘志は紹運、道雪の両父譲りのものというほかはない。また、宝満、岩屋の方でも紹運の留守を屋山、村山、伊藤らが協力してよく守り、防備おさおさ怠りなく、平井市助らの勇士がよく防いで、筑紫、秋月の侵入をそのつど撃退して、少しも手落ちがなかった。天正十三年のものと思われる『平井文書』に、高良山在陣の紹運が、岩屋守城に忠貞を励んだ平井市助に与えた預け状が記されている。

今度籠城各別而励忠貞、辛労之段誠感悦無極候、仍穂波郡之内五町預進候、猶年寄共可申候、恐々謹言

(天正十三年カ)正月十一日　　紹運（花押）

平井市助殿

さらに同年の三月十八日にも再び平井市助に対して、紹運は御笠郡内で四町を与える旨の書状を出している。おそらく屋山中務か村山日向守から平井の忠勤を紹運に具申したことに対する行賞であろうか。右の文書を見れば、その頃まだ嘉穂郡内に紹運が所領を有していたことが分かる。

なお天正十三年二月二十一日癸亥《みずのとい》、大友義統は、改めて屋山中務少輔、村山日向守に対して、岩屋城留守の功を賞して左の書を与えている。

毎々如申候於其表軍労、殊至岩屋聢在城之由候、辛労之儀感入候、仍当城加力之儀、無油断加下知候之条、彌堅固之格護(覚悟カ)肝要候、猶至彼使申含候、恐々謹言

(天正十三年)二月廿一日　　義統有判

屋山中務少輔殿
村山日向守殿

（『増補訂正編年大友史料』）

道雪の死

その頃、島津は肥後国内の国人、合志、隈部、宇働、赤星らを慴伏させ、反島津勢力の一掃につとめていたが、いまだ阿蘇氏やその配下の甲斐相模守、満永宗甫らのわずかな勢力は、御船や津守の城に拠って頑強に抵抗を続けていた。しかし、やがて島津がこれらを降して筑後へ侵入してくるのは、もはや時間の問題であった。筑後在陣の道雪、紹運をはじめとする大友軍が躍起になって戦っても、態勢はどうにもならない段階に来ていた。目に見えない島津の圧力がこの筑後の地にも滲透しつつあった。

道雪、紹運は、島津・大友連衡《れんこう》による龍造寺、秋月の討伐を画策して、使者を島津忠平（義弘）のもとへ送ったが（『上井覚兼日記』）、時すでに遅く、秋月種実の懸命な努力で島津、龍造寺の和平が成立していた。ここにおいて、龍造寺政家は肥後北部を放棄し、秋月、筑紫、原田、草野、星野、問註所らと同列の島津配下となった。

今や戦いは島津対大友両者の争いに集約されてきた。

これら島津傘下の筑後の諸軍と、高良山周辺の大友軍との間には、依然として局地的な戦いが続いていたが、ここで大友軍にとって一大不幸が起こったのである。それは大友軍の魂ともいうべき立花道雪の死であった。

七十を超えた老境で、筑後征旅の一年余りにわたる長い野戦生活は、その心労からか、この勇将の体をむしばんでいた。道雪は天正十三（一五八五）年六月初め、陣中で発病した。めっきり衰えて、あの炯々とした眼光もいつしか光を失せて弱々しかった。それに連日の猛暑がこたえて、その病体を一層苦しめていた。医者が呼ばれ、連日枕頭について看病に当たった。

紹運はじめ豊後の諸将も沈痛な面持ちで、その手当を見守り、ひたすら恢復を祈った。高良山では病気平癒の祈禱が行われたが、中でも昼夜を分たぬ看病で紹運の憔悴《しょうすい》は痛々しかった。

その後、献身的な看護と薬汁の効果があったのか、七月から八月にかけて、道雪はやや病状が持ち直してそのまま快方に向かうかと思わせた。小康を得た道雪は紹運と共に陣を北野に移すため、高良山を降り、七月下旬、紹運が指揮をとって、筑紫広門が築いた北野、赤司《あかし》の二城を奪い、ここに軍を移した。

北野は、道雪にとって懐かしい思い出の地である。彼は宗麟の命で、龍造寺、筑紫、秋月らに備えて筑後守備のためこの地に在城したことがある。領民も道雪とは馴染《なじ》みの者が多かった。それに彼の後妻（宝樹院）と婚儀した問本城《といもと》（草野と久留米の境）はこの近くであった。その頃はまだ彼も五十八歳の元気な時であり、闘志が溢れていた。しかし、老いの身に病を得て、旧地に陣を移したこの気宇高邁《きうこうまい》な老将の胸を去来したものは、果たして何であったろうか。

紹運や周囲を喜ばせたのも束の間で、九月に入り秋風が立ちはじめる頃、道雪の容態は再び悪化し、同十一日、病状革《あらた》まって、ついに北野の陣中で没した。行年七十三歳であった。道雪の死で、大友軍の筑後奪回は徒労に終わった。

この悲報は、立花城や宝満、岩屋城にも伝わった。勇将道雪の死は、大友衰亡の象徴でもあった。大友家にとって彼の存在は、あまりにも大きかったのである。彼は大友家の柱石であり、上杉景勝の家老直江兼続や島津義弘の将新納忠元に匹敵する人物であった。大永六（一五二六）年、十四歳で初陣、以来六十年にわたる戦場往来の足跡は、豊前、豊後、筑前、筑後、肥前の広範囲に及んだ。『筑前志』は、その人となりを、「剛毅にして気節あり、智勇衆に超ゆ。其兵を督し民を撫するに恩威並び至り、人之が用を為すことを楽めり」と述べている。その用兵の術は、敵味方称讃するほど絶妙で、彼のつくった戸次軍団は、大友軍の中でも精鋭と謳わ

立花道雪墓（糟屋郡新宮町・梅岳寺）

れた。手柄は惜しげもなく部下に与え、仁慈をもって接し、恬淡《てんたん》無私、しかも戦場では常に先頭に立つというまことに稀有の驍将《ぎょうしょう》であった。また、軍法を犯す者は、たとえ寵臣といえども赦さずけじめをつけた。

こういう話がある。主君、義鎮（宗麟）が遊興に耽り、国政を顧みない時期があった。美女と見れば卑賤の者でも、遠近を問わず各地から呼び寄せて、金に糸目をつけず召し抱え、日夜殿中の奥へ侍《はべ》らせて、放蕩三昧《さんまい》の生活であった。戦場で功のない者でも義鎮にへつらって気に入られると恩賞に預かり、また、讒者《ざんしゃ》の言をとりあげて罪なき者まで罰すという乱脈さで、秕政《ひせい》に対する怨嗟《えんさ》の声も聞かれた。大友家をここまで支えてきた老臣たちも前途を憂慮して諌めようとするが、義鎮は奥へ引っこんだきり、出て会おうともしない。老臣たちはほとほと困りぬいていた。

そんな時、戸次鑑連（道雪）が上方から十数名の美しい踊り子たちを呼んで、自分の周囲に侍らせ、きらびやかに着飾った美女たちと日夜歌舞に興じているという噂がひろがった。それが硬骨の武将、鑑連であるだけに一層衆目を集めた。この噂を聞いた義鎮は、「あの無骨者の鑑連が何としたことか。どんな踊り子たちか一度見たいものだ」と言って鑑連のもとへ使いをやった。

そこで鑑連は、踊り子たちを従えて登館すると、義鎮の面前で「三つ拍子」という踊り（三番）を演じさせた。踊りを見た義鎮の喜びようは一入《ひとしお》であった。鑑連はこうしてまんまと義鎮に会う機会をつかむと、すかさず形を改めて誠心誠意その非を諌めた。声涙ともに下るその言に、さすが遊び好きの義鎮も悟るところがあって、それ以来遊蕩をやめ、政務に力を入れるようになったといわれる。現在、大分市鶴崎に伝わる県文化財の「鶴崎踊り」は、道雪が京より呼んだ舞い妓たちの踊りが起源とされている。

天正八年二月、道雪が豊後の国老たちに送った檄文《げきぶん》の中に、宗麟が異教を信じて神仏を大切にしないことを嘆き、「唯々日本は神国と申しますから、是非公私御信心あって専ら天道に順《したが》って下さい」と述べている。また、その中で「たとえ折檻《せっかん》を受けても、主の過ちを正すのが臣たる者の務めである。我が身を畏《おそ》れて、自分さえよければ他はどうでもよいなどというのは、卑怯な考えである。自分の一命は露ほども惜しくはない。それよりも主人が、世間の外聞を失うことが無念である」と、切々とその心情を訴えている。

また、こんな話もある。ある時、宗麟が府内の館で猿を飼って愛玩していたが、この猿は登館してくる家臣たちに飛びかかっては噛みついたり、引っ掻いたりしたので、家士たちは大変困惑し、果ては出仕を渋る者も出てきた。宗麟はかえってそれを面白がり、その猿を手許から一向に離そうとはしなかった。このことを聞いた鑑連は、ある日、鉄扇を身につけて館に伺候《しこう》したが、果たしてその猿が鑑連目がけて飛びかかってきた。この時、かねて用意していた鉄扇で猿の脳天を一撃すると、猿はそのまま死んでしまった。そこでまた、宗麟に対して、「人を弄《もてあそ》べば徳を失い、物を弄べば志を失う」と説いて、つまらぬ戯《たわむ》れをやめ、老臣と謀《はか》り、有為の人材を登用して政道を正し、武備を盛んにして家運の長久を図るようにと直諫《ちょっかん》したので、宗麟も鑑連の正論に赤面して、再び政務に励むようになった。

宗麟という人は諫言したらすぐ改めるのだが、しばらくするとまたぞろ悪い癖が出てくるという屈折の多い人物であったので、その後もしばしば鑑連が諫めることが多かった。宗麟は彼には頭が上がらなかったのである。それだけにまた鑑連を煙たく思うことさえあった。史書はのち鑑連が立花城へ移された原因の一つも、そこいらにあるとしている。

もし筑前で道雪と紹運が秋月、筑紫に同盟して大友家に反旗を翻していたら、九州における戦国の様相は大きく変わり、大友の地盤は根底から崩壊して、秀吉の九州入りを待たずに滅亡していたかもしれない。大友家にとって幸いだったのは、この両将があくまで主家に対して忠誠一途の人物であったということである。しかし、この裏には大友の出先城主に対するそれ相応の処置がとられていたことも見逃せない。なぜなら道雪が天正三（一五七五）年、娘の誾千代に譲った所領には、筑後で九十五町、肥後で二十二町、ほかに立花城周辺の城領と豊後の速見郡に八十五貫文の所領を有するに過ぎない。つまり彼の収入源は、筑前よりも筑後や肥後、豊後にあったわけである。もし道雪が筑前で反逆したら、彼の所領はたちどころに没収されて収入源が絶たれ、自滅を待つほかはない。

道雪という号も、武士の一生を路上の雪に譬《たと》えて、雪は路上に落ちて消えるまでその所を変えず、武士たる者、一度主に仕えたら死ぬまで節を全うすべきであるという武士の本懐を表わしたものである。

道雪がまだ豊後の鎧岳《よろいだけ》城にいた頃の話であるが、ある時、臼杵より新鮮な蛤《はまぐり》を送ってきた。鎧岳は海辺の臼杵より遠く離れた山地にあり、この贈物は彼を喜ばせた。道雪は側近の者たちに言って貝を台の上にひろげさせた。その中に殻の耳が白い蛤が混じっていた。道雪はそれを指さしながら、「お前たち、よく聞け、同じ蛤の中にも、この耳白は殻でさえ取り引きされて、女子の遊戯に使われ珍重されている。この耳白をすり磨き、内に箔をほどこし、絵を画き、その入れ物も貝桶といって大切に扱われる。蛤の殻でさえ耳白の方はこのように重宝がられるが、他の貝殻は塵灰の中に捨てられて破毀されてしまう。すべてこのように気をつけてみることが智恵、才覚というものである。ただし、人は容《かたち》よりも心を磨くことが第一である。一度功名をたてた者は、いつもこのように次第に立身する。人間も皆このように良き者と目をつけられたら、上から引き立てられて次第に立身する。ありたいと心がけることが立身へとつながるのである。たとえまだ一度も手柄をたてない者でも、武功者と親しみ、その経験談に耳を傾け心の種とする者は聞き上手で利巧者であり、いつしかそれが立身の本ともなる。万事によく気をつけてみれば皆教えを得ることが多い。例えば梅と柿とを較べれば、梅はもとより備わった酎の味を変えず、柿は甘くしようと思えば甘くなり、渋のままにしておけばいつまでも渋みのままである。これを人に譬えるなら、能き教えに従う人のようである。ただ人は柿のようなら善き者に成るが、梅は片意地に似て教えに随わない者のようである。すべて平成の心持ちが大切である。善を行う者は春の草木のように長じていくのがゆっくり目に見えないが、いつしか大きくなるものである。悪事を行う者は刀を研ぐ砥石のように急には減るように見えないが、ついには虧《か》けてしまうものである。人を鏡にして自分の善悪を糺《ただ》すことである」と、近衆の者たちに諭した。

以上は『大友興廃記』に書かれている話である。なお道雪の子孫に対する次の遺戒の和歌がある。

「異方に心ひくなよ豊国の　鉄《かね》の弓《ゆ》末に世はなりぬとも」

道雪は生前、柳川城を落とせなかったことがよほど口惜しかったのか、死ぬ前、由布、小野の重臣を側に近づけて、「自分の死後、遺骸に甲冑《かっちゅう》を着せ、柳川の方へ向けてこの地に埋めよ」とまで遺言している。

彼の死に対する敵側の評として、肥前側の筆になる『三徳譜』には、「この入道は、文といい武といい廉直賢才の大将にて、大友宗麟が家を立てしも、この道雪が世に秀でたる故と聞えし、鍋島直茂公も道雪が死けると聞召し、御落涙なされて御惜しみあり」と記している。また『龍造寺記』にも、隆信の言葉として、「彼、道雪は、その気あくまで広大に武を好み、文を嗜《たしな》み、実に当代の良将なり」と記している。

また、豊後の高名な儒者、三浦梅園は、「豊府の諸臣、英雄済々たり。其の中、戸次道雪の如きは智勇節義かね備われり。宗麟の猶威名を失わざるものは、道雪の力なり。高橋紹運、吉岡宗歓、吉弘（鑑理）、斎藤（鎮実）幕下に、肥の相良義陽、甲斐宗運、まことによく撫育し専ら心を治道にすすがば、天下というも治むるに足りなん、況《いわん》や九州二島おや」と言っている。

かつて、武田信玄が人に語って、「鎮西に戸次道雪という者がいて、戦に秀れているということを噂に聞くが、一度戦ってみたいが互いに遠く相離れているため、残念ながらその戦技を競うことができない」と言ったということが、旧柳川藩の儒者笠間悟園《かさまごえん》の書にある。ちなみに武田信玄が卒したのは、天正元（一五七三）年四月十二日である。

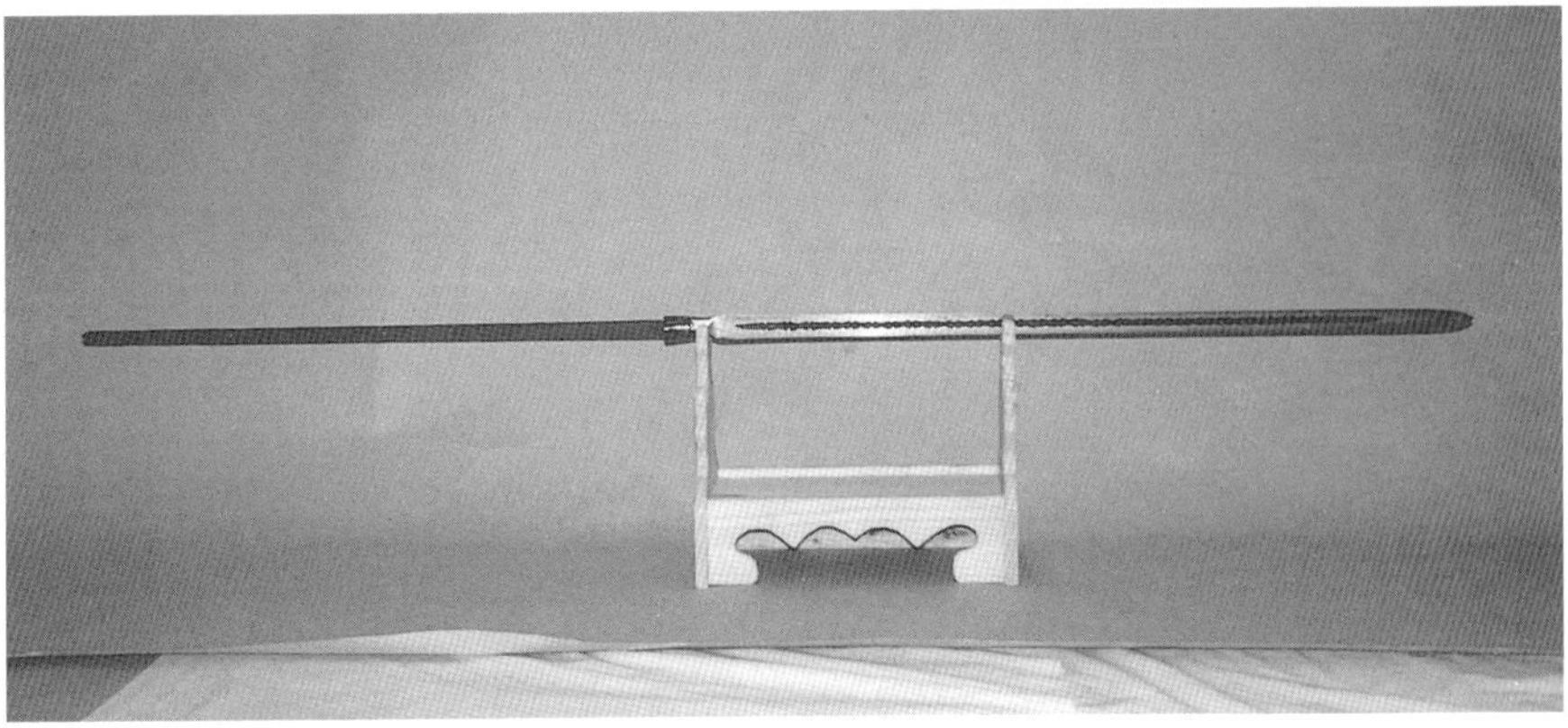

立花道雪の槍（柳川市・御花史料館所蔵）

道雪の死は、紹運の前途に暗雲を投げかけた。彼は深い悲しみに打ち沈んだ。道雪という良き指導者と協力者があって、紹運は今まで大いに力を奮うことができたが、その偉大な名将はもはやこの世にない。『九州治乱記』は、その様子を、『盲者の杖を失い、暗夜に灯の消えたる心地なれ、中にも紹運の嘆き大形ならず、生きては行を同じくし、死しては屍《かばね》を列ねんと思いしことの空しく、心中いかばかりか思われなむ」と記している。

この時、立花家の主立った家臣の中には道雪に殉死せんとする者があって、論議がたたかわされたが、嫡子統虎の将来を考えて皆思い止まった。

筑前における大友家の重責は、この時からすべて紹運、統虎父子の双肩にかかってきた。由布雪荷や小野和泉などの重臣たちが、道雪の遺命に随って、遺骸をこの地に葬るかどうかということで紹運に伺ったところ、「立花家の当主は統虎である。彼の命を待て」と言ったので、この旨を直ちに立花城へ報じると、折り返し立花より十時摂津が来て、「敵地にひとり先考《せんこう》（道雪）の遺骸を置き、敵の馬蹄に汚されることは到底忍び難いので、直ちに立花へ護送すべし」という統虎の命を伝えた。紹運は軍をまとめ、北野の陣を引き払い、自ら殿軍となって一年ぶりに太宰府への帰陣の途についた。この時、これまで行動をともにした豊後の諸将も高良山から引き揚げていった。敵方の島津側から見たこの時の様子が、伊賀倉俊貞の『鹿児島外史』に記されている。「九月大友の柱礎老将、立花鑑連高良山に卒す。まさに五丈原《ごじょうげん》の喪に等し。高橋鎮種（紹運）柩《ひつぎ》を守りて筑前に帰る。秋月の兵邀撃《ようげき》せず、島津軍亦追《また》撃せず。名将の喪《も》を憐れみ、その隙に乗ぜざるなり」とある。

宝満城焼き打ち

一方、秋月種実、筑紫広門は、道雪の死を聞くと、その死の翌日、九月十二日には早くも紹運の二男統増が守る宝満城を乗っ取ろうとしめし合わせ、筑紫方の千手六之丞を将として三百人の兵を率い、全員修験姿の扮装で、その夜密かに豊満の嶮を攀《よ》じ登り、上宮に出た。たまたま鉄斉という修験僧がいたのを捕えてこれに案内させ、峰続きの仏頂山に取り登って宝満城に近づき、一部の兵が城中に忍びこんで火をつけたので、城中大騒動となったが、無勢のため防戦することもできず、折からの風に煽《あお》られて火はみるみるうちに燃えひろがり、講堂坊舎を焼きつくし山頂を真赤に染めた。これを合図に周辺の和久堂《わくどう》城（筑紫野市杉塚）で待機していた筑紫の将島田武蔵や柴田城（筑紫野市天山）の村山近江守の一隊は、本導寺、大石周辺の高橋方の砦を打ち破り、宝満山頂目ざして攻め登った。

留守を預かる老臣、伊藤源右衛門、花田加右衛門らは、宋雲尼、統増母子を神楽《かぐら》堂に籠め置き、一隊を率いて上宮指して駆け登ったが、筑紫勢は鉄砲を激しく撃ちかけてきたので、伊藤以下は敗退して、本城はついに筑紫の占領するところとなった。敵はなおも神楽堂目がけて銃弾を浴びせたので、伊藤以下の防戦も空しくなったところ、岩屋より屋山中務の救援隊が駆けつけ、敵と交戦しながら統増母子を護って岩屋へ引き揚げた。

宝満城を手に入れた筑紫広門は、これより一族の筑紫四郎右衛門、同良甫、帆足善右衛門、旗崎新右衛門以下三百の兵をもって守らせた。

一方、紹運は、十三日帰陣の支度をしていたが、夜も更け、明け方近く、北野陣中より宝満山の方角が火の手で赤くなっているのを望見して、「さては、筑紫、秋月のため宝満、岩屋はすでに陥ったものとみえる」と口惜しい思いで直ちに兵を分け、萩尾、成富らに命じて宝満、岩屋の救援に向かわせた。

紹運は道雪の遺骸を駕籠に移し、その周囲を一族旗本の士で固めさせ、由布雪荷、小野和泉らの立花勢が先頭に立ち、自ら最後尾についてしっかり警固しながら敵地を通過し、横隈（小郡市）まで進んだ。ここから今村七郎兵衛を斥候として、岩屋、宝満の状況を偵察させた。やがて七郎兵衛の報告で宝満は敵の手中に帰したが、屋山中務が守る岩屋城はなお健在で、統増母子をはじめ宝満生き残りの家臣たちも、屋山らの奮闘で無事岩屋に移ったことを知ると、やっと愁眉をひらいた。それより紹運は、道雪の遺体と別れて家中の者たちを率いて、ひとまず岩屋へ帰城した。

また、立花城では統虎以下留守を守る家臣一同が甲冑の上に喪装して、道雪の遺骸を迎えた。翌日改めて紹運は立花城へ出向き、道雪の葬儀に参列した。法要は手軽に済ませとの遺命もあったが、葬儀は厳粛に行われ、生前道雪が帰依した筵内《むしろうち》村医王寺《いおうじ》の彭亭《ほうてい》和尚が導師となって告別し、遺骸を立花山城の北麓、立花口の養孝院梅岳寺に葬った。立花山養孝院は、道雪の母、由布氏の法号によるもので、戒名は「福厳院殿《ふくごんいんでん》前丹州大守梅岳道雪大居士」となっている。

『筑後国史』には、道雪の死後、三井郡善導寺において七日七日《なぬかなぬか》の法要を行ったとしているが、死の二日後には立花へ帰陣しているので、あるいは由縁のある同寺でも中陰《ちゅういん》（四十九日）までの供養が営まれたと想像される。

その後、岩屋城守備に大いに功績があった城代屋山中務少輔に対して、大友義統は次の感状を与えているが、筑紫軍による宝満焼き打ちの災難に際し、岩屋城を守り通して、筑後より帰陣の紹運たちをつつがなく迎え入れた功を賞したものである。

紹運事、去年以来至㆓筑後表㆒、聢以㆓在陣㆒於㆓在々所々㆒軍忠之次第、無㆓比類㆒候、殊今度、就㆓宝満不慮之儀㆒紹運帰城之条、途中無㆓心元㆒存候処、家中之衆、以㆓一致㆒依㆑励㆓粉骨㆒無㆑恙岩屋要害江着城之由、

祝着深重候、必取鎮此節之忠賞、不レ可レ有二余儀一候、別而辛労之段、先以染レ筆候、尚小田原主膳正可レ申候、恐々謹言

（天正十三年）十一月廿八日　　義統（判）

屋山中務少輔殿

（『大友家文書録』）

（読み下し）

紹運こと、去年以来筑後おもてに至り、聢《しか》と在陣をもって在々所々において軍忠のしだい、比類なく候、ことにこたび宝満不慮の儀につき、紹運帰城の条、途中心もとなく存じ候ところ、家中の衆、一致をもって粉骨を励むにより、つつがなく岩屋要害へ着城のよし、祝着深重《しゅうちゃくしんちょう》に候、かならず取り鎮《しず》めこの節の忠賞、余儀あるべからず候、別して辛労の段、まずもって筆を染め候、なお小田原主膳正《しゅぜんのしょう》に申すべく候、恐々謹言

筑紫・高橋両家の和

筑前へ帰国し、久しぶりに戎衣《じゅうい》を解いた立花、高橋両家の将士は、道雪の中陰が過ぎるまで喪に服し、立花城は統虎が城主となり、世情不安の中にやがて天正十三年も暮れようとしていた。

その頃中央では、織田信長のため足利十五代将軍義昭が京から追放されて滅亡し、羽柴（豊臣）秀吉が信長の死後、叛将明智光秀を討ち、中国の雄毛利を幕下につけて天下統一への速度を早めていたが、天正十一年には大坂城を築き、壮大な構えと強大な軍事経済力を内外に顕示した。

翌天正十二年には柴田勝家を賤ケ岳《しずがたけ》に破り、北の庄に追ってこれを自刃せしめ、北陸方面を平定して、この年十二月には家康との間に和解が成立し、同十三年には四国の雄、長曾我部元親《ちょうそかべもとちか》を降した。同年七月、関白となり、ここに事実上の豊臣政権が樹立されたのである。そしてこの時すでに秀吉の眼は九州に注がれていた。

のちの朝鮮国出兵の構想も、彼の脳裡には九州を通じての青写真が描かれていたとも考えられる。ともあれ、天下統一の事業の上で九州征討は避けられないものであった。

この年の冬、秀吉は部将佐々内蔵助成政《さっさくらのすけなりまさ》、蜂須賀《はちすか》彦衛門尉家政を豊後に差し遣わして、宗麟、義統父子に臣従することを勧めた。『増補訂正編年大友史料』によれば、この年十月に秀吉は大友義統に対して島津義久との和睦を勧めたとある。

宗麟父子は島津の攻勢に手を焼いていたので、一族の高橋、立花とともにその幕下につくことを承諾したが、一方、島津はじめ秀吉に服従するのを潔《いさぎよ》しとしない国人たちは、これに反抗して秀吉の御教書《みぎようしょ》を破り棄ててしまった。

『豊薩軍記』では、秀吉が黒田官兵衛（孝高《よしたか》）を早くから九州へ遣わして、西国の諸豪と島津との離間工作をさせたと記し、さらにまた、この年（天正十三年）の冬、本願寺（真宗大谷派）の教如《きょうにょ》上人を西下させて宣撫の任に当たらせている。

このような状勢の中で、筑前では宝満城を占拠した筑紫広門が、紹運との話し合いによって高橋家との間に和議を結んだ。これはむしろ広門の方から申し出たといってもよかった。その結果、広門の娘と紹運の二男統増（のちの直次）の婚約が成立した。これより筑紫は島津、秋月や龍造寺の手から離れて、今まで敵方の大友側につくことになった。

なぜあれほど永年にわたって敵対し、戦ってきた高橋に、俄に接近を図ったのであろうか。理由は幾つかあげられるが、その主なものは、龍造寺隆信の死後、嫡子政家はとかく秋月種実と親密にして、広門を軽視する態度を見せたので、心中面白くなく、広門は自然、龍造寺、秋月に反感を抱くようになったということ。また、広門と紹運の妻同士が姉妹であったことや、岩屋城代屋山中務の縁戚の者も筑紫家中にいて、両家の家臣の中にも縁類や昵懇《じっこん》の者が多く、日頃から両家の和を強く望んでいたことなどである。宝満乗っ取りも、和議に備えて主導権を握るためのものであったとも思われるし、さらに、秀吉の九州遠征が不日にあることを察して、秀吉幕下の大友方へ寝返りをうったとも考えられるのである。紹運にしてみれば、宝満城を筑紫に奪われて以来何かと不便をかこっていたので、広門は信用ならぬ人物であったが、島津来攻を前にして、今は一人でも味方が欲しいところであった。また、敵味方に分かれて戦ってきた両家の家臣たちのことを思えば、ここで敢えて異を唱えることはできなかった。

はじめ秋月種実は、永年対立関係にあった高橋との和平を望んで、その娘を統増と婚姻させようとしていたが、これを伝え聞いた筑紫広門は大いに驚き、勝尾城に一族の者や家臣たちを集めて、「これがまことならば、秋月、高橋は合体して当家を攻めてくることは明らかである。そうなれば当家の命運もこれまでである。何とかよい手だてはないか」と一同の意見を問うた。一座の者たちは、これといった方策もなくただ黙然として時を過すのみであったが、この時一族の筑紫六左衛門が進み出て、「某《それがし》に思案がありますので、姫を私にお預け下さい。国家浮沈に関わる時、尋常の手段ではかないますまい。この上は、姫のお伴をして岩屋へ参り、紹運公に直訴して統増君と姫との御縁組のことを懇願するつもりです。紹運公は情深いお人と聞いておりますので、こちらが真心を披瀝して懇願すれば、あるいは希望を叶えて下さるやもしれません。もしたって承引なき時は、残念ながらその場で姫を刺殺し、私も追い腹をつかまつるつもりです。この願いが不調に終わるようなことになれば、お家の滅亡は明らかですから、姫とても遁《のが》れぬところとお覚悟なされるでしょう。どうせ遁れられぬお命なら運を天にまかせて、やってみるよりほかに道はないと思います」と、心中を吐露《とろ》した。

広門はじめ重臣たちも、ほかに方策はなく、この意見に賛成した。そこで広門は六左衛門を側近く招いて、「そちの考えは、太公望の兵書にある『死地に入って生を取る』ということで妙策である。わが寵愛する娘なれど、国家のため其の方へ預けるので、よいように計ってくれ」と言って奥へ入った。現代人の感覚ではとても理解し難いが、当時としては「家」、「国家」の使命の方が社会上、個人より重かった。

出立の日、綺麗に薄化粧をした娘の姿を見て、不憫《ふびん》さに胸をしめつけられた広門夫婦は、娘と最後の言葉を交わした。「大事なそなたを、家のためとはいいながら、岩屋へ差し遣わすこの親の無情を許してくれ」と父が言えば、娘は、「妾《わらわ》が男子ならばすでに戦場に出ております。十六歳の今日まで、何の御恩返しもできませんでしたが、今いささかの孝行を致したいと思います。もし紹運様がお聞き届けなき時は、人手にかかって家名を汚すより、立派に自害してお詫び致しますので、どうか御安心下さい」と、十六歳にしては健気《けなげ》な言葉であった。娘は、筑紫家の浮沈が自分の一身にかかっていることを知って、すでに覚悟を決めていた。身に帯びた守り刀が一層哀れをさそった。広門夫婦はその様子を見て、はや涙が先に立ち、はらはらと頬を伝って流れ、乱世の非情さが胸をついた。供の女中は、初老の局と、年若い腰元の二人きりで、いずれも筑紫家譜代恩顧の家臣の女房と娘であった。紫縮緬《ちりめん》の鉢巻きをきりっと締め、守り刀を帯び、差し添えの脇差しをしっかと挟んで、姫に万一のことあらば自分たちもそれに殉ぜんとする悲壮な決意を胸に秘めての出立である。再びこの勝尾城へ戻れるかどうか悲壮な思いであった。こうして六左衛門は、姫の輿添えとして、二人の女中とともに輿駕を警固しながら岩屋へ向かった。

やがて岩屋へ入ると、取次ぎをもって紹運に目通りを願い出た。

紹運は当時まだ敵対関係にある筑紫広門の娘が訪ねてきたと聞いて、合点のいかぬことだと訝《いぶか》しく思いながらも、年若い女性がはるばる危険を冒してここまで来たものを、今さら追い返すわけにもいかず、ひとまず書院に通して対面した。本来ならば、紹運にとって義姪に当たる娘である。親同士が互いに戦ってきたため、これまで顔も見ることができなかったが、今ここで初めて会ってみると、婉然楚々《えんぜんそそ》として頰を染める初々《ういうい》しい娘であった。「筑紫上野介の娘、かねでございます。御目通り賜わりまして有難うございます。今日は、不躾《ぶしつけ》ながら妾のお願い事で参上致しました。実は女子の口からお恥ずかしいことですが……」と言って俯《うつむ》き、目を伏せた。この時、縁側に控えていた六左衛門が、「恐れながら、手前より言上致します」と言って、紹運の前に罷《まか》り出て、願いの筋を姫に代わって熱心に申し述べた。

端然として聞き終わった紹運は、返す言葉もなく、当惑の面持ちであった。うら若い娘が息子の嫁にと、押しかけ女房を志願して突然やって来たのだから、紹運が驚くのも無理からぬ話である。しかも、その相手が昨日まで敵の、筑紫広門の娘とあってはなおさらである。紹運があきれている様子を見て、六左衛門はさらに言葉をついだ。

「御当惑はごもっともと存じます。しかしながら、ただ今申しあげました通り、御当家がもし秋月と御合体なされましたならば、わが筑紫家の滅亡も眼前にあり、その時討ち死にする命をば今ここで捨てても、家臣としての私の義はたちます。もし、この件どうしてもお許しがなければ、恐れながら縁先を穢《けが》して切腹を致します」

随分勝手な話であるが、思いつめた眼差《まなざ》しで切々と哀願するその面上には、一身を犠牲にして主家を思う義心が溢れ、紹運も自分の身になって不憫《ふびん》な情を感じた。しかし、せっかくの和平のための秋月との縁組みの話をここで破談にすれば信義を失うことになり、ひいては大友家、高橋家のためよくない結果ともなろう。また、筑紫の話を拒めば、この娘と六左衛門ばかりでなく付き添いの女中までも殺すことになり、二者択一を迫られる紹運も即座に決めかねて、思案のうちに時が過ぎた。

紹運の決心がつきかねているのを見て、六左衛門は今はこれまでと姫に目配せすると、早くもそれと察した姫は素早く小袖を取り除いて身拵《みごしら》えにかかった。今は是非もなく、紹運はこの者たちの命を助けようと覚悟を決めて、「ともかく、こちらへ」と自ら姫の手をとり、六左衛門を伴って奥の間へ導いた。「話の筋は承知致しました。貴女の家を思う孝心と主人を思う貴殿や御女中の義心に、私も心を動かされました。もともと貴家と当家は縁戚の間です。争乱の世のならいで敵、味方に分かれて戦ってきましたが、この上は貴家と御縁を結び、両家の平和を計らいましょう」と言ったので、一同蘇生の思いをして、思わず感動のあまり涙を濡らした。

この吉報は、すぐ早打ちをもって勝尾城に知らされ、広門夫婦も嬉し涙にくれた。とりわけ内室は永年疎遠のまま悲しい思いをしてきたが、両家復交の悲願が達せられて、姉の紹運夫人に会うことができるようになったことに言い知れぬ喜びを感じた。また、城下の者たちも互いに両家の平和を祝って喜び合った。

やがてその年も過ぎて、天正十四（一五八六）年二月（一説には四月）、かね姫は勝尾より岩屋城へ輿入れした。統増十五歳、かね姫は十七歳であった。この時、双方より家老の子を証人として取り交わしたのである。

宗麟上坂

天正十四年三月、宗麟は隠居の身ではあったが、島津を討つには秀吉の援助を請う以外に道はないと考え、海路東上して和泉堺に上陸し、妙国寺に宿所をとり、四月五日、秀吉に謁見して島津征伐のことを愁訴嘆願した。この時から大友家は、自らの手で戦国大名としての終止符をうつことになった。この時の謁見の模様は、詳しく書簡に認《したた》められて、豊後の重臣たち宛てに送られているが、この中には大坂城の様子や茶道具などのことについても克明に記されていて、当時の状況を知る貴重な史料である。

秀吉は自ら宗麟を案内して、城内の絢爛《けんらん》たる収蔵品や堺の数寄者《すきしゃ》たちから贈られた名物の茶道具を見せ、豪華な寝所、浴室まで開放して黄金の茶室へ招じた。さらに天守閣に登り、大坂の町を展望し、肩を叩きながらいちいち説明してやった。この破格の待遇に感激した宗麟は、今さらながら秀吉のスケールの大きさに驚嘆するばかりであった。僻遠の地から出てきて中央の状勢にふれた宗麟は、乱世が終わりに近づき、時世が秀吉を中心にして大きく移り変わりつつあることをはっきり感じた。今はこの偉大な天下人に従おうとして宗麟は嫡男の義統とともに、高橋紹運、立花統虎父子をも加えて、改めて秀吉の家人となり、筑前における大友の権利を譲った。秀吉はさらに毛利と大友の永年にわたる争いを取り除き、ともに秀吉の家人として協力させるため、仲直りの仲介をして互いに手を握らせた。

『増補訂正編年大友史料』所収「吉川家文書」の四月十日の秀吉書簡に、

就大友入道上洛、九州分目相定候、遠境候条、彼国者共、若令難渋者可差下人数候間、右馬頭《(毛利輝元)》相談、此方城々丈夫、可申付候、次人質事、入念可相渡黒田官兵衛尉《(孝高)》候、猶具安国寺可被申候也

（天正十四年）四月十日　（秀吉朱印）

小早川左衛門佐《(隆景)》とのへ

吉川駿河守《(元春)》とのへ

吉川治部少輔《(元長)》とのへ

とあり、毛利一族もすでに大友と和解して共に秀吉の配下であった。秀吉は宗麟から島津征伐の要請を受け、まだ支配圏に入っていない九州の経略について、毛利一族に、準備のため城々や人質徴集のことなどを秀吉の将黒田、安国寺と連絡をとってするようにと命じている。

一方その頃、島津義久も家臣鎌田刑部と僧文之を上洛させて、中央の状勢を視察させたうえ、秀吉に謁して九州全部の守護職たらんことを請わしめたのであるが、秀吉はこれを許さず、薩、隅二州のほか日向、肥後、筑後三州の半分だけを与えようと言った。各地で戦勝を続けていた義久は、秀吉の言葉を聞くと怒り、「九州の地は、自分の力で平定したものであり、秀吉の命に従ういわれはない」と、ますます軍備をととのえた。また、これと前後して前の日向領主伊東祐兵《すえたけ》も上坂して、秀吉に旧領回復のことを願い出ているし、肥前、龍造寺家の実力者鍋島直茂も時世を洞察して、島津から次第に離れて中央に目を向け、天正十年以来秀吉に通じて情報を送っていた。

そこで秀吉は、九国二島の領主の名を残らず書きとらせて、西征の日が近いことを宗麟に告げ、高橋、立花

にもそれまで自重するように申し伝えた。宗麟は、上坂の目的が達せられたことを大いに喜んで帰国し、義統や紹運、統虎、広門にも秀吉の命を伝えた。これについで紹運、統虎もまた、村山志摩守、薦野三河守をそれぞれ名代として上坂させ、征討の速やかならんことを請わしめた。この時、両使より秀吉に対する献上品として木綿二十反を上納したが、黒田孝高が都会の習慣から巻絹二十疋に代えさせたという。

ここにおいて、秀吉はさらに仙石秀久を使者として薩摩に遣わし、大友との和を勧め、豊臣家に協力するよう申し入れたが、島津義久は鎌倉以来の矜持《きょうじ》と、それまでの戦勝による自惚《うぬぼ》れから秀吉の戦力を過小に評価し、出自の卑《いや》しい成り上がり者が関白と称して俄に臣従を迫ってくることに反発して、これを一蹴《いっしゅう》した。それのみか仙石の従者野呂伝右衛門を斬ろうとしたので、伝右衛門はかろうじて豊後へ逃げ帰った。

ついに秀吉は島津征討を決意して、八月初め毛利輝元、吉川元春、小早川隆景の中国勢に先陣を命じ、黒田孝高を軍監として、宮城豊盛、安国寺恵瓊《えけい》を介添えとして西下させた。

宗像氏貞の死

一方、この間、筑前では秋月種実と筑紫広門の永年にわたる同盟関係が破れ、種実は広門が高橋と合体したことを聞き、大いに怒るとともに、このままでは自分に禍が及んでくると考え、島津の力を借りて両家を討たんとして、天正十四年四月、老臣板並左京を八代に在陣中の島津義久の許へ遣わし、「七代迄も一味たるべし」（『九州軍記』）と起請文を取り交わして早々に北伐を促した。

天正九年、肥、薩の嶮を越えて以来、肥後国内の制圧を進めていた島津義久は、筑前侵攻の機運熟せりとばかり、この勧めを快諾。直ちに全軍に命じて進撃を開始するのだが、その前に筑前では東部三郡（宗像、鞍手、遠賀）に勢威を振るった宗像大宮司氏貞《うじさだ》が病没した。

氏貞は天正十四年二月以来かりそめの風邪がもとで寝ついたが、その後次第に病状が悪化し、医薬、祈禱の

宗像氏貞像
（復元画。宗像市上八・承福寺所蔵）

甲斐もなく同年三月四日（一説には四月六日とある）、ついに蔦ケ岳の城中でその波瀾の生涯を閉じた。枕頭に付き添ったのは近臣、晴気次郎と医師の良梅軒ほか一、二名の者であった。享年四十二歳。

思えば天文二十（一五五一）年九月、七歳で長州黒川の館《やかた》から宗像家に入り、家中の軋轢《あつれき》の中に、八十代宗像大宮司職となり、占部《うらべ》、許斐《このみ》、吉田、石松、高向《たかむく》らの重臣をはじめとする家臣団の統一を図り、在職三十四年間、武将としてまた司祭者として祭政に秀れた功績を残した。彼は戦国宗像家の最後を飾るにふさわしい英傑であった。大内、陶《すえ》、毛利ともっぱら中国方に属して戦い、筑前において大友の圧力を受けながら領国を維持し、龍造寺、秋月らと通じて自立を通した。その間、焼失していた神社再興の大事業も果たしている。『宗像宮御造営記録抄』には「弘治三年四月二十四日夜焼失天正六年迄二十二年、神殿無之ナリ」とあり、天正六年に復興なって六月一日、正遷宮が行われた。

ちなみに、当時の宗像家の実勢を知る資料として、『宗像大宮司天正十三年分限帳』があるが、それによると、直臣の士分は四百六十五人であり、中間《ちゅうげん》、雑色《ぞうしき》、厩《うまや》衆五十人、社官衆七十人、そのほか番匠《ばんしょう》、刀鍛冶、能太夫、塗師《ぬりし》、笛吹などの諸芸の者が二十人余で、別に簾《れん》中に仕える女房たちが相当数いた。

持ち城は郡内に二十カ所あり、別に斎事場と居館があった。また、その所領は宗像一円及び遠賀、鞍手にまたがり、総計四千五百三十三町八反七十歩と記されている。江戸期に入って元和二年、黒田長政が幕府へ差し出した各郡別の検地表では、宗像郡四万八千三百石余となっている。氏貞の全盛期には鞍手、遠賀の一部も併有していたので、実勢高はさらに増大したものと考えられる。

宗像といえば、すぐ思い出されるのは海人族宗像氏である。宗像は北に玄界灘を望み、鐘崎、神湊《こうのみなと》、勝浦、津屋崎などの船場があり、領民たちは早くから海に親しみ、宗像水軍の名は広く知られていた。弘治元（一五五五）年九月三十日、毛利の将小早川隆景は厳島で陶晴賢を討った時、敵前上陸するに当たって、九州から宗像水軍が加勢に来たと偽って陶軍の哨戒線を突破し、まんまと上陸に成功している。

宗像の鐘崎は、アマ（海女）の原地として古くから知られ、九州における潜海技術の先駆とされていた。宗像三女神を祀る沖ノ島、大島は領海内にあり、舟方を置いて祭祀の時もこれを利用して渡御した。

ことに沖ノ島は、神湊より西北五五キロの海上にあり、岩肌切り立つ絶海の孤島で、浪高く舟も中々寄りつきにくい所である。古代から大陸との海上交通の中継地点として安全祈願の祭祀場ともなっていたので、現在まで大陸文化の影響を受けた出土品が多く出ている。

宗像大宮司系図（『訂正宗像大宮司系譜』による）

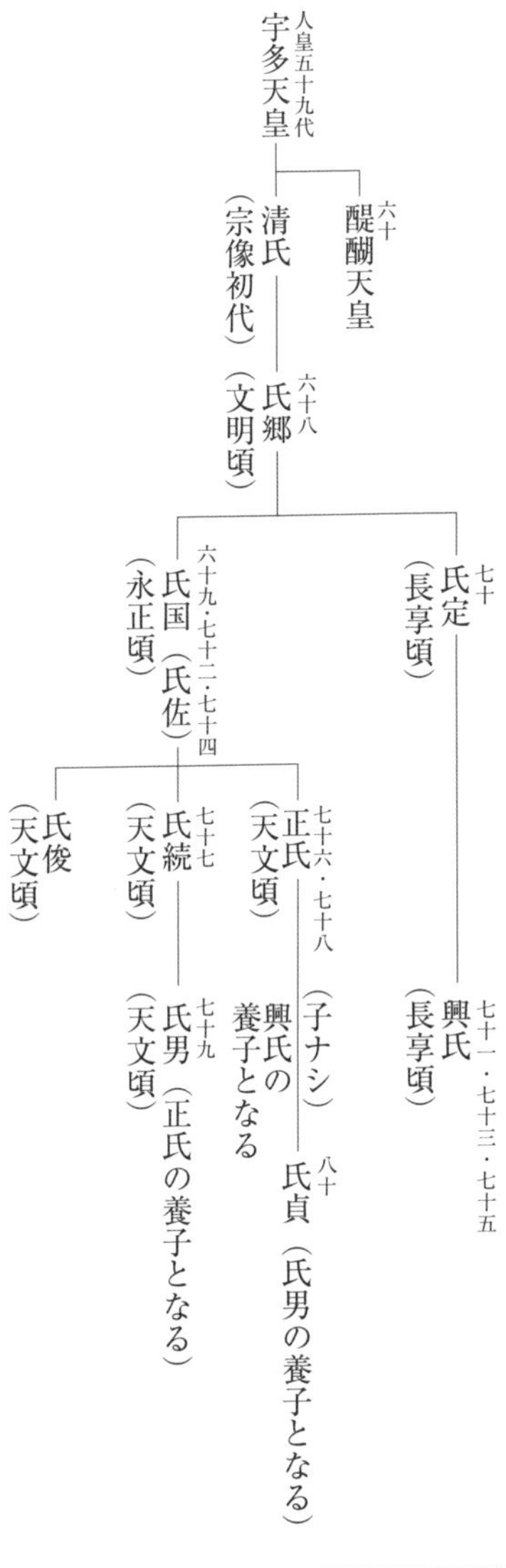

なお、宗像氏貞在任期の対鮮貿易に関する記録は次の通りである（九州史料叢書『朝鮮送使国次之書契覚』、『宗像市史　史料編』第二巻中世所収）。

元亀三（一五七二）年六月二十九日、宗像氏助名義の船、朝鮮国に行く
天正元（一五七三）年五月十四日、宗像氏助名義の船、朝鮮国に行く
同二（一五七四）年三月十七日、宗像郡知守名義の船、朝鮮国に行く
同八（一五八〇）年五月十日、宗像氏助名義の船、朝鮮国に行く
同八（一五八〇）年八月二十一日、宗像蘇西堂（景轍玄蘇）の船、朝鮮国に行く
同九（一五八一）年五月十四日、宗像氏助名義の船、朝鮮国に行く
同十（一五八二）年十一月二十九日、宗像氏助名義の船、朝鮮国に行く
同十一（一五八三）年五月二十一日、宗像氏助名義の船、朝鮮国に行く
同十二（一五八四）年三月四日、宗像氏助名義の船、朝鮮国に行く
同十三（一五八五）年五月二十九日、宗像氏助名義の船、朝鮮国に行く
同十四（一五八六）年七月二十四日、宗像氏助名義の船、朝鮮国に行く

以上のうち、最後の天正十四年七月二十四日の項は、氏貞死去のわずか四カ月後であるが、宗像家は交易面だけは続行している。一方、この日、岩屋城の守将高橋紹運が、小勢を指揮して押しよせる薩摩の大軍を相手に死闘を展開していた。同じ筑前国内で同日、交易と戦いの異なった二つの現象が起こっている。

なお、宗像家の貿易面については、僧玄蘇との関わりも見逃せない。玄蘇は河津隆業《たかなり》の二男で隆家《たかいえ》の弟。臨済宗の僧で永禄年間（一五五八―六九年）、博多聖福寺の住持であったが、兵乱のため宗像氏貞を頼って移住。隆尚庵に移り氏貞の庇護を受けた。そのことから氏貞との交流も深まった。

玄蘇の兄河津隆家は元亀元年、大友、宗像講和のため氏貞によって殺害されるが、玄蘇はその後も宗像家の

庇護下にあった。彼はその後、対馬に移り、以酊庵《いていあん》にあって日本と朝鮮国の間を取り持ち、外交僧として活躍した。

また、玄蘇の妹は博多の豪商神屋宗湛の妻であり、宗像家の対鮮貿易に関与していることは容易に頷ける。それとともに航海術の発達していない当時、波荒き玄界灘に浮かぶ沖ノ島、大島付近で難破する船も毎年相当あったと思われる。これらの船荷の拾得が宗像の神社造営費に充てられていたことは容易に推測される。

宗像家は古来尊崇する宗像三女神に奉仕して、神威を背景に筑前の名家として栄え、中央にも知られていたが、氏貞在世中、将軍足利義昭より送られた次の書状（『宗像系図』「吉田ツヤ文書」）がある。

就㆓入洛之儀㆒、毛利（輝元）及㆑行、励㆓忠功㆒半之条、此節諸事可㆓馳走㆒、段可㆓喜入㆒、為㆑其差越㆓一色駿河守（照秀）㆒候、仍肩衣袴遣㆑之、猶輝元可㆑申候也

（天正四年カ）六月十一日　足利義昭

宗像大宮司（氏貞）殿　御判

宗像氏家紋、楢折
（建武３年以降使用）

宗像氏家紋、菱唐
（正氏以降使用）

宗像氏貞花押

宗像氏貞墓（宗像市上八）

と記され、元将軍家から氏貞の協力に対して喜びの謝意を表わしている。また、同十二年のものと思われる八月二十五日付の足利義昭から氏貞への上洛を促す文意の書状（『宗像神社文書』）がある。

氏貞の死は、領外に洩れるのを恐れて病中とのみ披露されて、法要も行われず、極秘のうちに遺体を竹籠に入れ、夜中密かに家臣占部右衛門が背負って山を下り、鐘崎浦に近い上八《こうじょう》（宗像市玄海町）の承福寺（臨済宗）に葬った。

蔦ケ岳はかつては赤間山、蘿ケ岳ともいったが、現在城山と呼ばれ、山麓には瀟洒《しょうしゃ》な福岡教育大学の校舎が建っているが、山の東面は砕石場に崩されて無惨にも岩石の山肌を露出して、見る影もなく変貌してしまい、これがかつて筑前東部を支配した宗像氏貞の終焉《しゅうえん》の地かと思うと、感慨に堪えないものがある。

戦国乱世においては、どの領主の家系にも血腥《ちなまぐさ》い内紛があるが、とくにこの宗像家には、氏貞の相続に絡《から》んで、後世にまで語り継がれている凄まじい家督の争いがあった。これが、『増福院祭田記』にある宗像家七十八代正氏《まさうじ》の正室と、その娘菊姫及び四人の侍女たちの六女惨殺に関する怪談「山田怨霊譚」であるが、「家」を第一義とした当時の武家社会の厳しさを物語る戦国悲話というべきであろう。その後、宗像家には男子出生せず、初祖清氏以来六百七十四年にわたり九州にその名を知られたこの名家も、氏貞の代をもって滅亡し、史上から消えていった。

氏貞の歌の中に、春秋を詠んだものがある。

「春の山わけつゝ行けば花見んと　思ふ心にかゝる白雪」

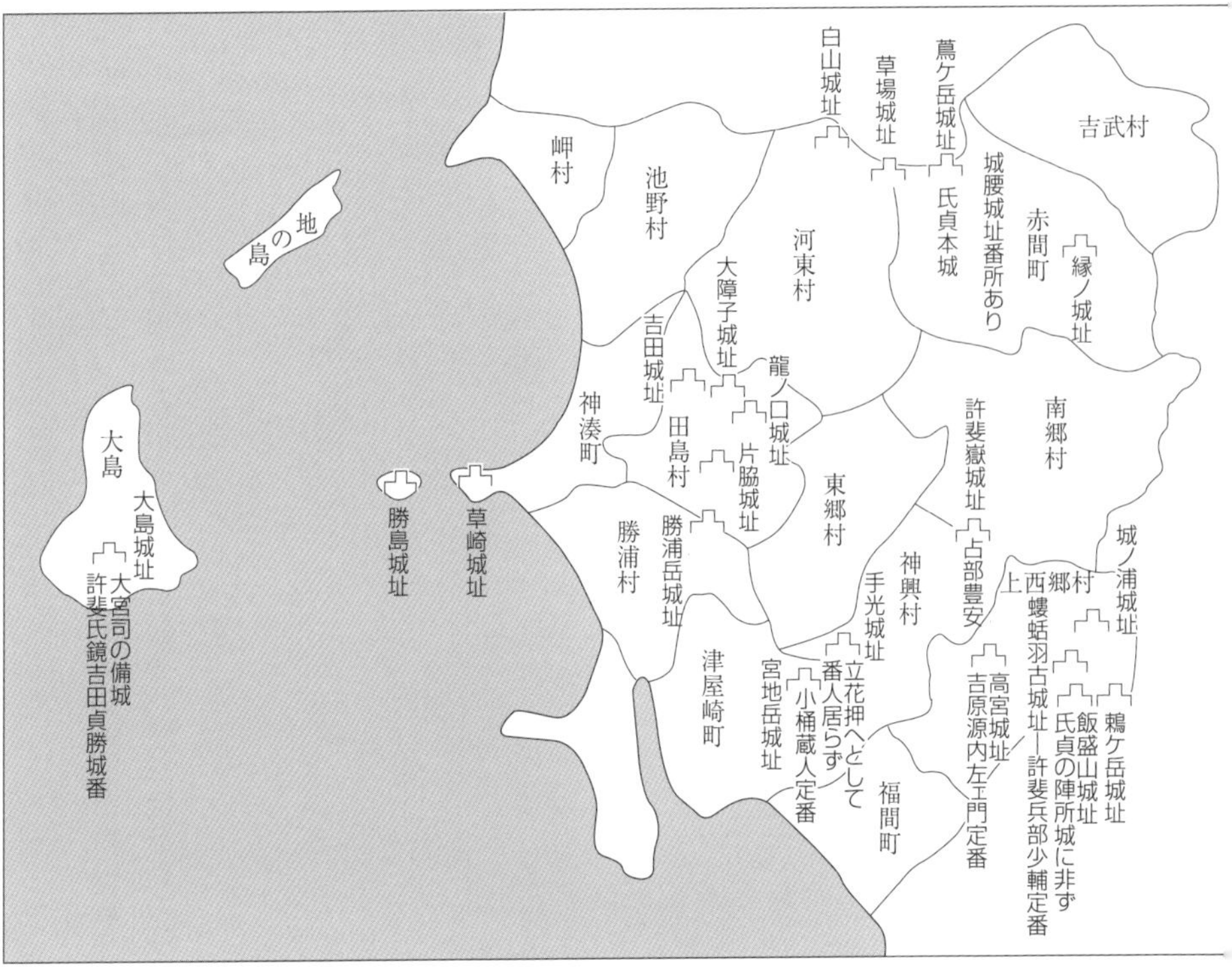

戦国宗像領城砦図

（いずれも旧町名。現在は宗像市と福津市に含まれる）

「秋は来ぬ露は袂におきそひぬ　なと朽はてぬ我身なるらん」

この歌は、繊細な歌道への丹精さを感じる。もともと氏貞という人は、その記録などから考えると、武断派の立花道雪や高橋紹運と違って、文人派の武将であったと思われる。

彼の辞世といわれるものに、「人として名をかるばかり四十二年　消てぞ帰るもとの如くに」がある。これから推測すると、没年は四十二歳であり、生年は天文十四年となるのだが、『訂正宗像大宮司系譜』に、天文二十一年十六歳と記されているので、これで逆算すると天文六年生まれということになり、死亡時は五十歳である。いずれが正しいかは今後の研究にまたねばならない。

氏貞の墓は、広々とした鐘崎の海を見下ろす小高い所にあり、法号は即心院殿《そくしんいんでん》一《いち》以《い》鼎恕《ていじょ》大居士《だいこじ》である。歴史のわだちは、時代の移りをこの墓石に象徴するかのように、風化した石塔は剥離して、字も消滅し、厳しい風雪に晒《さら》されてきたが、先年、この歴史遺跡を守るための保存工事が行われ、墓は立派に整備された。

なお、氏貞当時の宗像二十城の城砦の配置は前頁の通りである。

島津の北進

島津発向

『上井覚兼日記《うわいかくけん》』によれば、天正十四（一五八六）年三月二十二日、島津義久《よしひさ》の将伊集院忠棟《いじゅういんただむね》は肥後に赴き、龍造寺政家《りゅうぞうじまさいえ》、秋月種実《たねざね》、筑紫広門《ひろかど》らに対して人質を徴したが、この時筑紫広門は大友方となっていたのでこれを拒否したとある。島津としては北進の侵攻コースに当たるこれら諸氏より質人をとり、戦略を有利にするためであった。

秋月種実が島津に対して北進の要請をした頃、大友家の老臣、志賀道益《どうえき》と入田宗和《にゅうたそうわ》もまた、大友家を怨むところがあり、ともに八代にある義久の所へ来て、豊後征討を要請して豊後国図を献じた。

かねてから九州統一の機会を狙っていた義久は、秀吉の西征に先がけてその実権を手中に入れんとしていたので、これらの誘いを受けて時機到来とばかり立ち上がり、東西二手に分かれての進攻作戦を立てた。

しかしこの間、義久に、北進に対するいささかの逡巡もなかったかというとそうでもない。むしろ彼はこの北伐に対する苦悩を重ねている。その理由は、守護島津氏入国以来、遠国に攻め入った経験をもたなかったことと、肥後国内の経営にまだ不安が残っていたからである。さらに推測すれば、不日に迎える秀吉との対戦に確固たる勝利の見通しがもてず不安があったと思われる。それ故出陣に当たっては、霧島神社をはじめ諸神に何度も鬮《くじ》によって神慮を問うている。当時の武将は、キリシタンを除いてはたいてい神仏に帰依し、出陣の際は戦勝を祈願し、籤占《くじうらない》などによって武運を占っている。豊後か筑紫表か、そのどちらにしぼるか。その時期はいつか。神託はそのつどまちまちで、義久の心は動揺した。

決断がつきかねて談合衆（義久を補佐する重臣団）に、「義弘（弟）に相談してみよ」などと言っているが、この間の経緯は義久の部将で太平洋岸の東廻りを主張する日向地頭上井覚兼が、義久のころころ変わる態度を「愚慮《ぐりょ》」と評しているのをみても分かる。二年前、龍造寺との島原合戦で、あの穎敏《えいびん》果敢な行動の義久とはとても思われないが、天才も時に愚鈍な行動をとることがあるのを思えば、この時の義久の行動はまさにそれであった。彼のこの動揺が岩屋城攻めの誤算となり、ひいては立花攻めの敗北となったことは否めない。

こうして天正十四年六月中旬、やっと東西二手による作戦が決定して、西廻りは一族の島津忠長《ただなが》（義久の従弟）、新納忠元《にいろただもと》、伊集院忠棟、野村忠敦《ただあつ》らを将とする薩隅の兵二万の軍勢で、筑後川を渡って筑前への侵入を企図し、東廻りは島津家久を大将とし、入来院《いりきいん》、祁答院《けとういん》、本田、肝付《きもつき》らの部将に、薩、隅、日、肥の兵三万をもって、日向路より豊後へ攻め入る計略であったが、この時は主力を筑前に注いだので、東廻りの軍は同年十月初め頃までは肥後、日向国内に留まっている。

西廻りの軍は途中、肥後国内の宇土《うと》、城《じょう》、詫磨《たくま》、山田、赤星、山鹿、川尻、隈部、合志、小代《しょうだい》、出田《いでた》、大津山、有働らの降将を加え、怒濤の勢いで筑後へなだれこんで大友方の山下、川崎、黒木の諸城を収め、肥前方の城を抜き、さらに広川谷の稲員《いなかず》一族や甘木家長の八女南部を攻略して六月三十日、高良山に攻め登り、座主良寛《りょうかん》、尊能《そんのう》父子を降し、ここを戦闘指揮所として海陸より続々と北上してくる諸軍の到着を待った。筑後国内でも蒲池、問註所、三池、草野、星野、田尻、江島、江上らの一郡一郷の領主たちが、風を臨んで蝟集《いしゅう》してきた。そのほか、肥前より龍造寺、鍋島、有馬、松浦、高来、神代《くましろ》、波多らが参陣し、筑前では秋月、原田、豊前では城井、長野、高橋（元種）、千手らも加わり、その数は六万（『島津代々軍記』）、五万―六万（『筑前国続風土記』）、五万（『九州記』）、四万（『九州軍記』、『九州治乱記』）ともいわれ、さらに『高橋紹運記』は十万としている。
島津兵力の算定基準として、旧陸軍参謀本部編纂の『日本戦史』によれば、一万石に付き二百五十人の比例となっているが、当時島津の勢力圏は概算次の通りである。
薩、隅、日の三州　合計七十八万石
肥後（天草を含む）五十七万石
肥前（壱岐を含む）六十七万石
筑後　三十万石
筑前（御笠、糟屋の一部を除く）四十五万石
豊前（企救、田川、京都、中津を除く）十六万石
計二百九十三万石となり、前記比率をもってすると総勢七万三千人余となる。しかし、宝満、岩屋、立花攻めにはほとんど薩軍の主力で戦ったので、攻囲軍の兵力は四万―五万が妥当な数字であろう。
このような状況下で、大友義統《よしむね》は先に秀吉の命で豊後に下ってきた仙石権兵衛とともに、刻々迫りくる危機を中央に急報したが、一方、筑前の紹運《じょううん》、統虎《むねとら》父子もまた七月九日、急使をもって薩軍来攻を秀吉に告げ、救援軍の速やかな派遣を請うた。
なお筑前の麻生は毛利氏の配下であったで、島津方と浅川、古賀、剣岳などで戦った。また、宗像は領主氏《うじ》貞《さだ》がこの年三月に死去したので、家中の統一がとれていなかったことが想像される。しかし毛利家との関係が深く、その勧誘を受けて秀吉陣営についたのであろう。『宗像郡誌』に、薩軍鎮国寺に攻入るの記事があるので、島津勢の一部が宗像方面に進入してきたことが分かる。また鞍手郡の杉氏も毛利氏に従って行動したものと考えられる。

筑紫氏が居城した勝尾城址本丸跡の石垣
（鳥栖市牛原町。中村孝之氏撮影）

戦国の一騎打ち

これからいよいよ島津軍の筑前進撃が始まるのであるが、それに先立って、まず第一の攻撃目標は、大友方についた筑紫広門の討伐であった。高良山《こうらさん》と広門の拠る勝尾《かつお》城は千歳《ちとせ》川（筑後川）を挟んで指呼《しこ》の間にある。

天正十四年七月六日（七日説もある）、島津の将、伊集院忠棟、阿久禰《あくね》播磨守《はりまのかみ》、北郷讃岐守《ほんごうさぬきのかみ》、鎌田出雲守《かまたいずものかみ》、樺山権左衛門尉《かばやまごんざえもんのじょう》、川上左京亮《かわかみさきょうのすけ》らが率いる二万余の軍勢は高良山から二手に分かれて行動を開始し、一隊は千栗《ちりく》の渡しより千歳川を渡り、秋月種実を先導として筑紫の支城朝日山城を攻め、一隊は神代渡しから三井郡に入り、八丁島、鯵坂《あじさか》方面の村落を焼き払って瓜生野口《うりゅうのくち》（鳥栖市）で合流し、周辺の春日山、日当山、一の瀬などの筑紫方の諸城を落として牛原、四阿屋《あずまや》付近に殺到してきた。

薩軍はその夜、勝尾城の麓の民家や広門の居館をことごとく焼き払った。総勢千人足らずの小勢で守る筑紫勢は雲霞《うんか》のごとく押し寄せる大軍に必死の抵抗を試みたが、しょせん勝ち目のない戦いであった。

七月の炎天の中でしたたる汗は両軍の着衣を濡らし、こびりついた血臭が戦場を覆った。ここで最も激戦となったのは牛原盆地、四阿屋付近の戦闘である。現在の四阿屋神社の西方に当たる筑紫の本城勝尾城と、その南方に小盆地を挟んで鷹取《たかとり》城があり、ここは筑紫晴門《はるかど》（広門の子または弟ともいう）を将とし、一族筑紫左衛門尉を添えて三百人余りで固めていた。

勝尾城は標高約四〇〇メートルの山頂にあって、城の東西と北の三面は断崖と谷である。南面の、標高二〇〇メートルの鷹取城との間に牛原川を挟んでわずかの盆地があり、川に沿って西へ九十九《つづら》折りの細い山道が九千部、権現山の峰へと続いている。この狭隘な牛原盆地が両城への唯一の攻撃路であった。

薩軍は卯の刻より攻撃に移り、夏草燃ゆる両城の崖下へと押し寄せてきた。そこを待ち受けていた勝尾、鷹取両城の筑紫勢は合図とともに南北より崖下目がけて巨岩、大木を落とし、弓、鉄砲を激しく射ちかけたので、島津軍の中にも、はじめかなりの死傷者が出た。しかし攻囲軍はこれを物ともせず新手を入れ替え、枯草に火を放って攻め立て、烈しい砲火を浴びせて切岸に肉迫していった。

その間、水源を絶ち、糧道を押さえたので、筑紫方は牛原川より水が引けず、籠城は不可能となり、結局、木戸を開いて城外に打って出て戦ったが、この時、広門の家老、島備後《びんご》をはじめ友清左馬太夫、小河伊豆守、権藤帯刀《ごんどうたてわき》、黒岩隼人、土《ど》肥出雲《ひいずも》らの名ある勇士の大半はここで戦死した。

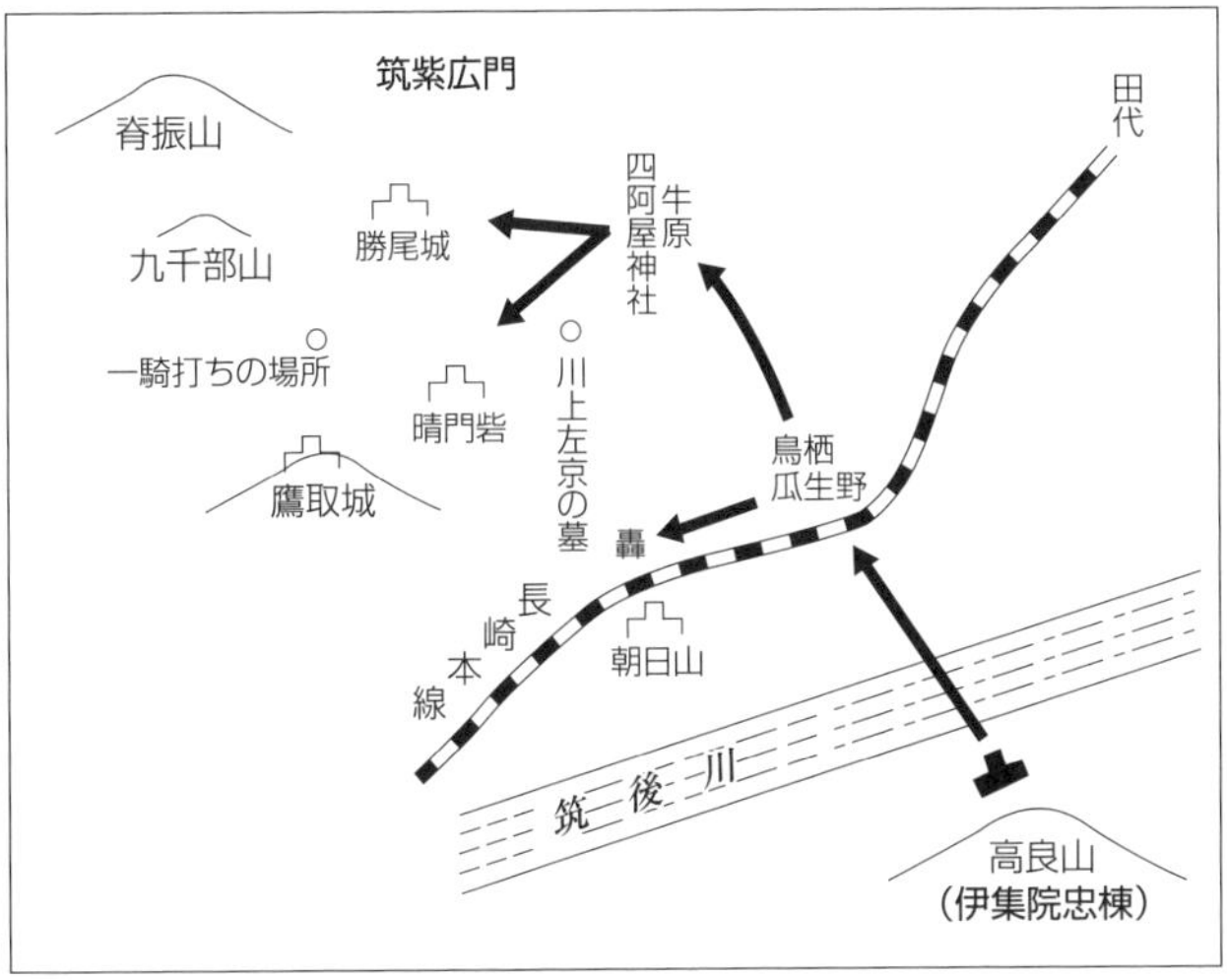

薩軍勝尾城進攻図

中でも鷹取の城将で荒武者として近隣に聞こえた筑紫新介晴門は自ら三百の兵を率いて、槍を揮《ふる》って敵陣へ突入して奮戦した。この時、島津四天王の一人、川上左京亮忠堅との壮烈な一騎打ちは、現在に至るまでこの地方の語り草として伝えられている。

『陰徳太平記』はこの時の模様を次のように語っている。

「晴門今はかうと思いいざ最後に軍神へ暇乞の一戦花を散し泉路《よみじ》の首途《かどで》の幣《ぬさ》とし、且つは閻羅《えんら》王へ娑婆土産《しゃばみやげ》に為すべしとて大太刀振りて切って出て、数十人切り伏せ、猛威を震《ふる》う……」とあり、阿修羅のごとく暴れ廻り、返り血を浴びて形相凄《すさ》まじい晴門の前に、肩幅のがっちりした精悍な風貌の武将が立ちはだかり、「島津義久の臣川上左京亮」と名乗った。

筑紫晴門、川上左京亮一騎討ちの場所
（鳥栖市牛原町）

この川上は先年、島原において肥前の梟雄《きょうゆう》龍造寺隆信を討ち取って大功を立てた勇将であったが、晴門と数合斬り結ぶうち、何を思ったのか、この若武者に向かって、「打ち結ぶ太刀の下こそ産屋《うぶや》なれ　唯切りかかれさきは極楽」と、歌一首を高らかに詠《よ》みあげた。晴門、これを聞くと「おもしろし」と言って、即座にこれに答えて、「切らば切れ刃にかかる物もなし　本来心にかたちなければ」と詠み返した。

白刃を閃《ひらめ》かせて斬り合うさなかに、このような悠長な歌のやりとりが果たしてできたのであろうか、後世の者の付会とも考えられるが、一面、戦国武将の死生を達観した悟りの境地を感じる。

こうして両雄火花を散らして闘ううち、左京亮が打ちこんだ太刀が晴門の股深く食いこんだ。晴門も渾身の力をふりしぼって左京亮の腕に一太刀斬りつけたが、何分重症のため支えることができず、その場にどうっと倒れた。左京亮はそこをすかさず押さえつけて晴門の首を掻き落とした。しかし深傷を負った左京亮も八代まで後送されてそこで落命したという。

なお、『島津国史』、『歴代鎮西要略』、『西国盛衰記』などは、両人共互いに刺し違えて、相討ちで死んだと記している。

天正十四年頃の戦闘では、すでに鉄砲を主力とした戦いであったから、一騎打ちなどの古来の格闘は珍しいものとなっていた。晴門時に十七歳、あるいは十八歳ともいう。川上左京亮は二十九歳であった。

今、四阿屋神社の西方約一キロの所に槍場といわれる巨岩があるが、ここがかつて両雄の一騎打ちの場所といわれる。さらに神社の東南約一キロぐらいの畠の中に、石柱で囲った川上左京亮の墓があるが、その石碑の裏に「天正十四年七月七日戦死、享年二十九歳」と記されている。子孫が建てたものである。

古老の話では、炎暑の中を首のない左京亮の死骸を戸板にのせてこの墓まで運んだという。この、左京さん(土地の人はそう呼んでいる)の墓からは高良山がよく見えて、異境の地で倒れた青年武将を静かに見守っているかのようである。

筑紫降伏

晴門の死で筑紫方は力を落とし、鷹取に続いて勝尾城も落城。三日間にわたった戦闘は終わり、七月十日、広門は秋月種実のとりなしで島津の軍門に降った。

川上左京亮の墓(中央。鳥栖市牛原町)

勝尾城は秋月に与えられ、種実は老臣板並左京、坂田蔵人らをして守らせた。広門はそれまで大友、毛利、龍造寺、島津へとその去就を変転し、武士の節操より家が大事とばかり、乱世を巧みに生き抜いてきたが、今再び大友側についたため島津から攻められることになり、遂に落城の代償を払わされ、虜囚《りょしゅう》の辱《はずかし》めを受けることになった。

勝尾城を落とした薩軍は七月十四日、筑紫の出城一の岳(那珂川町市ノ瀬)に立て籠る広門の将山田河内守以下五百余人を掃蕩するため、秋月家臣上野伊賀守を案内にして、高城宮内左衛門以下千余人をもって押し寄せ、不入道村より四箇畑を放火して焼き払い、亀尾の峰に迫って包囲の態勢をとったので、筑紫の兵たちは一戦も交えず逃げ去った。那珂郡一帯は島津軍によって制圧され、一の岳城は秋月の兵をもって守らせた。

広門は島津軍によって小松の大興善寺(現在つつじの名所として名高

い）へ移され、幽囚の身となったが、ここからさらに三潴郡の大善寺へ移送された。
彼が勝尾落城の際詠んだ歌として、

忍ぶればいつか世に出ん折やある　奥まで照らせ山のはの月

というのがある。弱小領主の悲哀が滲み出ているが、これを聞いた人々は、「昔は広門、今は狭門《せまかど》」と言って嘲笑したという。この時彼は三十二歳であったといわれる。少弐《しょうに》氏一門として、基養父《きやぶ》を中心に勢力を振るった筑紫氏の落日の挽歌でもあった。

今、鳥栖市牛原町四阿屋に地元史談会が建てた供養塔が建っているが、ここがかつて敵味方の戦死者を供養した場所という。

なお、晴門の墓は鷹取山の東側山麓の、茂った小藪の中の自然石がそれだといわれている。また、この戦での戦死者のものと思われる十数基の墓も城山の一隅にある。四阿屋宮は広門の時代に一度遷宮が行われた。田代の西清寺《さいせいじ》は筑紫家の菩提寺であったが、ここに広門及び家臣らの位牌がある。

岩屋城の戦い

紹運、岩屋へ籠城

筑紫広門は降伏したが、島津にとって筑紫ごときは問題ではなく、あくまでその目的は、筑前に入って大友の拠点、宝満、岩屋、立花城を攻略することにあった。このため太宰府や博多の街は薩軍進攻の噂で怯《おび》え、人心は大いに動揺した。

七月七日、薩将伊集院忠棟《ただむね》は、これより前に、天満宮に対して兵火が及ばないようにとの大鳥居信寛の要請に対する返書を送っている。紹運、統虎父子は、七月九日、刻一刻と迫ってくる敵来襲を目前にして、黒田孝高、宮城入道を介し、緊迫した状況を大坂の秀吉へ報じて救援を請うた。秀吉はこれに対して、八月三日付で次のように返事を与えている（この返書が届く前に高橋紹運はすでに岩屋城で戦死している）。

黒田勘解由《かげゆ》（孝高）、宮城入道《にゅうどう》（豊盛）に対する七月九日の書状到来候、抑《そもそも》九州の事、条目《すじめ》を帯び、豊（大友）芸（毛利）薩（嶋津）え下知《げち》を加え候の処、義統《よしむね》（大友）輝元《てるもと》（毛利）承伏《しょうふく》せしむ、和合の儀を以て馳走尤《ちそうもつと》も神妙に候、然《しか》して嶋津こと筑紫領内に至り相動き今《あいはたら》に在陣の由是非《よしぜひ》なく候、この旨最前義統註進《ちゅうしん》（注進＝報告）候条すなわち毛利（輝元）、小早川（隆景）、吉川（元春）ら関戸《せきと》（下関）を越え義統に相談せしむ、屹度行《きっとてだて》に及ぶべきの由申し含み、黒田勘解由、宮城入道差し下し候、定めて油断有るべからず候、この上敵逃散《ちょうさん》せずば、輝元註進次第追々《おいおい》人数差し遣わし、その上、(羽柴)秀長、(豊臣)秀次をはじめ相動く可《べ》く候の条、彼《かの》兇徒ら伐罰加えるべく候、然らば両人こと忠節に依《よ》り望《のぞみ》等の儀申し付くべく候、味方中、申し談じ聊《いささか》も越度《おちど》無きように調儀専一《ちょうぎせんいつ》に候、宗讁《そうてき》(宗麟)義統へ(え)も具《つぶさ》に仰せ下されれ候間その意を得べく候也、

(天正十四年)八月三日　　　　秀吉(花押)

立花左近将監どのへ

高橋主膳入道どのへ

『立花文書』(原漢文)

勝尾城を攻め落とした薩軍主力は、息つく間もなく筑前南部へ進んで、七月十二日、御笠郡に侵入し、天拝山上より宝満、岩屋の地形を眺望して軍議をねった。続いて島津忠長、伊集院忠棟、野村忠敦《ただあつ》らの軍将は、太宰府、高尾山を本陣として周辺に陣をとり、宝満、岩屋を囲んだ。その勢力は前述のごとく日向、肥後、筑後、肥前、筑前、豊前六カ国の兵を結集した総兵力四万―五万の大軍であった。守る側の岩屋、宝満、立花は合わせて四、五千名の小勢で、彼我の兵力の差はおよそ十対一という比較にならない数字であった。とくに太宰府の地にある宝満、岩屋の両城は、合わせて千数百の小勢であり、約四十倍近い大軍を引き受けて戦わねばならないため、紹運の策略はこの一点に注がれた。

攻城軍は筑山、国分、坂本、二日市、針摺、天山、吉木、阿志岐、大石、本導寺、横岳、観世音寺、太宰府、宇美口などの村落に陣をとり、宝満、岩屋をとりまく二里有余の山野は攻城軍の兵で充満し、夥しい島津の丸に十の旗印が筑紫の野にはためいた。

なお薩軍五万の大軍は、甘木街道弥永付近(朝倉郡筑前町)に集結したとあり(『陰徳太平記』)、秋月種実は宝満、岩屋の戦闘には参加せず、日田方面よりの大友援軍に備えて止まったとしている(『九州軍記』)。『陰

徳太平記』では、手勢を二手に分け、一隊を岩屋と宝満に遣わし、一隊を秋月に留めるとともに魔寺（朝倉市杷木志波、麻氏良とも書く）付近まで兵を出して、豊後の後詰に備えたとしている。また『九州治乱記』は龍造寺、秋月勢も残らず参陣したと記している。

一方、『筑前国続風土記』は、「岩屋城を責めし時秋月勢高尾山に陣取る」と記し、『上井覚兼日記』もそれを立証している。この方面の戦闘に秋月勢一部の参加があったことは間違いない。『陰徳太平記』にあるように、薩軍が弥永付近に集結したとすれば、勝尾よりの進入コースは三井郡より東進して朝倉へ入り、甘木街道を北上したことになるが、もう一つのコースとして、田代、原田を経て、現国道三号に沿って筑紫路を進み、御笠郡に入ったとも思われる。どちらのコースを通ったかは、それを示す資料がないので推測の域を出ないが、あるいは二手に分かれてそれぞれのコースを通ったことも考えられる。

薩軍来襲を前にして、紹運は籠城の準備を進め、食糧、武器、弾薬などを運びこませたが、家臣たちは籠城に不利な岩屋を捨てて、要害の地、宝満に籠って戦うことをしきりに勧めた。宝満と岩屋の間は峰伝いに約一里余りである。岩屋城は、太宰府の町を見下ろす四王寺山（古名大野山、標高四一四メートル）の中腹に築かれた山城で、中世に入って大内氏が少弐氏討伐の拠点にした所で、その後更に整備されたのは永禄二（一五五九）年頃、高橋鑑種の入城以来とされている。鑑種除封後、紹運によって継がれたが、もともと宝満の支城であり、東西二キロにのびる細長い四王寺山の丘陵を背景に、僅か数百の小勢で守ることは、広い戦面を防備するのには、とても不利である。

いま試みに、虚空蔵台《こくうぞう》（甲の丸、詰の丸ともいう）と呼ばれる本丸跡を歩いてみると、南北約四〇メートル、東西およそ一七、八メートルに過ぎない。さらに西方二〇〇メートル下の二の丸は、紹運の遺体を葬った所で西の丸とも呼ばれる。「岩屋城旧図明細書」なるものに本丸長さ二十九間、横十八間、二の丸長さ二十八間、横十八間とあるが、これでは本丸の面積と合致しない。おそらく後世の者の創作であろうか。実際はこれよりうんと小規模のものであったと考えられる。これは大野山と岩屋山の混同から来る誤りと思われる。それよりさらに下方に三の丸と呼ばれる城郭があった。『橘山遺事』に「厳屋山不甚高、東南陡絶登攀極艱」とある。

紹運は家老屋山中務をはじめ将士を広間に集めると、一同を見渡しながら静かな口調で、

「自分は多年この城で過ごしてきたが、今敵が攻め寄せてくるのを目前にして、ここを退き宝満に移ったならば、それは『風声鶴唳に驚いて居城を逃れる』ものである。時流に乗って運ばかり図るのは利害を求める者のすることであって、義のために死ぬことこそ武士の本懐といえよう。なるほど、宝満は要害で地の利を得ているけれど、籠城の士は筑紫、高橋の寄り合いであり、孫子の兵法にいう『地の利は人の和にしかず』の通りで、ここで長く戦うことはできない。今、大友家が衰え一族の当高橋家が同じ運命にあるのも、これも時の流れであろう。九州に名家をうたわれた菊池、少弐、宗像の跡も今はない。当家もすでに絶える時が来たのであろう。運があれば死地に入っても、利を得ることもあり、また運弱き時は生地にあっても逃げられるものではない。宝満に籠城しても死ぬ時は死ぬ。どうせ死ぬのならこの居城を枕にして討ち死にする方が、多年の城を捨てて逃げたといわれるよりまだましである。宝満へは統増に少しの人数を添えて、老幼婦女子病人などを避難させよ。自分はお前たちと最後までこの城に留まり、関白の援軍が来るまでここを死守するつもりである。もし秀吉公の援軍が間に合わなかった時は、それまでの運命と思わねばならない。自分のこの考えに反対の者は、遠慮なくこの場を去れ……」

と言って、決死の覚悟を示した。並みいる将士の中には、一人として去る者はなく、紹運と死をともにせんとする決意が溢れた。

かくて紹運は、七百数十名の将士とともに岩屋に籠城することになり、宝満の要害には筑紫、高橋両家の一部の士に、老若男女、病人などを移して籠らせ、長子統虎（宗茂）が守る立花城を筑前最後の防衛線とした。

統虎、紹運へ宝満移城を諫言する

七月八日、立花城を守る統虎は父及び将兵の身を案じて、老臣十時摂津を使者として岩屋へ遣わし、紹運に、「岩屋での戦いは地の利が悪く、兵の数も少なく、これで敵の大軍に当たるのは到底無理です。それに比べ宝満は高橋家累代の城でもあり、すぐれた要害の地ですから、どうか速やかに宝満へ移られて下さい。もしそれが駄目なら私のいる立花城に移られて、ともに援軍の来るまで戦いましょう」と理をつくして諫めた。

これに対して『筑前国続風土記』は、紹運の言葉を次のように伝えている。

「宝満は要害よしといへども、地の利は人の和にしかずといへば、彼我に籠りたりとも人の心和同せずば久しくたもちかたかるべし、運つきずんば当城に在《あり》とも敵を防き退くべし、運つきなば唐の咸陽宮《かんようきゆう》（秦の始皇帝が咸陽に造った大宮殿）に籠るともついにほろぶべし、とても逃るまじくは多年の居城を枕として死んこそ本意なれ、宝満に籠るべくば（よりはの意）立花こそまさりたる要害なれば統虎と一所にこもるべけれども安否一大事の軍に、大将数人一所にたて籠らんこと良策に非ず、たとへあの大軍よせたりとも、紹運命をかぎりに戦うならば十四、五日は支へて、寄手三千許《ばかり》討取らぬ事はよもあらじ、島津勢鬼神というとも、ここにて三千の人数を討せたらば、かさねて立花に至て手強きはたらき成かたかるべし、又立花は名城にて其上勢も多し、敵攻るとも廿日の内にはよも落まじ、かれこれ三十日を過ざる内に中国勢渡海すべし、然らば統虎運を開かるべし……」

右については『九州治乱記』、『陰徳太平記』、『九州軍記』などもほぼ同じ内容である。潔く死を覚悟して後事を統虎、統増二子に託そうとした父の情愛が行間に滲み出ている。

『翁草《おきなくさ》』は紹運の決意を次のように述べている。

「薩兵盛んなりと言うとも吾《われ》死戦を以てせんになどか見苦しき軍《いくさ》をせんや、力尽きなば討死して我徒の勇を敵に知らしむるこそ五百や千の援兵よりも本城の強みとならん」

　紹運がなぜこうまで、統虎はじめ郎党たちの諫めを振り切って、不利な岩屋に籠って戦おうとしたのか。前述の紹運の言葉の中にその理由が示されているが、それ以前に、当時の道義地に落ちたふがいない武門に対し、身を捨てて節義に殉じる武士の意気地を彼らに示したかったのではなかろうか。人としてまた武人として一番大切なものは何か、その大切なものを忘れかけている当時の武士たちへ覚醒の警鐘を鳴らしたものであろう。

　この時、城代屋山中務少輔種速は紹運に対して、「殿は統虎殿のお諫めに従われて、速やかに立花へお移り下さい。当城は今まで私が城代として預かってまいりましたので、私一人が踏み止まって防戦し、力つきた時は城を枕に討ち死に致します」と言うと、紹運は中務に「今に始まらぬそちの忠節、この紹運身に染みて嬉しく思うぞ。だが、そち一人が死んだとて引き揚げる敵ではない。また、そちのような忠臣をどうして見殺しにすることができようか」と言って涙をふるい、その場で統虎の近臣内田壱岐入道鎮家、原尻左馬助、森下家忠に宛て、統虎の将来を依託するとともに、永別を告げる次の書簡を認めて、立花へ帰る十時摂津へ託した。

　摂州《せっしゅう》（十時摂津守連貞）帰られ候条、一書申入れ候、岩屋籠城手当《てあて》のこと、悉《ことごと》く皆相調《あいととのい》候えば、良く心安く候、その表《おもて》の儀は、兼ては老臣の諫《いさめ》を破らずといえども、拙者《せっしゃ》（紹運のこと）運の困窮に達し候うえ、この事旦夕《たんせき》（今日、明日ほどに切迫）にせまり候処、摂州物語に承《うけたま》わりおり大慶これに過ぎず候、宝満の事はともかくも、統虎《むねとら》（宗茂）は守城にかばねをさらし、殿下（豊臣秀吉）の祐《たすけ》を待つべき時に候、然《しか》るに三河守（鷹野三河守増時）、和泉守《いずみのかみ》（小野和泉守鎮幸）同等の諫言、惣衆《そうしゅう》の肝入《きもいり》、かれこれ君臣三方の和相調《あいととの》い、祝着《しゅうちゃく》の至り何ごとかこれにしかず、偏《ひとえ》に先考《せんこう》（亡き先代、道雪）御弓箭《きゅうせん》（弓矢＝戦う武士）の名誉に候、入道（紹運）が死出《しで》の山路潔白《けっぱく》たるべく候、猶折々《なおおりおり》の調略、御油断あるべからず候、薩州勢（島津軍）はや筑後路にかかり候由《よし》、立花通路も今明日の間と存じ候、細々《こまごま》摂州より申さるべく候、

実に再会を期せず候、恐々謹言

(天正十四年)
七月八日　　　　　　　　　　　　　　　高橋主膳　書判

森下備中守どの

原尻左馬助どの

内田壱岐入道どの

各御宿所

「小野家文書」(原漢文)

一方、涙を呑んで岩屋より別れを告げて立花に馳せ帰った十時摂津は、預かってきた紹運の書状を統虎に手渡すとともに、その決意が牢乎《ろうこ》として動かし難いことをこと細かく報告した。聞き終わって、統虎はじめ群臣たちは皆その潔い心情に感動して袖をぬらし合った。そこで統虎は、この上はせめて援兵と兵糧を岩屋へ送ろうと、居並ぶ家臣に諮《はか》った。援兵といっても岩屋へ行くことは死地に赴くことであり、生還を期さない決死隊である。だが、家臣の中から我もわれもと志願する者が多く、統虎もその選考に困るほどであったが、その中から吉田左京以下岩屋に縁ある屈強の士二十余人(一説には三十人)を選び、小荷駄に兵糧を積んで、岩屋へ遣わした。

岩屋へ着いた彼らに紹運は、「御厚意は有難いが、兵糧のみで結構。岩屋は我々だけで充分だから、どうか立花へ帰ってもらいたい」と言うと、吉田はじめ一同の者は、はらはらと涙を流し、「自分から願って参りましたものを、このままどうしておめおめと帰城できましょうか。お許しなくば、この場で我々は切腹いたします」と言って、あわや実行に移ろうとした。彼らの純粋な心意気に感じた紹運は、涙とともに、快くその志を受け入れることになった。これら立花よりの援兵は、岩屋落城の日、自分の持ち場を一歩も退かず戦って、全員壮烈な最期を遂げている。

のち、徳川の世となって、立花宗茂（当時統虎）は当時を追懐して、「岩屋へ援兵を送る時、家臣を集めて相談したが、統虎入婿してからの家臣は少なく、その多くは先代道雪の遺臣であったので、自分もあえて行ってくれとは、なかなか言いにくかった。この時、吉田左京が進み出て『国に報いるのに義あるのみ』と言って、率先して援兵を志願したので、側にいた者たちが我もわれもと申し出た。自分はこの時ほど嬉しかったことはない。だから吉田の忠節に対しては、子々孫々に至るまで報いなければならない」と語ったことが伝えられている。

七月十日、紹運は潔斎して烏帽子《えぼし》、直垂《ひたたれ》に身を固め、城中に祭壇を築き、将兵を集めて日頃尊崇する宝満大菩薩の神霊を請祀して戦勝を祈り神威にすがった。ここに紹運以下岩屋守城の七百余の将兵は、一致団結して敵に当たることを誓った。

これより前、安楽寺天満宮の別当大鳥居信寛は、使いをもって島津の将伊集院《いじゅういん》忠棟《ただむね》に書を呈して、神域に兵火の及ばないことを願って、祝言として鑓《やり》二本と銭（鵞眼）二百疋《ぴき》（一疋は十文）を贈った。これに対して忠棟より大鳥居に宛てた次の返簡がある。

如承候筑紫要害（筑紫広門勝尾城）、無程属案利本望此事に候、右之為祝言、使書幷鑓二本、鵞眼《ががん》二百疋、御慇懃《ごいんぎん》之至候、明日ハ如岩屋表可為陣営候條猶吉左右追而可申入候、恐々謹言

（天正十四年）七月十一日　（伊集院）忠棟花押

天満宮留守大鳥居殿　御返報

（『太宰府神社文書』）

この書は、攻城軍が太宰府東南の高尾山に達した当時か、もしくはその翌日、高尾山の陣中から出した返書と思われる。連合軍が太宰府観世音寺に達したのは、『高橋紹運記』、『九州治乱記』では七月十三日とし、『九

州軍記』、『九州記』などは十二日としているが、攻撃の開始を十四日としていることでは各書一致している。十二日には陣を岩屋の麓に移し、翌十三日は休養して十四日より攻撃開始したことが推定される。薩軍の本営は、観世音寺と向かい合った岩屋城南方二キロの片野般若寺付近一帯に置かれた。ここからは岩屋が指呼の間にあり、各軍の配置、行動が手にとるように分かるので、総指揮所としては格好の場所である。これとともに、観世音寺もまた前線指揮所に当てられた。

一方、薩軍が太宰府の街に入る前日の七月十一日に、宝満城では筑紫家臣たちが動揺し、不穏な状況となった。筑紫の本城勝尾が落城し、主君広門が薩軍の虜囚となったことを聞いた宝満籠城の筑紫家臣たちは、落胆のあまりただ呆然として、敵の攻撃を前にしてとても持ち支えられる状態ではなかった。

宝満城は前年秋、筑紫広門の奇襲を受けて焼失したが、その後再興され、筑紫家との間に和議が成立して、広門の娘が高橋家に輿入れしてからは、宝満城は筑紫、高橋両家の共有の相城となり、随行してきた筑紫の家臣と若干の紹運の家臣を配置して守らせ、あえて主将は置かなかった。薩軍来攻に及んで宝満二十五坊の山伏たちも戦列に加わった。

宝満山は太宰府の町の東北にあって、背面は重畳たる三郡山が連なり、西南に闊然とひらける太宰府盆地を望む天険の要害で、山中には「座頭落し」、「稚児落し」などの名称が示すように、巨岩が幾十丈とも知れぬ深い谷底に向かって屏風のように垂直に切り立ち、千仞の断崖をつくって人を寄せつけない。登り口は西口の竈門《かまど》下宮からと、北谷九重原を経るコース、また東側の大石―愛岳の線と、本導寺の方からとの幾つかに分かれているが、七合目以上はとくに急坂で段差が激しく、巨岩が屹立《きつりつ》して、天に咆哮《ほうこう》しているかのようである。そして、仏法の山にふさわしく幾つかの岩肌には梵字《ぼんじ》が刻まれている。頂上付近はほとんど岩石ばかりで、現在の上宮は、この岩上に建てられている。

ところで、宝満城はどこにあったのか、推測の域を出ないが、有智山《うちやま》城を宝満城と取り違えているむきもある。この城は、宝満山頂付近より隣峰の仏頂山（元宝満）にかけて広い山中に築かれたもので、中宮付近の現在、竈門山碑が建っている辺りが、数百の軍勢を収容できる広さがあり、さらに上の行場《ぎょうば》と見られる巨岩の辺りも二、三百余の駐留が可能な所である。ここは山頂を目前にして要害厳しい所であり、「中津尾の丸」と言うのは、この一帯を指すのではなかろうか。そして神楽堂も、この中にあったものと思われる。

また奥の院にあたる仏頂山の近傍には七世紀後半、この山に初めて寺堂を構えた心蓮上人の墓があり、この周辺は広く緩やかな地形で水場もある。少し歩くと下の方には、堀跡のような地形も見られる。幻の城と言われる宝満城は、多くの人数を籠城させることができるこの一帯を措いては考えにくい。

古書にある、仏頂山の北東、八葉九仏を祀る八葉と、その北東の北の伽藍があった化生童子という峰との間にあった、というのは一体どこを指しているのだろうか。

天正十三年九月十二日、立花道雪死去の翌日、筑紫広門は紹運の不在に乗じて宝満城乗っ取りを企図し、三百余の兵をもって襲撃させた。この時上宮に至り、鉄斉という修験者を捕えて強て先導させ、城中に忍び入った（『岩屋城史談』）。

また、宝満城の位置を仏頂山としている『竈門山記《かまどさんき》』などから考えると、宝満城はやはり峰を越えた仏頂山の山中にあったと思われるが、城郭についての記録はない。永禄十――十二年（一五六七――六九）にかけて、大友の将高橋鑑種が宝満城で挙兵し、籠城した場所もここであったと想定される。

宝満の危機

一方、宝満城では筑紫家中の者たちの厭戦の空気をいち早く察知した紹運の家臣、吉野源内という者が岩屋へ急報してきて、紹運に向かって、「筑紫家中の者たちを抑《おさ》えるため、ぜひこの際統増様を宝満へ登らせて下さい」と進言した。統増夫婦は当時岩屋にいたのである。紹運は若年の統増を宝満へやることに危惧の念を抱

宝満山城跡と推定される元宝満の空堀跡

き、あれこれと思案したが、ともかく筑紫家中の者たちの心底を見定めるため家臣の陣九郎兵衛を宝満へ遣わして、統増登城に対する彼らの様子を探らせた。

紹運の命を帯びた九郎兵衛は、筑紫の主立った者たちと協議したところ、彼らは「統増公は我らの主君広門公の婿であり、主君の御子息となられた方に何で二心をいだきましょうか。御登城されれば統増公を主君と仰いでこの城を守ります」と、一同忠誠を誓った。

そこで九郎兵衛は岩屋へ立ち帰って、事の次第を紹運へ復命した。しかし筑紫家は元来、表裏多く信用のおけぬ家柄であり、それにまだ十五歳の弥七郎統増を宝満の守将にすえることには不安があった。紹運は家臣の主立った者を一座に集めて相談したが、事の重大さになかなか意見が定まらなかった。

この時座中より、伊藤外記という者が進み出て、紹運に対して、「百貫に買いたる鷹《たか》も鷺《さぎ》に合せ見よ、という諺《ことわざ》もあります。この際思い切って統増様を手放されてはいかがかと存じます」と説いた。紹運もようやく決心がついて、七月十二日夜、統増夫婦に陣九郎兵衛、中島采女《うねめ》、北原伝之丞ほか二十数名をつけて宝満へ登らせた。

ところが早くも宝満、岩屋の山麓を取り囲んだ薩軍は、直ちに使者を宝満へ遣わし、「筑紫広門すでに降伏し、筑紫の本城外諸城もことごとく開城した。この上は当城においても早く降伏して城を明け渡されよ。そうすれば城兵の命はお助け申そう。さもなくば、直ちに攻め破るが如何」と勧告してきた。これを聞いた筑紫勢の中には、たちまち心変わりする者が出てきて、この際統増を討ち取って薩軍に内応せんとする気配が感じられた。紹運の心配が現実となったのである。敵軍を前に、戦わずして内部崩壊は断じて阻止せねばならなかった。岩屋死守を決めている紹運にとって、味方の裏切りは全軍の士気に影響する。鎮圧は急を要した。そこで紹運は、その任を伊藤源右衛門に命じた。

この伊藤源右衛門というのは、去る天正八年十月、北原鎮久謀反の際、いち早くそれを紹運に知らせて功があった。しかし、その後紹運筑後出兵の時、宝満の守備を命ぜられていたが、筑紫広門の襲撃を受けて城を奪われたため、責任を問われ、その任務を解かれてしまった。以来鬱々《うつうつ》として楽しめず、一度は出奔して京師に出て遊ぼうと企図したが、一族の伊藤外記の諫めで、ついに思い止まったということもあって、日頃から空しく時を過ごすのを嘆いていた。そこで筑紫の郎党たちに一泡吹かせ、宝満奪回の雪辱をしようとして、同じく紹運の命を受けた伊藤外記、高橋山城、三原右馬助、有馬伊賀、今村五郎兵衛、山中美濃ら屈強の士十余人のほか与力の侍たちを含む救援隊を引きつれて、山上目ざして登攀《とうはん》した。

神楽堂まで来ると、城内は堅く閉ざされ、筑紫の番兵が厳重に警備していて中に入ることができず、思いあぐんだが、源右衛門は旧知の帆足善右衛門を呼び出し、「弥七郎殿（統増）をお迎えに来ましたので、早くこの門を開けて下さい」と言えば、帆足は門の櫓上より、「自分一存では計らいかねるので、評議した上で開門致しましょう」と言う。伊藤は埒《らち》があかぬと見て、「さては質人を捨てられるおつもりか」と帆足に鋭く詰め寄った。帆足はこの時一子を紹運の方へ人質として置いていたので、この言葉を聞くとさすがに詰まり、櫓《やぐら》から下りてきて、「ここでしばらくお待ち下さい。今相談して参ります。決して悪いようには致しません」と言って門の扉を少し開けると、奥の方へ走り去った。この時強力をもって鳴る有馬伊賀はすかさず門を押し開けると、一同どっと中へ飛びこみ、そのまま神楽堂に来てみれば、今や堂内では、筑紫の家臣たちが皆集まって評議の最中であった。

源右衛門は、つつと中へ入ると、「統増殿をお迎えに来ましたので、御一同には何の心配もいりません」と言って安心させ、やにわにこの中の主領格である筑紫良甫《よしすけ》に飛び掛り、取って押さえ、刀を抜いて彼の胸に押し当て、「お前たちは紹運公に、統増殿の登城をお願いし、主君として迎えておきながら、薩軍攻撃の前にたちまち変心して、統増殿を討って敵に降り卑怯にも身の安全を計ろうとは、何という大逆の者たちなのか」と憤怒の形相物凄く詰め寄った。高橋、有馬、今村らもまた、それぞれ相手を取って押さえ、彼らの返事次第では、今にも一突きに刺し殺そうとする気構えであった。

余りのことに筑紫の家臣たちも恐れをなし、やがてその中から旗崎新右衛門、田山平六之介という主立った者が出てきて、「我々は決して心変わりは致しません。薩軍に降るなどとは、まったくの誤解です。我々はあくまで統増殿を奉じて、敵と戦う用意をしております。今後は何事もよく相談して参りましょう。我らに異心のない証拠として、ただいま質人を差し出しますので、どうかこれにて我らが心底のほどおくみとり下さい」と言葉をつくして説いたので、伊藤はじめ高橋の面々も、やっとこれを了承して受け入れ、これら質人たちを上宮へ登らせて留め置き、統増を守護して警備に当たった。

こうして、筑紫家臣たちの宝満での反乱は、未然に鎮圧されてしまった。

紹運、将士を各部署に配置する

紹運は、敵の攻撃を前に各将士を要所十カ所に持ち場を定めて配置し、防戦の態勢をとった。以下『高橋紹運記』によると、まず本城の追手に当たる虚空蔵《こくうぞう》台（大手門）には、福田民部少輔を将とする五十余人、虚空蔵台南の大手城門（南門）は、伊藤惣右衛門以下七十人、虚空蔵台西南の城戸《きど》に屋山中務以下百余人、風呂谷の砦《とりで》、土岐大隅以下（不明）、東松本の砦、伊藤八郎ら八十余人、秋月押さえの持ち口、高橋越前ら五十余人、水の手上砦、村山刑部《ぎょうぶ》以下二十七人、百貫島より西北山城戸にかけて三原紹心ら八十余人、山城戸には弓削《ゆげ》了《りょう》意《い》ら七十人、二重の櫓は萩尾麟可、同大学ら五十人、そのほか立花から援軍として派遣された吉田左京ら二十余人がこれに加わり、紹運は旗本の兵百五十人を率いて甲の丸で指揮に当たったとあり、この中には風呂谷（本城南方の谷）の守兵の数を加えていないので、これを入れるとさらに多くなる。いずれにしても敵の大軍に比べれば、まことに微々たる小勢であったが、城兵の意気は極めて盛んで全員決死の覚悟であった。
なお、各部署の配置兵力についても、各書相違があり、この人数とは合致しない。岩屋守城の兵数については、各書次の通りである。

『九州軍記』	六百余人	『九州治乱記』	五百五十八人	『橘山遺事』	七百余人
『西国盛衰記』	七百六十三人	『筑前国続風土記』	侍六百余人	『校正鹿児島外史』	殆一千
『陰徳太平記』	七百六十三騎	『高橋紹運記』	七百四十七人	『島津国史』	一千余

薩軍、紹運へ降伏を勧告する

薩軍は主将高橋紹運が指揮する岩屋城を落とせば、宝満の方は戦わずして降るものと考え、島津を主力に龍造寺、秋月、高橋、星野、問註所、草野、長野、原田、城井らの諸軍をもって、十二日から十三日にかけ、観世音寺、横岳、坂本、国分、水城を中心にして野陣を張り、山麓一帯を十重二十重に取り囲み、城外に脱出できないように包囲した。これを聞いた立花の人たちは、城兵のことを思って皆哭《な》いたと『豊前覚書』は記している。

島津側は攻撃に先だち、自軍の損害を避け、無為な日数を費やさぬため、懐柔と恫喝の両面から降伏を勧告してきた。使者として岩屋城へ送られてきたのは、荘厳寺《そうごんじ》快心という雄弁をもって聞こえた禅僧である。島津家は、先陣によく僧を使った。当時としては、他国へ入るにも僧が一番怪しまれず、手っ取り早い人心収攬の法でもあった。彼らの宗教的特権を生かして、軍事、民生の情報を探らせ、広報、宣撫や盲僧琵琶などによる芸術文化面にも幅広く利用された。

さて快心は岩屋へ入ると、紹運に対して、「このたびこちらへ出陣したのは、貴殿に対しての戦いではなく、筑紫広門の武士としてあるまじき裏切り行為に対し、誅伐するためやって来たもので、広門は思いのほか速やかに降伏して、我々の本意も達せられたが、元来宝満は筑紫が占領した城ですから、貴殿の子息統増殿が籠られる理由はありません。宝満城を我が方へ渡されるならば、和議を結んで直ちに全軍この地から退陣致しましょう。しかし、貴殿があくまで敵対されるなら、我が軍は直ちにこの城を攻め落とします。城兵のためにもよくお考え下さい」と開城への決断を迫った。

これに対して紹運は、「薩隅の地よりわざわざ当城まで大軍をもって出向かれたことは御苦労千万です。宝満城を渡せと言われるが、宝満、岩屋、立花の三城は、紹運と統虎（立花）が主家大友の代官として預かっているもので、すでに主家大友とともに我が高橋、立花両家も関白公の家人となったので、この三城は秀吉公の城であり、秀吉公の命なくば渡すことができません。しいてこれを受け取られるのなら、関白殿下の証札をお見せ下さい。さもなくば、この紹運はじめ部下の者は死を決して、この城を守ります。帰られたら速やかに攻められよ。少しも対戦の労は厭《いと》いません。龍造寺、秋月らは義を忘れて島津家についた恥知らずであり、また勝尾城はむざむざと降伏したが、この紹運は彼らと違い命の限り戦うので、いささか手強いと覚悟されよ」と答え、この使僧を城外に追い出した。

島津の本陣に帰った快心は、島津忠長、伊集院忠棟の両将に、「紹運殿の決心は、私の弁舌ではどうすることもできません」と報告した。両将はこれを聞くと、今さらながら容易ならざる相手と知ったが、このうえは一挙に攻め落とすほかはないと攻撃準備にとりかかった。

黒田孝高の諫言

一方、秀吉の軍監として島津征討の指揮をとっていた黒田孝高は、岩屋城が島津の大軍に包囲されたことを知り、秀吉に急報するとともに、紹運の身を案じて密かに家臣小林新兵衛を使者として岩屋へ遣わした。新兵衛が岩屋へ入ったのは、薩軍攻撃の前日、七月十三日と思われる。すでに追手口は寸尺の余地もないほどの軍勢で囲まれ、城中へ辿りつくことは並たいていの苦労ではなかった。ただ北方はまだ敵の囲みを受けていなかったので、新兵衛は乙金（大野城市）より入って迂回しながら、四王寺山、毘沙門岳の峰によじ登り、背面の間道伝いに尾崎を通って、辛うじて岩屋西北の裏城戸から城内に入ることができた。

紹運は甲冑を着け、近習の者に長刀を捧持させ、部下を率いて新兵衛と面会した。新兵衛は、「一旦立花へ退いて、御子息統虎殿と一緒に籠城して、そこで関白殿下の軍勢が来るのをお待ちなさい。立花は岩屋に較《くら》べ、はるかに要害であり、両家の力を合わせれば防御の手だても充分できましょう」という主人黒田孝高の口上を伝えた。

紹運はその厚意を謝し、「何分ことここに至って、敵に後ろを見せて城を退くことは本意ではありません。それに父子が同じ場所で守ることは、決して良い謀《はかりごと》とは申せません。私は我が墓はこの城と思い、ここを守り城を枕に討ち死にする覚悟です。どうか関白殿下が出馬されましたならば、このことをお伝え下さい。私は地下で今日の御厚意に報いましょう。また黒田殿の御使者である貴殿に対して、一応の御饗応を致すのが至当ですが、御覧のように敵軍が四方を取り囲んでいますのでそれもできません。何とぞ事情御推察下さい」と慇《いん》懃《ぎん》に答えた。

新兵衛は紹運の意気に感じて、自分も城兵に加わって死をともにせんと願ったが、紹運はそれを慰諭して、使者としての責務を全うさせるため、再び間道伝いに新兵衛を脱出させた。涙をふるって紹運と訣別した新兵衛は、険道を辿りやっと帰着し、孝高にこのことを報告した。

攻撃の機会を図っていた薩将伊集院忠棟は、十四日の午後に至り、全軍に総攻撃の命令を下した。筑前最大の攻防の火花をこの一点に集めて、岩屋城戦の火蓋が切って落とされた。

宝満押さえの別働隊は、山麓の有智山（内山）に向かったが、ほとんどの軍勢は岩屋攻めに加わった。攻城軍はそれぞれの旗印をかかげ、追手門目ざして正攻法で進み、竹束《たけたば》を突きよせて楯《たて》とし、隙間《すきま》なく並進して所在の人家を焼き払い、軍鼓を打ち鳴らして城垣の下まで攻め寄せて気勢を上げ、一斉に弓、鉄砲を放って籠城軍を威圧したが、城中よりもすぐさま軍鼓を鳴らして鉄砲を撃ちかけ、これに応じた。

何しろ数万の大軍が喊声を上げて殺到する様は雷鳴《らいめい》のような激しさであったと思われる。『筑前国続風土記』はこの時の様子を、「終日終夜、鉄砲の音やむ時なく、士卒のおめき叫ぶこえ、大地もひびくばかりなり。火矢を射ることすきまなければ、城中の家とも大略焼にけり。屛の矢狭間は射閉られて開き得ず、城中には上下皆爰《ここ》を死場所と定たれば、攻口を一足も引退ず、命を限りに防戦ふ。殊に鉄砲の上手多かりければ、寄手楯に逃れ、竹把を付る者共打殺さる事夥《おびただ》し」と記し、焦熱地獄と化した城中で死力をつくして戦う将兵の姿を伝えている。

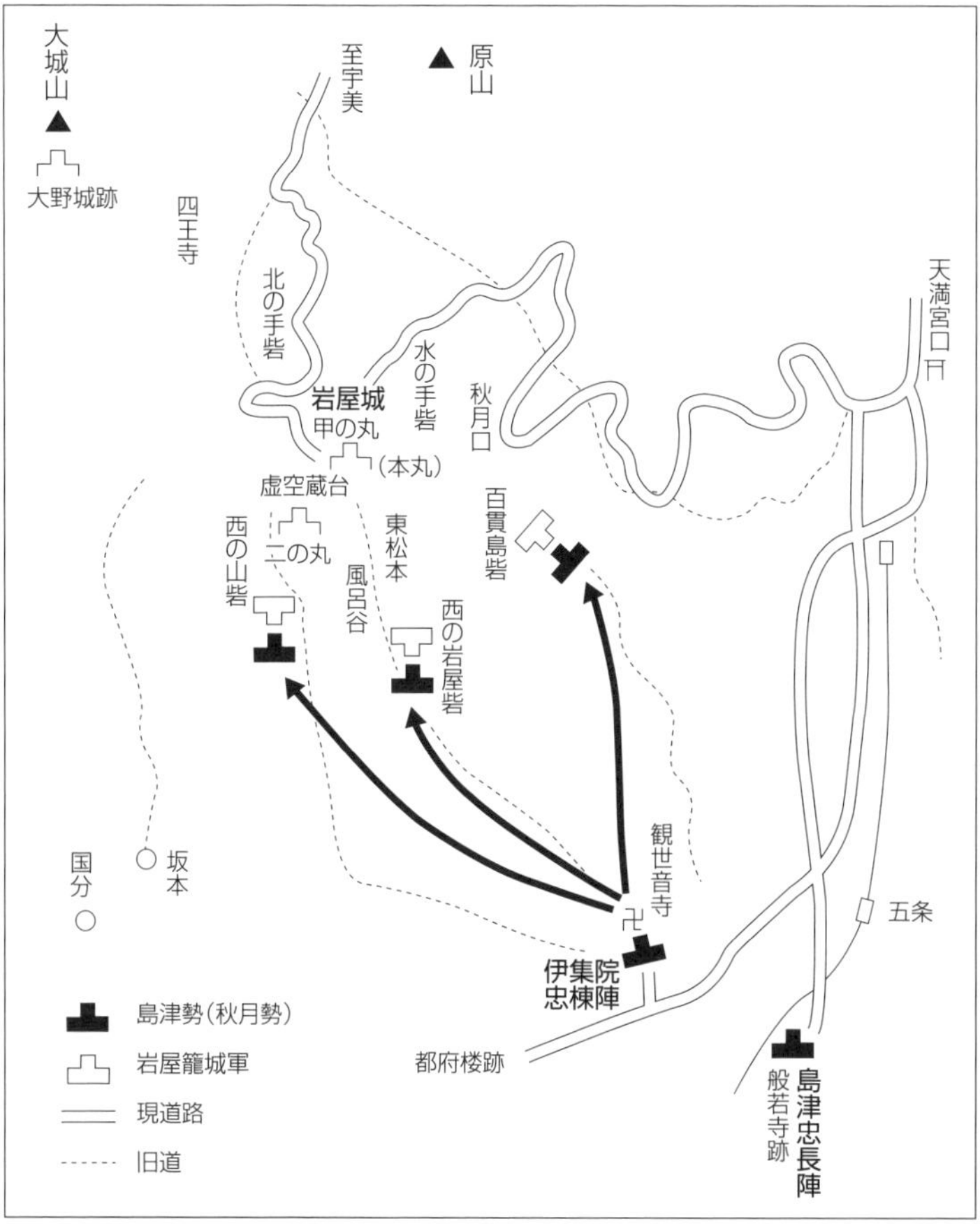

岩屋城攻防戦（天正14年７月14―27日）戦陣略図

紹運は本城（甲の丸、詰の丸ともいう）の高楼を中心に円形の陣をとり、谷に沿って空堀を穿《うが》ち、下からの通路を断って土塁を築き、その上に多くの逆茂木《さかもぎ》を立て、その陰に大石を張り、堅固に構えた。

城中には射撃に秀れた者が多く、肉迫してくる薩兵目がけて容赦なく銃弾を浴びせたので、たちまち死傷者が続出した。

しかし連合軍は、撃たれても撃たれても新手《あらて》の兵と入れ替え、潮《うしお》のように押し寄せる。濛々と黒煙が流れ、血と汗と硝煙の臭いが立ちこめる中を、各軍の旌旗が揺れ動き、人馬のどよめきが筑紫の山野を震《ふる》わせた。城兵は日頃紹運の訓練を受けて、一糸乱れぬ行動をとり、落ち着いて冷静に敵と向かい、持場を一歩も離れず、釣石、大木を落下させて攻城軍を悩ました。焼けつくような炎天の中で、夏草を血で染めて悽愴《せいそう》な殺戮《さつりく》が行われ、地獄の戦場と化した。

この日の攻撃は、亥《い》の刻（夜十時ごろ）まで続行、翌日は巳《み》の刻（午前十時ごろ）から子《ね》の刻（夜の十二時ごろ）まで攻撃を加えた。二昼夜にわたる猛攻をもってしても紹運の絶妙な指揮で多大の犠牲者を出すばかりで、こんな渺《びょう》たる小城が落ちない。大将島津忠長は秀吉の援軍が到着する前に、一日も早くここを攻め落として豊前（北九州）に進出しなければならないので、自ら陣頭に立って諸軍を叱咤《しった》するが、城の守りが堅くて攻め破ることができない。焦って攻めれば、かえって損害を増すばかりであった。この時島津は地元の有力な寺社にも陣夫の合力を求めているが、天正十四年七月十六日、薩将伊集院忠棟が天満宮に対して、陣夫四十人の協力を求めたことが、『大鳥居文書』に見えている。

城からは眺望がきいて、南は筑紫の山々や耳納山まで望むことができ、西北は玄界に広がる博多湾まで視野に入り何も遮《さえぎ》るものがない。城中から俯瞰《ふかん》すると、敵の陣形が手にとるように分かるが、一方下から仰ぐと、城の山腹には当時鬱蒼《うっそう》と竹藪が生い茂っていたというから、とても城内の様子を知ることはできなかったであろう。また、峰は高くないが、北方の四王寺山頂から西方の坂本、国分辺りまで深い谷がめぐり、炎天下甲冑をつけてはとても登れない。攻城軍にとってまことに苦難な城攻めとなった。

数回の攻撃も皆失敗に終わったが、いたずらに日数を費やしていては秀吉麾下《きか》の中国勢が早鞆の瀬戸を渡ってやって来る。何とかしなくてはと島津、伊集院（一説には野村忠敦）両将の顔に焦慮の色が滲んだ。『高橋紹運記』及び『薦野家譜』によれば、正面からの攻撃では埒《らち》があかぬと見た両将は、一旦兵を退避させるとともに岩屋の背後に出る間道を探索させ、村の農民一人ひとりを捕えて案内者とし、秋月の兵を派して国分村の間道より四王寺の峰に取り登り、城の裏手に進出して裏城戸を攻め落としたとあり、また別の書に農民一人を呼び出して水源を問い糺《ただ》し、ついに口を割らせることに成功、直ちに水の手谷を押さえたともある。

しかしこうまでしても、城兵の士気旺盛で傷ついた者もなお刀槍をもって敵に立ち向かうほどであった。炎暑の中、血戦すでに十日余り、その間、新手を入れ替え入れ替え攻め寄せる敵に対して、血と汗にまみれた城兵の疲労の色は濃く、じりじりと戦線は縮小され、二十六日未明、ついに外郭の砦が破られた。島津軍は二十三日にここを破る予定であったが、大雨のため二十六日に延期されたのである。城兵は、かねての作戦通りここを棄てて、二、三の丸に引き籠った。寄せ手はどっと城内目ざして攻めこんできた。この時、虚空蔵台の追手口で満を持して待機していた屋山中務は、城兵を指揮して大石、大木を落としかけ、鉄砲、弓を射かけたので、寄せ手は頭を砕かれ、手足を折られ、圧死する者たちまち数百人を数えた。

『北肥戦誌』は、「薩将、伊集院肥前守、新納武蔵守、北郷讃岐守は十文字の旗を山風に靡《なび》かし、虚空蔵台を攻む時に、城兵屋山中務少輔、成富左衛門尉をはじめ、宗徒の輩集まりて散々に相戦う、此時薩摩勢数百騎討死す」と記しているが、さすがの島津軍も恐れをなして近寄る者もなかった。

薩将新納の降伏勧告

ここで薩軍は一旦後方に退くと、城中に矢止めを乞い、弁舌に秀《すぐ》れた島津の将新納《にいろ》蔵人《くらんど》を軍使として岩屋へ遣わし、再び降伏を勧めてきた。新納は、「紹運殿に物申さん」と呼ばわり、馬を下りて単身城近くに進み、自分の姓名を名乗った。

紹運は櫓《やぐら》の上からこれに答え、わざと本名を名乗らず「某《それがし》は高橋の家臣で麻生外記《げき》と申す者であるが、何用あって来られたか」と問うと、新納は慇懃な態度で「このたび大軍を相手にしての紹運殿の戦いぶり、敵ながらまことにお見事天晴れなものと感じ入っております。さりながら紹運殿ほどの名将がなぜこうまで暗愚無道な大友に忠節を尽くされるのか。元来大友家は、九州六カ国の管領であったのに、宗麟殿は神仏を廃棄し、寺社を取り毀《こわ》して天理に背き、人道に反したため臣下の信望を失い、人心は離れ、属城は次々に叛き、今や本領の豊後一国さえも思うにまかせぬ有様です。智者は仁なき者のために死せずといいます。我が島津家は政道正しく、信義をもって人に接し、一日も早く九州の民生を安定させようとしています。一張一弛《いっちょういっし》は武士の習いで、張った弓も時に随って弛《ゆる》めることも必要です。今がその時と思います。これまでの勇戦で武門の意地は充分立ちましょう。拙者が責任をもって取り次ぎ、城中の方々の一命と本領安堵を取り計らいますので、どうか速やかに島津家へ降参して城を明け渡されるよう、この旨紹運殿にお伝え下さい」と言った。

この降伏勧告に対する麻生外記（実は紹運）の言葉を、『西国盛衰記』は次のように記している。

「こは新納殿とも覚え候はず、大将紹運へ申し聞するまでもなし、某《それがし》返辞仕らん、何れも静まりて聞かれ候へ、生ける者は必ず滅し盛んなる者は必ず衰ふ、始めある者は終わりあり、古へ源平両家天下に権を争ひしよりこのかた、盛なる家の衰へざるや候、公方《くぼう》家を始め斯波《しば》、細川、畠山、山名、一色、吉良《きら》、今川、大内、上杉、武田、千葉、土岐《とき》、佐々木、宇都宮《うつのみや》、朝倉、尼子《あまこ》、菊池以下の大家悉く破滅せり、大友家は右大将頼朝卿より、豊前、豊後を賜はって九州に下向せしより以来、名字今に断絶せず、殊に此二、三代は御門葉を賜はり、九州の探題職として政令を施さるゝ処に、島津殿故なく、日向の伊東を押倒されし故、属国たれば伊東に加勢せしむる処に、不幸にして味方敗軍せり、是より幕下の国人等心を変じて、隠謀を企て候、流石《さすが》大友なればこそ今に一両国も治め候へ、島津殿も十年以前までは、根占《ねじめ》、肝属《きもつき》、本郷、北原が勢、鹿児島まで乱入し一郡だに治め兼給ひしが、近年こそそっと世に出でられ候、当時大友家の武威少し衰へたりとて、広言は吐き給ひそ、鳥なき里の蝙蝠《こうもり》、貂《てん》なき山の鼬《いたち》にてぞ候らん、近日豊臣秀吉公、九州に進発候間、島津家の破滅も程あるまじく覚え候、主人の盛んなる時忠を励み、功名を顕はす者ありと雖も、主人衰へたる時にのぞんで一命を捨つる者は希《まれ》に候、方々《かたがた》も島津滅亡の期に及びなば、主を捨て狭間《はざま》を潜《くぐ》る覚悟専一とこそ承りつれ、松樹千年の楽みも、槿花一日《きんかいちじつ》の栄《えい》に同じ、当陣五万の衆兵誰か百年の齢《よわい》を保ち候はん、士たる者の仁義を守らざるは鳥獣に異ならず候」

まことに理路整然とした紹運のこの言葉は、蔵人の心に響き、言い返す言葉もなく、すごすごと引き下がっていった。帰陣してこれを報告すると、麻生外記と名乗った武士が、その容貌態度からして、実は紹運その人であることが分かり、敵ながらその堂々とした見識に感じ入った。

島津、最後の勧告をする

新納の勧告は失敗したが、島津側はこれ以上味方の損耗を見るに忍びず、それに岩屋攻略の遅延は上方勢との対決に大きな影響を与えるため、早期和解を急いで、三たび使者を城中に遣わしてきた。その日の夕方、使者としてやって来たのは、前回の僧、荘厳寺快心であった。快心は、今度はどうしても紹運を説得して講和の道を開こうと、前回にも増して熱意を傾け雄弁に説いた。

この時の両者の対話を別々の史書から引用してみると、まず快心は、「この度八ケ国の軍卒を引《(率)》いて数日に及び候へ共、城内物音もなく堅固に持支へられる事比類なく覚《おぼ》へ候、又当方も日夜の働《はたらき》、今日邑城《さとじろ》を取崩せし次第、双方の手柄不足もなく候へば、今は和談を存じ候、宝満、立花、岩屋三ケ城の本持所領は少しも相違有まじく候、八ケ国の寄衆《よせしゅう》の覚にて候条、実子を一人質人に給はりたし、然らば当陣を退き候べし、向後豊州、薩州の和談を紹運調儀さるべし、そのこと成就の時質人を返しまいらせ九州一統にして、両家心を一にして中国へ切渡り、京都へ攻登り天下を掌《たなごころ》にし泰平をうたい候はん」（『九州軍記』）と述べ、さらに紹運一個の志を貫《つらぬ》かんため、城中多数の将兵を死なせることは、生命の尊厳を無視することであり、敢えて貴殿の慈悲心に訴え、これ以上双方に死傷者の出ぬようお願いすると結んでいる。

これに対し紹運の答えは、「御懇意に仰《おおせ》候処、悦《よろこ》び入て候、さりながら紹運たとひ命を惜み、立花統虎並《ならびに》愚息統増に貴家と和睦の事申入候とも彼両人同心の儀はかりかたく候、若《もし》同心せざる時は紹運面目を失ふのみならず、大友に対し数年の忠義皆むなしく成候事かへすかへすも口惜く候、凡《およそ》運命は極る期あり、その極る時節をしらずして、あなたにしたがひこなたへしたがはん事、勇士の恥る処なり、秀吉公の御助勢もいつ着陣すへともしらず候、仰の如く大友家は威を失ひ候へば、もとより当城後詰は思ひも寄らず候、急ぎ城を責られ候へ、いさきよく打死すべし」（『筑前国続風土記』）と、島津側が示した有利な和解条件をきっぱり断わって、いささかも心の揺るぎがなかった。

島津の紹運に対する和解交渉は、ことごとく不成功に終わり、この上は相当の犠牲を払っても全力をあげて攻め落とすほかはないと、最後の城攻めにかかった。

それまで紹運に対する開城勧告は、敵味方合わせて前後五回に及んでいるが、そのうち二回は立花統虎と黒田孝高《よしたか》の味方からであり、あとの三回が島津側からのものである。島津側より第一回の荘厳寺快心による降伏勧告は、攻撃開始前の七月十三日とし、二回目の新納蔵人と三回目の荘厳寺の派遣を各書は、邑城（里城、砦のこと）を取り崩した二十六日の同日としているが、二十六日の戦闘に続いて二十七日の未明から最後の総攻撃が始まり、夕刻に城は落ちたので、時間的にも二十六日に二回の派遣は不可能と思われる。前後の事情を考えれば、この勧告を二十四日から二十六日の間頃と推測する。

一方、紹運が敵の最後勧告を一蹴した時、城中には島津に降って死を免れようと考えた者が全然いなかったであろうか。人間の真価は、死というぎりぎりの線にあってこそ鮮明になる。人間同士が殺し合う戦闘という異常な極限状態の中でも、平和を希求する心が動いていたこともまた当然であろう。

封建時代の主従関係は厳しいものだったとしても、主人一個の死生観に全員が何の躊躇《ちゆうちよ》もなく、純粋一途な心で同調できたであろうか。生への願いを断って、主人に殉じようとする心と、生に未練を残す両面の心の葛《かつ》藤《とう》があったと思われる。ともあれ、家族や友人たちへの複雑な心情を抱いて散っていった城兵らの胸中を思うと、一掬《いっきく》の涙を禁じ得ない。現代の感覚では、到底理解し難い面もあるが、岩屋城玉砕の精神的崇高さとともに、その裏面に隠された人間像を探り、両極面からこれを考察しなければ岩屋城戦の本質に迫ることはできない。

『陰徳太平記』に、荘厳寺快心が紹運に最後の和談を申し入れてきた時、城兵たちはその成就を願っていたのに、紹運の潔い返答で、せっかく助命の機会を逸し、絶望した城兵たちは皆眉を集め首をうなだれていたが、この時宝満の座主浄戒坊隆全《じようかいぼうりゆうぜん》は、龍造寺氏に誼《よしみ》があったので、紹運に対して、この際島津と一旦和睦して、城兵の命を救い、秀吉公の到着を待たるべしと諫めた。これに対して、紹運は怒って、貴殿はここから早く宿坊に帰って、自分に似合った国家安全の祈禱でもするがよい。軍事のことは法衣の外のことであると言って叱りつけたので、隆全はしおしおと退座した。つき従っていた坊中の者たちも、ことごとく紹運を疎《うと》み、思い思いに落ちて行ったと記しているが、城内における生死の葛藤を物語っている。

その頃、立花から岩屋へ向けて、夜になると兵糧、玉薬などの救援物資を運んでいたが、ついに島津軍の察知するところとなり、兵三千人余りを輸送路に待ち伏せさせていた。立花勢は、それとも知らず兵糧、硝薬などを小荷駄十数疋に負わせ、十時太左衛門、児玉新五左衛門らが警固して、二十六日の日暮れに宇美河内から原山越にさしかかったところ、待ち構えていた薩摩勢がどっと鬨《とき》の声をあげて四方から襲いかかった。十時、児玉らはこれと応戦したが、衆寡敵せず、小荷駄を捨てて立花へ逃げ帰った。

立花方の救援物資を掠奪して帰ってきた薩摩勢の一隊は、なおも余勢をかって観音寺（観世音寺）に乱入して、仏具、経巻を取りちらして狼藉《ろうぜき》に及んだ。驚いた寺側は、大将島津忠長に使僧をもって寺院乱入のことを訴え、法域の保護を陳情したので、忠長は丁重に非を詫び、直ちに寺中より暴兵を追い出し、秋月勢をもって警備させたが、さらにその主謀者を捕えて梟首《きょうしゅ》し、制札を所々に掲げて、軍紀の厳正を示した。

一方、島津の宿将上井覚兼《うわいかくけん》（宮崎地頭）は宮崎衆を率いて七日、宮崎を発ち、二十二日、岩屋表へ急行してきたが、着陣以来の薩軍の様子が彼の日記（『上井覚兼日記』）に記されているので、原文のまま示す。

一、廿二日、早朝打立、岩屋の御陣より一里ハ（ば）かりこなた長尾と中村ニやすらひ候て、忠長、忠棟へ使を進入候、其返事、さてハ参候哉、肝要ニおほされ候、明朝岩屋下拵《したこしらえ》可被破せ候、然者《しからば》、秋月殿（種実）衆、城殿衆、宇土殿衆、此衆にてさせられへく候、諸軍衆者《は》上矢たるへく候、日刕衆《にっしゅうしゅう》ハ取添より上矢射させ申候て可然由、承候也、此夜ハ陣所へ野宿候、伊集院野州（久治）より参陣目出由候て、御酒持せ預候也、

一、廿三日、夜中より雨頻《しきりに》降候、然者《しからば》今日之働相延候也、従秋月殿使者預候、着陣之祝言として太刀、百疋預候也、此日陣所見合、陣屋構させ候、取添之下之平良ニ日州衆同陣仕候、此夜月待申候、各長道又ハ普請に労居候間、只一人読経にて月待取候也、

一、廿四日、別而地蔵井へ看経等申候、殊更宰符故有処にて候条、名号等数千返にて候、此日豊前衆紀伊（城井）三郎殿、拙者へ被来候、太刀三百疋持せられ候、即見参申、御酒寄合候也、諸方之人数着陣目出之由、自身被来衆も候、又ハ陣屋未済に候らんとて、使者預衆も候、不及書載候、

一、廿五日、払暁より看経始常、当初無余儀事候間、天満宮へ別而祈誓申候、寔《まこと》に祈念までに、

萩こえて　むらさき生きる　野かぜ哉　　覚兼

（中略）

一、廿六日、日州諸軍へ明朝城攻之由、触《ふれ》申候也、

右のように静かに読経のうちに攻撃の日を迎えんとしている様子がありありと分かり、攻撃前夜までの日向勢の行動が綴られている。

明くれば七月二十七日の未明寅《とら》の刻（午前四時）より（一説には卯の刻、午前六時ともある）薩軍最後の総攻撃が始まった。竹束を楯に切り岸に取り付いた寄せ手は、夜の明けるのを待ち、崖下を伝って城中に攻め登ろうと犇《ひし》めき合った。喊声《かんせい》をあげて攻め上ってくる敵を城中から鑓、長刀で突き落とし、弓、鉄砲を雨あられのように激しく射ちかけ、大石、大木を次々に投げ落としたので、崖下はたちまち死傷者で埋り、手負いの者の呻《うめ》き声は、この世のものとは思われなかった。だが寄せ手はまるで谷底から湧いてくるように、討たれても討たれても怯《ひる》まず、新手を入れ替え、死骸を乗り越えてしゃにむに吶喊《とつかん》してくる。味方は代わる兵もなく、紹運以下七百六十余名の城兵は、それぞれの持ち口を固めて、攻めこんでくる敵を必死に追い崩していたが、雲《うん》霞《か》のごとき大軍は、後からあとから引きもきらず押し寄せて、猛攻を加えた。

『西藩野史』は「大将島津図書頭《ずしよのかみ》忠長城門ヲ破リ自ラ鑓ヲ取テ先登ニススム奮戦シテ柄ヲ折ル、城兵機ニ乗シテ忠長ヲ斬ラントス、永野長助来リ救ヒ、宮原伯耆守、山元助六、森勘七、宮崎土佐助（共ニ忠長ノ臣）戦死シテ忠長全キコトヲ得タリ」と、激戦の中で大将忠長が負傷して、危うく難を逃れたことを記している。

だが、午《うま》の刻（正午十二時）まで八時間の戦闘で、防御線の将卒の大部分は戦線に斃《たお》れた。季節は新暦でいうなら九月であるが、初秋とはいえ残暑厳しい頃である。攻守両軍の兵たちは、ほとんど軽装で闘ったと思われる。

午の下刻（午後一時ごろ）になり、福田民部が守る虚空蔵台辰巳《こくうぞうだいたつみ》の守備口がまず破られ、福田以下この陣地

の将兵ことごとく討ち死に、続いて伊藤惣右衛門、成富左衛門らが守る南門に殺到した。成富左衛門は剛弓の射手であったから、三人張の大弓に大矢をとって番《つが》い、寄せ手を散々に射倒した。この成富の左右を同新五郎、石橋弥介、河端勘介、辻治右衛門、同市允、中島隼人祐ら十名足らずの兵が、しっかり固めて成富を助け、互いに「引くな」、「引くな」と声をかけ合い、一歩も退かず、肉薄してくる敵と切先から火の出るほど激しく斬闘したが、奔流のように押し寄せてくる敵勢に攻め破られて、伊藤、成富以下この持ち場の将士七十余人は、全員その場で玉砕。

西南城戸を守る屋山中務以下百余名も敵を引き入れては討ち、引き入れては討ちして一人で皆五人十人の敵を討ったが、ほとんど槍、鉄砲疵を受けて次第に討ち取られて、残兵わずかになった。風呂谷より百貫島、山城戸への数町に及ぶ各防御線は突破され、三原紹心、土岐大隅、伊藤八郎、弓削了意《りょうい》らが仆《たお》れ、続いて秋月押さえの持ち口も崩され、高橋越前、伊部九華らの勇士たちも相前後して戦死、あるいは腹掻き切って死んでいった。

中でも、百余人の守備隊を指揮する百貫島砦の守将三原紹心（和泉守）は、文武両道の達人であったが、入道姿で鬢髪《びんぱつ》をも染めんばかりの華やかな扮装で、四尺（約一・二メートル）余りの大太刀を差しかざして、持ち口の若い城兵たちを励ましていたが、薩兵押し寄せると見るや、辞世の歌を塀柱に書きつけ、朗々と声高く、

「打太刀《うったち》の金《かね》の響《ひびき》も久方《ひさかた》の　雲の上にぞ聞《きこ》えあぐべき」（『高橋紹運記』）

と詠みあげるより早く敵中に斬り入り、向かう者の眉間、背く者の大袈裟《けさ》胴切り車切りと武術の限りを尽くして斬りまくり、自身も数カ所に傷を負い、今はこれまでと向かう敵を引組み、そのまま谷底に向かって折り重なるように転落して壮烈な最期を遂げた。三十九歳であったという。

紹心の部下たちも群がる敵勢に取り囲まれて次々に仆《たお》れ、城郭の周囲はしだいに縮小されていった。城兵は死力をつくして激闘、各持ち場で討ち死にしていったが、この悲惨な状況を、『筑前国続風土記』は、「深手を

負て腹切もあり、或は今一度主君に見参して最後の暇乞《いとまごい》せんとて本丸に上るもあり、或は向う敵と引組、刺し違へ、或は日ごろしたしかりし傍輩《ほうばい》とたかひに刀を抜き、さし違へひとつ枕に伏すもあり、思い〳〵の最後の体、あはれ成し事共也」と語っている。

山城戸の将、弓削平内は射術の巧者であったから、塁壁に上って矢種の尽きるまで射ちまくったが、左手を射られて今はこれまでと、からりと弓を投げ棄てると、一族とともに敵中に駆け入って阿修羅のごとく暴れ廻り、ついに討たれた。

薩軍の猛攻につぐ猛攻で、各砦は打ち崩され、わずかに生き残った残兵は、刀を杖にし、槍にすがって二条（本城付近の名称。二重の櫓があった所）に退いて、萩尾勢に加わった。二条の守将萩尾麟可、同大学父子はこれら残兵を合わせた百余人で、もはやこのうえは存分に戦って討ち死にすべしと、乱髪を鉢巻で結び、全員鮮血に染まった顔に眦《まなじり》を決して、津波のように押し寄せる敵中に突入して、死力を奮って戦い、そこここに散華していった。その中で萩尾大学は、高橋家中でも屈指の使い手として聞こえた剣豪であったが、彼は味方の弱い所を助けて飛び廻っては寄せ手を斬り倒し、彼の向かう所たちまち死骸の山を築いた。彼の刀はささらのごとくになり、敵の返り血を浴び、髪をふり乱して悽愴な姿で斬りまくったが、衆寡《しゅうか》敵せず力尽きてついに敵中に仆れた。

この時、敵味方ともに六、七百人の死傷者が出た。これと前後して、山頂付近の水の手上砦を守っていた村山刑部以下六十八名（『西国盛衰記』、『陰徳太平記』では六十八人、『九州諸将軍記』は六十余人、『高橋紹運記』は二十七人、『九州治乱記』は二十七、八人）の者も、勇戦奮闘して全員討ち死にした。

ここに薩軍の兵と、秋月勢力を加えた千余の別動隊は、密かに杉塚村の農夫を案内者として、国分村の間道より四王寺の峰に出て、本城の裏手に進出、裏城戸を攻め破り、城の背後から攻撃した。ここを守る立花よりの援兵吉田左京以下二十余名は、一歩も退かず奮戦してことごとくその場で戦死した。『秋月家軍功日記』は、

「秋月勢、搦手より破て、岩屋の城落申候」と記している。

その頃、屋山中務の嫡子太郎は、父中務の戦死を聞くと、少年ながらも敵に一太刀報いんとして、おっとり刀で駆け出そうとしたのを、その母は彼の袖を引っぱってこれを押しとどめようとしたが、少年はその袂を引きちぎって飛び出しついに敵中に駆け入り、健気《けなげ》にも太刀を引き抜いて斬りかかっていったが、あえなく討たれてしまった。当年十三歳であったという。彼の名は岩屋戦死者名簿の中に記録されている。少年が母の制止を振り切って飛び出した時、哀れにも母の手許に引きちぎられた着衣の片袖が残ったといわれる。『橘山遺事』は、この片袖について「白麻地《しろあさじ》、藍文《あいもん》、当時孺子《しゅす》美服也」と記している。屋山家の子孫、屋山軍司氏（大野城市在住）の家にはこの遺袖が伝わっていたというが、現在不明である。

紹運の最期

それまでの城兵の奮戦で、甲の丸（詰の丸ともいう）と二の丸（二重の丸ともいう）との間には、寄せ手の屍体が累々として横たわり、三方の渓谷に折り重なるようにして打ち棄てられた骸《むくろ》は千を数えるに及んだ。しかし剽悍《ひょうかん》をもって聞こえた薩摩軍は、その死骸を乗り越え乗り越えして攻めこんでくる。各砦の討ち残された城兵たちは、満身創痍《まんしんそうい》の体であったが、なおも持った槍の柄を切って短くし、紹運に最後の訣別をして、再び寄せ手の中に斬りこんでいった。血で血を洗う凄惨な激戦が早朝六時から夕方四時頃まで延々《えんえん》十時間にわたって続いたが、圧倒的な敵の大軍に討たれて、今や残兵わずかになった。

紹運は本丸の高櫓で各軍の指揮をとり、絶えず味方の死傷者を巡見し、数珠を片手に経を唱えて死者を弔い、手負いの者へは手ずから薬を与えて労《いたわ》っていたが、水の手が切断され、敵兵三方より攻め込んできたので、今はこれまでと、自ら中島左馬之助、同大炊助《おおいのすけ》以下の旗本を従えて、甲の丸から打って出た。主人に遅れまいとして、従う者たちも敵中に分け入って、壮烈な白兵戦を演じたが、中でも大将紹運の奮戦は一際目だち、斬っては離れ、離れては斬り、得意の大長刀を縦横に振りまわして、群がり寄る敵勢を相手に十七人まで斬り倒した。『西藩野史』は、「紹運雄略絶倫兵ヲアケテ撃出シ薩軍破ルコト数回殺傷甚多シ」と、その奮戦の様子を伝えている。

これら城兵の死に物狂いの抵抗で、寄せ手はしばしば怯んで退いた。生き残りの者わずかに五十余人、その大半は深傷を負い、紹運もまた身に数カ所の傷を負って、鮮血に染まっていた。このうえは敵の手にかからぬうちにと、高櫓にとり登り、気力を振りしぼって、刀を腹に突きさし潔く自害して果てた。介錯《かいしゃく》は吉野左京介がしたといわれるが、彼もまたその刀で割腹して後を追った。

紹運の辞世は、その楼扉に、

「かばねをば岩屋の苔《こけ》に埋《うず》めてぞ　雲井の空になをとゞむべき」（『高橋紹運記』）

と書かれてあった。なお、『陰徳太平記』には、

「流れての末の世遠く埋れぬ　名をや岩屋の苔の下水《したみず》」

となっている。

紹運時に三十九歳、その時刻は午後五時頃であったといわれる。主君の最期を見届けた残った五十余人の勇士たちは、一斉に念仏を唱えながら割腹、あるいは互いに刺し違えたりして、戦国においても稀有の総自決による最後を遂げて、岩屋城は陥落した。

日はわずかに西に移ったが、余焔《よえん》はなお城内を覆《おお》い、焼け落ちた敵味方の旌旗や、夥しい武具などが死体とともに散乱して、戦闘の激しさを物語っていた。島津側の記録になる『長谷場越前自記』は、薩将の負傷と攻城軍の損害についてふれ、紹運の最期の模様を次のように伝えている。

天正十四年七月二十七日の寅の一点、万方《ばんぽう》より押寄て平詰《ひらづめ》ニ社被攻《こそせめられ》けれ、城内の人々者《は》大手の口ニ指合《さしあわせ》て

防事《ふせぐこと》限り無し（中略）

其中に山田越前守、上井伊勢守（覚兼）宮原左近将監者骨《は》ヲ打砕きてぞ被落《おちられ》、此外処々のつは《(わ)》ものも到戦死数余多《あまた》、一、二の丸ハ事果し詰の丸に切り入れバ、高橋入道痛手負て良等《(郎党か)》のつは《(わ)》ものニ養生させて居たりしが再《(最)》期とそ《(ぞ)》思ひ宛《つつ》、矢蔵《(櫓)》の上にて十念唱《とな》へてもんじんす、寄手のつは《(わ)》もの落合て法師首取て出《いで》んけり、既に此日も申《さる》の半《なかば》にをちければ、観世音寺の西の方ニ討頸聚《うちくびあつめ》て実検し、勝吐気《かちどき》畢《おえれば》ハ軍兵者《は》陣所陣所ニ打帰リ、悦《よろこ》ふ事限り無し

また、『黒田家譜』は、「城主高橋紹運かくれなき猛将なりしが、寄手よりさまざま和を乞ふといへども天性気あり節有て義を守る人なれば終に降らずして手いたく防戦して死す」と記している。

なお紹運の最期については、各書これまた相違があるが、介錯によらず自刃したとしているものに、『筑前国続風土記』、『九州治乱記』、『薩藩旧伝集』、『高橋紹運記』などがあり、介錯したとしているものに『西国盛衰記』、『陰徳太平記』、『筑後将士軍談』などがある。また薩軍によって紹運の首を討ち取ったとしているものに『北肥戦誌』がある。おそらくこれは自決後に薩兵が奪ったものであろう。

紹運自刃の時、火を放って死体を焼き、首を敵に渡さじと相談したが、紹運は、「その儀無用である。其儘《そのまま》首を取らせてこそ義を守って討死したことが分かり、死体が見えなければ逃げたと思う者もあろう。武士は屍を晒《さら》さぬものと言うが、それは死ぬ場所による。敢《あ》えて首を取らせよ」と言ったということが、『筑後実記』に記されている。

また、『上井覚兼日記』には、城内の婦女子について、「岩屋にて捕人《とらえびと》の内、侍《さむらい》之妻子共の事、爰元《ここもと》も留めさせ申候、八《やつ》城《(代)》にても、遠方まで引取候はぬ様ニ、御留《おとどめ》然《しか》る可《べ》く候、其故《そのゆえ》者《は》、宝満・橘《(立花)》へ居《い》候《そうろう》者も、妻子ハ岩屋ニ置たる者、餘多《あまた》有由《あるよし》申候、彼等計策《けいさく》之為にも罷《まか》り成《な》る可《べ》く候間、御留肝要の由なり、此日《このひ》、打立《うちたて》候て、

高良山《こうらさん》領宮之路《（宮野陣カ）》と申所《もうすところ》ニ留候」とあり、岩屋の婦女子は、覚兼の負傷帰還に伴い連行され、高良山領の宮之路（宮野陣）に留められたと記されている。その後、これら囚《とら》われ人らの記録はないが、秀吉軍の接近とともに足手まといになることを恐れて、放免したものと考えられる。

紹運は、かねてからその夫人と娘について、部下の士（高橋越前といい、または江淵、黒岩、三浦の三士ともいう）に、最後の時の介錯を命じておいたが、乱軍の中で道を塞《ふさ》がれ、彼らは夫人の居室に達せずして討ち死にし、夫人と娘は薩軍によって捕えられた。

紹運の墓について

岩屋落城の翌日、薩軍陣地般若坂の高台（筑紫野市二日市）において、紹運の首実検が行われた。薩将は隊士が首級を捧げてくるのを見て、床几《しょうぎ》を降りて拝礼し、敵ながらも惜しむべき名将であると、読経して手厚く葬った。その首について大方の記録は、岩屋の向かい二日市の東南の小高い丘の上に埋葬したと記しているが、紹運と親交のあった太宰府横岳崇福《そうふく》寺の塔頭《たっちゅう》、宗普《そうしん》が島津側に乞うて、その首を貰い受け、岩屋城西の丸（二の丸）の地に葬ったとしているものもある。崇福寺はこの時、兵火に罹《かか》り焼失したが、後になって箱崎（福岡市博多区千代）に移った。『陰徳太平記』は、国分村（太宰府市国分）の川下にかけていた首を、宝満仲谷坊の僧経実という者が盗み奪って葬った（どこに埋めたか記していない）としている。

高橋紹運首塚（筑紫野市二日市）

紹運の首塚は、薩軍の本陣が置かれたという般若寺跡より京町の東側の小道を入った民家の中にあり、かつては土で覆っていたが、その後改築されている。

岩屋城址二の丸跡に立つ高橋紹運墓
（太宰府市）

塚の規模は長さ四・三メートル、横二メートル、高さ一・五メートルくらいの石垣をもって築かれていて、高橋紹運以下、主だった戦死者たちの首を集めて埋葬した所という。

塚の規模からいっても小さく、首だけ（それも戦死者のわずか一部しか埋める余地がない）しか埋葬できぬほどである。身体の方は各書にある通り、その後立花家において岩屋城二の丸（現在墓のある所）に埋めたが、首と身体は二日市と岩屋城二の丸跡にあって、南北にそれぞれ向かい合って相対している。城兵らの首は、観世音寺の西の所に集めて首実検をしたと言われるが、その埋葬場所や島津側戦死者の塚の所在などについては定かでない。

二、三の丸跡周辺には屋山中務少輔種速、萩尾大学らの数基の墓碑がある。

島津側は落城翌日の七月二十八日に、薩軍陣地の丘上で敵味方戦死者供養のため、秋月仏心寺の茂林和尚を招き、導師として一大法会を営み、島津忠長自ら焼香して追悼を捧げた。血風去ってすでに初秋であった。その時の卒塔婆《そとば》の偈《げ》に、

「一将功成リテ九州ニ冠《かん》タリ　戦場ノ血ハ染川《そめかわ》ニ入テ流ル　人ヲ殺ス刀是レ人ヲ活《いか》ス劒　月白ク風高シ岩屋ノ秋」

とあった。染川は当時天満宮の近くを流れる小川で、藍染川とも呼ばれていたという。宗祇法師の『筑紫道記《つくしのみちのき》』や細川幽斎の『九州道の記』にもこの染川の名が見られる。

紹運の法号は天叟院殿《てんそういんでん》性海紹運大居士である。のちに立花宗茂（当時の統虎）が柳川に封ぜられてから、この地に一寺を建てて祀り、紹運及び戦没者の菩提を弔った。すなわち天叟寺である。同寺には江戸期になって、

岩屋城戦死者の子孫で立花家へ仕えた人たちが天明五（一七八五）年七月二十七日、紹運没後二百年忌に建てた墓碑がある。また、寛永二十一（一六四四）年作の紹運の画像一幅がある。ここも太宰府の西正寺と同様に毎年七月二十七日に戦没者の子孫たちが参会して法要が行われている。

秀吉の島津征伐後に三池郡を賜わった紹運の二男統増（直次）は、亡父紹運の菩提を弔うため、今山（大牟田市）に紹運寺を建立した。

岩屋攻防戦は紹運以下、城兵七百六十三名の玉砕で終わりを告げたが、とりわけ薩軍の損害は甚大で、『島津世録記』に戦死三千七百余人、『筑前国続風土記』には戦死三千人、手負千五百人、『高橋紹運記』には、大将たる武士二十七騎、そのほか士卒戦死九百余、手負千五百人余、『陰徳太平記』は名ある武士三十七人、諸卒千八百人、手負千五百九人、『九州治乱記』は三千七百余人などとなっている。これら手負の者たちは二日市の武蔵の湯（二日市温泉）に入り、傷の湯治をしたといわれている。この戦闘に参加していた島津方の筑後八女郡の領主星野一族も家中の士の損傷激しく、『星野家譜』に戦死、星野式部太夫重種、星野治部太夫正重以下二百三十四人、重傷四十一人、軽傷四十八人としている。

高橋紹運像（柳川市・天叟寺所蔵）

一方、『秋月家軍功日記』によれば、秋月方では岩屋城兵の「討捕候首数、雑兵共に弐百八拾四也」と詳しい数字が記されていて、その中には高橋越前、弓削兵内、伊部九華らの名ある武士も含まれているが、秋月側の損害については少しもふれていない。おそらく秋月勢の死傷も相当な数であったと思われる。また、この戦役における糸島の原田信種に対する、島津義久よりの感状が『改正原田記』に記されているので、秋月と同様に原田方にも損害があったと考えられるが、これに対する詳しい記録はない。

　前述の薩軍の損害の中で、最も打撃を蒙ったのは、上井覚兼の率いる日向勢であった。一番切り岸の高い部分に配置された覚兼以下日向衆へは、城砦から大石が降り注ぎ、銃弾が雨霰《あめあられ》のように撃ちかけられて進むことができず、立ち竦《すく》みの状態となり、次々に石打ちにあって崖下に転落する者や頭を砕かれて即死する者、あるいは銃弾を受けて死傷する者など、生き残りの宮崎衆はほとんど傷を負い、隊将覚兼もまた石に打たれて負傷するという潰滅状態となって、前線から全員後退するほど島津軍の受けた打撃は甚大であった。

攻城の将新納忠元

　ところで攻城軍の主将を多くの書は島津忠長（義久の従弟）、伊集院忠棟《ただむね》、野村忠敦《ただあつ》としているが、一部に島津の国老新納《にいろ》忠元《ただもと》（武蔵守）を将としているものがある。事実、『薩藩旧伝集』には「新納武蔵守忠元石ニ而《テ》腰を打《うた》れ駄腰《だごし》ニ乗り下知《げち》被到《いたされ》候《そうろう》……」とあり、また天満宮別当大鳥居信寛に宛てた天正十四年八月三日（岩屋落城六日後）の忠元自筆の文書が遺されていて、岩屋攻城戦に参加しているように見受けられるが、これだけではなお断定し難い面もあり、今後の研究を待つほかはない。

　多くの書は、忠元がこの後、豊後口へ向かったとしているが、もし岩屋戦の指揮をとっていたとすれば、薩摩を代表する武将だけに、その戦略的価値をさらに高めることになろう。

　新納忠元は島津氏一族で、薩摩大口城主（大口市）として、島津氏三代（貴久、義久、義弘）に仕えた忠臣で、島津家の柱石として重きをなした。小柄ながら豪勇無双を謳われ、のちに秀吉もその胆力を賞したほどの猛将であった。鼻下に見事な髭をたくわえ、為舟《いしゅう》と号し、鬼武蔵と称されて内外から恐れられたが、反面詩歌の道にも長じ、戦陣の合間で作った俗謡にも秀れたものを遺している。のちに頼山陽が忠元の作った俗謡を詩にしたのが、有名な「前兵児《ぜんへこ》の謡《うた》」である。彼は大永六（一五二六）年生まれであるから、岩屋攻めの時は六十一歳であった。その地位については、忠元の家格、経歴、名声からしても、伊集院、野村両将よりも上位にあるべきはずであり、この忠元が主将として岩屋攻めを指揮したとするならば、岩屋攻防戦はまさに九州南北の智勇を賭けた戦略家同士の対決であったと言えよう。

ともあれ半月余にわたる籠城にもかかわらず、一人の脱落者も出さずに、最後まで主将高橋紹運を中心に団結して戦い抜き、全員玉砕したことについて、『筑前国続風土記』は「紹運平生情深かりし故且は其忠義に感化せし故一人も節義をうしなはざるなるべし」と説明している。また、紹運がこうまでして岩屋城を守って戦ったのは、当時の変節極まりない武家社会に対する痛烈な警鐘であり、身をもって武士の道義を示したものであった。

漢詩（七言絶句）　吉永正春作

詠㆓岩屋城㆒　岩屋城《いわやじょう》を詠《えい》ず
戦雲漠漠掩孤城　戦雲漠漠《せんうんばくばく》として孤城《こじょう》を掩《おお》い
魘旆翩翻迫喊声　魘旆翩翻《げいはいへんはん》として喊声《かんせい》迫《せま》る
七百積骸清碧血　七百《しちひゃく》の積骸《せきがい》碧血《へっけつ》清《きよ》く
千秋遺烈勇魂明　千秋《せんしゅう》の遺烈《いれつ》勇魂《ゆうこん》明《あきら》かなり

（詩意）
戦気をはらんだ雲は、広くかすかに岩屋の孤城を掩って島津の旗が風に翻り、ときの声が迫ってくる。七六三名が守る岩屋城は島津五万の大軍を引き受けて敢然と戦い、遂に守将高橋紹運以下全員玉砕したが、彼らの流した血は清く、永久に残る功績は勇魂とともに明らかである。

岩屋落城悲話

紹運の家臣で谷川大膳という者がいた。彼は落城前日の七月二十六日、紹運の密命を帯び、立花城へ使いしたが、夜になるのを待って薩軍の厳重な包囲網をくぐり、谷を越え峰を攀《よ》じり、苦心の末立花に入り、統虎の返書を受け取って翌二十七日の夜半に岩屋まで辿り着いた。その時、城はすでに落城した後であったが、大膳はそんなこととは知らずに、搦手から入りこんで、「大膳ただ今戻りました。早く開門下さい」と呼ばわった。だが中から何の返事もなく、どうも様子が変だと思っているうち、どこからともなくばらばらと大勢の敵兵が現われて大膳を取り囲み、うむを言わさず縄をかけ、そのまま引っ立てて薩将島津忠長の陣営に連行した。

大膳は尋問を受けると、悪びれずに姓名を名乗り、主君の命で立花へ使いし、ただ今帰参したものであることを、包み隠さず申し述べた。忠長は大膳の態度に感じ、紹運すでに戦死し、岩屋の落城したことを告げ、「其の方、当家に仕える気があったら、今までの俸禄と同じほど進ぜようぞ」と言った。

大膳はそれを聞くと、「忝《かたじけ》ない次第ですが、この期《ご》に及んでそんな望みは毛頭ありません。立花までの行程わずか五、六里のところを、貴軍の重囲を脱するため道なき難所を往来したので、二日も費やし、そのため主君の最期に遅れ、お供をすることができなかったことは真に残念でなりません。そこでお願いしたいことがあります。それは、立花からの返書をただ今私の首にかけておりますが、どうかこれだけは私の首を落とした後、立花に返していただきたい。もしそれがかなわぬ時は、私の首を刎《は》ねてから御被見下さい。これが今生のお願いです」と涙を浮かべ、忠長を凝視して言った。

これを聞いた忠長はじめ島津の将士たちは、大膳の誠忠に深く感じ、思わず涙で鎧の袖を濡らした。忠長は目を潤ませ、「これぞ誠の武士である。紹運殿がいかに名将であったかがよく分かる。この忠義な武士を決して殺してはならない。その書状は被見の必要はない。大切にしまって立花へ帰られよ」と言って直ちに縄をとき、刀を返し与え、馬に乗らせて足軽数人をつけて立花まで送らせた。戦国殺伐の中、心魂に徹した美談として伝えられている。

大膳は立花に帰り、統虎に書を返すと直ちに切腹しようとしたので、統虎は驚いてこれを止め、「今そちが死ぬことは犬死に等しい。亡き父上（紹運）も喜ばれまい。どうかこれからは余に仕え、余の馬前で死んでくれよ」と言って、思い止まらせた。

大膳、名は鎮実《しげざね》という。その後立花家に仕え、知行十町を賜わって、統虎の兵学師範となったが、のち剃髪して立心と号し家督を長男に譲り、紹運や戦歿者の冥福を弔いながら一生を終わったという。『浅川聞書』はこの事実を伝えている。

ちなみに谷川家の系譜は、辺春《へばる》氏と同様黒木の一流で、谷川領十二町の城主であったが、その後、高橋家の家臣となったものである。現在福岡市東区香住ケ丘に住む谷川徹二氏はその子孫であるが、同家の位牌には了義院殿切岳立心大居士の戒名が記されている。また『浅川聞書』には、八月二十五日の高鳥居城（糟屋郡篠栗町）の攻撃に参加しているように記されている。

岩屋城本丸跡に立つ嗚呼壮烈岩屋城址碑（太宰府市）

西正寺と法蔵菩薩

太宰府市に岩屋山西正《さいしょう》寺という浄土真宗のお寺があるが、この寺の門前に「岩屋城主高橋紹運公並勇士菩提寺」と書かれた石標が立っている。

寺の縁起によれば、当山開基正順師は、岩屋城主高橋紹運の家臣にして、俗名を藤内《とうない》左《さ》衛門尉《えもんのじょう》重勝《しげかつ》と称したが、天正十四年七月、薩摩の大軍岩屋へ押し寄せんとする時、紹運す

紹運が託した法蔵菩薩（太宰府市・西正寺所蔵）

でに城を守って討ち死にの覚悟を決め、親しく重勝を傍近く招いて、「当城の運命も、はや旦夕に迫ってきた。汝は老身のことであり、速やかにこの城を出て余生を送り、他日一寺を開いて我ら一同の菩提を弔ってくれ」と頼み、死をともにせんと言って泣いてすがる重勝を説き伏せ、傍にあった高橋家の重宝、黄金の茶器と、紹運尊崇の法蔵菩薩を手渡した。

重勝は涙を振るって主命を奉じて城を出て、太宰府栴檀口《せんだんくち》（現在の西正寺のある所）に身を潜めていたが、落城後は老人ながらも密かに茅屋《ぼうおく》を出て戦死者の遺骸を収めるなどの働きをした。

その後しばらく流寓したが翌十五年、重勝は剃髪して正順と号し、草庵を作って樗庵《ちょあん》と名付け、紹運の霊牌を安置し、僚友七百余人の戦死者の菩提を弔っていた。開基に際し浄土真宗の門末に属し、「岩屋山西正寺」の寺号を本山より下付された。紹運が重勝に渡した重宝、黄金の茶器はその後寛文二（一六六二）年、当山第三世円了の時不幸にも盗難にあって紛失したので、法蔵菩薩の尊像と紹運の霊牌のみが残っていたが、その後、紹運愛用の群雀の玉が他で発見され、無事西正寺に返還された。同寺では毎年七月二十七日の落城の日を命日として、高橋紹運はじめ戦没者たちの追悼法要が行われている。今年平成二十一年は岩屋戦後四百二十四年目に当たる。

なお、法蔵菩薩は高さ約三〇センチ、横二〇センチ程の木製の半跏像であるが、寛弘二（一〇〇五）年、源信作と記され、厨子《ずし》が観音開きになっており、両方から礼拝できるようになっている。当時、紹運以下将兵たちが心のよりどころとして崇拝したことが窺われる。厨子は金箔塗りであったが、香煙の煤《すす》で変色している。現住職の山内真隆師は開基正順から数えて十九代目に当たる。

一方、立花宗茂柳川入封後に創建された天叟寺（柳川市、臨済宗）と、紹運の二男立花直次が三池入封後、今山（大牟田市）に建立した紹運寺（曹洞宗）にも、それぞれ霊牌が安置され、毎年命日には両寺においても懇《ねんご》ろな法要が行われている。

高橋家一族について

岩屋落城後の高橋一族のことについては、現在、福岡市西区の小田に高橋姓を名乗る家が数家あり、その家系は紹運の三男市郎丸統重の後裔という。

家伝によると、岩屋落城の時まだ幼時であった市郎丸（何歳か不明）は少数の家臣に守られて博多に逃れ、官内にあった浄土宗一行寺に数日隠れていたが、さらにここを落ちのびて、旧糸島郡宮ノ浦（福岡市西区）にある同寺の末寺願海寺に匿《かくま》われ、以来この地に住んで成長し、のち村主の娘と結ばれて糸島高橋氏の祖となったという。そしてまだ宮ノ浦に隠棲していた頃、薩軍の追及を恐れて毎日家来の者が望楼の見張りに立ち、今津湾を西進してくる敵の船を警戒したといわれるが、この見張り台のあった跡と伝えられている所もある。

市郎丸のことは、『糸島郡誌』に記されているが、立花系図や各書にはこの名前は見当たらない。現地には高橋家が祀る始祖市郎丸の墓がある。おそらく後世の者が建てたものと思われる。

一方、願海寺は市郎丸統重の菩提寺として高橋紹運の位牌を安置し、紹運戦死の日を命日としているが、あるいは高橋家にゆかりのある人物とも考えられるが、明確な資料が現存しないので一応「伝」としておきたい。ともあれ落城にまつわる悲話はあちこちに不思議な伝承を残し、同姓、血脈としての矜持と祖霊に対する祭祀などに根強い歴史の底流を見るのである。

新宮高橋家について

新宮高橋家もまた落城悲話を伝える家系である。同家は、かつて宝満二十五坊の一つであった南坊の先達の末裔で、現在糟屋郡新宮町下府《しものふ》で天台宗永福院として法灯を守っているが、宝満山伏の系譜、修験道に関する文書などが残されている。その中に、紹運との関係を記した部分がある。それには、高橋紹運の家臣、萩尾大覚（学か）の娘が紹運の下に奉公中身籠り、松尾殿と称したが、男子出生して高橋氏を称するようになり、宝満修験道の家系として立つようになったと記している。

宝満落城後、現住地に落ちのびてきて、ここに住みつき、代々天台の宗法を護り、修験道を伝えて今日に及んでいるというが、紹運側室の家系として高橋姓を代々名乗り、文書を伝えてこの地に根づき、岩屋の心を残している。

このほかにも、統虎の家臣石松源五郎のごとく、岩屋に使いしてそのまま帰ろうとせず、ともに戦うことを願い、紹運はその義烈に感じて高橋越前の名を与えた（『浅川聞書』）として、高橋姓を称することを許された家系もある。

また、浮羽町（現うきは市）に在住していた行徳友太氏（故人）は、高橋紹運と行徳家との関わりについて、「天満宮神和の由来」という由緒書を所持されていた。それには「筑後行徳家の氏祖与左エ門は紹運の孫で二歳の時、岩屋落城して家臣田中某以下三人に守られてこの地に来て成長……」と記されてあったが、与左エ門の父右馬之丞を紹運の長男としている点などは理解し難いし、それを示す確たる資料もない。しかし、岩屋戦死者の中に行徳右馬允という名はあるので、あるいは紹運家臣の家系とも考えられる。

岩屋籠城戦死者七百六十三名のうち、現在氏名の判明している者は二百九十九名といわれるが、これら家臣の子孫の中にも先祖の遺蹟について詳しく知る人は少なく、これを記録した史料的古文書などを子孫の間で保存している人はほとんどいない。岩屋落城に関する口碑、伝承はこのほかにも多く、埋蔵金の話なども出てくる。名簿にはないが、先祖が岩屋城で戦没したという言い伝えの家系もある。

宝満開城

岩屋落城の翌日、七月二十八日の早朝より攻城軍は宝満城の攻撃にとりかかった。

宝満城は紹運の二男統増の小勢と筑紫の城兵の寄り合い所帯であったから、統増の部下たちは何かにつけ異心の多い筑紫の兵たちに猜疑《さいぎ》と警戒心を向け、とかく和合を欠くところがあった。それでも紹運健在の時はまだ足並みを合わせていたが、勇将高橋紹運の死と岩屋落城を眼の辺りに見て、筑紫の家臣たちはすでに戦意を喪失していた。しかも岩屋に人質を入れていた筑紫の家人たちは落城後の家族の安否を気遣って大いに動揺していた。

そこへ島津軍の使者がやって来て、城中に対し、「岩屋すでに落城し、大将紹運殿もまた自害なされた。この上は速やかに当城を明け渡して降伏致されよ。さすれば和議を行い、城主統増夫妻並びに城兵一同の一命はお助け致そう。それがいやなら一挙に攻め落とすまでだが、ご返答承りたい」と開城を勧めてきた。

宝満山頂上付近の水場

そしてすでに三万余の軍勢が二手に分かれて、一手は追手の松尾坂より、一手は愛嶽《おたけ》（宝満峰続きの支峰、四三二メートル）の稜線を攻め登りつつあることを告げた。天険を誇る宝満も、城中の寡兵でこの大軍には抗し難く、まさに風前の灯であった。しかも敵は岩屋落城の際捕えた婦女子を軍の先頭に立たせて、その矢面にさせているということを聞き、高橋の兵たちは悲痛に沈んだ。

軍使を待たせて統増を中心に両家の者が協議したが、北原進士兵衛のように「紹運公始め岩屋で玉砕した人たちに対して、何で自分だけおめおめと生きていることができようか。どうかここで死なせていただきたい」と言って死を主張する者などがいて、なかなか意見がまとまらなかった。その時、老臣伊藤源右衛門が進み出て、「死は易い。この際忍び難きを耐え忍んで高橋家の存続を図り、統増公の前途を見届けることこそ我ら残された者の務めではないか」と言ったので、両家の者たちもこの言葉に賛成した。

やがて源右衛門は使者に対し、降伏の条件として、「統増公を無事立花城へ帰城させていただけるのならば和議を結んで開城致しましょう。もしそれができない時は我々はこの地から一歩も退かず城を枕に討ち死にするばかりです」と答えた。

これに対し島津側より統増母子らの立花行きを誓紙をもって保証したので、城兵はこれを信じて宝満城を明け渡し、伊藤源右衛門、北原進士兵衛、中島采女《うねめ》らを先頭に統増夫妻を護って下城した。ところが、この誓約はたちまち破られて薩軍は統増夫婦を捕え、立花へは帰さず、天拝山の麓武蔵村（筑紫野市）に連行して、筑紫の将帆足弾正の家に監禁した。

全員捕虜となった両家の郎党たちは騙《だま》されたことを口惜しがったが、すでに後の祭りで、統増夫婦は八月一日、肥後国内に送られ、さらに敵本国の薩摩祁答院《けどういん》（鹿児島県薩摩川内市）へ移送された。また、岩屋落城の際捕われの身となった紹運の夫人、宋雲尼も肥後南関（玉名郡南関町）に連行されて監視された。

宝満の開城は諸書に七月二十八日としているが、実際に島津軍が接収したのはこれより九日後の八月六日のことである。この間、城は放火されたため坊舎、仏堂の大半は焼失してしまった。

なお、島津の将野村忠敦が天満宮別当大鳥居信寛に宛てた次の文書によって宝満落城の日付が分かる。

宝満之事、一昨日六日致落居候、此方之御大悦御察前候、仍神領幷上下之神官、其外御下知之一通之儀者、以直礼被申候条、愚翰不祥候、自今以後、相応之儀可被仰通候、殊更一色送給候、過分至極候、恐々謹言

（天正十四年）
八月八日　　　　　　　　　　　　　　忠敦（花押）
（信寛）
大鳥居殿
御報

（『大鳥居文書』）

ここに宝満座主浄戒坊隆全《じょうかいぼうりゆうぜん》以下一山衆徒の者たちは、高橋味方の者として戦勝軍より誅罰を加えられるところであったが、僧徒の故をもってとくに追罰を免れ、東の山麓（筑紫野市大石）に移されたので、かつて隆盛を極めた西麓の内山、北谷などの寺中は見る影もなく荒廃してしまった。

その後、島津は宝満、岩屋両城を秋月種実に与えたので、種実は宝満を秋月方の管理下に置き、岩屋には家臣桑野新右衛門らを入れて守らせた。これとともに、かつて杉氏の居城であった若杉山の南峰岳の山の高鳥居城（糟屋郡篠栗町）が久しく廃城になっていたのを修築して、筑後星野郷（八女郡星野村）の国人領主星野吉実、吉兼兄弟に兵三百を添えて守らせ、立花に対する押さえとした。薩将らは宝満、岩屋、高鳥居を立花攻略の拠点とし、近日中に立花城へ押し寄せんとしていた。

七月二十八日、統虎はこの状況を秀吉に急報して援軍を請うた。当時秀吉は京にいたが、八月九日、黒田孝高からの急報を受け、岩屋、宝満落城に続き、今また立花城の危殆に瀕していることを知り、事態の急迫に驚き、急ぎ毛利勢に先発を命じ、安国寺恵瓊《えけい》、黒田孝高、宮木豊盛ら三将に宛て立花救援を指令した。

次の文書はこの間の事情を物語っている。

当月九日之書状十四日到来加被見候、然者十日ニ先勢相立、十六日右馬頭（毛利輝元）被出馬之由可然候事、
一、立花よりの書状被見候、兵粮、玉薬無之由申越候間、隆景（小早川）申急、追々可被入儀専要候事、
一、人数遅候へば立花可迷惑候之間、少も相急立花へ先勢早々可相移儀尤候事、

一、筑前表之儀被聞召、雖在洛候、今日大坂へ還御候、然者右馬頭、吉川、小早川相立、立花表より島津不引取様ニ無合戦、かけとめ候て可有注進候。其次第ニ一騎かけニなされ、即時ニ可被討果候八幡大菩薩少も非虚言候條、聊不可有由断候事、
一、四国之人数儀、是又尤候間、長宗我部を初相立、追々千石権兵衛尉申付候事、
一、兵粮儀、小西弥九郎（行長）申付、関戸迄可遣候間、兵粮置所之事、
一、筑紫之儀、存候者ニ相尋、慥なる儀可申越候、諸事不可有油断儀、専一候事、
一、重而之依注進、先馬廻二三万にて備前至于岡山可相越候。彼表之様子、追々可申上事簡要候也、

八月十四日　秀吉（花押）

安国寺
黒田勘解由とのへ
宮木右兵衛入道とのへ

（『黒田家文書』）

（読み下し文）

当月九日の書状《しょじょう》十四日到来《とうらい》、被見《ひけん》を加え候、然《しか》らば十日に先勢《さきぜい》相立ち、十六日毛利《もうり》右馬頭《うまのかみ》輝元《てるもと》、出馬されるのよし、然るべく候こと、
一、立花よりの書状被見候、兵粮《ひょうろう》、玉薬《ぎょくやく》これ無きよし申し越し候間、小早川隆景《こばやかわたかかげ》に申し急ぎ、追々入られるべき儀専要《せんよう》に候こと、
一、人数《にんず》遅れ候えば立花迷惑すべき候の間、少しも相急ぎ立花へ先勢早々相移るべき儀尤《もっとも》に候こと、
一、筑前表《おもて》の儀聞こし召され、在洛《ざいらく》候といえども、今日大坂え還御《かんぎょ》候、然らば右馬頭、吉川、小早川相立《あいたち》、立花表より島津引き取らざる様に合戦無く、かけとめ候て注進《ちゅうしん》有べく候、其の次第に一騎がけになさ

れ、即時に討ち果さるべく候、八幡大菩薩少も虚言《きよげん》非《あら》ず候条、聊《いささか》も由断《ゆだん》あるべからず候こと、
一、四国の人数儀、これまた尤もに候間、長宗我部《ちようそかべ》を初め相立ち、追々千石権兵衛尉《せんごくごんべえじよう》に申しつけ候こと
一、兵粮儀、小西弥九郎（行長）に申し付け、関戸まで遣わすべく候間、兵粮置く所々のこと、
一、筑紫の儀存じ候者に相尋ね、慥《たしか》なる儀申し越すべく候、諸事油断あるべからずの儀、専一《せんいつ》に候こと、
一、重ねての注進により、先ず馬廻《うままわ》り二、三万にて、備前岡山に至り相越すべく候、彼表《かのおもて》の様子、追々申し上ぐべきこと簡要《かんよう》に候也、

八月十四日　　秀吉（花押）

安国寺（恵瓊）
黒田勘解由（孝高）どのへ
宮木右兵衛入道（堅甫）どのへ

（『黒田家文書』）

右の書状にあるように吉川、小早川の毛利先陣が八月十日、水陸両道から山陽道を西下して筑前表へ向かいつつあった。続いて八月十六日には毛利右馬頭輝元が主力を率いて居城広島を発った。

九州の夜明け

風雲立花城

この間にあって島津軍は一日も早く立花城を攻め落として、秀吉の先陣が到着しないうちに北九州（豊前方面）に進出を図らねばならず、今は立花攻略の達成がこの成否の鍵を握ることになった。

関白麾下の中国勢の進攻に対して筑前の原田、秋月、麻生、豊前の高橋、長野など、島津方は一致して防御の態勢をとっていた。

一方、統虎はじめ二千余の城兵が籠る立花城では、岩屋玉砕、宝満開城で受けたショックは大きかったが、敵の攻勢を前にして防備の態勢を一層固めた。しかし頼みの援軍はまだ来ない。統虎はさらに急使をもって上方へ救援を請うた。

薩将島津忠長は立花攻略を前にして、星野鎮胤《しげたね》（吉実）、弟鎮元《しげもと》（吉兼）を軍使として城中に遣わし開城を勧告した。「岩屋すでに落城し、紹運は自害、宝満もまた開城して宋雲尼と統増夫婦は我が軍で捕えている。統虎に対しては何の遺恨もない。速やかに開城するなら城兵の命を助け、和議を結んでこの地を去るが、あくまで交戦するなら当城を攻め破って城中の者一人残らず皆殺しにし、また統増母子の命も保証できない」と、それを楯に降伏を迫ってきた。

立花城の広間では統虎を前にして立花右衛門大夫《うえもんたゆう》、由布雪荷《ゆふせっか》、小野和泉、十時摂津、同太左衛門、薦野《こもの》三《み》河守《かわのかみ》、安東紀伊守、高野大膳、内田壱岐入道、原尻宮内《はらじりくない》、森下、堀らの重臣はじめ家臣たちの評議が行われたが、立花家存続のためには和議もまた已むを得ないとする者、武士の面目にかけて決戦を主張する者など甲論乙駁《おつばく》してなかなか意見がまとまらなかった。

統虎はこの時弱冠二十歳であったが、彼らの意見を聞き、どちらの主張にも一理あると思ったが、ここで評議を打ち切り、一同を見渡しながら最後の断を下した。

「事ここに至りもはや多言を要せず、勇士は義をもって先とす。岩屋、宝満すでに落城しその弔軍もなさず一死を畏れて敵に降参するなど統虎思いもよらないことである。命惜しと思わん《う》者は早くここを去って下城せよ、少しも恨みには思わぬ。また日頃の君臣の約を違えず自分と一緒に籠城して敵と戦おうという者はこの場に留まるべし」

立花山城の石垣跡（糟屋郡新宮町）

と言い、静かな口調の中にも烈々たる気概が溢れていた。統虎のこの言葉を聞いて、重臣はじめ一同の者は今さらながら年若い主将の意気に感じ、一人としてその場を去る者はなく、全員団結して城を死守することを誓い合った。

そこで、統虎より島津の使者に対して、「我が父紹運は秀吉公の味方をして島津と戦い、岩屋において義死を遂げたが、我もまた父に孝養のため、また死んで行った城兵の弔いのため、さらに縲絏《るいせつ》（縄目）の辱めを受けた母や弟たちのためにも快く一戦して討ち死にする覚悟であるから、早く軍勢を当城へ差し向けられよ」ときっぱり返事を伝えるとともに、兵粮を運び入れ、城内の塀、櫓を修理し、各持ち口の分担を決め、岸を切り立て、警備を厳重にして敵の来攻に備えた。

統虎の返事を聞いた島津の両将は「小癪《こしゃく》な青二才め」と思ったが、一挙に攻撃に出ることを避けてあくまで和談による説得を続け、一方その老臣たちへも、僧や縁故の者を立てて開城工作を行った。

島津が決戦を控えたのは岩屋での痛手がよほど応えたからであろう。この上さらに岩屋より要害に富み、兵力の多い立花を力攻めにすれば、前回を上廻る大損害を覚悟せねばならなかったからである。それに酷暑の中での合戦疲れと、望郷の念も絡んで、各国寄せ集めの旅軍の中に厭戦気分が起こりつつあることも考慮に入れなければならなかった。

その後、数度の勧告も統虎に一蹴されて返答さえ与えられなかった。ここで島津の両将は意を決して軍を太宰府から立花山周辺に進め、遠矢原（香椎）に陣をしいた。その時期についての正確な記録はないが、おそらく八月初め頃と推定される。

寄せ手は城下の香椎、下原一帯をことごとく焼き払ったが、筑後の星野吉実、吉兼兄弟は薩軍の先導をして香椎廟に乱入、火を放ったので、本殿、拝殿、大門、廻廊、楼門、鐘楼、宝蔵をはじめとし、十七末社、社家、社坊などの建造物は残らず焼失し、「香椎の宮の綾杉」と古歌にもうたわれた神木「綾杉」も焼けてしまった。香椎宮の神人たちは御神体を奉じて久山に逃れたが、のちに焼跡から再び芽が出て、年を経て亭々とした大木に成長したという。

この時、香椎宮前大宮司職の武内氏永は社人を連れて立花城に入り、立花家中の者と一緒に籠城して戦い、その子氏続は十四歳の少年であったが、立花の支城、老《おい》の山（御飯山、笈の山とも書く）に籠って薩軍を防いだといわれる。

なお薩軍は隣境宗像の名刹鎮国寺にも乱入しようとしたが果たさなかった。

『宗像記追考』には、それまで宗像氏貞の死を隠していたが、薩軍の進攻に備えて要害を築き、諸口を固め、持ち場の人数を割り当てて合戦の準備をしたが、かような大事の際に氏貞の顔が見えないのを家臣たちが不審がって囁《ささや》き合った。八月半ば頃、島津の雑兵数十名が兵糧徴発のため当郡に入り、田島の鎮国寺に乱入しようとしたが、役僧貞虎は楼門に登り、橋を渡ろうとして進んでくる雑兵目がけて剛弓を射かけたので、これに恐れをなして、浜表を指して逃げ去ったと記している。

その後は立花城を遠巻きにしながら、時々足軽たちを出して遠くから鉄砲を打ちかけるくらいで、いたずらに日数を費やしていた。すでに八月も半ばを過ぎ、島津側もこれ以上ぐずぐずしてはおれず、十八日を期して立花城の総攻撃を決めた。立花家の重臣内田鎮家《しげいえ》が謀略のため自ら進んで薩軍の本営に乗り込み、主将島津忠長に会ったのはこの時のことである。

内田壱岐入道の胆略

内田鎮家は壱岐入道玄敍（あるいは玄恕とも書く）と号し、立花道雪に仕えて以来多くの合戦で武功をたてた剛勇の士で、立花家の重臣としてその名を知られていたが、その頃では鬢《びん》に白いものがまじる年になっていた。その内田壱岐入道が統虎に向かって、「援軍到着までの日数をかせぐため、自分が人質となり策をもって薩軍の攻撃を引き延ばさせるので、どうか敵軍へ行かせて下さい」と進言した。

そこで統虎と計画を打ち合わせ、統虎の書いた偽の書状を懐に入れて島津の幕舎に向かった。壱岐入道は、来意を告げ、薩兵の案内で島津忠長はじめ諸将らの前に出ると、堂々と姓名を名乗り、軍礼をもって統虎の書状を取り出して渡し、「かくの通りの立花の小勢で貴家の大軍を防ぐことはとても難しく、評議の結果、主君統虎は降伏を決意し、某《それがし》はその使として参りました。ついては、城中の者たちの身の振り方など残された仕事もありますので、城中の整理が終わるまで数日間の御猶予をいただきたい。その間、この入道が人質となって貴軍に留まるので、どうかお聞き届け下さい」と言った。

さすがに立花家中にその人ありと知られた壱岐入道の悠揚迫らぬ態度は、敵の諸将を感じ入らせた。島津の諸将はその書状を確かめ、まさか約を違えてこれほどの忠臣をむざむざと殺させるようなことはあるまいと思い、入道の言葉を信じて十八日の総攻撃を中止させた。

それより壱岐入道は客分として毎日酒肴のもてなしを受け、その間、立花開城について虚々実々の言葉をもって説き、島津側を安心させて悠々敵陣で日を送った。

その頃、毛利の部将神田忠元の率いる三千の軍勢がすでに早鞆の瀬戸を渡り、関門海峡を扼して制海権を握り、続いて小早川、吉川、黒田の軍勢は八月十六日、豊前門司表へ到着した。「中国勢門司に現わる」の報は立花にも伝わり、統虎はじめ籠城の将兵たちは大いに喜んだ。やがて救援軍が立花城下に到着するのは時間の問題であった。

敵陣にあってこの知らせを密かに聞いた壱岐入道は、二十三日になって島津の諸将の前へ出ると、形を改めて、「今まで某《それがし》が言ったことはすべて謀略のためであり、すでに立花城には吉川、小早川七千の援軍が到着しております。豊後には仙石、長曾我部殿の四国勢が府内（大分）に集結しており、関白公も近く九州発向の手筈と聞いております。このような状勢になっては貴軍の滅亡も間もないことでしょう。この上は、貴軍を謀《たばか》ったこの入道の首を刎《は》ねて立花を攻めるなり、陣払いをされるなりして下さい。某は主君に対して忠節を尽くしたまでで、もはや思い残すこともありません」と言って、従容《しょうよう》と死を待つ態度であった。

この言葉を聞いた諸将は色めき立ち、入道玄鉄に詰め寄り、その周りを取り囲んで、あわや刀に手をかけようとした時、大将島津忠長は「待てっ」と言ってこれを制止した。

「その者殺してはならぬ。謀られたこちらの負けじゃ。身を捨てて城を守るため我が陣へ入った覚悟のほど見事である。その忠節に免じてこの入道を立花へ帰してやれ」

と言って、壱岐入道を赦《ゆる》し、特に乗馬を与え、護衛の兵までつけて送らせることにした。

島津陣を去る時、壱岐入道は、「今まで貴陣にいたという証《あかし》に何か賜わればこれ以上の悦びはありません」

と願うと、傍にいた新納武蔵が自分の差していた脇差しをとって入道に与えた。彼もまた、自分が携えていた長刀を新納に進上して謝意を表し、島津軍の寛大な計らいに感泣しながら馬上の人となり、立花目ざして帰って行った。新納が入道に与えた小刀は、その後長く内田家に伝わったというが、現在は不明である。

以上の話は「柳河偉人小伝」（内田玄敍『旧柳川藩史』）に大略記されているが、島津の将を義久、義弘としている。当時、この国主兄弟は肥後にあって、開戦最高責任者として諸将を督励する立場にあり、筑前の戦陣には出ていない。したがって筑前方面で軍将として指揮をとったのは、島津忠長、伊集院忠棟、野村忠敦の三将であろう。また、新納武蔵守についても一考を要し、価値を高めるための引用とも考えられる。

島津軍、博多の町を焼き払う

秀吉配下の毛利の軍勢が到着したという情報は島津諸軍の間にも伝わり、陣中の動揺ただならぬものがあった。

「黒田勢も到着したというぞ」

「関白麾下の軍勢が続々赤間関に集結しているというではないか」

「毛利軍は装備も新しく、それに銃も多いそうな」

「秀吉の軍勢は我々の何倍もの兵力というぞ」

このようないろいろな噂が各陣中に流れた。

こうなっては諸将の寝返りも心配される。へたをすると腹背に敵を受けることになり、それに新鋭の秀吉軍に長途の労兵をもって立ち向かうには敗軍を覚悟しなければならない。

情勢の不利を察した島津忠長は俄《にわか》に全軍に退陣を命じ、八月二十三日の夜、薩軍は立花城下より一斉に撤退を始めた。『九州軍記』によれば、島津軍は一旦博多へ退き、翌二十四日博多で兵粮を使い、民家を焼き払って府大路を南下していった、と記している。このため博多の町はことごとく瓦礫《がれき》の焦土と化し、高草がぼうぼうと生い茂るほど荒れ果ててしまった。

その後、秀吉の命を受けた黒田孝高は家臣久野四兵衛を検使として博多の町に遣わし、立花統虎もまた鷹野三河守に命じてこれに協力させ、箱崎の住民を使って焼け跡にぼうぼうと生えた高草を刈り取らせた。

『豊前覚書』の中に当時の様子を次のように記している。

天正十四年十二月　はかたの町荒《あれ》申候……（中略）はかたの義はやけ後にて高草生《おい》しげり申候に付切払候へと被申候間薪切取に箱崎千間《(軒)》の者共へ申付候処一日に切仕廻申候……

この頃、博多の豪商神谷宗湛は戦火を逃れて唐津へ避難している。

一方、島津軍が囲みをといて俄に撤退し始めるのを見て、統虎は城中から打って出て、自ら先陣に立ち、敵の後陣を急襲して島津軍に痛撃を加え、多大な戦果を収めた。この時、統虎の近臣綿貫左三兵衛《わたぬきささべえ》は敵将を討ち取り、一番槍の功名をあげた。これより秋月も岩屋、宝満へ守備兵を置き、原田とともに自軍をまとめてそれぞれ帰城したのである。

島津の立花城包囲に関しては各書異説があり、立花を攻めずに太宰府より陣を撤したと記している書もあるが、『立斉旧聞記』や『島津世録記』などの彼我の書を対照し、前後の事情を考察して、城への攻撃はしなかったが一応包囲態勢をとったとみられる。

高鳥居の落城と吉塚地名の起こり

島津軍を追撃して戦果を収めた統虎は、余勢をかって翌二十五日、島津方の星野中務大輔吉実、同民部少輔吉兼兄弟が守る高鳥居城の攻略に向かった。城は若杉山（六八一メートル）の西に連なる岳の山（三八二メートル）の山頂にあり、糟屋郡篠栗町に属し、若杉、下須恵、上須恵の三邑にまたがっている。

ここに初めて城を築いたのは永仁元（一二九三）年三月、鎮西探題北条兼時の家臣河津筑後守貞重によってとされているが、その後大内氏の時代、その家臣杉豊後守興行（運）が入城、その子重並、孫の連並の三代にわたって在城し、鞍手の龍徳城とかけ持ちにしていた。連並の時に至り、秋月に攻められて降り、城を捨て、龍徳の方に移ったが、その後は空城であった。

この廃城を筑後の星野兄弟が急ぎ修理をして入ったのであるが、短時日であったため塀や櫓などの修築が未完成であった。星野兄弟はここに東西二つの砦を構えていた。城の持ち口が広く、守る城兵は星野一党のわずか三百人余りである。城の東北は切り岸が高く、登攀《とうはん》不可能であった。

高鳥居城址の碑（糟屋郡篠栗町）

統虎は立花勢五百余人を率いて若杉山に陣をとり、小野鎮幸（和泉）、鷹野増時（三河守）を隊将にして軍を二手に分け、一隊を若杉の谷に沿って東の砦を攻めさせ、一隊は統虎が率いて、西の須恵村より攻め入って城の大手正面を攻撃する態勢をとった。

また、弟の星野吉兼が守る二の丸を攻めるべく搦手に廻った毛利の援兵二百余人は城の南面、須恵谷から攻め登り、東、西、南の三方より攻撃を加えた。

戦は巳の刻（午前十時）より始まったが、星野勢は肉薄してくる立花勢に向かって鉄砲、弓を乱射し、大石、大木を落下させて防戦した。塀下にとりついた立花方の丹半《たんはん》大夫《だゆう》、沓掛《くつかけ》掃部《かもん》が敵の銃弾を受けて戦死したのをはじめ、宇美善四郎、臼杵新七、鷹野三河の従者、安部、宮下らも討ち死に、小田部

高鳥居城趾から立花山を望む（糟屋郡篠栗町）

新介は右の目を射られて引き下がった。

この時、崖下で兵を指揮していた小野和泉は落石に当たって倒れたので、部下がこれを助けて後方へ移そうとしたが、和泉はかえってこれを怒り、「何をするか、ぐずぐずせず、このわしの身体を踏んで城内に攻め入れ。城の落ちるのを見るまでは一歩もここを離れないぞ」と語気鋭く言って指揮を続けた。

統虎も城の壕近く接近したため敵の銃弾を浴び、流れ弾が冑の先端に当たったが、幸い無事であった。この時、統虎の前方数メートル先にいた兵は弾丸を受けて即死したので、立花鎮実など二十余人が彼の前後左右を固めて進もうとした。

統虎は、「大将が身をもって当たらねばどうして勝つことができようか」と言ってこれを排し、敢然と先頭に立って進んだので、部下たちはこれに負けじと争って城に迫り、まず十時伝右衛門（連久）、安東津之助、立花次郎兵衛（統春）らが塀を打ち破って攻め入り、これに勢いを得た多くの将兵が続々と突入した。

これより前に小野理右衛門という敏捷な兵士は真先に城中に駆け入るとあちこちに火を放った。敵兵はこれを見つけて逃げる小野を崖上まで追ったが、彼は用意していた傘をぱっとひろげると、これを両手に握って十数メートルの崖下目がけてひらりと飛び降りた。下が林であったので無事であった。火は前夜来の烈風に煽《あお》られて燃え拡がり、たちまち城中を煙に包んだ。立花勢は風上に廻って攻め上り、また、毛利勢は須恵口より二の丸目がけて進んだ。

城将星野吉実は東門を守って部下を指揮したが、猛火と防戦で右往左往する城兵をどうすることもできず、攻めこんできた立花勢に斬り立てられていった。

吉実は長身で力が強く、立花勢を相手に長刀を奮って戦ったが、ついに刀が折れて腰の鞘だけが残った。この時立花次郎兵衛と顔を合わせ、次郎兵衛がまず刀を額に押し戴いて将を討つ礼をもって一太刀浴びせると、吉実の鎧の上帯が切れて、門の中に退こうとして奥へ駆けこんだのを十時伝右衛門が追って行き、二の槍で吉実を突き倒して首級を挙げた。別の書には、「吉実今は逃れぬところと悟って、数歩退き、石の上に腰をかけ従容としてそのまま動かず徐《しず》かに立花、十時の白刃をうけて絶命した」と記されている。

二の丸で防戦していた弟吉兼も力尽きて、毛利の兵で十七歳の若武者、横山弥三に討ち取られた。勇戦した城兵三百余人はことごとく討ち死にし、城は猛火とともに焼け落ち、戦闘二時間余りで午の刻（午前十二時）に至って高鳥居城は落城した。

吉塚地蔵（福岡市博多区吉塚）

星野主従は島津との義を守り、最後の一兵まで戦って全員討ち死にしたが、岩屋城とともに戦国末期の筑前攻城戦史に不滅の名を留めた戦いであった。戦が終わって戦功を記す時、統虎は、敵将星野吉実を討った立花次郎兵衛と十時伝右衛門が互いに功を譲り合うのを見て、その志を称讃し、二人に感状を与えてこれを激賞した。

統虎は星野兄弟の首を鄭重に実検の上、那珂郡堅粕村の吉塚に葬ったが、吉塚の地名は星野兄弟の名が吉実、吉兼であったことから起こったという。なお、吉実を鎮胤、吉兼を鎮元としている書もある。元禄年間には妙蔵尼という尼僧がここに地蔵菩薩を立ててその霊を慰めていたといわれる。明治二十六年には星野兄弟の戦死を讃える顕彰碑が建てられた。

後日譚として、吉実を討ち取る時、立花次郎兵衛が敵将であることを知り、まず軍礼をした上で斬ったのを、一緒にいた年若い十時伝右衛門が見ていぶかしく思い、のちにこのことを谷川立心（大膳）に問うた。谷川大膳は、前項にも書いたように紹運の家臣で、岩屋落城の時、敵将島津忠長を感動させたほどの忠節の士であったが、その後立花家臣となり、次郎兵衛と同学の仲で、日頃兵学について知識があった。そこで軍礼についての作法を一通り説き聞かせたので、十時もそれからは大いに軍礼を学ぶようになったという。戦国において敵将の首級がいかに重要なものであり、大切にされていたかが分かる。

統虎、二城を奪回、紹運の墓前に報ず

高鳥居城を落とした立花統虎は、続いて秋月が守備していた岩屋、宝満へ押し寄せた。とくに岩屋城は、統虎にとって父紹運戦死の場所で痛恨の地である。

秋月勢は島津の撤退とともに、その多くを引き揚げさせたので、岩屋には城番桑野新右衛門以下わずか三百人の城兵が守っていた。この時も統虎の命で白昼より城に潜入した小野理右衛門は、櫓や陣屋に火をかけ、秋月勢があわてて騒ぐところへ立花勢が攻めこんで来たので、城兵は防ぎ難いとみて一戦も交えず、国分、観音寺の間道を伝って逃げ去った。岩屋を奪回した統虎は、さらに宝満城を攻めて秋月勢を追い出し、両城を回復した。

それより統虎は、戦没者の遺骸を収め、太宰府の治安に当たり、近在の農民を招集して耕作を勧め、また戦火で焼けた名刹崇福寺の跡を片づけて、残余の僧を集め戦没者の霊牌をつくって盛大に追弔を行い、父紹運及び戦没者の墓前に額《ぬか》ずき、追悼文を読んでその霊を慰めた。

今ここに紹運の戦局に対する判断と、その洞察力がいかに優れていたかが証明された。紹運以下城兵の奮戦で、孤城の岩屋が半月も持ちこたえた。彼は援軍の到着を八月二十日過ぎと想定して周到な見通しを立て、その間できるだけの日数をかせぐため、あらゆる策をもって敵に臨み、岩屋、宝満で半月、立花で二十日も防ぐ

間に必ず援軍の到着があるものと信じたのである。それに自分が死んでも子供たちのいずれかが生き残れば家名の断絶は免れると考え、あらかじめ三人三城に分散籠城したことも、将来に対する深い配慮からであったといえよう。この時代においては、「個人」よりも「家」に重点が置かれた。「君は一代、家は末代」という言葉は、当時の社会の様相を物語るものである。

それに引きかえ、島津は紹運のためにその後の作戦を狂わされ、多くの血で得た岩屋城を再び献じて撤退したのである。統虎の幸運は、彼の勇気とともに父高橋紹運の力によるもので、もし岩屋の落城が早かったら、立花城の運命もまたどうなっていただろうか。今は亡き父紹運を思い浮かべながら声涙ともに下る追悼文を読んだ統虎の感慨はいかばかりであったろうか。秀吉は、統虎の功績に対し、次の感状を与えて激賞した。

去月廿七日対安国寺(恵瓊)、黒田勘解由(孝高)、宮木入道(堅甫)書状幷首註文今日十日披見候、今度其面へ島津相動候之処、味方之城数二三ケ所手もろく相果候之条、其構之儀も無心元被思召、輝元(毛利)、元春(吉川)、隆景(小早川)、其外人数追々差遣候処、立花城之儀無別条相抱候儀さへ対殿下(秀吉)忠節無比類候思給候処、去廿四日敵引退候刻、足軽を相付数多討捕儀手柄之上ニ、重而高鳥居東西責破、城主星野中務大輔、同民部少輔を初、其外不残数百人打捕、首之註文到来、誠粉骨之段、中々不及申候、是以後之儀者、聊爾なる動之儀可為無用候、人数追々被差遣其上輝元(毛利)、元春(吉川)、隆景(小早川)、両三人一左右次第殿下にも被出馬、九州逆徒等悉可被刎首候之条、得其意尤に候、然者為褒美新地一廉可被仰付候間、突鑓高名仕、忠節之輩に可令支配候、弥成勇候様可申触事、専用に候、委細安国寺、黒田、宮木両三人可申候也、

(天正十四年)九月十日　(豊臣秀吉)(花押)

立花左近将監とのへ

(『立花文書』)

また、秀吉の軍事補佐（軍監）黒田（孝高）、宮木（豊盛）、安国寺（恵瓊）の三将に対して次の書簡を送り、立花統虎を九州の一物と言って彼の功を賞讃している。

立花左近将監対両三人註進状幷首註文、今日於淀到来被見候、高鳥居城へ取懸、則時責崩、城主初星野中務大輔、同民部少輔、其外随身之者共、数輩討捕之段、無比類動絶言語候、今度味方之城二三ケ所不慮之処、無異儀相抱候儀さへ奇特ニ被思召候処、如此之段、誠ニ九州之一物ニ候、為褒美新地一廉可被仰付之条、立花家中粉（砕カ）手候者共にも令支配、彌可相勇之由可申聞候、自是以後聊爾之行不可仕之由、可相達事専一候也、

（天正十四年）九月十日　（豊臣秀吉）（花押）

安国寺
黒田勘解由とのへ
宮木入道とのへ

筑紫居城を復し宋雲尼母娘救出さる

その頃筑紫広門は、島津軍によって筑後三潴の大善寺で虜人の身であったが、関白秀吉西下の前に一手柄を立て自領の安堵を願おうと考え、八月下旬、島津軍が筑後より撤退の際、陣中の動揺につけこんで密かに旧臣を集めてここを脱出し、千余の軍勢をもって旧領五ケ山に入り、一の岳、亀の尾城を奪回し、続いて同二十八日勝尾城を夜襲、秋月の守備兵を追い落として首尾よく居城を回復した。

『九州記』には、「島津軍の退却と共に、薩摩へ護送されようとした広門が、山門郡松延という所でひそかに

伊集院左衛門に左安吉の名刀を献じて、島津兵庫頭（義弘）へとりなしを頼み、七日間の暇をもらって肥前へ帰り、旧臣を招集して五ケ山の居城に復帰して秀吉の味方となる」と記している。秀吉が広門の居城復帰を喜び、黒田、宮木、安国寺の三将に宛てた十月三日（天正十四年）付の書簡の中に、「筑紫主居城ヲ取返候由申越候尤之仕合候」とあり、このことを意味している。

ところで、紹運の夫人宋雲尼と娘は、薩軍によって肥後の南関（熊本県玉名郡南関町）に監禁されていたが、立花統虎は、当時筑後に駐留していた龍造寺政家に、母と妹の救出を依頼した。その頃、鍋島信生（直茂）は、外交上ぬかりなくすでに秀吉に通じていたが、政家もまたこれに遅れじとばかり九月上旬、島津との手切れを宣し、三池、肥後の一部を侵略していた。さらに秀吉への印象を良くするため、統虎のこの頼みを快諾して、家臣の堀江覚仙、大木兵部少輔に軍勢を添えて南関へ差し向け、島津の衛兵を追い払って宋雲尼母娘を救出し、無事立花城へ送り届けた。

岩屋落城以来、統虎は島津軍に拉致された母や妹の身を案じていたが、ここに肉親と再会することができて、感無量の歓びを味わうことができた。なお統増夫婦については、島津側も広門の逃亡や宋雲尼を奪い去られたため、警戒を厳しくして肥後から薩摩へ移し、祁答院《けどういん》（鹿児島県薩摩川内市）へ閉じ込めたが、翌年秀吉の九州親征の時、統虎の名代として立花三河守（賢賀）が鹿児島に行き、島津に交渉して身柄を引き取り、無事立花へ連れて帰った。

麻生・宗像、秀吉軍に加わる

麻生、宗像は九月、黒田、安国寺、小早川の三将から、家督安堵のとりなしをするから秀吉への忠勤を励むようにという諭旨を受け、浅川、古賀、剣岳などの遠賀、鞍手方面で島津方の秋月、高橋（元種）軍と戦った。

追而申候、先度大裏表動申処、此方人数同前ニ、御子息大炊助殿被作先懸、敵追崩候、無比類趣候、則至本陣申上進候之条、如何様可被申入候、大炊助殿へ於爰許然々不得御意候条、只今申入候、尚期後喜候、恐惶謹言

（天正十四年）九月七日　　神田惣四郎元忠

吉田伯耆守殿（重致）御宿所

右は宗像の家老吉田《よしだ》伯耆守《ほうきのかみ》重致《しげむね》の子大炊助《おおいのすけ》が、毛利軍とともに大裏《だいり》（北九州市門司区大里）で高橋元種の軍と戦って軍功があったことに対する、毛利の将神田元忠からの感状である。

十月、麻生家氏もまた秀吉より「粉骨無比類手柄」と賞詞を受けている。さらに高橋（元種）の居城香春岳（田川郡香春町）を攻めて功あり、この年十二月、再び秀吉から感状を与えられた。

十月十六日付の小早川、安国寺、黒田の三人に宛てた秀吉の朱印にも、麻生、宗像勢の馳走（尽くすこと）ぶりが記されている。十一月下旬の香春岳攻めにも、宗像の重臣深田中務少輔の家来新五郎が矢疵を負ったことが、『新撰宗像記考証』に見えている。

このように筑前において麻生、宗像は比較的早く秀吉の陣営についているが、これは毛利との従来の関係によるものであろう。

宇留津・香春の落城

毛利の後続部隊は、その後続々と海峡を渡って北九州に入り、馬ケ岳の長野助盛、城井谷の城井鎮房、時枝の城主時枝平太夫、宇佐の城主宮成吉右衛門らは黒田孝高の手に属し、山田、広津、中間、八屋などの国士も質人を出して幕下についた。

八月下旬、毛利の先陣神田元忠（一説には三浦兵庫ともいう）の三千は小倉城（香春の支城）の高橋元種（秋月種実の子）を攻めたがかえって敗れ、門司へ退いた。その後、援軍を得て再び攻撃、十月四日ついに攻め落とし、元種は逃れて本城の香春岳へ籠った。

小倉城には毛利輝元とともに、黒田孝高が入って諸軍を督励し、小早川、吉川の軍勢も小倉より一里ばかり離れた所へ陣をとった。その後、京都郡刈田に陣替えして十一月七日、宇留津《うるつ》城（築上郡築上町）を攻めた。

一方、立花統虎は、香春岳対陣中の黒田孝高のもとに、陣中見舞いをかねて今後の作戦指示を仰ぐために参陣している。『豊前覚書』には、

殿様（統虎）は十月十八日に右御陣中に御参陣され候、先ず小寺官兵衛（黒田官兵衛）殿え御出で成され候。御振舞の上にて、金なしぢの御鞍四騎余りのかけ（鹿毛）の馬におかせ進められ候。其外年寄衆には、かふり（被り）物、のとわ（喉輪）の間遣はされ候。それより両川（吉川、小早川）に御礼仰せられ、翌日十九日御帰城成され候。十八、十九日殊の外の大雪にて、上下共に御難儀にて候なり

とあり、大雪の中、統虎主従が難儀しながら参陣し、孝高へ挨拶して振舞（もてなし）を受けた上、梨地の鞍など武具を孝高から贈られている。また吉川、小早川両将にも立花城救援に対する御礼を述べて十九日帰城した、とその様子を記している。

宇留津城主加来《かく》与次郎（覚新外記とも記す）は父入道専順を香春の高橋元種に人質としてとられていたので已むなく抗戦したが、毛利、黒田二万余の軍勢は猛攻をもってこれを降し、城主加来与次郎以下千余人の首を刎ね、生き残った男女四百人余りを磔《はりつけ》にして無惨な大量殺戮を行った。この戦いは悲惨で、城辺の死体はすべて海へ捨てて流した（『両豊記』）。

さらに同月十五日、障子岳《しょうじがだけ》（京都郡みやこ町、田川郡香春町）の砦を破り、香春岳攻めの拠点として付近に砦を構えた。この日十一月十五日、毛利軍の指揮をとっていた吉川元春は小倉の陣中で死去した。背中にできた悪性腫瘍が死因になったといわれる。五十七歳であった。

続いて高橋元種の拠る香春岳を囲んで水の手を押さえ総攻撃のすえ、ついに元種は十二月十一日、降伏した。森壱岐守（毛利吉成）が城を預かり、ここに豊前の大半を制圧した。また、高橋に一味した彦山を攻撃したので、衆徒は降を乞うに至った。

原田降伏

毛利、黒田両軍は、そのまま筑前へ進んで十二月（一説には三月とある）、原田信種が拠る高祖城《たかす》へ向かった。『豊前覚書』によれば、黒田孝高の原田への降伏工作はすでに先行していて、十月二十四日、孝高の家臣久野四兵衛は、馬乗十騎、人数百程を率い、箱崎（福岡市東区）に宿陣、筑紫、原田、波多ら周辺城主らへの下城勧告をするための検使を命じられていた。

一方、小早川隆景も高祖に使者をやって降伏を勧めたが、若い信種は聞かずこれを一蹴し、大門河原に勢揃いして二千の軍勢を各手に分け、持ち場を固めて防戦態勢を敷いた。

小早川、黒田両軍は、早良川を渡って油坂の砦を破り、長垂山を越えて西に進み、高祖の大手に攻め入ろうとした。この時、攻撃軍の中から月毛の馬にまたがった武者が高祖城に向かって一番駆けをしてゆくのを陣中より見た隆景が、側近に「何者ぞ」と問うと、「黒田の家臣久野四兵衛重勝にござる」と答えた。高祖の東方、田島、原、飯盛、日向山など三、四里の間は夥しい旗差物や馬具のきらめきで埋り、そのまま怒濤のように押し寄せれば、高祖城はひとたまりもないと思われた。

頼みの島津、秋月の援軍もついに見えず、血気に逸る信種もとうとう観念して、一戦も交えずに降を乞うたので、城攻めは中止され、降将原田信種は四兵衛に随行して城を出、譜代の笠《りゅう》、鬼木、波多江、木原、山崎、有田、平山、中園、上原らの家臣たちが彼らにつき従った。落陽の中に薄れゆく博多湾を見ながら、始祖種直以来三百八十年間の居城高祖を悄然と去って行った。高祖開城は、筑前の名家原田氏凋落《ちょうらく》の象徴であった。彼らが退去してから、城は直ちに破壊された。

原田降伏を喜んだ秀吉は、毛利（輝元）、吉川、小早川の三将に対し、十二月二十日の書状で、久野四兵衛の一番乗りに対する朱印を与えている。そして明年早々出馬するので、それまでは敵を引きつけておき、こちらから合戦をしかけてはならぬと諸将に堅く命じていたが、黒田、小早川、吉川らは敵の動静をよく見て臨機応変の作戦をとって、そのつど勝利を収めたので、秀吉から時宜を得た処置と賞詞を受けている。

原田一族の墓（前原市高祖・金龍寺。石津司氏撮影）

久野四兵衛とハンギリ

久野四兵衛は、すでに主人黒田孝高の命を受けて、筥崎座主家中の切れ者、城戸豊前守清種宅を宿所として準備に入り、明春関白秀吉の九州入りまでに、博多復興町割の下検分および下図作成の立案を始めたが、彼の構想したものは宗教的見地から、七条の袈裟になぞらえて博多の町を十町四方に区切り、土地の南北を縦として四条、東西を横として三条、合わせて七条の幹線道路の区割をし、それに七番、七堂、七小路などの七流れの町をつくり、この二つを掛け合わせて七七、四十九願を表わしたものといわれる。なお『石城志』では、十二月二十一日をもって町割り成就と記している。

このとき箱崎には町人、農民、漁民らが雑居し、約千戸の町を形成して

「箱崎千軒」と称されるほどであった。四兵衛は布令を出して各家から一名の出役を命じ、戦禍の博多の町の焼け跡に生じた高草を刈りとらせた。当時、博多の町人たちは戦禍を避けて各地へ疎開していた。彼らは還住を呼びかける公報を知ると、しだいに博多に帰ってくる者が多くなった。

なかには歩けない老人もいて、乗り物がないのでハンギリ（盥《たらい》のような桶《おけ》）に乗り、担《かつ》がれて帰ってきた。この光景がよほどおかしかったのか、四兵衛は「上方では、かような乗り物は見たことがない」と言って大笑いし、滞在中の面白《おもしろ》話として語り伝えた（『豊前覚書』）。

秀吉は、すでにこの頃から朝鮮国出兵を企図していたので、大陸の門戸博多をその兵站《へいたん》基地に見立てて重視し、町の再興については特にこまごまと指示を与えている。

天正十四年もやがて終わろうとしていたが、戦火で焼けた博多の街は明るい復興気分が漂い、都市再建の槌音を一層高く響かせた。

関白秀吉、京都を発つ

関白秀吉は天正十四（一五八六）年十二月一日、正式に九州征討の動員令を発した。まだ全国統一の大業は完成されていなかったが、それでもその年十月、徳川家康を臣従させて後顧の憂を絶つことができたので、二十四州にわたって各国から兵員を召集したのである。すでに先発の毛利、黒田の軍勢は同年より北九州方面を攻略し、さらに仙石《せんごく》、長曾我部《ちょうそかべ》、十河《そごう》、尾藤《びとう》らの四国勢二万の軍勢も豊後に到着していた。

動員の内訳は、畿内五カ国、北陸道五カ国、南海道六カ国、山陽山陰十六カ国などのおよそ三十七カ国で、総勢二十余万ともいわれる厖大《ぼうだい》な兵力であった。さらに石田治部少輔三成、大谷刑部少輔吉隆、長束大蔵大夫《なつかおおくらだいゆう》正家の三人を奉行として、兵三十万人の食糧と馬二万頭の飼料をそれぞれ一年分、その他武器弾薬をはじめ大楯、縄、斧《おの》、鎌、熊手、鍬《くわ》などに至るまで戦争必需品の数々を大量に調達させ、大坂、堺、兵庫の各港に諸国の浦船を集めて大船百五十艘余りに積みこみ、下関へ運送して、九州へ上陸と同時に支給させるようにした。

明けて天正十五年元旦、秀吉は大坂城において諸将の参賀を受けた後、九州征討軍の編成内容を発表したが、全軍を七軍団に分け、陸海の部署を整然と定め、軍中法度の掟を掲げて軍規の厳正を示した。

一月二十五日、宇喜多秀家《うきたひでいえ》の第一軍がまず出立し、続いて二月五日、秀吉の弟羽柴秀長を大将として同秀勝、宮部継潤《みやべけいじゅん》、蒲生氏郷《がもううじさと》、九鬼義隆《くきよしたか》の諸軍が相次いで出発したが、これら先発隊の総勢は九万といわれる大軍であった。

秀吉は西下に先立ち、甥の秀次、前田利家に留守を命じ、三万の軍勢をつけて畿内警備に残し、三月一日、朝廷に奏上して直ちに京都を出発、浅野長政、佐々成政《さっさなりまさ》、増田長盛以下の将領を従え、大坂より船出して九州出陣の途についた（三月の船出は気象条件を考えてのことである）。『黒田家譜』は、陸路を進んだとしている。

その軍容は総勢十万を超える大軍団であり、茶堂として千利休と津田宗及を召し連れ、そのほか連歌師、医師、歌舞音曲の役者たちまで引きつれての悠々たる旅軍であったが、秀吉のこの日の扮装は、『太閤記』に、「緋縅《ひおどし》の鎧、鍬形打ちたる冑を猿首に着なし、赤地の錦直衣《ひたたれ》いとはなやかに出立給ふ」とあり、供奉《ぐぶ》の老いたる者までみな若々しくきらびやかに装い、その華麗さは古今にためしがないと言われるほどであった。

軍勢は陸海両道を進み、十二日には備後赤坂（広島県）で前将軍足利義昭《あしかがよしあき》の出迎えを受けている。秀吉はそれから安芸の厳島神社に参詣、戦勝を祈願して広島で休息をとった。ちなみに陸路と海路では、気象条件などで日数が異なるが、小瀬甫庵の『太閤記』には芸州到着を三月十七日としている。また、『黒田家譜』の三月十六日付秀吉朱印には、すでに十六日は芸州で在留中とある。厳島到着を三月十八日としている書もある。

恵利暢堯と腹切岩

一方、秋月種実は秀吉西下の情報を得て、その軍容を偵察させるため、家臣恵利内蔵助暢堯《えりくらのすけのぶたか》に命じて偽《いつわり》の降礼使に仕立てて、秀吉の本営に遣わした。三月初め、使命を帯びて秋月を発った暢堯は、秀吉が休息中の広島へ急行した。広島に着いた暢堯は秀吉の将浅野長政を介して謁見を願い出て許され、秀吉の前に伺候して、内心忸怩《じくじ》たるものがあったが、種実の命令通り偽の降伏を申し出た。

秀吉はその本心を知ってか知らずか暢堯に向かい、「秋月は島津と無二の間柄と聞いておるが、島津と手を切って我が陣に参りたいという使いの趣、誠に神妙である。ただ今和睦するならば、秋月には充分な所領を宛《あて》行《が》うであろう。あくまで反抗するなら直ちに討伐するまでである。汝は急ぎ帰って、この旨を秋月に伝えよ」と言って、畏まって平伏する暢堯に対し、秀吉は「今日の引出物としてそちに遣わす」と一刀を手ずから与えた。

暢堯は秀吉の人物の大きさに打たれ、その堂々たる軍容を見て、もはや秋月ごときが敵対すべき相手ではないと悟り、急いで広島を発ち、同月下旬頃秋月へ帰着すると、その次第を種実へ復命し、一刻も早く島津と手を切り、秀吉の幕下となるよう、天下の大勢を説きながら誠意を表わして進言した。

しかし時勢を見る眼を持たない種実は、島津への不義理を恐れて、彼の言葉に耳を貸さなかったばかりか、かえってこれを冷笑して、「汝は日頃の武勇にも似ぬ臆病者ぞ。敵の大軍に気を奪われ、秀吉ごとき者から刀をもらって悦び、その甘言に乗って主に降伏を勧めるなど、あきれ果てた腰抜けよのう」と思いきり罵声《ばせい》を浴びせた。老臣の中には日頃暢堯を妬む者もいて、種実に迎合して彼の正論に異を唱え、「臆病者よ、腰抜けよ」と言ってあざ笑った。

暢堯は種実の言葉に臆せず、執拗に諫言を続けた。「すでに九州の大半は関白の幕下につき、残るは秋月、島津とその他わずかな小名が孤立しようとしています。たとえこれらが連合して上方勢に当たっても、十に一つの勝ち目もありません。そればかりか戦火の犠牲になる領民の苦しみはいかばかりでしょうか。また、初祖大蔵春実公以来の由緒ある家柄を絶やすことにもなりましょう。どうか御分別下さい」と、熱涙をもってかき口説《くど》いた。だが暢堯の諫言も所詮種実の不興を増すだけで、かえって反逆者呼ばわりされ、苦境に立たされた暢堯の心は辛く悲痛なものがあった（一説によると、この時種実から切腹を命ぜられたともいわれる）。体面にのみこだわり、時代の趨勢を考えようとしない主人種実が哀れでならなかった。

臣下としての分を尽くした暢堯は、今はただ、死をもって種実に最期の諫めをしようと決意した。天正十五年三月十四日、山深い秋月の里が青みを増し、野鳥川の清流を春風が吹き抜ける頃、恵利内蔵助暢堯は妻子とともに潔く自刃して果てた。時に暢堯三十八歳、妻三十一歳、長女十三歳、次女十歳であったといわれる。その場所は鳴渡《なると》谷近くの巨岩の上と伝えられている。のち、黒田長興（孝高の二男）が秋月に入ると暢堯の死を憐れみ、この地に観音堂を立ててその霊を慰め、鳴渡山音声寺《おんじょうじ》と称したという。

恵利暢堯腹切岩（朝倉市秋月）

『筑前国続風土記』には、「種実及家臣等皆是を聞きてあざけり偏《ひとえ》に内蔵助が臆病にてかくはいふぞとわらいける、内蔵助是を聞、以後に思い知るべき事ながら当時の面目を失いけるをいきとをり、此石に踞《うずくまり》自殺しぬ。其石今は堂の中にあり高さ二尺許《ばか》りあり。是を本尊として観音寺と号す、誠に此石は忠臣の踞て自殺せし石なれば心ある人は哀れを催すへき事也」と述べている。鳴渡に向かって畠の小道を行くと、右側に大きな岩が並んでいる。その一番手前の巨岩が通称「腹切岩」と伝えられているものであるが、花崗岩の大岩は高さ約一・五メートル、上は平らかで畳三枚は敷かれるほどの広さがあり、『筑前国続風土記』にある高さ二尺許りの石とは別のものと思われる。この巨岩の側に暢堯の子孫及び地元有志による「恵利暢堯夫妻殉節之碑」が、昭和十一年に建てられた。

なお恵利内蔵助の名は、前述の小金原合戦にも出ているが、立花、高橋の大友方と戦って、しばしば軍功を顕わしている。彼の家系は秋月と同祖の家柄で、代々浮羽郡恵利郷（久留米市田主丸町）を本貫とし、種実の時にはその所領千町を有し、秋月家の重臣として鞍手郡笠木（宮若市千石）の城を預かっていた。暢堯の死を象徴するかのように、秋月家の運命もまた、旦夕に迫っていた。暢堯の自刃に当たっては、彼の家僕数名が殉死したといわれる。

豊後の情勢

一方、島津義久は、族将島津忠長、伊集院忠棟らが筑前方面から撤退後は、秀吉の西征に備え、九州中央部を確保して本国鹿児島の防衛に万全を期すため、まず豊後に攻め入って宿敵大友宗麟、義統父子を討ち、豊後国内を手中に収めようとして、天正十四年十月中旬、弟義弘、家久を左右両翼の大将として四万の軍勢を進発させた。

この時、大友方の田原親家（義統の弟）をはじめ、戸次鎮連（立花道雪の甥）、志賀道益、朽網宗歴、入田宗和、柴田紹安らの有力武将が島津側についたので、豊後侵入は容易になり、大友の諸城をたちまち席捲《せっけん》していった。

家久は十二月十二日、戸次川《へつぎ》（大分県豊後大野市）の戦いで、得意の釣野伏《つりのぶせ》（伏兵）の戦法を用いて、秀吉配下の大友、仙石、長曾我部の軍を破り、長曾我部信親《のぶちか》（元親の嫡男）、十河在保《そごうまさやす》の両将はじめ四国勢を討ち取って凱歌をあげた。危うく死地を脱した仙石は、海上へ逃れそのまま海を渡って四国へ帰り着くことができた。秀吉は仙石が命令を守らなかったことを怒り、彼の領国讃岐《さぬき》を没収してしまった。当時の楽書に「仙（千）石は四国をさして落ちにけり三国一の臆病ものかな」というのがあった。

義統は島津軍の急追に府内を捨てて、高崎城（高崎山）、さらに豊前の竜王城（宇佐市安心院《あじむ》町）へと逃れたが、竜王に着いた時は三千人足らずの兵であったという。島津側はついに府内を占領した。

しかし大友方にも島津軍を散々痛めつけた勇将もいたのである。栂牟礼《とがむれ》城の佐伯惟定や岡城の志賀親次（ともに十八歳）、鶴崎城の女将吉岡妙林、また、戸次常統（鎮連の子）や吉弘統幸（紹運の甥）、宗像掃部《かもん》らである。これらの働きで島津軍も戦力を消耗していた。

大友宗麟もまた、島津軍を手こずらせたあげく撃退している。島津軍は宗麟の居城臼杵丹生島を包囲したが、この時はじめて老将宗麟の眼は生き生きと輝き、戦国武将の血が甦ったのか、先年南蛮より買い求めた大砲（国崩し）を持ち出して、島津軍目がけて散々に打ちこんだ。轟音とともに炸裂する南蛮砲の威力に、さすがの島津軍もひるんで三日間で囲みをといて臼杵城下から去ったが、府内は依然として島津軍が占領していた。

しかし正月半ばになって、秀吉の先陣到着の報が伝わり、また三月には秀吉自ら大軍を率いて西下の情報も入り、島津義久は本国防衛を急務として、全軍に豊後からの撤退を命じた。

秀吉の九州平定戦始まる

秀吉は三月二十五日、赤間ケ関（下関）に到着、毛利の陣営に入って、諸将と九州入りの軍議を行った。この時、肥前の龍造寺政家の名代として鍋島直茂が秀吉を迎えた。

秀吉が赤間ケ関から立花統虎（宗茂）へ宛てた朱印状には、島津、秋月への方略五カ条が示され、小倉上陸に備えて素早い対策がとられている。

急度染レ筆候

一、昨日廿五日至二赤間関一御著座候明日廿七小倉へ可被移御座候事

一、日向口へは毛利右馬頭四国之者共羽柴備前少将中納言、人数十四、五万之つもりにて被遣候事

一、秋月表裏者之儀候間、被作二取巻一為レ可レ被二刎レ首一彼面へ御人数明日廿七被二差遣一候事

一、其方も人数召連、秋月表へ可レ越候事

一、船手之事、警固被二仰付一、被レ遣候御人数之事、九鬼大隅守、小西日向守、脇坂中務少輔、可（加カ）藤左
　馬助、菅平右衛門、石井与二兵衛、梶原彌介、能島、来島、徳井、其外御警固被二相揃一被レ遣候
　尚小西日向守可レ申候也
（天正十五年）三月廿六日　（秀吉）（朱印）
立花左近将監とのへ
（『立花文書』）

秀吉が九州に入ったのは、予定より一日遅れて三月二十八日であった。ここから二手に分かれ、秀吉の本隊は筑前から肥後路を目ざして進撃を開始するのだが、羽柴秀勝、小早川、吉川、毛利、黒田、宮部、蜂須賀らの九万余騎が豊後へ向かって南下していった。

それまで、物見遊山の旅を楽しむようなゆっくりした秀吉の行軍であったが、一旦敵地に足を入れてからの行動は敏速であった。小倉に入ると直ちに軍議を開くとともに、高橋元種、麻生家氏、同元重、時枝、広津、彦山衆徒らの豊前地区の有力国人や山徒たちを謁見している。

豊前最大の国人領主、宇都宮鎮房《うつのみやしげふさ》（城井とも称す）は嫡子朝房《ともふさ》を代理に遣わし、自分は病と称して謁見の礼をとらなかった。名族宇都宮氏の誇りが根生いの武士の意地を示した。

翌二十九日は長野三郎左衛門種信の馬ケ岳（京都郡みやこ町、行橋市）の城（一説では時枝の城ともいい、九州の諸将の人質もここに集めたとしている）に移り、ここを本営として、秋月攻めの作戦を協議し、四月一日の早朝、彦山周辺の岩石《がんじゃく》城（田川郡添田町）を攻めることになった。岩石城は標高四四六メートルの岩石山上にあり、その名のように岩石多く、突兀《とつこつ》峨々《がが》たる要害で、秋月二十四城の中でも自慢の堅城である。

勇猛で聞こえた隈江越中、芥田六兵衛以下、秋月軍の中でもとくに精鋭と称された三千の将兵が籠城していたが、秀吉軍にとっては九州最初の城攻めであり、緒戦にかける意気ごみは凄まじく、各軍一番乗りの功名を競って、秀吉に願い出るほどであった。秀吉はこれを制して、蒲生氏郷、前田利長らの北陸勢五千をもって攻撃させた。

秋月勢の激しい抵抗も、北陸勢の猛攻で城将隈江、芥田はじめ多くの城兵が討たれ、城に火を放ったので一日のうちに落城した。『豊前軍記略』は、「討取ル所ノ首四百余級、秀吉公ニ献ズ」と記している。この時、蒲生氏郷の家臣関小伴は、一番乗りの功名を立てた。秀吉は柞原山《ゆすばる》（田川郡赤村油須原）よりこれを眺めていたが、緒戦に目ざましい働きをした蒲生氏郷に対して、薄浅黄に柳を縫った紅梅裏の陣羽織をぬいで与えたので、氏郷は感激し、これを着て城中に攻め入ったという。

この城攻めの時、立花統虎の名代として、立花（薦野）三河守（立花姓を許される）が秀吉の陣へ伺候していたが、秀吉は関が一番乗りをした報告を聞いて、三河守を傍近く招き寄せ、「そちは九州ではたびたび城攻めをしておろうが、ただ今の蒲生家中の小男（関小伴のこと）の目ざましい働きを見たか。関東の武士は皆このような者たちばかりだ」と言って初戦の勝利を満足気に話した。

一方、秋月種実は秀吉の来征に備え、俗に秋月二十四城といわれた城砦を補強して、各地よりの援軍合わせて万余の軍勢を守備につけて防衛に当たったのである。種実はその頃、岩石城の西方約三里（約一一キロ）の益富城（大隈城ともいう。嘉麻市）に籠って、岩石の戦況を見守っていたが、優に一カ月の籠城に耐え得ると自負していた岩石城が、たった一日で落城したので、その衝撃は大きかった。

秋月降伏

初めて秀吉の偉大な実力を知り、その驚きはやがて恐怖に変わった。秀吉二十余万の軍勢は、すでに九州の山野に充満している。種実は急いで兵をまとめると、益富城を破壊し、夜に入り慌ただしく本城の古処山へ退いていった。

翌二日、秀吉は馬ケ岳から大隈へ陣を移し、ここを秋月攻めの本営として古処山包囲の態勢をとった。夜は嘉麻、穂波の村々に命じて一斉に篝火《かがりび》をたかせ、南は桑野から北は飯塚の辺りまであかあかと火を燃やした。『筑前志』はその模様を、「関白大隈城に入り、大に兵を耀《かがや》かし、諸軍をして夜篝火をあげしむ、古処山上より之を望めば嘉麻穂波の一帯みな火なり」と記している。種実は古処山上より、この夥しい火の海を見て肝を冷やして戦慄した。未だかつてこんな大軍を見たことがなかったのである。

恐怖の一夜が明けると、種実はさらに仰天した。「天明大隈城を眺むれば壁上白堊を塗り、壁腰漆牆《しっしょう》を繞《めぐ》らし、一夜に其観を改む」（『筑前志』）とあるように、破壊したはずの益富城が一夜にして忽然と白亜の城になりかわっている。夢ではないかと目を疑ったが、まぎれもなくそこに一夜の城ができあがっていたのである。あまりのことに城兵たちも呆然として戦意を喪失していた。

再び『筑前志』の言葉を借りると、「これ秀吉一夜に四枚の板扉を徴し、之を塗りて連ね更に白紙をもって壁上を貼らしめたるなり」とあり、播磨奉書の紙を使って、白亜を塗ったように見せかけた秀吉の機智で、奉書紙の城ができたのである。しかも庭園までしつらえて、米をざらざらと落として滝水が流れているように見せかけたりしたので、古処の山上からこれを眺めた種実は、不思議な光景に愕然、気も動転して、それがトリックであることなど考える心の余裕もなかった。また、上方勢が乗馬に面や馬鎧をつけさせているのを見て、今まで九州では見たことがなかったので、「上方武士の乗るのは馬ではない、龍蛇の類なるべし」と驚き合ったという。もちろん、古処山から見えるわけはないが、諜者《ちょうじゃ》や廻し者の目を欺く機略だったと思われる。とかく中央の情報に疎《うと》い九州武士の驚く様子が想像される。

すでに穂波より八丁坂にかかる山麓一帯は秀吉五万の軍勢が布陣して、総攻撃の号令を待っている。古処山一帯の城砦に立て籠った秋月の将兵は、もはや抗戦どころではなく、「縁を求め降参し或は山林に逃隠れたり」（『九州治乱記』）というように、各陣分裂して次第に離散していった。頼みの島津も本国の防衛に狂奔して、秋月援助どころではない。

種実、種長父子も事ここに至っては、如何ともし難く、四月四日、一族の福武美濃守を使者として、秀吉の本営大隈城へ遣わして降伏を申し入れた。秀吉は秋月を南九州の島津に次ぐ北部九州最大の元兇と目していただけに、そう簡単に赦そうとはしなかった。そこでこの上は自ら秀吉の御前へ出向き、降伏を申し入れて助命を願い出るよりほかはないと考え、武門の誇りも捨てて、父子そろって剃髪《ていはつ》、墨染めの身となって大隈へ向かったのである。

秋月城黒門（朝倉市秋月）

その時すでに秀吉は大隈を発ち、浅野弾正、木村常陸介《ひたちのすけ》、生駒雅楽頭《いこまうたのかみ》、毛利壱岐守らを先手として秋月へ向かっていた。大隈から秋月までは西南へおよそ三里（約一二キロ）である。種実父子は大隈の西約一里の芥田《あくただ》（嘉麻市）の里で出迎え、降伏を申し出た。その対面の場所は広い畠の中であったといわれるが、のち、そこを「降参畑」と称するようになった。

『黒田家譜』は、この場面について、「関白殿牀机《しょうぎ》に御腰をかけられ、御対面ありて、今迄は是非頸を刎ねんと思ひしかども、かく来てあはれみをこふ体をみれば、又忽に不便に思ふ心出来たり、此上は命を助る間、薩摩征伐の先手に加わり、忠節をはげますべし」と記しているが、頭を丸め法衣をまとって、ひたすら命乞いをする秋月父子の姿を見ては、秀吉も哀れを感じ、この父子を赦してやった。『筑前志』は秀吉の言葉として、「僻遠の国を征し、鏖尽《おうじん》（皆殺し）を期せば勢不可なる所あり、宜しく優容速に大功を成すべきなり」と伝えているが、緒戦における降将を赦して仁政を施し、今後の治政を有利ならしめるための寛容を示したのである。

一命を助けられた種実は、十六歳になる娘を人質に出すとともに、家宝の茶入「楢柴肩衝《ならしばかたつき》」と呼ばれる名茶器と米二千石、金百両を、お礼にと秀吉へ献上した（『九州御動座記』）。

当時、「楢柴肩衝」は隠れもない天下の名茶壺として、茶人の間では垂涎《すいぜん》の的であった。これは先年、種実が博多の豪商島井宗室から力ずくで奪い取ったものであったが、かつて大友宗麟もこれを望んで果たさなかったし、また、秀吉も千利休や堺の茶人たちからこの名器の噂を聞いて所望したことがあったが、宗室が拒んだので実現できなかった。宗室に並んで神屋宗湛もまた、「ふんりん」と称する茶入を所持していて、これも博多の名器として有名であり、秀吉もまたこれを欲しかったが、宗湛はどうしても手放さなかったという。しかしのち、黒田二代藩主忠之の時代にこれを献じたので、忠之は金二千両と菜地五百石を与えたが、宗湛は辞退して受け取らなかったという。当時の異国の神父たちは、日本の茶器に「まるでダイヤモンドの扱いである」と驚いている。

『九州治乱記』に、「秋月種実父子、命を助けられしは偏に楢柴の故なりとぞ人々申ける」とあるが、いくら数寄者《すきしゃ》の秀吉でも茶器一個に心を奪われるなどとは、とても考えられない。しかしそれを手に入れて、大いに喜んだことは容易に想像される。おそらく「楢柴」が助命に匹敵するほどの価値があったことをたとえたものと思われる。当時天下三名物の一つに数えられていたこの茶入は、三千貫（現在の価格で約三億円相当）の代物といわれていたという。

ともかく種実父子は、今まで秋月家を支えてきた本城はじめ二十四城のほか、さらに数城を明け渡して秀吉の軍門に降り、昨日まで盟友であった島津を討つため、その先鋒に立たされることになった。秀吉の『九州御動座記』には、「秋月氏は廿一代筑前一国豊前半国、筑後半国の屋形といわれた侍である」と述べている。

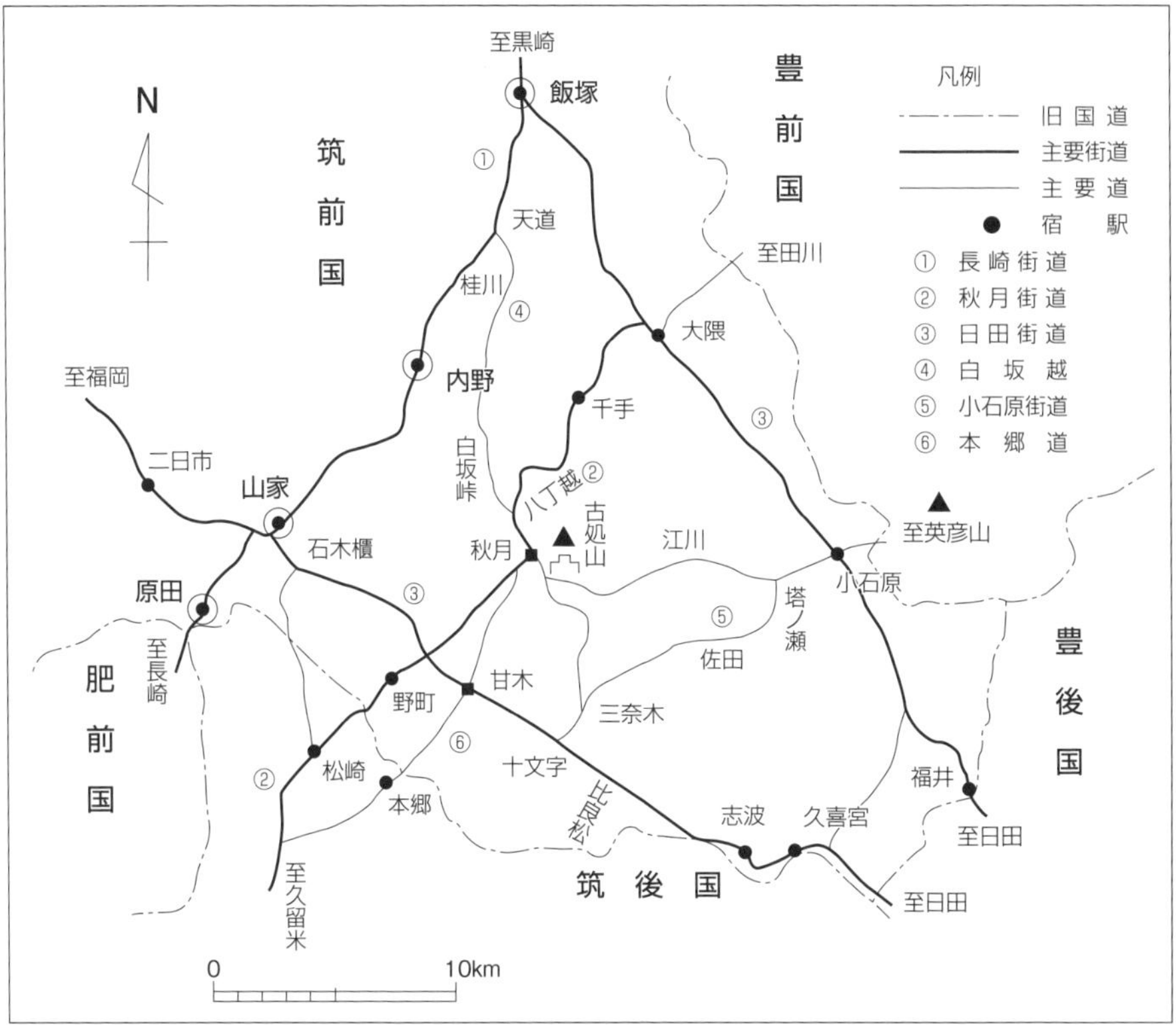

秋月周辺地図
（甘木市教育委員会編、甘木市文化財調査報告書『筑前秋月城跡』より引用、補足する）

四月四日、種実父子を案内として、秀吉の駕籠は秋月に向かって進んだ。ここで秋月父子は敗戦の悲哀と屈辱を改めて味わわされた。それは芥田から古処山にさしかかる途中の出来事であった。

路傍に大盤石があった。石の面は広く平かで金剛座のようにどっしりと横たわっていた。秀吉は駕籠から下りると、この石の上に床几《しょうぎ》を置いてしばらく休息したが、この時種長を傍近く呼びよせて、「そちは俗謡の名手と聞くが、今この場で一曲謡《うた》ってみよ」と命じた。たとえ墨染めをまとっていても、昨日まではかりにも北部九州第一の大名であった。居並ぶ諸将の前で幇間《ほうかん》（たいこもち、酒間を幇《たす》けるの意）の真似事《まねごと》をさせられる種長の心は、秀吉はじめ居並ぶ武将たちを前にして、屈辱で胸も震える思いであったろう。断わればどうなるか、その結果は自ずから明らかであった。長身の種長は

八丁峠登り口（朝倉市秋月）

思わず身を屈《かが》めて跪《ひざまず》くと、恥も外聞も忘れて唄いだした。

一張の弓の勢い月心にあり
これぞ真如の槻弓の
薩摩もなどかおそれざる

膝拍子を打ちながら声高らかに朗々と謡う種長を、秀吉は「面白し面白し」と興じて喜んだという。しかし武将たちにまじってこれを聞いていた父種実の心はいかばかりであったろうか。勝者敗者の立場を異にする非情な光景であった。時に種実四十三歳、種長二十一歳であった。

それより種長を道案内にして、秀吉の駕籠は八丁越えにかかった。八丁越えは、ツゲの原生林で知られる古《こ》処《しよ》山（八五九・五メートル）の西側にあり、現在朝倉市秋月と、嘉麻市泉河内を結ぶ標高約四百メートルの古処の山路で、その距離八丁（一丁は約一〇九メートル）あるところから生じた名で、八丁峠ともいう。『筑前国続風土記』には「此所山路の嶮《けわし》き所八町通る故八丁越といふ、いにしへより名ある要害也」と記されている。今は国道三二二号が旧道の上を通っているが、当時は筑豊と秋月城下および筑後、肥前を結ぶ要路であった。秋月側の登り口であった潭空庵《だんごあん》は、野鳥川の清流に位置する休憩地で、夏季は避暑客で賑う。

統虎の面目

その日、八丁の険を越えて午の刻（正午）に秋月の居館、荒平城に着いて旅塵を落とした秀吉は、はるかに越えてきた古処の峰を望み、「実にこの山は九州一の難所也、秋月一族及び隣国の者共、数万人相集りて一支《ひとささえ》して見んと思ひしことも理なり、秋月父子降参せずんば少しむづかしかるべきが――」(『九州軍記』巻之八)と感慨をもらして、秋月が古処の難険を捨てて戦わずに降伏したことを喜んだ。

晩春の秋月城下は夥しい人馬の群れで埋まり、敗戦の領民たちは兢々《きょうきょう》としてこれを迎え、初めて見る京武士の華麗な軍装に眼を瞠《みは》った。

翌五日からは、肥前の龍造寺、鍋島、筑紫、草野、筑前の原田、麻生、杉、宗像の占部、許斐、豊前の高橋(元種)、長野、城井、山田、八屋、広津、宮成、時枝、彦山の衆徒、その他壱岐、対馬、平戸、大村、五島などの領主たちがひきもきらず列をなして秋月城下へ来て秀吉に拝謁を願い、物を献じ、あるいは降を乞い、人質を入れて島津征伐への参陣を願い出た。静かな山郷の秋月城下は諸国からの激しい人馬の往来で混雑し、さだめし喧噪《けんそう》を極めたことであろう。

荒平城址を通じて古処山を望む(朝倉市秋月)

立花統虎もこの日、兵二千三百騎を引き連れ、立花を発って秋月に駆けつけてきたが、秀吉は煌星《きらぼし》のごとく並ぶ大、小名たちを前にしてとくに統虎を傍近く召し寄せ、「去春上使を下さるゝといへども、下知《げち》に従ふ者稀《まれ》なる所に左近(統虎)こと最初より御味方に参り候段、感悦に思《おぼ》し召し候也、其上去夏秋の間、島津大軍を以て九州の中縦横に働き、味方の城々手もろく攻落され或は降参せし処《ところ》に、其方《そのほう》居城を堅固に相守り、且《かつ》高橋紹運岩屋の城に於て節死を遂げ薩州勢立花の城を攻めあぐみ引取る折節《おりふし》追討し、剰《あまつさ》へ高鳥居の城を攻破り、星野兄弟を討取る条、比類なき働き武勇忠義の士、九州第一の者なり」(『九州軍記』巻之八)と、深く感賞し、太刀《たち》、銃、繍服《しゅうふく》(ぬいとりのある服)や馬を与え、島津征討への名誉ある先陣を命じた。

紹運死して九カ月余り、若い統虎は満座の中で武人最高の面目をほどこした。父紹運はじめ岩屋城戦に散った将兵の功績が今如実に証明されたのである。

『豊前覚書』は、この時の様子を「則ち関白様え（荒平）秋月城にて御対面成され、御懇《ねんごろ》の上意浅からず候由に候、此時御腰物（刀）、御馬、同馬道具共に御拝領成され、御陣所へ御帰り成され候、此の刻《とき》御家中の慶び斜めならず、たとへ申すべきようも御座無く候」と記して、統虎の栄誉を立花家中揃って大いに喜び合ったことを伝えている。

『九州御動座記』には、「但《ただし》中《なか》五日御休息ニ而《にて》、行先へ兵粮之調義など被仰付候——」とあり、秋月に中五日休息したと記しているが、『筑前国続風土記』は、二日滞留としている。

島津降伏

秀吉は、秋月の城を浅野（長吉）弾正に収めさせ、生駒（親正）雅楽頭にその事後処理を命じ、鹿児島へ向けて南下していった。頭を丸めて降伏した秋月種長も、昨日までの味方島津を討つため秀吉の先鋒に立たされた。この島津征伐には、筥崎座主方清も座主家中を率い、立花統虎の軍に属して薩摩へ従軍している。

こうして近国の城主たちが秀吉のもとに集まり、島津討伐の戦列に加わったが、九州武士たちの出立《いでたち》（身なり装い）は、上方勢とは比較にならぬほど見苦しく貧弱なもので、昇指物《のぼりさしもの》を請け筒にて指す仕方も知らず、縄で背中に結《ゆ》いつけたり、或は肩に打ちかたげるなどして、上方では見られない滑稽で笑止なしぐさであった。

上方の武士たちは、田舎者への侮蔑の目を向け、ひそひそ囁《ささや》き笑い合った。そのため西国武者の中には、気後れしてやる気を失う様子が生じた。

この状況を見た鍋島直茂（のちの佐賀藩祖）は、秀吉の前に出て、「西国の者たちは、上方勢の軍容など今まで見たことがなく、それゆえに田舎武者の振る舞いには見苦しき所あり、上方勢は、これを笑い侮っています。田舎者どもは恥ずかしい思いからか、勇ましい気勢も上らないようなしだいです。恐れながら殿下より注意して頂きたく言上致します」と申言した。

秀吉は、これを聞くと「もっともな事である。国々所々の風俗習慣を知らない者こそ不覚であろう」と言って、配下の隊将を通じて「今より後、西国勢の武者振りを笑うことを止めよ、もし命に背く者があれば直ちに処罰すべし」と厳しく申し渡したので、その後、上方勢の態度は改まったという（『岩屋軍記』）。

秀吉は四月十日、筑後に入って高良山に在陣し、翌十一日、肥後へ向けて出発。同十二日、高瀬、同十六日、隈本（熊本の古名）に入った。周辺の有動《うどう》、隈部《くまべ》、和仁《わに》、城《じょう》、宇土《うど》らの諸城主らは降伏し、肥後国内を従えながら八代、水俣、出水と進んで陣を移動していった。

出水に在陣中、唐津に疎開していた博多商人の神屋宗湛が秀吉の陣中見舞をしているが、宗湛はすでに秀吉の寵臣石田三成と交渉して、軍糧秣（兵馬の食糧）調達の契約をするなど、政商ぶりを発揮した。

一方、立花統虎の行程については、『豊前覚書』に従えば、統虎は浅野長政に属し、秋月、原田、筑紫、麻生らの筑前衆を率いて先鋒隊として秋月を出陣した。筥崎座主の方清法印も箱崎党といわれる家士たちを引つれて立花隊に属した。また、高橋統増（統虎の弟で宝満開城後、妻とともに薩軍によって薩摩に連行されていた）の家臣伊藤源右衛門も従軍していることが『日本戦史　九州役』に記されている。

統虎は、これらを率いて筑後の山下（八女郡立花町）に進み、肥後大津山（熊本県玉名郡南関町）、小代《しょうたい》（熊本県荒尾市）を経て四月十二日、高瀬（玉名市）、同十四日隈本（熊本市）に入った。以後、秀吉本隊とは同様の行程をとる。立花隊は後続の本隊より数日先行して進んだが、野営と悪天候の難行軍であった。

一方、豊後国内から退いた島津軍を追って日向に攻め入った羽柴秀長の別軍は、大友義統らを先導にして毛利、小早川、吉川、黒田、宇喜多、筒井、宮部、蜂須賀、尾藤らの諸勢が四月六日、耳川を渡り、高城（宮崎県木城町）を囲んだ。小丸川、高城一帯は過ぐる天正六年、大友宗麟、義統父子が島津のために苦杯を喫した宿怨の地で、高橋紹運の兄、吉弘鎮信、義兄斉藤鎮実や一族戦死の地であった。

島津の主力は、関白軍の前進基地、根白坂《ねじろざか》（宮崎県木城町）を猛攻して激戦を展開したが、圧倒的銃器の前に敗れ、島津忠隣《ただちか》（義久の甥）はじめ、多くの犠牲者を出して敗退した。また、高城の守将山田有信は、小勢でよく戦い城を守って降伏しなかったが、主人義久の説得によって四月二十六日、開城し、羽柴秀長に降った。

一方、足利義昭の使者一色《いっしき》昭秀、木食興山《もくじきこうざん》は、都於郡《とのこおり》（宮崎県西都市）に来て、島津義久に講和を勧めた。

島津の抵抗はこの根白坂の戦いまでで、義久は全く孤立して、すでに戦意を失っていた。だが、この期に及んでも義久の弟義弘、歳久や新納《にいろ》忠元《ただもと》（大口城主）らは、抗戦を主張して義久に迫ったが、義久の説得で遂に折れ、降伏に同意した。

同二十一日、降伏派の伊集院忠棟が秀長の陣に来て降伏を申し出て、義久らの罪を謝している。秀吉は弟秀長から島津降伏の報告を受けた。

五月八日、義久は頭を剃《そ》って法体《ほったい》となり、竜伯と号して秀吉の本陣川内《せんだい》（鹿児島県薩摩川内市）の泰平寺に赴き、降礼をとった。このとき一族の伊集院忠棟と義久の娘亀寿が人質となった。秀吉は、島津を許し、翌九日、義久に薩摩を、同二十五日、義弘に大隅をそれぞれ安堵した。

その頃、豊後の病床にあった大友宗麟は、宿敵島津の降伏を見届けたかのように、津久見《つくみ》（大分県津久見市）の館《やかた》で波瀾の生涯を閉じた。彼の死は天正十五年五月二十三日といわれ、享年五十八歳であった。宗麟の墓は、津久見の海が見える丘上にあり、キリシタン墓と仏教墓の二つが並んでいる。

一方、立花統虎の行動は、肥後から薩摩領に入り四月二十九日、川内に到った。その頃、島津によって祁答《けどう》院《いん》（鹿児島県薩摩川内市）に監禁されていた高橋統増夫婦は救出されて、川内入り直前の統虎と歓びの再会を果たした。また前述のように、肥後南関に抑留されていた母宋雲院も龍造寺政家の配下によって救助されている。

その後、統虎は秀吉本隊とは別行程をとり伊集院、吉田、祁答院、大口と転進しながら肥後の佐敷《さしき》（熊本県芦北町）に出る。ここで在陣中の秀吉から、博多での陣所を筥崎宮と決められたので、統虎は立花隊所属の筥崎宮座主、方清を御座所準備のため帰還させる。

島津平定後の帰路、立花隊は本隊と同行動をとり、秀吉を警固して肥後、筑後を経て太宰府（福岡県太宰府市）に入った。出陣してから約二カ月後であった。

『九州御動座記』、『南海治乱記』は、秀吉の太宰府到着を六月六日と記している。太宰府に入った秀吉は、菅公の廟所《びょうしょ》安楽寺天満宮（太宰府天満宮）を拝して、戦火のため社殿焼失して仮社であったのを見て、直ちに神殿造営の沙汰を行った。

秀吉は観世音寺近くの仮殿に入り、その夜、島津竜伯、立花統虎らから岩屋城戦の模様を聞き、玉砕した高橋紹運らを追懐した。翌七日、太宰府を発った秀吉は、多くの供を従えて箱崎に着いた。これより前、従軍から帰還していた筥崎宮座主の方清は、秀吉本陣となる八幡宮社殿への受入れ準備にあたっていた。

秀吉は、筥崎八幡宮に参詣後、社殿に入り、ここを滞在中の本陣として、周囲の警備を厳しくさせ、夜は篝火を燃やし続け、四方を馬廻り衆で固めた。随行の諸将たちは、八幡宮周辺の松原、箱崎、多々良川一帯に布陣し、幟《のぼり》、指物《さしもの》、馬印などが、いっせいに林立して風に翩翻とはためく様は、まことに壮観であったという。また湾内の海上には、満艦飾の船団が往来して秀吉軍容の勢威を示した。

八幡宮社殿を陣所にするなど恐懼《きょうく》してできないことだが、天下人となる秀吉らしい発想からであったろう。秀吉は七月一日までの二十数日、ここに在陣する。彼は、この箱崎滞在中に立花城を訪れている（『九州御動座記』）。このように筥崎八幡宮を中心に、箱崎一帯は諸大名たちの参陣で殷賑《いんしん》を極めた。『南海治乱記』は、秀吉の箱崎到着前後の状況を次のように記している。

六月三日、肥後ノ山鹿、四日筑後ノ高良山、六日ニ筑前ノ宰府安楽寺ニ御陣也、岩屋古城ノ麓、観世音寺ニ御殿ヲ建テ御著陣ヲ待ツ、七日ニ博多箱崎ニ御著府、八幡宮ノ宝殿ヲ御座所トス、諸勢前後左右ニ陣取ヲ結構シ、諸大名四方ニ群衆シテ、サシモ広キ筥崎ノ浜ニ尺地モ不残満々タリ、誠ニ目出度形勢、言語ヲ以テ述カタシ

現在の一の鳥居前を国道三号が通っているが、当時は白砂青松の海浜で松が多く、千代の松原と呼ばれて、博多湾を望めば右に志賀、香椎潟や、左に荒津崎、能古まで見渡せる風光明媚な所であったという。なお筥崎と箱崎については、地名などは箱崎、お宮は筥崎と書くのが原則となっているが、中世を通じて史料上は混用されていて、その区別は判じ難い。

箱崎は博多湾沿岸に位置し、かつては対外貿易基地として唐人町もでき「箱崎千軒」といわれたほど繁栄した。筥崎宮の東方、多々良川にかけて拡がっていた箱崎松原は、千代松原、十里松原とも呼ばれて白砂青松の景勝地であった。

筥崎宮は、穂波郡の大分《だいぶ》八幡宮（嘉麻市）から遷座して延長元（九二三）年、箱崎松原に造営され、応神天皇、神功皇后、玉依姫命《たまよりひめのみこと》を祭る。古くは那珂郡、中世以降は糟屋郡に、現在は福岡市東区に属する。

元寇役では、国難鎮護の守護神として戦意昂揚に利用されたが、武神として多くの崇敬を集めた。『筥崎宮史料』によれば、文禄元（一五九二）年の筥崎宮所領は千石で、藩主黒田長政も五百石を寄進している。

また、戦国期には筥崎座主家が神事、神領、軍事を統宰し、座主の麟清法印は大友宗麟のいとこにあたり、子の方清とともに大友方として働いた。この座主家に仕える武士団は「箱崎党」と呼ばれて立花城に所属していた。なお戦前までの社格は「官幣大社」であった。

筥崎宮は、中世、近世の古文書類をはじめ、多くの文化財を所蔵し、毎年九月に行われる放生会《ほうじょうえ》の秋祭りは

有名で、福岡市内外から多くの参拝者が詰めかけて賑わい、ガラス細工のチャンポンの音とともに博多の風物詩となっている。

九州の国割り

秀吉が箱崎滞在中に行ったものが三つある。

一つは九州経営の国割りであるが、この人事は秀吉の考えのもとに思い切った新旧交替の処置がとられ、表四に示すように九州の細分化が行われたのである。

この中でとくに目立つのは、主家から独立して諸侯に列せられた立花統虎改め立花宗茂と、鍋島信生改め鍋島直茂である。立花宗茂、高橋統増（のちに直次と改む）の兄弟については、岩屋で戦死した実父高橋紹運の功績と、宗茂の抜群の働きに対する行賞であり、それゆえ主家の大友から独立して大名となったのである。弟の高橋統増については、宝満で薩軍に降り虜囚となり、何の功績もないのにあえて諸侯に列せられたのは、紹運及び宗茂の力によるものと考えられる。

次に鍋島直茂であるが、愚鈍といわれた主人、龍造寺政家を補佐して国政をあやまらせなかった政治的手腕はすでに肥前国中が認めるところであったし、早くから秀吉に接近して情報を送り、交誼を絶やさなかったことが秀吉の目がねにかない、龍造寺から分離して大名に取り立てられたものと思われる。

この配置表を見ても、秀吉がいかに北部九州を重視していたかが分かるし、北九州を中核として豊臣政権下の九州の安定を図ったものと見られる。北九州最大の大名であった秋月一族（種実、種長、高橋元種）は僻遠の地、日向を分領して、住み馴れた北九州の土地から去っていった。

また、筑前の旧国人領主の原田、宗像、麻生は上筑後の地で、原田に三百町、宗像、麻生には各二百町宛を与えられ、原田は肥後佐々成政の与力となり、宗像、麻生は小早川隆景に配属され、本領の糸島、宗像、遠賀

表四

国名	国主名	居城
筑前（十五郡） 肥前（基肄、養父一郡半） 筑後（生葉、竹野二郡）	小早川隆景	立花（のち名島）
筑後（山門、下妻、三潴、三池四郡）	立花宗茂 高橋直次	柳河 三池
筑後（御井、御原、山本三郡）	毛利秀包《ひでかね》	久留米
筑後（上妻郡）	筑紫広門	山下（福島）
肥前（佐賀、小城、神埼、三根、杵島、藤津六郡）	龍造寺政家（のち鍋島）	佐嘉（賀）
肥前（北高来郡、養父郡半分）	鍋島直茂	諫早
肥前（南高来郡）	有馬晴信	島原（日之江）
肥前（北松浦、壱岐）	松浦隆信	平戸
肥前（東松浦、西松浦）	波多 親《ちかし》	唐津
肥前（五島、南松浦）	五島純玄《すみはる》	福江
肥前（大村）	大村喜前《よしさき》	（大村三城）
肥前（対馬）	宗 義智《よしとし》	厳《いず》原《はら》

国名	国主名	居城
肥後 球磨、葦北三郡	佐々成政（のち加藤、小西分領） 相良忠房	隈（熊）本 人吉
豊前（京都、仲津、築城、上毛、下毛、宇佐）	黒田孝高	中津
豊前（企救、田川二郡）	毛利勝信	小倉
豊後	大友義統	府内（大分）
薩摩	島津義久	鹿児島内城
大隅	島津義弘	真幸院飯野城
日向（南那珂郡）	伊東祐兵《すけたけ》	飫《お》肥《び》
日向（臼杵郡）	高橋元種	県《あがた》（延岡）
日向（児湯郡）	秋月種長	財部（高鍋）
日向（諸県郡）	島津久保《ひさやす》	飯野
大隅（肝付郡）	伊集院忠棟《ただむね》	鹿屋

『黒田家譜』、『高橋記』、『筑後国史』などより引用

の地をそれぞれ離れることになったのである。

豊前の城井、長野その他の国人たちは黒田孝高の家臣に編入された。小早川隆景の筑前大守への配置は、彼を九州の守りとし、もし九州の地に変起こらば中国より毛利一族の軍勢を呼びよせて、筑前の兵力と一体となってこれを鎮圧せしめようとした意図からであったと思われる。

黒田孝高の処遇については、早くから孝高が筑前と関係を有し、秀吉よりも出兵前「一国を与える」と約束されていたのに、豊前中津十二万五千石を宛行《あてが》われただけで終わったのは、切れ者の孝高にいずれ天下を望もうとする心のあることを秀吉が察しての処置であったといわれるが、推測するほかはない。また、戸次川の敗戦の責任（軍監として）と石田三成の讒言《ざんげん》にあったとする説もある。

いずれにしてもこの頃から、秀吉幕僚の中に文・武両派の確執のきざしが見え、これがのちの朝鮮出兵での深い禍根をつくってゆく。

秀吉と博多復興

秀吉が箱崎滞在中に行ったその二つめは博多復興のことである。

一、丁亥六月三日薩摩ヨリ被レ成二還御一筑前国箱崎社内ニ関白様御陣ナサレ候ニ依テ同七日ノ昼松浦カラ津ヨリ参上仕テ箱崎ニツキ八日ニ関白様ニ御目ミエ仕候也宗及老（津田宗及）御取合

一、同十日ニ関白様博多ノアト可レ有二御覧一トテ社頭（筥崎宮の社頭）ノ前ヨリフスダト申候南蛮船ニメサレ博多ニ御着候御船ニ乗候モノハバテル（バテレン宣教師）両人宗湛其外小姓衆也博多ノハマニテ御進物ヲアゲ申候ヘハ其ノ内銀子一枚バカリ被召上候其外ノ物ハ博多へ被下候也

（『神屋宗湛日記』天正十五年）

右の日記によれば、博多の兵火を避けて当時唐津にいた神屋宗湛が六月七日、箱崎に着いて島井宗室らとともに秀吉を迎え、翌八日、津田宗及の取り合わせで目通りしている。

同十日には、戦勝祝賀のため平戸から箱崎浜に回航してきた南蛮船フスダ号（ポルトガル船）に乗って博多津に向かい、警固の諸将たちも別の船で随行した。船には相伴の宗湛及び小姓衆だけで、この船でやって来たヤソ会のパードレ（神父）、ガスパル・クエリヨほか一名らとともに石堂浜口から上陸して、宗湛、宗室らの案内で荒廃した市中の実地視察をして箱崎へ引き揚げてきた。秀吉は船中で葡萄酒を飲んで上機嫌であったという。

これより本格的な博多津の復興が始まり、先に黒田の家臣久野四兵衛らの計画になる博多の町割りを完成させるため、秀吉は、黒田孝高、石田三成を総指揮として、小西摂津守行長、滝川三郎兵衛雄利《かつとし》、長束《なつか》大蔵大輔正家、山崎志摩守片家《かたいえ》を奉行として、三十人の下奉行を任命し、翌十一日設計図を作らせ、十二日から市中に残された井戸を目標に町筋を割る縄張りを開始、昼夜兼行の復興工事を命じた。

この町割りについては、宗室、宗湛ら故実に詳しい有力者の意見をとり入れて、町を十町四方に区切り、縦（南北）を広くし横（東西）を狭くして小路を割りつけた。南北を広くとったのは、太宰府に通ずる主要道路としての考えからであったという。

それとともに、秀吉が博多津内に下した「定め書」は、博多の復興にとっていずれも欠くことのできない重要なものばかりであった。

定　　筑前国博多津

一、当津にをゐて諸問、諸座一切不ㇾ可有ㇾ之事

一、地子、諸役御免許之事
一、日本国津々浦々にをゐて、当津廻船、自然損儀雖レ有レ之、違乱妨不レ可レ有之事
一、喧嘩、口論於レ仕者、不レ及二理非一、双方可二成敗一事
一、誰々によらず付沙汰停止之事
一、出火、付火《つけび》、其壱人可二成敗一事
一、徳政之儀雖レ有レ之、当津可レ令二免許一事
一、於二津内一諸給人家迄持儀、不レ可レ有之事
一、押買、狼藉停止之事
右条々若違犯之輩於レ有レ之者、忽可レ被レ処二罪科一之由候也
天正十五年六月

右の定書は、中世以来の旧弊である座を廃止して町人が自由に参加できる商業行為を許し、地子（租税）、諸役（労力奉仕）の公役を免除し、博多津への寄港を勧奨し、とくにそれまでの重罪であった放火、出火について責任の連座制を廃し、行政に徳政令（貸借関係の帳消し）をしいて解放し、給人（武士）が博多津内において住居を構えることを禁止するという徹底した商業保護政策がとられた。なおこの定書は博多の総鎮守櫛田神社に伝えられている。

ともあれ博多の街は急速に復興し、その区域は、西は那珂川を境として今日の福岡部へと続き、東は石堂川（比恵川）をへだてて箱崎千代の松原に接するもので、その後津内の発展につれて、海に面した北へ向かって伸びていったので南北の変化はあったが、東西の幅はこの時に定められたままのものが今日まで基準となっている。

なお町割りに用いられた間杖《けんじょう》（物さし。六尺五寸五分、約二メートル。天正十五年六月十四日の日付が刻まれていた）は宗湛の家に伝わり、のち、奈良屋町の彼の旧宅地に建てられた豊国神社の社宝になっていたが、太平洋戦争中の昭和二十年六月十九日の戦災で惜しくも焼失した。

博多再興に貢献した島井宗室と神屋宗湛にはとくに表口十三間半（「島井家由緒書」には、表口三十間としている）、奥行三十間（約一三三六平方メートル、四百五坪）の屋敷を許され、諸役永代免除の特権を与えられたが、このほか高木宗善、末次宗得、高野宗仁、鶴田宗悦、勝野了浙《りょうせつ》などの有力町人らにも各町内にそれぞれ屋敷を許された。

宗湛の屋敷については、のち貝原益軒が『筑前国続風土記』で「天下の主（秀吉）を屈請《くつしょう》せし家なれど、いと矮小《わいしょう》なる家居也」と言って、富豪の家にしては小さく質素であると記しているが、宗室の方もまた、これと同じ規模のものと思われる。戦国の気風がまだ残っていた当時としては最高の構えであったのだろう。宗湛はのち黒田長政からも住吉村（博多区住吉）に五百石の食邑を賜わったが、固辞して受け取らなかったという。

昔は、「流」に属する上西町辺りまで宗湛町と呼ばれていたという。宗室の方もはじめ東町に住居したが、ここを宗室町といっていた。その特色を象徴する「博多煉塀《ねりべい》」は、石や煉瓦を横に並べて土に築《つ》きこんだもので、戦災の瓦礫を利用したものであったが、それを発明したのは神屋宗湛であったと伝えられている。

また、博多の自治について年行司として、これらの町老たちがその任に当たった。年行司は博多独自の自治機構を代表する取締として、格式高く、いつも他行する時は馬に乗り、挟箱《はさみ》を持たせ、数人の従者をつれて通行したという（『石城志』）。なお、秀吉の頃の年行司は十二人から十六人ぐらいであったとされている。

キリシタン禁教令と朝鮮出兵準備

その三つめは、キリスト教に対する六月十九日付の禁教令の発布である。国内における布教を禁止し、二十日以内に宣教師たちの国外退去を命じた厳しいものであった。秀吉はそれまでキリスト教に対しては好意的態度を示してきた。天正十四（一五八六）年四月、耶蘇会日本副管区長クエリヨが大坂城に来た時は、自ら城内を案内したほどである。そして、その前日まで彼ら宣教師と親しく話し合っていた秀吉が、翌日、突然禁教令を打ち出したので、クエリヨらも事のなりゆきに驚いて泣訴したが、秀吉は取り合わなかった。

この原因については、長崎、茂木二港の経営の実権がキリシタン大名、大村純忠から教会に移管され（一説には借金のためとしている）、事実上教会領となっていたこと（秀吉は博多に次いで貿易港長崎を重視した。このため天正十六年五月十八日付で長崎をイエズス会より解放し公領としたのである）、また入信した諸大名が反秀吉勢力となる危険性、それにキリスト教に対する宗教的矛盾などによるもので、その布教は彼の天下統一への事業達成に支障があるものと断定したからである。

また、次の朝鮮出兵と関連して、戦争遂行のための国策上の見地からとも考えられる。事実、この時期においてすでに秀吉は朝鮮出兵を企図し、前記クエリヨが大坂城に来た時も国内平定後、征明の軍を起こすことを告げ、南蛮の軍艦二隻購入の斡旋を申込んでいるし、対馬の宗氏に対する六月十六日（天正十四年）の朱印状にも朝鮮出兵の意志を告げて、その人数が決まり次第命令すると言って準備を促している。

そのほか、対鮮出陣の意図を示す文書は多いが、その一つの五月十五日（天正十五年）、薩摩にあって糟屋助右衛門（賤ケ岳七本槍の一人）に宛てた書状にも、「博多は大唐、南蛮国の船着であるから丈夫に城普請を申し付け、朝鮮に派遣する軍隊の人数を計画するつもりである」（『新編会津風土記』）と記している。

また、文祿役で宗対馬守義智はかねて薩摩出水郡に有していた飛地が何かと不便なので換地を願い出たところ許され、肥前の基肄《きい》、養父《やぶ》の地と博多の対馬小路に方三十間（約九百坪）の敷地を賜わったが、これなども宗氏と朝鮮国との深い交流の立場を重く見て、その便宜を計ったものと考えられる。

このような状況から見れば、キリスト教禁教令と、朝鮮出兵との関係は大きいものがある。

博多津の復興は朝鮮出兵を前提としての関連事業であったともいえるし、島津征伐は渡鮮への足がかりに過ぎなかったとも思われるのである。一方、キリシタンにとってこれから受難の時代が続くことになる。

禁教令の理由の中には、一夫一婦制を主張する彼らの人道的倫理観と、妻妾同有の一夫多妻を当然とする封建思想とでは到底相容れないものがあった。彼らは側妾を否定し、日本特有のソドム（男色）の害を説いている。

一説には秀吉側近の茶坊主、施薬院全宗が命を帯びて長崎、五島方面の政情視察を行ったが、帰ってきた全宗が、長崎、五島方面の女はすべてキリシタンであったと誇大に報告し、秀吉のキリシタンへの怒りを煽ったという。

秀吉の連歌

秀吉は箱崎滞陣中、数度茶会を開いている。その折、宗及、小寺休夢（黒田長政の叔父）らとともに連歌を興行したが、この時休夢が、

「たてならべたる門のにぎわゐ」

と下の句を作ったのに対して秀吉は、

「博多町幾千代までやつのるらん」

と上の句を付けた。一座の者は喜んで、秀吉の即妙な発句《ほっく》に対してぜひ博多の町の者たちに聞かせてやりたいと賞讃したので、関白の機嫌はことのほか麗しかったという。地元博多への気配りといい、人心収攬《しゅうらん》にたけた秀吉ならではの発句であった。

筑前諸家の離散

原田氏の流転

天正十四（一五八六）年十二月（一説では十五年三月）、原田信種は高祖城《たかす》を出て秀吉の将、小早川隆景の軍門に降ったが、翌十五年、秀吉は二十余万の大軍を率いて九州入りをして四月十一日、久留米高良山の吉見岳に陣をしいた。

この時、信種は高良山に来て秀吉に拝謁、許しを請うた。秀吉は信種の一命を助けたが、降参が遅かったことを理由に、その領地を没収、その代わりに筑後の黒木兵庫頭家永の旧地のうち三百町を与え、肥後佐々成政の与力として隈本へ遣わした。

この時、秀吉が信種にその領地を問うた際、本領をありのまま言えば領地過分であると言われて家禄を召し上げられると思い、わざと領地高を過小に答えた。秀吉はこれを聞くと、「小身にては家を立てること無用」と言って、旧領を没収してしまったという。

間もなく肥後で領主佐々成政の政略に反対する国衆たちの一揆が起こり、成政は秀吉からその責任を問われて尼ケ崎で切腹させられた。その後肥後は、加藤清正と小西行長の分領となり、原田信種はそのまま清正の与力を命じられた。やがて朝鮮出兵の時、信種は加藤清正に従って彼の地に渡り、以来七年間、異境の地で戦ったが、慶長三（一五九八）年九月二十四日、蔚山《うるさん》で戦死した。享年三十九であったという。法名は照烈院殿月《しょうれついんでんげつ》

高祖城本丸跡（前原市高祖。石津司氏撮影）

原田氏の家紋

叟隆心大禅定門《そうりゅうしんだいぜんじょうもん》。

信種が糸島の地から去った後、原田家の家臣たちはそれぞれ離散し、縁故を求めて吉川、小早川、あるいは黒田、鍋島、島津家に仕える者もあり、わずかな者は信種に随って肥後に赴き、また、糸島、早良の中にとどまって農夫となる者や、あるいは仏門に入る者などさまざまであった。原田に依存していた早良の城主曲淵房資《まがりふちふさすけ》もこの時離散の憂き目にあっている。お家没落、扶持《ふち》を離れた当時の家臣たちの零落は想像を絶するものがあったに違いない。

信種の嫡子伊予守嘉種《いよのかみよしたね》は父の死後、肥後で家禄を相続した。ある時、清正の娘がさる大名家に嫁ぐことになり、清正は、嘉種の母（信種の妻）が故実に明るかったので、乳母として娘に付き添っていくように命じたが、原田母子はこれを断わったので、清正はこれを怒り、それ以来嘉種を冷遇するようになったという。嘉種には秋月と同様、大蔵春実以来の鎮西の名流、大蔵一門の誇りがあった。たとえ加藤の家臣となっていても、清正ごときにという思いから頭を屈するのを潔しとしなかったのであろう。秀吉の九州入りの際、父信種がうまく立ち廻っていれば当然旧領安堵されて、清正同様諸侯の列に加わることができたかもしれない。嘉種母子の心中にこのような鬱積した気持ちがなかったとはいえまい。

清正のように槍一筋で大名となった実力者には、出自、門閥よりも戦場での功名手柄が一番であった。こんなことがあって清正は嘉種の家禄を召し上げて、主従の縁を絶った。浪人の身となった嘉種は縁故の肥前唐津城主寺沢志摩守広高を頼って唐津に行き、寺沢家の食客となり、二千石を宛行《あてが》われた。しかしここも安住の地ではなく、徳川の世となり、寺沢家は改易されて再び禄を失った。

嘉種は意を決して江戸へ上り、天海僧正の世話で会津若松藩主保科正之《ほしなまさゆき》に仕えることになり、会津若松に住んで二千石を賜わり、子孫も代々この地に住んだ。

原田の血脈は地元の福岡をはじめ、佐賀、熊本、福島（東北）と広汎な地域に及んでいる。信種時代の家臣の名には、波多江《はたえ》、小金丸《こがねまる》、泊《とまり》、笠《りゅう》、油比《ゆび》、元岡、有田、深江、鬼木、山崎、木原、中園、上原、富田、池園、浦志、窪《くぼ》、水上、石井、友枝、大原、柴田、中島、岩隈、松隈、納富、水崎、吉井、行弘、中村、牧園、王丸氏らがいる。これらの子孫たちは福岡市周辺に在住したり、また、県外各地に移住したが、現在でもこれらの氏姓を見聞することが多い。なお、竜国寺（福岡県二丈町）と金竜寺（前原市高祖）は原田家一門の菩提寺である。

戦国末期の筑前西部における原田氏の主な持城はおおむね次の通りである。高祖城、泊《とまり》城、有田城、加布《かふ》里《り》城（以上前原市）、一貴山《いきさん》城、深江岳城、吉井城、親山《おやま》城（以上二丈町）、草場城、元岡城、飯盛城（以上福岡市）。

原田氏系図

原田興種―隆種（了栄）―室（大内義興の女）

隆種の子:
- 種門（家督相続のことで父と不和になり志摩町岐志浦で殺さる）
- 繁種
- 種吉（草野氏養子となり鎮永と改む、鎮永の子を原田に迎え、信種と称す）―信種
- 親種（高良山で殺されたともいうし高祖で自刃したともいう）

宗像家の没落

宗像家は天正十四年三月、領主大宮司氏貞の死後、吉田伯耆守重致《ほうきのかみしげむね》（宗金）、占部《うらべ》越後守賢安《えちごのかみかたやす》、同日向守惟安《ひゅうがのかみこれやす》、深田《ふかた》中務少輔《なかつかさしょうゆう》氏栄《うじひで》、許斐《このみ》左馬太夫《さまだいぶ》氏備《うじのぶ》、同安芸守氏鏡《あきのかみうじあき》、小樋《こひ》対馬《つしま》入道寿盛《にゅうどうとしもり》、石松対馬守尚宗《つしまのかみなおむね》、嶺《みね》土佐《とさの》守氏兼《かみうじかね》、大和《やまと》治部《じぶ》允貞秀《じょうさだひで》らの老臣たちが協力して領内の経営に当たっていたが、小早川、黒田、安国寺の三将の勧めに応じて家中よりそれぞれ手勢を出し、同年九月以降は北九州に上陸してきた秀吉の先軍に加わって豊前方面の戦闘に従い、軍功によって感状を授けられている。

翌天正十五年三月一日、関白秀吉は京都を発して、同月二十五日、赤間ケ関（下関）に着いたが、九州における秀吉味方の諸城主は、迎えの使者をそれぞれに差し立てて広島まで迎える者や、あるいは赤間ケ関や門司で迎えようとする者など思い思いの歓迎ぶりを示した。

この頃、立花城の老臣薦野《こもの》三河守《みかわのかみ》より占部賢安へ使いが来て、「今度、関白殿のお迎えとして諸家よりも使者を参上させる由、肥前の鍋島加賀守（直茂）より連絡があったので、我が立花家でもその準備をしておりますが、貴家でも用意をされておられるのなら一緒に同道致しましょう」と、三河守の口上を伝えた。

占部はもちろん賛成して、他の老臣たちに相談したが、彼らは病中の者もあり、また、「京武者への礼法を弁《わきま》えず」と言って尻ごみする始末で、結局、占部越後守と吉田河内守二人が行くことになった。両人は赤間ケ関で関白に目通りを許され、使いの趣を言上したところ、「使者を差上ぐる事尤も神妙なり」との褒詞を受けた。

また秀吉が薩摩よりの帰途、宗像家臣の大和吉左衛門、石松源兵衛以下三十余人が筑後の国境まで出迎えている。この時彼らは箱崎までの案内役を仰せつかった。

箱崎滞陣中に改めて、占部、吉田の両人は秀吉に謁見を許され、関白より呉服一重宛を下賜された。また宗像の隣境麻生家よりも老臣船津三河守が参上して拝謁を許されている。

その後、九州国割りがあって筑前一国は小早川隆景の所領となり、宗像家の旧領はすべて没収され、上筑後にてわずか二百町を与えられた。この二百町歩は吉田、占部、許斐らの従軍の功によるものと思われる。『宗像記追考』には、氏貞未亡人に対して、大穂《おおぶ》、本木、野坂、麦野など五カ村だけ賜わったとしている。五万石の領地がわずか二千石ほどに減らされてしまった。黒田、小早川、安国寺三将による宗像家旧領安堵の約束は反古《ほご》にされてしまったわけである。

当主のいない領地など、秀吉にとっては絶好の除封の対象であった。それというのも、氏貞の死を秘めて公表せず、後嗣の問題をそのままにして、いたずらに時を延ばしたこともその一因であった。

氏貞の未亡人と三人の娘は住み馴れた宗像の地を離れ、大穂村に住むことになったが、家臣たちは主家を失って離散し、糸島の原田家と同様の運命を辿ったのである。氏貞の未亡人は大友三老の一人、臼杵越中守鑑速の娘であったが、実家の臼杵家も大友の衰退とともに家運が傾き、昔日のおもかげはなかったので、頼ることもできなかった。

宗像氏貞夫人の墓
（宗像市大穂・宗生寺）

天正十五年七月一日、関白秀吉は箱崎を出発、帰坂の途についた。

その前日、奉行から賢安に対して、「秀吉公は明日赤間表に来着されるので、急ぎ城の掃除など遺漏なきよう致すべし」と達示があり、急いで城下の者を駆り集め、用意して待ち受けた。

秀吉は赤間へ到着すると蔦ケ岳の城（赤間城）に入った。果たして急峻なこの山城へ登ったであろうか、城下の寺院や有力者の民家に宿泊したものと考えられる。秀吉は翌二日、出発に当り、

「明春早々この城を破却すべし」と命じた。

そこで翌天正十六年の春、城の櫓、曲輪《くるわ》を取りはずし、石垣を壊して、屋敷なども次々に取り払ったので、永禄五年、氏貞入城以来約三十年に及んだ宗像家の象徴もたちまち消え去り、一変して荒城と化して、城下の者の涙を誘った。

山上からは眼下に宗像市街が拡がり、遠くに福智山、英彦山などの山容が望まれ、かつてつわ者たちが攻防を演じたこの山城も今は、ハイカー達の賑やか声が響き平和な空気に包まれている。

のちの朝鮮出兵の時、氏貞の長女太姫《ふと》は、秀吉の名護屋陣中に召し出されたが、宗像の一字をとって「お宗」と称したという。のちに毛利の家臣草刈太郎左衛門に嫁したが間もなく病死した。

この太姫に二人の妹がいて、中姫、細姫といったが、細姫は姉の死後再び望まれて草刈家に嫁いだ。中姫もまた、毛利輝元の家臣、市川与七郎に嫁して山口へ移ったが、関ケ原の役後、宗像家の所領は没収され、二女の嫁ぎ先、市川家を頼って長州に移住したので、宗像家の血脈は宗像の地から絶えた。しかし、宗像、遠賀、北九州にかけて、許斐、石松、占部、嶺、高向、吉田、大和、深田、豊福などの宗像関係の氏姓を名乗る人は多い。

醍醐天皇の延喜十四（九一四）年、初祖清氏卿が宗像に下向したという伝承があり、これから六百七十年間にわたって連綿と続いた宗像家もここに断絶した。

麻生氏の末路

麻生《あそう》家氏に対する秀吉の筑後知行の朱印状は、次のように『麻生文書』に記されている。

於筑後国弐百町事被宛行畢、全致領知小早川左衛門佐（隆景）与力、向後可抽忠勤之由候也

（筑後の国において弐百町のことあてがわれおわんぬ、すべて領知いたし小早川左右衛門佐《さえもんのすけ》の与力《よりき》とし、こうご〔今より後〕忠勤をぬきんずべくのよしそうろうなり）

（天正十五年）六月廿八日　　（秀吉公）御朱印

麻生次郎左衛門（家氏）とのへ

のち文禄四（一五九五）年の検地で、家氏の筑後での知行高は御井（三井）、生葉（浮羽）二郡の内で九カ村四千六百石となっている。

麻生氏の前身は山鹿氏である。平家時代、平家与党であった山鹿《やまが》兵藤次《ひょうとうじ》秀遠《ひでとお》は、遠賀川下流域の山鹿荘（遠賀郡一帯）を領して原田種直、粥田経遠《かいたつねとお》らとともに九州平家方として活躍したが、源氏の攻勢を受けて滅んだ。

平家滅亡後、山鹿荘は源頼朝の祈禱師で九州平定戦にも従った一品房昌寛《いっぽんぼうしょうかん》に与えられた。頼朝は諸国に「守護地頭」を設置して全国の荘園公領に御家人を任命して送りこんだ。「没官領《もつかんりょう》」といわれる平家旧領地が没収され、その地に源氏方の新に任命された関東武士が下向してくる。彼らは「下《くだ》り衆」と呼ばれ、源氏の勢威をバックに在地支配者となった。山鹿荘の地頭職となった昌寛もその一人であった。

この昌寛から山鹿荘を譲られたのが、宇都宮朝綱（始祖藤原宗円から数えて三代の孫）の子家政である。『尊卑分脈』「家政」の項に、家政は「昌寛の実子で朝綱の猶子（一説には孫であり養子）」としている。家政が山鹿荘に入ったのは建久年間（一一九〇―九九）のことである。

山鹿荘を継いだ宇都宮氏は、中世、下野国《しもつけのくに》（栃木県）に勢力を築いた豪族で、その初祖は関東七名城の一つ宇都宮城の創建者である藤原宗円（関白藤原道兼の子孫という）である。彼は源氏に仕え、宇都宮大明神（二荒山神社）の社務職（神官の長で神社の領地を支配する）であった。宗円の子孫は、宇都宮城を拠点に代々宇都宮の氏名を名のって関東で勢いを伸ばし、支族は各地に分散して在地有力氏族としてその名を知られた。

一方、山鹿荘に入った宇都宮家政の子孫は、土地の名をとって山鹿氏を名のるが、前領主藤原氏系の山鹿秀遠とは何ら血縁のない宇都宮氏から出た山鹿氏が発生したのである。

その後、家政の孫資時の代に所領のうち、麻生荘を分与されて別家した。これが麻生氏の始まりといわれる。南北朝期には山鹿氏は南朝方に付き、麻生氏は北朝（足利方）側に分かれたが、足利方の麻生氏には恩賞として山鹿氏の所領が与えられ、山鹿荘を支配するようになった。山鹿と麻生は、同じ宇都宮氏の同根だが、庶流の麻生氏が本流の山鹿氏を凌いで勢力を伸ばす。

戦国末期の山鹿城には麻生元重《もとしげ》が在城し、東方の花尾城には麻生家氏《いえうじ》がいた。『陰徳太平記』は、「山峨（鹿）城主麻生元重」と記し、『九州軍記』は、帆柱《ほばしら》山城主麻生上総介《かずさのすけ》元重と同名にしている。一方、『太宰管内志』には、花尾城に麻生鎮里《しげさと》が在城、『筑前国続風土記』には、竹尾城に麻生鎮里がいたとしている。

「山鹿古文書」に、麻生元重は家氏の叔父（父隆実の弟）とあり、鎮里が反秀吉側の島津方に付いたため、秀吉の将小早川隆景に攻められ落城後、行方《ゆくえ》知れずになったと記している。

また『麻生隆守記』は、麻生家氏について筑後国御井、生葉のうち、四千六百石を与えられ、小早川隆景の配下になるよう命じられたことを怒り花尾城に立て籠ったが、攻め破られ逃れ、牢人になったと記している。

しかし、家氏が秀吉から与えられた筑後、生葉郡のうち、星野村（現八女郡星野村）に麻生神社、麻生池など麻生の名を冠した遺蹟があることを考えれば、やはり小早川氏に属して配地に赴任したと見られる。

十六世紀後半までの麻生氏の居城、出城は次のようである。

麻生氏居城花尾城址の古井戸（北九州市八幡西区元城町）

山鹿城（麻生元重居城、遠賀郡芦屋町山鹿）、花尾城（麻生家氏居城、北九州市八幡西区元城）、帆柱城（八幡西区市瀬）、園田浦城（八幡西区）、市ノ瀬城（八幡西区）、篠谷城（八幡東区）、茶臼城（八幡東区）、竹尾城（麻生鎮里居城、八幡西区）、岡城（遠賀郡岡垣町）、豊前岳城（遠賀郡水巻町）、猫城（中間市上底井野）、雲取城（直方市頓野）、権現山城（鞍手郡小竹町）、大賀城（北九州市戸畑区菅原）。

麻生家氏のその後については、小早川隆景の臣となったが、隆景の養子秀秋の時に至り故あって浪人となり、黒田入国後、その旧家であることにより長政に召し抱えられ、長政の叔母（如水の妹）を家氏に再婚させた。「麻生続系図」に、「後妻ニ如水公御妹呼取、最初尾上安右衛門室成シガ安右衛門城井谷戦死後嬬婦ト成ラレシヲ家氏ノ室ト成給フ」とあり、黒田如水（孝高）の妹が寡婦となっていたのを家氏の後妻にして（家氏の前妻は宗像掃部允盛秀の娘で早逝した）、知行千五百石と別に輿入料として化粧田五百石が与えられた。

ところが如水の妹は、家氏との再婚を好まず、那珂郡住吉村（現福岡市博多区住吉）で髪を切って尼となり、妙円と号した。「家氏之カ為ニ遂ニ出国」、出奔した家氏はその後、肥前唐津の寺沢志摩守の客分となったということであるが、「余ハ不詳依テ麻生家断絶」（「麻生続系図」）とある。

如水の妹が家氏との再縁を好まなかったとしているが、『麻生記』（別名『麻生本記』）は、「家氏心平かならずして家を出て」とあり、家氏の方がこの妹を嫌ったような印象を受ける。妙円尼の墓は福岡市博多区住吉の妙円寺（日蓮宗）にある。

家氏には実子がいなかった。家氏の弟家勝は黒田長政に仕官して七百石を給与され、子孫代々黒田家に仕えて明治維新まで続いたという。

「唐津麻生文書」には家氏が甥の喜太郎家長に宛てた譲状が記されているが、実子がなかった家氏は、甥（妹の子）の家長を養子にして、これに足利以来伝わった重要文書類を譲ったものと見られる。その日付は慶長十七年十一月十五日となっている。

『麻生隆守記』には、家氏は寺沢家に仕えて百五十石を与えられ、寛永十四（一六三七）年の島原の乱に出陣、有馬で戦死したと記されている。

なお、山鹿の麻生元重のことについては、『筑前国続風土記』に、天正十五年六月、秀吉箱崎滞陣中に元重が家臣舟津三河守を代理として遣わしていることが記されているが、その後のことは不明である。

麻生氏の系譜は惣庶交錯して複雑難解であり、その系図も幾通りもあって、明快ではない。一応鎌倉以来秀吉九州平定まで、四百年にわたって連綿と続いた筑前の名家であることにはまちがいない。その所領は約三千町と言われ、舟方をおいて遠賀川一帯の交易を盛んにし、日本海の波濤を蹴って宗像族とともに、筑前東部における海人族として活躍した。

麻生氏はまた、豊前の宇都宮、城井、野中、友枝、筑後の蒲池、西牟田らの諸氏と同じ流れで、これら宇都宮系は豊筑各地に蟠居して戦国を生き抜いたが、豊臣秀吉の九州平定とともに領地を離れ、新任領主の家臣となり、あるいはこれに抗して滅び去った。

香井田くずれ

香井田は鞍手地方の古名である粥田《かいた》に由来するものであろうが、粥田の名残りは現在、頴田《かいた》などにわずかに見られる。

宮田、龍徳などの旧香井田村をはじめ、勝野、八尋、新入《しんにゅう》、堺、小竹、口ノ原、鹿毛馬《かげま》など鞍手・嘉穂両郡にまたがる粥田庄があった。戦国末期、この地方は麻生、宗像、杉、立花、秋月の各勢力の接点となった所で

杉権頭の位牌がある堂（宮若市龍徳）

ある。中でも杉氏の居城は旧香井田村にあった龍《たつ》ケ《が》岳《たけ》城であるが、このほかに糟屋郡若杉の高鳥居城及び若杉と篠栗の間に草場城を持ち、さらに大隈村（粕屋町大隈）にも丸山城を有していた。

戦国たけなわの天文年間、中国の雄、大内義隆の重臣杉豊後守興運《おきゆき》は、筑前守護代として粥田地方を支配したが、その子弾正忠《だんじょうちゅう》重忠《しげただ》、重忠の子権頭《ごんのかみ》連並《つらなみ》と三代にわたって、この地に住し、大内家の出先機関の役目を果たしてきたが、大内氏滅亡後はその勢力も衰え孤立してしまい、連並の時、ついに高鳥居城ほか草場、丸山の諸城を秋月に攻め落とされた。それ以来、秋月に随い、常に龍ケ岳を居城とした。いわゆる一城領主となり、わずか二里（七・五キロ）ほど離れた永満寺村（直方市）にある大友方の鷹取城主毛利刑部《ぎょうぶ》少輔《しょうゆう》鎮実《しげざね》としばしば戦っている。

天正九年（一説では十年）十一月の小金原合戦では宗像、秋月と一体となって、鷹取城の毛利に救援物資を輸送した立花勢と、犬鳴川を中心に戦ったが、敗れて龍徳へ引き下がっている。

豊臣秀吉の征西までは秋月に属して、毛利（鎮実）、立花、高橋、麻生らと戦っているが、他の諸家に比べてその記録は少ない。ただ、『黒田家譜』や『筑前志』に、秀吉九州平定の際、秋月降伏して荒平に滞陣中、「筑前の立花、原田、麻生、杉……残らず人質を献じ」とその名が記されているので、秋月降伏以前、すでに秀吉軍に降っていたのであろう。その後行われた国割りでは、その名を見出すことができない。一族郎党離散したものと思われるが、あるいはいずれかの新領主へ仕官したものか、定かではない。ただ、この地方に「香井田くずれ」の伝説が残されていて、麻生氏との戦いや龍ケ岳城の落城話を伝えている。

城趾山麓には杉《すぎ》権頭《ごんのかみ》一族を祀るお堂があり、「雲龍院殿《うんりゅういんでん》侑誉《ゆうよ》以水《いすい》大居士《だいこじ》」と書かれた杉権頭連並《つらなみ》はじめ奥方、姫君たちの墓碑が並んでいる。土地の人は、永い風土に根付いた親近感からか「ごんのかみ（権頭）」と親しげに呼んでいる。

墓はもと、この上の方にあったのをここに移したものだという。権頭家臣の屋敷跡と伝えられるものもあるが、杉氏に従ってはるばる周防（山口県）から移ってきた者たちの終焉の地であったかもしれない。主家大内氏の命とはいえ、この粥田の龍徳の里まで移ってきた杉氏主従やその家族の苦労が想像される。

落城後の杉権頭の消息や、死亡時の場所、年齢、辞世、また家臣や奥方、子女のことなどについては不明である。

筑紫氏の栄枯

戦国時代、肥前基養父《きやぶ》地方最後の領主であった筑紫《ちくし》上野介《こうずけのすけ》広門《ひろかど》は、天正十五（一五八七）年六月の豊臣秀吉の国割りで、筑後上妻一郡五十三カ村、祿高一万八千石（その後の検地で二万六千石となる）を与えられ、基肄《きい》、基養父両郡の地から離れることになった。

広門は前述のごとく秀吉征西前、島津軍によって三潴《みずま》の大善寺に幽閉されていたが、島津軍退却の隙をついて脱出、家臣とともに旧城を奪回して、秀吉の西下に間に合い、高良山で帰参の挨拶をして、島津攻めの軍に加わり、肥後、薩摩に従軍した。その功を認められて諸侯に加えられたのである。

筑紫氏の先祖は藤原（武藤）氏といわれるが、平安朝期、地方官となって武蔵国に赴任した彼らの末流は、武蔵国戸塚郷（現神奈川県横浜市戸塚区一帯）に根をおろし在地豪族として勢力を築き、武蔵の藤原氏という意味から名を「武藤」と称した。別には武者所の藤原の意味もあるという。

武藤氏の家紋、寄懸《よせかけ》（目結《めゆい》）紋は、初代資頼《すけより》の父頼平が源義家（八幡太郎）から給わった軍旗を家紋にしたものといわれる。目結紋（武藤氏から出た少弐氏は四つ目結）は、一族の団結を象徴したものという。武藤氏の分かれ少弐、筑紫、宗などの諸氏は、「四つ目結」の家紋であるが、宗（対馬の島主）氏は近世になって桐紋に変わっている。

武藤氏が九州に縁ができたのは、源氏による鎌倉幕府の成立と共に、源頼朝の命で初代武藤資頼が鎮西奉行人として九州に下向し、さらに肥前、筑前、豊前、壱岐、対馬の三前二島の守護職に任ぜられてからである。また朝廷からも大宰府政庁の現地最高官である「大宰少弐《だざいのしょうに》」と、「筑後守《ちくごのかみ》（筑後国司）」の官位を与えられた。武藤氏は後にこの官名を姓にして少弐氏を名のり北部九州を支配した。

その後、南北朝、室町期を通じて防長（山口県）の雄大内氏が九州に進出、そのため一時、宗氏を頼って対馬に逃れるが、再び復帰して博多、太宰府を掌握する。しかし戦国期に入り再び大内氏に攻められ、少弐家を支えていた宗、龍造寺らが大内側に付いて離反したため家運は衰退し、十五代少弐冬尚《ふゆひさ》は龍造寺氏に攻められ自滅する。

武藤本流の少弐氏は滅んだが、分流の筑紫氏については、教門《のりかど》（尚門）の時（応永年間＝一四〇〇年前後）筑前御笠郡筑紫村（現在の筑紫野市を中心にした一帯）に住し、筑紫神社の社家を兼ねていたことから筑紫氏を称するようになったといわれる。筑紫氏の系図は、それぞれ相違があって特定できないが、この教門を祖とする説が多い。

応仁の乱後の明応六（一四九七）年、満門《みつかど》（教門の子か孫ともいう）は、少弐氏から離れて大内方に付き、少弐高経の居た勝尾城（鳥栖市）を攻め落とした。満門は大内義興から基肄・養父・神埼《かんざき》・那珂《なか》・三笠《みかさ》の所領を安堵され、勝尾城を本拠として勢力を築いていった。筑紫氏は初代教門以来、近世初頭の広門まで、およそ百六十年間、また満門から広門までの勝尾城在城期間は九十年間続いた。

少弐滅亡後、肥前の龍造寺隆信が猛威を振い、広門は綾部城（神埼市）ほか数カ所の持城を割譲して和平するが、その後、筑前の秋月種実と結んで大友方の高橋紹運、立花道雪、立花宗茂らと戦い、天正十二（一五八四）年以降は龍造寺氏から離れて薩摩の島津氏に付く。

だが、豊臣秀吉に反抗する島津征伐が開始されると、秀吉傘下の高橋、立花の大友方と和を結んで島津方の秋月氏と敵対関係に入る。広門が秋月と手切れして特に高橋紹運と講和を図ったのは、龍造寺政家が父隆信死後、何事も秋月と相談して広門を疎外したことからといわれるが、それよりも戦国の世でたとえ敵対関係にあったとはいえ、高橋、筑紫両家の夫人同士が実の姉妹（大友家重臣斎藤氏の出）であったことや、紹運を通じて秀吉幕下となり、筑紫家の安全を図ったものと考えられる。

天正十五（一五八七）年、秀吉の九州平定後、筑紫広門は矢部川南岸のもと蒲池氏の拠城であった山下城（八女郡立花町北山）に入ったが、のちに福島（八女市本町）に城を移した。この時、矢部の領主五条氏は一時、広門の与力となったが、その後、肥後加藤家に仕え、加藤氏改易後は柳川の立花家に勤仕した。

筑紫家では当主世襲の名に「門」の一字を当てるのが慣習である。なお、広門の任官名は上野介、その前は左馬頭《さまのかみ》と称した。『新撰事蹟通考』の筑紫氏略系には、尚門（下野守《しもつけのかみ》教門カ）―秀門（筑紫下野守）―満門（筑紫筑後守）―正門（上野介）―惟門（左馬頭、下野守）―広門（上野介）となっている。これで見ると尚門より六代目が広門である。『筑後志』は、尚門―秀門―正門―惟門―広門となっている。また、広門の生年を弘治二（一五五六）年としているので、天正十五年の九州国割りの時は三十二歳である。

広門は幼名を二九市郎と称し、少年時代を筑前武蔵永寛寺で送り、のち園部、一の瀬、五ケ山などの支城を転々として、勝尾城主となったのは彼が二十五歳の時といわれる。その所領は現在の基山、田代、鳥栖辺りを中心に約二千町であった。

広門の頃の筑紫氏の諸城は大体次の通りである。

園部城（基山町園部）、朝日山城（鳥栖市）、宮浦城（基山町宮浦）、一の岳城（筑紫郡那珂川町）、勝尾城

（居城、鳥栖市牛原町）、天満城（春日市下白水）、鷹取城（鳥栖市牛原町）、天判山《てんぱんざん》城（筑紫野市天拝山）、鏡城（鳥栖市牛原町）、葛籠《つづら》城（鳥栖市山浦町）、和久堂城（筑紫野市杉塚）、飯盛城（筑紫野市）、柴田城（筑紫野市天山）。

これらの城は戦国の世が終わるとともに廃城となった。文禄元（一五九二）年の朝鮮出兵に際しては第六陣、小早川隆景の軍に属して手勢九百を率いて出陣している。

秀吉死後の慶長五（一六〇〇）年、関ケ原の役起こり、広門は立花宗茂とともに西軍について、八百の軍勢と、豊臣秀頼の馬廻り五百騎を預かり、京極高次の守る大津城を攻めて功があったが、すでに小早川秀秋の寝返りで西軍は敗北し、筑紫家は改易となった。『筑後誌略』には、広門は一時加藤清正に寄食して、八代に寓したが、剃髪して夢菴《むあん》と改めた、その後、豊前小倉城主細川忠興の扶助を受け、元和九（一六二三）年四月二十三日、六十八歳で病没したと記している。法名は金福寺殿卓夢菴大居士である。

『筑後志』には「其子上野介義冬石田三成に与《くみ》して高極高次（京極の誤記か）の大津城を攻め直ちに関ケ原に出張せんとせしに西軍敗走の告を聞き、洛北紫野大徳寺に入り遁世す」とあり、その子主水正《もんどのしょう》は寛永三年、徳川家に召し抱えられ三千石を賜わり、代々旗本に列せられた。しかし、『佐賀県史料集成』の筑紫良泰、筑紫家由緒書によれば、広門の子を主人正（従門）として相違する。

また、『筑後秘鑑』には「法号を夢菴と号し、しばらく清正より三百人扶持を受けて、肥後国八代郡に在りしが、後に細川越中守に扶助せられ、豊前小倉に行き病死せり、歿後其子主水正を関東に召出されしとかや」とあり、広門の子を主水正として義冬の名はない。

広門の娘二人のうち姉の加弥《かね》姫は、立花宗茂の弟高橋統増（のちの立花直次）の室となったが、その後離縁となった。原因として、広門が勝尾落城して薩軍に捕われた際、自分や娘の命を助けたいため宝満の秘密を島津側に漏らしたためとの説がある。

広門の次の娘は黒田長政の側室となり一子甚四郎政冬を生んだが、政冬は早逝している。彼女はその後今宿村上原（福岡市西区）に住み、寛永七（一六三〇）年七月五日、この地で死んだ。号は長徳院。政冬と同じく博多聖福寺に葬られた。

広門が勝尾城にいた頃の菩提寺は、河内の万才寺であったというが、広門の父惟門の墓は基山の専念寺にあり、惟門は晩年、園部城で病死したといわれる。田代の西清寺もまた、筑紫家の菩提を弔っている寺である。

筑紫改易後、家臣たちは離散したが、一部の者は立花、黒田、高橋（のち立花となる）らに仕えた。広門の一族、筑紫四郎右衛門ははじめ広門の娘加弥姫に従って宝満に来たが、そのまま高橋統増の臣となった。

『西清寺文書』によれば、勝尾落城時の籠城の主な氏名を次のように記している。

大将　筑紫上野介広門
仝　左衛門尉春門　広門の舎弟也
仝　四郎左衛門尉奥門　広門の姉聟
島備後守忠茂　広門の家老
神辺宮内友兼
友清左馬太夫持
福田美野忠常
原野道古吉只
小川伊豆守清実
小川左近大夫存茂
権藤帯刀家貞

古原藤太吉勝
今村弾正左衛門正澄
土肥出雲吉春
境久助茂持
黒岩隼人重持

これらの姓を名乗る子孫は今でも鳥栖、田代、基山方面に散在している。このほかに二日市武蔵の天判山(天拝山)の城代であった帆足備後《ほあしびんご》もいて、彼の居館は帆足屋敷と呼ばれたが、のち黒田長政の老臣小河内蔵允《おがわくらのじょう》が住んだ。豊後の儒者帆足万里もその系統である。帆足姓は現在二日市、筑紫野市周辺に見られる。

秋月の別れ

秋月氏は渡来民族の末裔と伝えられ、その淵源を漢の高祖に発すという。高祖の裔、阿智王は魏の乱を避けて日本へ亡命し(応神天皇〔三二〇―九四年〕の頃)帰化したが、のち朝廷より大蔵氏を称することを許された。その後十数代を経て天慶四(九四一)年、大蔵春実の時、瀬戸内海、北九州一帯を荒らし廻った藤原純友の乱を平定して功あり、朱雀天皇より征西将軍に任じられ、基肄城に移ったが、のち原田村(現筑紫野市原田)に城を築いて天慶七年、ここに移り、原田姓を名乗るようになった。大蔵は官名であり、原田は地名からとったものといわれる。

春実九代の孫、原田種直の弟種雄《たねかつ》は建仁三(一二〇三)年、鎌倉幕府から筑前国秋月の庄を賜わり、秋月氏を称するようになる。

この時、原田兄弟五人はそれぞれ赴任地の名をとって姓としたのである。

『熊本県史料　中世編』に記載されている「田尻家先祖覚書写し」に次のように書かれている。

一男　原田太郎　筑前原田に住す
二男　秋月二郎　筑前秋月に住す
三男　江上三郎　筑後江上に住す
四男　高橋四郎　筑後高橋に住す
五男　田尻五郎　筑後田尻に住す

初代種雄より十七代種長に至る三百八十四年間の秋月氏当主の名は次の通りである。

種雄《初代》—種幸《二》—種家《三》—種頼《四》—種資《五》—種貞《六》—種高《七》—種顕《八》—種道《九》—種忠《十》—種氏《十一》—種照《十二》—種朝《十三》—種時《十四》—種方《十五》—種実《十六》—種長《十七》。

秋月氏の世襲名は「種」の字を通字としており、これは他の大蔵一族と同じである。

秋月においては種実以前の墓はほとんど残っていない。ただ一つ、秋月種時（種実の祖父）の墓があるのみである。高さ二メートルを超す大きな自然石の表面に、「竜《りゅう》允《いん》珽《てい》種《しゅ》大《だい》居士《こじ》」と刻まれ、その脇に享祿四辛卯《かのとう》三月としている。ここはかつて秋月氏の菩提寺大竜寺のあった場所である。大竜寺は日向転封の時、廃寺となった。そのほか、秋月氏の菩提寺は嘉摩郡臼井村永泉寺であったが、秋月から遠隔の地にあったので、文明十八（一四八六）年、秋月鳴渡に分寺を開き、種月山大竜寺と号した。

秋月氏の所領は『筑前軍記略』に、「至天正年中、於筑前、筑後、豊前三国内、領夜須、下座、上座、嘉摩、穂波、御井、三原、生葉、企救、田川、京都、十一郡」と記されている。

『萩藩閥閲録』の天正年中のものと思われるものに、

注文

（中略）

加摩郡

一、横田、伊川弐ケ所　参拾町

一、同郡　漆生　参拾町

一、同郡　宮石　拾　町

一、同郡　秋松（穂波）　拾五石足

以上秋月種実拘レ之

とあるので、嘉摩、穂波地方が秋月の支配下にあったことが証明される。

種実の頃は筑前最大の軍事力を有して、その実勢高は三十六万石に及んだという。秋月種実が秀吉に降伏後、その将生駒《いこま》雅楽守《うたのかみ》に差し出した持城二十四（五）城の明細は次の通りである。

筑前国夜須郡古処山　本城

同国嘉摩郡大隈（益富城）　隠居城

同国田川郡岩石　隈江越中

同国三笠郡宝満岳　内田四郎右衛門

同国三笠郡鎧ケ鼻　権藤蔵人

同国穂波郡笠置山　乗手岩見

恵利出雲

柏江掃部

同国鞍手郡龍ケ岳　坂田蔵人

深見駿河
同国鞍手郡剣山　重松駿河
野中勘解由
同国夜須郡片山　税田民部
同国夜須郡弥永　深江伯耆
同国上座郡（志波）麻氐良《まてら》　吉瀬因幡
同国上座郡（池田）三日月　中願寺左近将監
同国上座郡（松末）真竹山　野手讃岐守
香月九郎左衛門
同国上座郡（杷木）米山　松原越後
同国上座郡長尾　木村甲斐　同源太左衛門
同国上座郡鳥屋ケ岳　乙石刑部
同国上座郡（杷木林田）鵜木　日田近江
筑後国生葉郡長瀬　日田近江
同国生葉郡井上　秋月治部
同国生葉郡妙見　星野伯耆
同国竹野郡麥尾　星野右馬
筑前国嘉摩郡奉行岳　坂田内蔵助
同国嘉摩郡山口　大坪甚太郎
同国嘉摩郡二股岳　吉瀬伊賀

以上二十五カ城となっている。このほかにも栗林、前隈山、扇山、茶臼山、砥上《とがみ》山、茄子《なす》、高山《こうやま》、葛山、小日、荷原《にないはら》、鳥岳、宝珠《ほうし》山、高田、城山、木実山、本陣山、不動などの端城がある。

現在、秋月垂祐神社登り口の黒門は、古処山城の搦手門であったが、のち現在地へ引き移した。戦国秋月氏を物語る貴重な遺蹟である。

種実はまた、彦山衆徒の後見役として（嫡子種長の妻は座主舜有の娘である）密接な関係をもち、攻守同盟をつくって大友氏に対抗した。種実の活躍した時期は、永禄十（一五六七）年頃から天正十五（一五八七）年初めまでの約二十年間である。

幼時、大友の追及を逃れて周防へ渡り、毛利氏の庇護を受けて成長し、再び秋月に帰ってからの種実は大友との戦《いくさ》に明けくれたが、この頃から彼の領地も大きくふくらんでいった。ことに「肥前の熊」と恐れられた龍造寺隆信の死後は、嫡子政家にその器量がなく、筑前では何事も種実に相談する始末であった。筑紫広門が大友方に走ったのもその辺が原因とされている。

種実は島津家からも信頼され、占領した肥、筑の運営を任されている。彼は政治的手腕にもすぐれ、天正十二（一五八四）年、立花道雪、高橋紹運の両将が島津に対し、共同で龍造寺討伐のことを働きかけたが、種実の斡旋で島津、龍造寺の和平が一足早く実現して、両将のせっかくの企図も水泡に帰した。また、筑紫広門への降伏勧告や、彼の助命について島津へ仲介の労をとるなど、種実の力量を物語るものは多い。のちに宗誾《そうぎん》と号し、僧形となったが、まことに彼は戦国秋月氏の最後を飾るにふさわしい英傑であった。

彼はしばしば高橋紹運の城下太宰府へ攻め入り、天満宮をも焼失させているが、種実自身はすこぶる敬神家であったようである。天正五（一五七七）年十月、穂波郡大分村の大分八幡宮社殿を造営し、天正六年冬、岩屋城を攻めた時天満宮に飛び火し、社殿、堂宇すべて焼失したが、彼は神罰を恐れて、火を放った家臣北島玄蓄に切腹を命じて詫びている。

　このことがあって間もなく夜須郡栗田に八幡宮を造営して五百石を寄進した。また、天正二、三年にかけて嘉摩郡宮野村の高木神社の社殿堂宇を再建し、銅鏡などを奉納している。同七年にも嘉摩郡郷社八幡宮へ社領二十三町を寄進し、筥崎宮造営に関しての断簡状もある。種実は秋月野鳥村の白山宮を尊崇し、秀吉の来攻前、島津につくべきか、秀吉に降るかの二者択一を白山権現の神慮によって決めたといわれる。その後、秀吉に降伏した彼は、九州国割りによって日向財部（宮崎県児湯郡高鍋町）へ移封となった。

　秋月父子の日向移動は、天正十五年の残暑厳しい八月下旬から始まった。遠く見知らぬ南国の僻地、財部への旅立ちは、つき従う家臣や家族たちにとって不安と寂しさで胸をしめつけられる思いであったろう。秋月城下を離れる時、種実は「たとえ十石でもよいからこの地に留まりたい」と言ったというが、切々たる離郷の心情が吐露されて哀れである。彼が遠ざかる秋月の町をしばし立ち上がって眺めた所は、十石山（五一三メートル、上秋月松丸）と呼ばれるようになったという。

秋月種実の墓（宮崎県串間市・西林院）

　こうして九月三日、種実一行は高鍋に入った。三十六万石の大身が一転して十分の一にも足らぬ三万石の小身となったのである。それでも、多くの家臣とその家族を引きつれての移住は並たいていの辛労ではなかったと思われる。やがて、日向での国づくりが始まったが、その後の朝鮮出兵や関ケ原への出陣などで出費が嵩み、常に財政窮乏の状態であった。
　種実は翌年の八月、日向南端の串間（串間市）の居館（金谷城）に移ったが、晩年、上洛して伏見に居住し

秋月家家紋、なでしこ

秋月家家紋、剣菱

た。ここに八年いた種実は慶長元（一五九六）年九月二十六日、病のため伏見の邸で波瀾の生涯を終えた。享年五十二歳。遺骸は京都紫野大徳寺（臨済宗）の見性庵に葬られた。法名は「西林院殿笑翁宗誾大居士」である。串間市の西林院（臨済宗）には種実と夫人青松院、子（末子カ）種宗、及び四人の殉死者の墓があり、種実の墓所は遺髪を納めたものといわれる。

日向に着いた秋月の家臣の中には、この地での生活が苦しくて再び秋月に舞い戻った者もいて、彼らが秋月に再住した所を「日向士」と呼ぶようになり、さらに日向石と書くようになったといわれる。種実父子が去った後の秋月には、しばらく生駒雅楽頭の兵たちがいたが、やがて小早川隆景の領地となり、生駒の兵たちが去ると再び閑散な山郷と化して、秋月家を離れた浪人や農民たちが田畑や山林を開墾する姿が見られたという。

嫡子種長は慶長の役で一旦西軍に属して大垣城を守ったが、途中で変心し、城将を斬って徳川に帰参した。種長の脳裡には、父種実とともに秋月を去った日の悲痛な思い出があったい違いない。家の安泰のためには、寝返りも彼にとってはやむを得ぬ行動だったのであろう。彼はこの東軍帰参の功で大名としての領国は安堵され、日向高鍋藩は明治維新まで続いた。秋月高鍋藩は三万石の小藩だったが、その子孫から名君といわれた上《うえ》杉鷹山《すぎようざん》（米沢藩主、秋月七代種茂の弟治憲のこと。高鍋秋月家より養子に入る）や、明治天皇の侍講秋月種樹など秀れた人材を出している。

山青く、水清き秋月の地は、小早川の後を受けた黒田長興（長政の二男）が寛永元（一六二四）年春、十五歳で秋月五万石の領主として入部、以来十二代、およそ二百五十年にわたって明治の廃藩置県まで続いた。

朝倉地方で恵利、坂田、井手、内田、坂口、吉瀬、香月などの名は今でも残っている。現在秋月のある朝倉市と、宮崎県高鍋町は姉妹都市になっている。なお、種実の次男、高橋元種（高橋鑑種の養子となる）は日向県《あがた》（延岡）に移されたが、『日州延陵記』によると、元種ははじめは善政をしいたが、のち治政に飽いて女色に溺れ、次第に人望を失い、その悪政は江戸にまで伝わったとしている。

また、『延陵世鑑』は、石州津和野城主坂崎出羽守直政の甥、水間勘兵衛をかくまった罪により改易になったとしている。勘兵衛は人を殺害した罪で幕府の探索を受けていた。元種はこれを高千穂の奥にかくまったが、勘兵衛はここでもまた召使いを手討ちにしたので、已むなく彼を江戸へ護送した。この犯人隠匿の罪が改易の原因になったという。

慶長十八（一六一三）年十月、元種の身柄は当時、奥州磐城棚倉《いわきたなくら》（福島県棚倉町）二万石の領主として大名に返り咲いていた立花宗茂に預けられた。かつて敵として戦った相手の宗茂に預けられたのも、恩讐を超えた奇しき因縁というほかはない。元種は翌慶長十九年十月、奥州に配流中に死去した。享年四十三歳であった。

立花宗茂・直次兄弟

豊臣秀吉は九州平定後、立花宗茂に対し筑後四郡を与えた。左記の朱印はその時のものである。

この度忠節により、御恩地となりて、筑後に於いて山門《やまと》郡、三潴《みずま》郡、下妻《しもつま》郡、三池郡あわせて四郡こと、宛《あて》がわれおわんぬ、ただし三池郡のこと、高橋弥七郎（統増）に対し引き渡すべく、ならびに三潴郡のうち百五拾町、三池上総介《みいけかずさのすけ》にこれを相渡す、右両人与力《よりき》となし合宿致し、今より以後忠勤抽《ぬき》んずべくの由候なり

天正十五

六月廿五日

（秀吉朱印）

立花《たちばな》左近《さこんの》将監《しょうげん》とのへ

（『立花文書』）

この内訳は左の通りであるが、宗茂は柳川城を居城とした。

筑後国山門郡		七二カ村	四万五〇二二石
同	下妻郡	一六カ村	一万七八四四石
同	三潴郡	九〇カ村	五万八六一六石
同	三池郡	一八カ村	一万七〇〇石
計	四郡	一九六カ村	一三万二一八二石

別に弟の高橋統増（のちに立花直次と改む）に対しては、三池郡のうち二十三カ村一万八千百石が与えられ、江の浦城（みやま市高田町）に入り、宗茂の与力を命ぜられたが、のちに内山城（大牟田市）に移っている。また、旧三池一帯の国人領主であった三池上総介鎮実は旧領没収のうえ、新たに百五十町を与えられ、これも宗茂の与力となった。宗茂は天正十四年頃までは「左近将監」を名のっていて、弟直次も高橋弥七郎と称した。

宗茂は今や大友の族将ではなく太閤直参の大名として、宗家大友義統と比肩する地位を得た。弟直次も亡父紹運忠死の功で、小領だが諸侯に列せられたのである。

なお、『高橋紹運記』には、筑後の国人蒲池氏も統増の与力として二百町を賜ったことを記している。『豊前覚書』によると、六月十一日、老臣小野和泉を正使として、城戸豊前《きどぶぜん》、八尋民部《やひろみんぶ》、扇掃部《おうぎかもん》が付き添って柳川城受け取りに立ち会った。柳川からは奉行山岡六右衛門が城明け渡しの任に当たったが、ちょうどこの時、柳川城では本丸の塀の塗り替えをしていた。彼らは六右衛門の案内で城中を検分したが、中でも前城主龍造寺家晴が在城中に植えた竹が青々と見事に成長して一段の風情を添えていたので、これを見た立花の使者たちは、「これは見事な竹です。宗茂公に何よりの捧げものです」と言って喜んだと伝えている。

柳川城址の石垣

六月十五日、夫人誾千代はじめ立花家の一家眷属《けんぞく》をあげて住み馴れた立花城下を発ち、十七日に全員柳川に入った。誾千代にとっては、実父道雪が眠る立花の地を離れるのは耐え難い心痛であったが、秀吉の命であれば従うほかはなかった。

宗茂は柳川に入国すると、かつて難攻不落といわれた柳川城を支えた松延城（みやま市瀬高町）、鷹尾城（柳川市大和町）、今古賀城（柳川市三橋）、蒲池城（柳川市西蒲池）、酒見城（大川市）、城島城（久留米市城島町）の六城に、立花三郎左衛門、同三左衛門、同右衛門大夫、小野和泉、由布雪荷、立花（鷹野）三河入道らの重臣をそれぞれ入れて配置した。文祿年間（一五九二—九五）の立花家中主な者の祿高は次の通りである（『宗茂公侍与力帳』による）。

五千石　小野和泉
四千石　立花三河
三千五百石　立花三左衛門
同　由布雪荷
同　立花織部正
二千百五十石　矢島釆女正
同　小田部新介
同　吉弘加兵衛
千五百石　原尻宮内

同　　　内田忠兵衛
千三百石　佐伯善右衛門
同　　　十時摂津
千石　　小田部膳左衛門
同　　　立花新右衛門
同　　　立花三大夫
同　　　丹半左衛門
同　　　安東孫兵衛
同　　　十時太左衛門
同　　　安東彦右衛門

このほか、世戸口、森下、石松、堀、小野（理右衛門）らも高祿を与えられている。与力頭は小野和泉以下二十三人で、家士は二千三百人であった。

立花宗茂着用の鎧
（柳川市・御花史料館所蔵）

一方、三池郡江の浦城（みやま市高田町）に入った高橋統増（直次）家中の主な者の祿高は次のようである。

家老　伊藤源右衛門　千三百石
同　　高橋山城守　　千石
同　　北原摂津守　　千石
奉行　三原十右衛門　七百石
同　　田原河内守　　七百石

このほか、屋山、村山、中島、伊藤、平井、三原、北原、今村、陣野ら、紹運在世の頃から家中にその名を知られた者の一族、あるいは岩屋戦死者の血縁の者、また宝満で戦死した者たちに対して、それぞれ俸禄を与えてその功に報いた。

宗茂の柳川入城後、養父道雪と実父紹運並びに戦没者の菩提を弔うため、城下に福厳寺が建てられ、その後天叟寺が建立された。直次もまた今山（大牟田市）に紹運寺を建て、亡父紹運の霊を弔った。入封後、宗茂兄弟は筑後で新しい国づくりに努めたが、六年後の文禄元年三月、朝鮮出兵が起こり、海を渡って前後六年間を異境の地で戦った。とくに宗茂が明の大軍を打ち破り、その武名を内外に轟かせた碧諦館《へきていかん》の戦いはあまりにも有名である。また、この時尉山《うるさん》で籠城、餓死寸前の加藤清正の軍を救ったので、それ以来二人の間は固い友情で結ばれた。

この宗茂の武勇とは反対に、本家の大友義統は戦陣で卑怯な振舞があったとして、文禄二年五月、秀吉から内地召還を命ぜられて身柄を毛利輝元に預けられ、領地没収のうえ常陸《ひたち》へ配流となり、初代能直より二十二代、約四百年間連綿と続いた豊後の大友家は離散し、運命の明暗を見せた。

秀吉没後間もなく慶長五（一六〇〇）年、関ケ原の役が起こり、宗茂は東軍徳川家康からの誘いや盟友加藤清正の友情による数度の勧めも断わって、義のため豊臣方についた。直次は兄宗茂と行動をともにせんとしたが、宗茂は柳川城の留守を守らせた。しかし宗茂も大津城を攻め落として関ケ原へ急行する途中、味方の敗軍を知り大坂城に入り、西軍の大将毛利輝元に最後の決戦を主張したが容れられず、ついに部下を引きつれて敵中を突破して帰国した。帰国に際し大坂城中で人質となっていた母の宋雲尼（紹運の妻）を取り返すとともに、一緒にいた島津義弘の夫人をも取り戻して、義弘から感謝された。

やがて徳川家康の戦後処理が行われ、立花、高橋両家はその責任を問われて改易となり、三池の地を退去した宗茂は清正の好意で家臣の一部（二百五十余人）とともに肥後領内で、しばらく清正の扶持《ふち》を受けることになった。

『浅川聞書』には、「慶長五年十二月より同七年の春まで高瀬に御座なされ候」とあり、また『立斎旧聞記』は、「宗茂公翌年の春迄肥後にて過し給ひけるが……」と記し、相違がある。しかし『立花家文書』の慶長六年七月十六日付で宗茂が旧老臣立花賢賀《けんが》（旧姓薦野氏）に当てた書状などによれば、宗茂の肥後寓居は七カ月ほどだったと推定される。

宗茂は加藤家の食客の身を解消するための思いがあった。それは徳川家の宥免《ゆうめん》が叶い、彼の地位回復を図ることにあったと考えられる。

慶長六年秋、宗茂は供勢をつれて肥後高瀬（玉名市）を発ち、京都へ向けての旅路に出た。

「高瀬より御登りなされ候時、御供大勢は御無用の由、清正より仰付けられ、諸人存じ候通りに、侍《さむらい》十六人、上下廿八人にて、御立ちなされ候」（『浅川聞書』）

とあるように、主従二十八人であった。

宗茂は、清正が肥後残留の家臣らを引請《ひきう》けてくれることになったので、彼の友情に感謝する。肥後を出る時、清正や旧臣たちから相当の餞別が贈られたが、何しろ二十数人の一行なので路銀もいつしか底をついてしまう。従者たちは宗茂に内緒で虚無僧《こむそう》や日雇人夫などをして生活を支えたが、そんな逆境の中でも彼は恬淡《てんたん》として金銭のことは一向に無頓着であった。そんなところがいかにも宗茂らしく、仕える者は、その苦労も忘れて、さすが大名の器《うつわ》と言って感涙したという話が伝えられている。しかし戦陣で部下と苦労を共にして心を通じ合った宗茂ほどの将が、金銭に無頓着で、宗茂を養う生活のために働く彼らの行動を知らなかったということは考えられない。恐らく宗茂の大器を譬《たと》えての語り伝えであり、これに似た挿話はほかにもある。

彼ら主従は、江戸に出るまでは京都、伏見辺りに仮寓して浪人生活を続けていたが、宗茂在京の目的は家康へ拝謁の機会を得ることにあったと思われる。この時期、家康は江戸と京、伏見の間をたびたび往復して伏見城で政務を執ることが多かった。

ちなみに当時家康の京、伏見関係の記事を『徳川実紀』（『東照宮御実紀』巻七―巻十、吉川弘文館、昭和五十一年）より一部抜粋すれば左の通りである。

慶長八年四月五日、二条御所にて猿楽催さる
　四月十六日、二条より伏見城へかへらせ給う
　四月十七日、伏見城にて将軍宣下の猿楽催さる
四月十九日、諸国の大名伏見城に参上
七月三日、伏見より二条へわたらせたまふ
八月廿九日、伏見より御上洛ありて知恩院へならせたまひ
十月十八日、伏見城を御首途ありて江戸に還らせたまふ
慶長九年七月朔日、二条城より伏見城に還御あり
　九月十四日、伏見城をいでて江戸におもむかせ給ふ
慶長十年二月十六日、伊達政宗、御上洛供奉の為江戸を発す
　二月十九日、伏見城へ着せ給ふ
三月十二日、伏見城にて囲碁の御遊あり
　四月八日、伏見より御入洛あり

右によって家康の江戸と伏見への往来状況の一端を知ることができる。この中で慶長八年十月廿四日の項に、立花宗茂の地位回復に関する記述があるので引用する。

　この日立花左近将監宗茂江戸高田の宝祥寺（一説に浅草寺中日恩院といふに閑居せるをめ《(召)》して、陸奥《むつ》国《のくに》棚

倉にて一万石を賜ふ。宗茂は庚子（関ケ原）の乱に大坂の催促に随ひ軍勢を引具し伏見の城をせめやぶり、勢田の橋をかため大津の城を責落《せめおと》しけるが、関原の味方敗績すと聞て本国に引返しおのが城に楯《たて》こもり、鍋島が軍勢押寄《おしよせ》ると聞て、家人等を出し散々に防ぎ戦ふ、かゝる所に黒田如水入道、加藤肥後守清正馳来《はせきたり》て双方をなだめしかば、宗茂は居城を清正に渡しけり、如水、清正等こと更に歎き申ければ、其罪をなだめられ、領国をば悉く収公せられき。宗茂はこの後清正に養はれ、肥後国高瀬といふ所に閑居しける間、清正が奔走大方ならず。翌年の春にいたり、宗茂暇ある身なれば、此ほど都近き辺《あたり》の名所古跡をも遊覧せまほしと請しに、清正もことはりと聞て、又旅の用意をもねんごろにあつかひて都へのぼせたり。宗茂は都をはじめ南都和泉の堺までも心しづかに一覧し、三年がほど山水の間に優遊しけるが、しきりに江戸のかたゆかしく覚えければ、江戸の方にまかり、戸塚の駅より本多佐渡守正信に消息してことのよし告《つげ》たりしかば、正信まず高田の宝祥寺まで来るべしという。宗茂其詞《そのことば》にしたがいかの寺に着て旅のつかれをやすめける。大納言殿（家康）もとより宗茂が勇有て義を守る志（おぶるカ）をふるて其よし聞たれば、正信より土井《どい》大炊頭利勝《おおいのかみとしかつ》もて伏見に恩に浴せしえあげしめられ、忽に御ゆるしありてかく新恩に浴せしとぞ。（寛政重修譜、藩翰譜、立斎聞書、久米川覚書）

（一説に大納言殿よりは三万石賜わり、書院番頭を命ぜらるべきにやと伺わせ給いしに、宗茂は老錬の宿将なれば、所領は少しとも、いず方にてもさるべき所を撰み城を授けよと、伏見より御下知ありけるといえり。寛永系図に、宗茂居城を清正にわたし速に江戸に至り、其翌年奥州にて二万五千五百石給わりしとあるは大なる誤なり。又国恩録に、慶長十一年正月二日とするも誤なり）

と記されていて、宗茂の地位回復を慶長八年十月としている。一方、「立斎様御自筆御書之写」では、「関ケ原浪人　仕《つかまつり》、六年京都ニ居申候《おりもうしそうろ》」の記述があり、浪人時の年数に三年の違いがある。また宗茂の再仕官による奥州赤館（棚倉）の領地が確認できるのは慶長十一年十一月であり、家臣への宛行状《あてがい》（給与）もこれを機に行っている。

　当時の将軍は家康から二代秀忠へと替わっていた。結局、宗茂の復官は慶長十一年に整合性があり、これを以て関ケ原以来の浪々の身を終結したと見るべきであろう。

　宗茂は江戸城で将軍秀忠に拝謁して仕官が決まり、知行五千石の大番頭に任ぜられたが、やがて奥州棚倉（福島県棚倉町）の領地を得て家臣らにも俸祿を与えることができるようになった。

　宗茂はその後、加増されて知行高三万石の大名へと累進する。また弟直次も再仕が許され、常陸《ひたち》柿岡（茨城県石岡市柿岡）五千石の知行を給されることになった。直次は、それまでの高橋から立花姓に改称する。以来、立花兄弟は江戸幕府に誠忠をもって仕えたので公儀の信用を深めていった。慶長十九（一六一四）年と、翌元和元（一六一五）年の大坂冬夏の両陣にも兄弟そろって出陣して功があった。

　元和六（一六二〇）年十一月、宗茂は柳川城主田中氏改易の跡をうけて遂に旧領地柳川城主として返り咲いた。柳川を去ってから実に二十年ぶりの帰国であった。この時の知行地は筑後三郡（山門、三瀦、三池及び上妻、下妻の一部）で、知行高は十万九千六百余石であった。時に宗茂五十二歳。

　一度旧領を追われた者が再封されるということは、当時としては異例なことである。宗茂は柳川へ入ると、前領主田中氏の家臣は使わず、棚倉から随従の者や、肥後の加藤家に預けておいた旧臣たちを引き取り、また散らばっていた旧家来やその縁故の者たちを召し抱えて家臣団を結成した。その後、柳川藩は宗茂の質実剛健の気風を伝えた。

　宗茂の人となりは、ごまかしやはったりのない律儀一本の性格で、たとえ不利でも節義を枉《ま》げることは断じてしなかった。勇気と仁愛を兼ね備えた点は、実父紹運、養父道雪の資質をそっくり受け継いでいる。大友氏を奉ずれば孤塁を守って大友氏のために尽くし、また秀吉に従えば秀吉に最善を尽くし、再起して一旦徳川氏に仕えれば、これまた誠実一途に努めるというのが、宗茂の宗茂たるゆえんであった。弟直次もよく宗茂に協力して、この兄を尊敬し、接するに師父に対する態度であったという。

しかしその宗茂にもどうにもならなかったのは、妻誾千代のことである。父道雪譲りの気性激しい男まさりの家つき娘誾千代とは、どうもうまが合わなかったという。女ながらも武芸に秀で、島津軍来攻の際は武装して女軍を指揮したほどである。二人の烈しい性格は、ぶつかるたびにその溝を大きくしていったと思われる。宗茂は武運には恵まれたが、家庭には恵まれなかったといえる。

彼は慶長三（一五九八）年十二月四日、朝鮮から帰国した。時に三十歳。それから間もなく永年不和であった誾千代とは別居した。

はじめ誾千代母子は柳川城外の宮永村の別邸に移り、誾千代は「宮永殿」と呼ばれたが、宗茂は扶持を送るだけで訪ねることもなく、夫人もまた城を訪れることもなかった。二年後、関ケ原戦が起こると、宗茂は秀吉への恩義を忘れず、徳川家康や加藤清正からの誘いを断って豊臣方の西軍に付く。この時誾千代は立花家の存亡を危惧して、宗茂に出陣を思い止まらせるために諫言したというが、義を第一と考える宗茂は「いらざるこ

立花宗茂一族相関略系図

高橋紹運（吉弘氏）
宋雲院（斎藤氏）
- 宗茂　立花道雪の養子となり立花家を継ぐ、柳川立花家の初代
- 直次　高橋家を相続、三池立花家の祖、のち立花姓となる
- 女　大友宗五郎能乗の室
- 女　立花吉右衛門成家（薦野賢賀の子）の室
- 女　小田部土佐守統房（幼名源次郎、新助）の室
- 女　立花織部助室、のち細川玄蕃頭興元室

誾千代墓（熊本県長洲町。嶋川武志氏撮影）

と」としか受け取らなかったようだ。

関ケ原の役後は加藤清正の領地玉名郡腹赤村《はらか》（玉名郡長洲町）に移り、ここの庄屋の屋敷で生活をするようになったが、宗茂が浪人中の慶長七（一六〇二）年十月十七日、同所で死亡した。行年三十四歳、法名は光《こう》照院殿《しょういんでん》泉誉《せんよ》良清大禅定尼《りょうせいだいぜんじょうに》である。遺骸は庄屋の屋敷内に葬ったが、のち宗茂が旧領柳川に入ると、城内に良清寺を建てて供養した。

誾千代の母宝樹院は、立花三左衛門宅に引き取られ、余生を全うして元和二年五月二十八日逝去し、同地の源覚寺に葬られた。

宗茂、誾千代夫婦の間には子がなく、誾千代没後に家臣矢島秀行の娘八千子を後室に迎えたが、これにも子ができなかった。そこで五男一女の子福者であった弟直次の四男を、生後間もなく養子としてもらい受け、これに自分の幼名千熊丸を名乗らせて養育した。のちの二代藩主忠茂である。

直次は元和三（一六一七）年七月十九日、病により江戸下谷の邸において死去している。行年四十六歳、法名は大通院殿《だいつういんでん》玉峯道白大居士《ぎょくほうどうはくだいこじ》であり、遺骸は下谷広徳寺に葬った。直次の死後、常陸柿岡の領知を継承していた嫡子種次は元和七年、三池一万石を与えられて旧領に復帰した。三池藩は直次を藩祖としている。大牟田市今山の紹運寺はその菩提寺である。

晩年の宗茂は剃髪して立斎《りっさい》と号したが、寛永十九（一六四二）年十一月二十五日、江戸下谷の邸で七十六歳で波瀾の生涯を閉じた。彼はその数カ月前から胃の具合が悪く、痛みと吐瀉《としゃ》で痩せたという。今でいう胃癌であった。将軍家光は、その病篤しと聞いて自ら宗茂を下谷の邸内に見舞っている。法号は大円院殿《だいえんいんでん》松蔭宗茂《しょういんむねしげ》大居士《だいこじ》といい、下谷広徳寺に葬られたが、のち柳川福厳寺《ふくごんじ》に改葬された。

その後、柳川、三池の両立花家とも明治の廃藩まで続いた。柳川市三橋町にある県社三柱神社は、道雪、宗茂、誾千代の三柱を祀っている。

柳川の料亭、株式会社「御花」は、立花家四代藩主鑑虎の元禄十（一六九七）年に建てられた別邸であり、現社長の立花民雄氏、その兄であり会長の同寛茂氏兄弟は、藩祖道雪より十六代目に当る。柳川には小野、由布、吉弘、十時、石松、米多比、小田部、蒲池など旧柳河（柳川の古名）藩に仕えた人たちの由緒ある姓が残っている。

宗茂の母、宋雲尼は天正十四年、宝満開城の際島津軍に捕われたり、また、慶長の役では大坂城中に人質になったりして苦難を味わったが、晩年は江戸で平穏に余生を送り、慶長十六年四月二十七日、六十余歳で死去した。法号は宋雲院殿《そううんいんでん》花岳《かがく》紹春《しょうしゅん》大姉《だいし》である。

長期間、戦陣生活を送った宗茂は、軍学、兵法について蒲池宗碩《かまちそうせき》の軍法を参考にしたらしく、その書を探し求めたようである。

宗碩は天正六（一五七八）年の耳川の役で戦死直前に「衣川《ころもがわ》の書」といわれる兵法書を焼き捨てたといわれるが、宗茂の家臣内田鎮家が口伝《くでん》でその極意《ごくい》を伝えたので、宗茂はこれに学ぶことが多かった。

ある時、二代忠茂が養父宗茂に向かって、この書についていかなることが記されているのかと尋ねた。これに対して宗茂は、「別なることとこれなく候、敵に向かい多勢小勢によらず、軍を取結び一定の利を得る理を記したるものなり、これが大将たるものの心持ちにあることとなり、我が家人なればとて左様に下知に従い敵に向かいたる時、いかに采配を取りて只進め、死ねといいたればとて其の下知に従うものにては之なく候、常に上からは下を子の如くに不愍《ふびん》を加え、下からは上を親の如く思う様に人を使えば、下知をせずとも上のよきようにならではせぬものなり、畢竟《ひっきょう》蒲池宗碩の兵法書も之が第一の要諦なり」と言った。

要するに上下の和を第一にしたものであるが、これは父紹運や道雪の感化に負うところが大きい。彼らは常に小勢で、秋月、龍造寺、島津と戦ってきたが、それでも数倍の敵に対してよく軍利を得ることができた。上下の固い信頼で統率されていたからである。宗茂が二千か三千の小勢で、毎度戦場で勝利を収めることができたのも、常にこのことを服膺《ふくよう》したからにほかならない。

『三川雑記抄』に、宗茂が家臣に戒めた言葉として、「戦を交るにのぞんで、敵方の見渡すに何れも首をうつ伏て進みくるものなり、其中に万一にも首を仰ぎ見て進来れるものあらば果して勇士なり、其鉾《そのほこ》は避くべきなり、もしうかとこれに相手とならばむつかしき勝負となるものなり」と言ったと記している。また宗茂は、「人、その器に従い人数の駆け引きに手頃なることあるものなり、我等は二千人を率い進退するに恰《あたか》も手頃なりと思わるる、二千人なれば手足を使う如く自由なりし、上杉謙信は八千人が手頃なりしと各々其器あるものなり」と語っているが、宗茂が二千人と言ったのは、当時禄高十万石に対して三千人の軍役が定めであったからと思われる。

宗茂の「家御咄《おはなし》次第二十八箇条」には、家中の一心一和を根本にすべきこととして、農は国の大本であるから、常に農民を大切にし仁政を施すべきこと、賞罰を正しく、賞を重く罰を軽くすべきこと、質素倹約を守り、家風の昂揚を心がくべきことなどが宗茂の言葉として伝わっている。

宗茂の剣法の流儀は体捨流《たいしゃりゅう》で、師は丸目蔵人《まるめくらんど》であった。丸目蔵人、実は丸目蔵人佐長恵《まるめくらんどのすけながしげ》といい、のち鉄斎と号した。彼は肥後人吉の領主相良《さがら》氏の一族で、天文九（一五四〇）年、八代に生まれた。十七歳の時天草に渡り、本渡の城主天草伊豆守に身を寄せ、三年間剣法を学び、のち上洛して上泉《こういずみ》伊勢守信綱に新影（神陰、新陰とも表記する）流を学んだ。

永禄の頃、将軍足利義輝の命で上泉剣法の上覧があり、蔵人は選ばれて師伊勢守の打太刀を命じられ、「上泉兵法古今無類天下一と謂《い》うべし、丸目の打太刀是亦天下の重宝たるべきものなり」との賞詞を受けた。蔵人は伊勢守につくこと五年にして肥後に帰ったが、のち再び上洛して愛宕山、誓願寺、清水の三カ所に高札を立てて、真剣勝負の相手を求めたが、誰一人としてこれに応じる者がいなかった。

永禄十（一五六七）年二月、師、伊勢守より新影流極意の免許皆伝を受けた。その後、実戦のための技法をとり入れ、敏捷でかつ大胆な「体捨流」という一流をあみ出した。後年江戸に上り、同門の柳生但馬守宗厳《やぎゅうたじまのかみむねよし》（石舟斎）に試合を申し込んだが、但馬守は体良くこれを断わり、その代わり彼を関西兵法天下一と推賞したという。蔵人はのち郷里人吉に帰り相良家に仕え、晩年は球磨郡一武村で植林や開墾に従事し悠々と余生を送り、寛永六年五月、九十歳で世を去った。

宗茂はこの蔵人について、十数カ条の極意を受けたが、多くの合戦で敵勢を斬り仆《たお》した刀法は、この体捨流の影響が大きかったと思われる。『大友興廃記』にも戦国末期、大友家において体捨流が流行したことを記している。また、紹運や道雪が秀れた手練の武将であったことを考えれば、宗茂の兵法も自然に両父から受け継いだものであろう。

宗茂が師（蔵人）と同門の柳生家と親密であったのは、のち、坂崎出羽守直政の事件に関し、その追討を柳生但馬守とともに将軍家より命ぜられ、宗茂の智謀で無事落着したので、柳生も宗茂の兵法の理にかなった行為を称讃したという。

常に人生前向き志向で処世を全うした宗茂の言葉として「彼のなすところを以てこれを我になせば即ち克《か》たざることなし」がある（『名将言行録』）。「相手がしようと思っていることを、こちらが先にしてしまえば勝てない筈はない」という意味だが、単なる先走りではなく、彼の実戦体験から生まれた必勝戦法であり、人生にとっても思慮をもって相手より先に事を運ぶ進取の気概が大切であることを教えている。

〈完〉

漢詩　七言絶句

柳城懐古

吉永正春作

勇将功名天下轟
更欽治化有㆓仁声㆒
至誠清節酬㆓恩顧㆒
高義遺風留㆓柳城㆒

勇将の功名天下に轟く
更に欽《きん》す治化の仁声《じんせい》有るを
至誠の清節恩顧に酬い
高義の遺風《いふう》柳城に留む

（詩意）

勇将立花宗茂の功名は天下に轟いている。更に欽《よろこ》ぶべきは、仁愛を以て領国を治め、彼を慕う領民たちの声があったことである。宗茂は真心と清い節義をもって大友、豊臣、徳川の恩顧に報いた。彼が残した高い道義の教えは、今も柳川城址に留まっているようだ。

筑前戦国史年表（天文以降）

和暦	西暦	筑前のできごと	参考事項
天文元	一五三二	八月、大内義隆に対して大友少弐同盟を結ぶ	
二	一五三三	二月、少弐資元ら、筑前守護代杉興連を太宰府に攻める。大内義隆、陶興房を遣わして資元を攻めさせる	二月九日、島津義久生まる
三	一五三四	大内勢、肥前盛福寺城を囲み、少弐冬尚遁る	織田信長、生まる
四	一五三五	大内義隆、杉隆連を太宰府に置く	七月二三日、島津義弘生まる
五	一五三六	九月四日、少弐資元、陶興房に攻められ自殺 一〇月六日、太宰大弐大内義隆、筥崎宮境内、社領などを守護使不入とし段銭を免除す	
六	一五三七	香椎宮大宮司職をめぐり三苫匡基、清宣兄弟争い、清宣継ぐ	二月、豊臣秀吉生まる
七	一五三八	三月、大友義鑑、大内義隆と和睦、筑前旧領などを回復す	
八	一五三九	一一月一七日、大内義隆、太宰府安楽寺天満宮に太刀、馬などを献じ戦勝報告をする	
一〇	一五四一	筑前曲淵城主、曲淵河内守氏助、太宰府に至り杉興連に国情について上訴あり	一一月、尼子経久没す、九四歳
一一	一五四二	三月一五日、大友義鑑、筑前に出兵、一万三千余騎にて豊後を発ち鞍手郡に侵入、大内幕下の鷹取城を攻め毛利鎮実を降す	徳川家康、岡崎城に生まる
一二	一五四三	五月、大友義鑑、鎮西探題となる 八月二五日、ポルトガル船種子島に漂着し鉄砲を伝う	
一五	一五四六	筑前遠賀郡岡ノ城主麻生隆守、大友の将瓜生貞延に攻められ自殺す	一二月、足利義晴、将軍職を辞し、義輝将軍となる
一七	一五四八	高橋紹運生まる	
一九	一五五〇	二月、大友義鎮（宗麟）、二一代を継ぐ 一〇月、ザヴィエル、博多に至る	二月、大友二階崩れの変起る
二〇	一五五一	九月一日、大内義隆、陶晴賢の反逆で長門大寧寺で自刃 同月、黒川鍋寿丸（宗像氏貞）、陶晴賢の援助で筑前宗像に入る	大友晴英（宗麟弟）、大内氏を継ぐ
二一	一五五二	三月、宗像家相続に関し、山田事件起こる	

二二	一五五三	小田部紹叱、早良郡安楽平（荒平）城に入る	
二三	一五五四	大友、毛利、門司で戦う 筑前最初の検地が足利義輝によって行われ、筑前総石高を決める	
弘治 元	一五五五	一〇月一日、毛利元就、陶晴賢を厳島に破りこれを滅す	
三	一五五七	四月二四日、宗像宮出火により焼失す 六月一日、宗像宮正遷宮行わる 秋月文種、筑紫惟門、毛利の誘いを受けて大友に反旗を翻す 七月一九日、戸次鑑連らの大友軍、秋月氏を古処山に破る 大友義鎮、宝満山一帯の検地をする	大友義鎮、博多にキリスト教の教会地を与う 大内義長（宗麟弟）、毛利元就によって討たる
永禄 二	一五五九	二月二五日、筑紫惟門の兵、博多に侵入し市街を焼く 四月、高橋三河守鑑種、宝満、岩屋城主として入城 六月二六日、大友義鎮、豊前、筑前守護となり、同年一一月九日、九州探題職となる この頃、秋月種実、毛利元就の援助で秋月に帰国する	一月一一日、少弐冬尚、龍造寺隆信に攻められ敗死する
三	一五六〇	三月二十八日、宗像氏貞、大島を出て大友の占領せる許斐要害を夜襲して奪回する	五月、桶狭間の戦い
四	一五六一	九月、大友の将、戸次、田原、臼杵、吉弘ら、一万五千の軍勢で門司城を攻む	九月、武田、上杉両軍、川中島で戦う
五	一五六二	五月、大友義鎮、剃髪して宗麟と号す 五月朔日、戸次鑑連、剃髪して麟伯軒と号す 一二月三日、宗像氏貞、居城白山より赤間蔦ケ岳に移る	
六	一五六三	八月二四日、大友宗麟、毛利元就と一時和睦す	宗麟、将軍義輝の相伴衆となる
七	一五六四	一月、彦山座主舜有、大友に対して秋月と同盟を結ぶ	島津貴久、守護職を義久に譲る 七月、将軍義輝の斡旋で大友、毛利和睦す
八	一五六五	秋月種実、豊後国東、安岐城主田原氏の娘を娶る	五月、足利義輝、松永久秀に殺さる
九	一五六六	五月一五日、宗麟、島井宗室に博多織二十端、織立を注文す 一一月、高橋鑑種、毛利に通じ大友に叛く。秋月種実、筑紫広門らこれに応ず	

一〇	一五六七	六月、高橋鑑種、宝満へ兵粮を入れる 七月七日、高橋鑑種、大友軍に岩屋を攻め落とさるも宝満に籠って戦う 九月三日、秋月種実、大友軍と休松で戦い夜襲して敵陣を崩す。同八日、宗像氏貞、許斐氏備ら立花勢と和白付近で戦う。 一〇月二五日、大友の軍勢、宗像鎮国寺に乱入。放火のため子院と共に焼失、五仏像難を免れる	
一一	一五六八	二月上旬、島井宗室、永寿丸で朝鮮に渡海。オランカイ（兀良哈、満州間島地方）からの商品を買取り、五月四日、博多に帰着 春、立花鑑載、毛利の将清水左近将監及び高橋の将衛藤尾張守の兵約一万と共に立花城で大友に反旗を翻す 四月、戸次、臼杵、吉弘らの大友軍、立花城を攻む 七月四日、立花山崖下の戦で戸次鑑連危うく難を遁れる 立花鑑載自殺す 大友の将鶴原、田北ら立花城を守る 八月一四日、毛利勢、筑前芦屋に於て立花城の奪回を計るも大友勢に敗れる 八月一九日、秋月種実降る	一二月三日、黒田長政生まる
一二	一五六九	四月一五日、小早川、吉川の毛利勢、立花城を攻める 五月三日、大友軍、立花城を開城す 五月一八日、大友、毛利、多々良浜で戦う 九月五日、大友、毛利、博多で戦う 一一月一五日、毛利勢、筑前より撤退 高橋鑑種、大友に降伏、小倉へ移さる	
元亀　元	一五七〇	一月一五日、宗像氏貞、河津党の首領河津隆家を殺す 二月、大友、毛利、和睦なる。大友勢、立花城を回収し、守城の毛利兵を長門まで送る 五月、高橋鎮種（紹運）、宝満、岩屋城督となる	八月二〇日、龍造寺隆信、鍋島信昌、大友親貞を今山に破り大勝す
二	一五七一	一月、戸次鑑連、立花城督となる 立花道雪、宗像氏貞の妹於色姫を側室とす 冬、柑子岳城督臼杵新介鎮賡、志摩郡政所職を辞して豊後へ帰る。代わって臼杵進士兵衛鎮氏、柑子岳に入る。	六月一四日、毛利元就、七五歳をもって没す。孫輝元、家督を継ぐ、一九歳

三	一五七二	一月二八日、池田河原の血戦。臼杵進士兵衛、原田隆種の軍と戦って敗死す	五月三日、島津義弘、伊東義祐を日向木崎原に破る
天正 元	一五七三		四月一二日、武田信玄没す 七月二九日、足利幕府滅ぶ
二	一五七四	宗麟、原田親種に早良郡三五〇町を宛行う 三月、立花城に大砲二門到着 宗麟、島井宗室から軍資金銀一二〇貫を借用す 四月一日、原田親種自殺 一〇月、立花道雪、条令を掲示す	
三	一五七五	五月二八日、誾千代、立花城督となる	五月、織田、武田両軍、長篠で戦う 臼杵鑑速没す
四	一五七六	六月十一日、足利義昭、宗像氏貞に入洛への協力を求める	二月二三日、信長、安土城に移る 一二月、島津義久、大隅、日向を併合す
五	一五七七	一〇月、秋月種実、穂波郡大分八幡宮の社殿を造営	一〇月一〇日、松永久秀自殺す 一二月、島津義久、義弘兄弟、伊東義祐父子を破り、豊後へ敗走させる
六	一五七八	六月一日、宗像宮再興なり正遷宮行わる 一一月一一日、島津、大友、耳川で戦い、大友大敗す 一二月、筥崎座主方清法印、家中四百余人を率いて立花城に籠城する 一二月三日、秋月、筑紫連合して岩屋を攻める。天満宮焼失のため夜須郡栗田に移す	三月一三日、上杉謙信没す 七月一五日、大友宗麟、キリシタンの洗礼を受ける 七月一七日、山中鹿之助、毛利軍によって処刑さる
七	一五七九	三月、高橋紹運、秋月、筑紫勢と二日市で戦う 四月二四日、高橋鑑種没す 六月、秋月、筑紫連合軍、太宰府に押寄せ高橋、立花勢と戦うも敗退する 六月二一日、博多島井宗室の貿易船、朝鮮より帰着す 七月一八日、原田親秀、龍造寺に協力。早良安楽平を攻めんとして糸	一月、宗麟、嫡子義統に家督を譲る 六月一三日、竹中半兵衛重治、播州三木攻めの最中に死ぬ、三六歳

		島より進入。小田部、大鶴の兵、立花、小野、十時の軍勢と共に早良川周辺で戦う 八月一四日、立花道雪、柑子岳の木付鑑実へ食糧救援輸送し原田勢と生の松原で戦う。立花方死者多し 八月中旬、宗像、麻生、原田、杉ら箱崎表に集結、立花道雪出て攻戦う 九月一一日、小田部紹吡戦死。この時檜原太平寺、東油山泉福寺、入部老松神社など兵火のため焼失す 一〇月上旬、道雪、紹運、協議のうえ大鶴鑑尚を誅す 一二月一七日、紹運、筑紫広門と岩戸に対戦。秋月、その隙をついて岩屋を攻める。紹運、帰城して撃退する 冬、柑子岳城督木付鑑実、城を開き立花城へ退く。志摩地方、原田の統治下に入る	
八	一五八〇	二月、道雪、書を豊後の各老へ発し大友家の危急を説き一致協力を求める 三月、宗像氏貞、大友と和睦す 三月、龍造寺隆信、家臣副島長門守に対して筑前早良郡のうち原村一二〇町、野方村三〇町、本名五二町を与う 九月、龍造寺隆信、西筑前へ侵入、博多の浜で道雪、紹運と和議成立。筑前西九郡を龍造寺領とし、東六郡を大友領とする 一〇月二日、北原鎮久、秋月に内通、反乱を企てるにより紹運これを誅す 一〇月一八日、秋月の臣内田彦五郎以下紹運に謀殺さる	二月、豊後に於て田原親貫、鞍掛城に拠って反乱鎮圧さる 二月二四日、大友親家（義統弟）、田原家を継ぐ 四月、田北鑑重反乱を起す 九月、龍造寺隆信、筑後を攻略し大半を収む
九	一五八一	七月、秋月、筑紫勢、高橋、立花の大友軍と太宰府観音寺口で戦う 八月一八日、統虎（宗茂）、立花家の養子となる 一一月六日、道雪、紹運、嘉摩、穂波に打って出て潤野、大日寺、石坂にて秋月勢と戦う 一一月、統虎初陣、秋月の将堀江備前を討取る 一一月一三日、立花、宗像両軍、鞍手小金原で戦う	一一月二〇日、大友軍、彦山を焼打ちする
一〇	一五八二	三月一六日、道雪、小野鎮幸、由布惟信をして宗像領に侵入せしめ、宗像勢と吉原口に於て戦う	一月、大友、大村、有馬のキリシタン大名、ローマに使節を

		一〇月三日、秋月勢、米の山砦を乗っ取るも紹運直ちにこれを奪回す 一一月一八日、道雪、立花西城に於て老臣二十数名を召して宴を張る	遣わす 一月二五日、島井宗室、明智光秀の茶会に招かる 三月一一日、武田氏滅亡 六月二日、本能寺の変起り、織田信長自刃す 六月一三日、秀吉、明智光秀を京都山崎で討つ
一一	一五八三	三月一五日、道雪、紹運、許斐岳を攻めてこれを陥す 一二月一日、島津の将川上左京の兵、博多に侵入、市街を焼く	四月二一日、秀吉、柴田勝家を滅す 一一月、秀吉、大坂城を築く
一二	一五八四	三月、怡土の原田信種と肥前唐津の波多信時、鹿家海岸に於て戦う。原田方の勝利となる 三月二四日、島津家久、有馬晴信、龍造寺隆信を島原沖田畷に破り、隆信敗死す 三月二四日、立花道雪の側室（宗像氏貞妹於色）、竹龍院殿妙渭死す 八月一八日、道雪、紹運、筑後へ出陣 九月、道雪、紹運は使者を島津義弘に遣わして、共に秋月、龍造寺を討たんと勧めた	四月九日、家康、秀吉の軍を尾張長久手に破る 秀吉、家康と和睦
一三	一五八五	一月、秋月種実、家督を種長に譲る 三月、秋月の兵、立花城を攻めるも統虎これを撃退する 九月一一日、道雪、御井郡北野の陣中で没す、七三歳 同月、筑紫広門、宝満城を焼打ちして占領する 島津義久、宗像、麻生の服属を許す	
一四	一五八六	三月、宗麟上坂、秀吉に謁し島津征討を乞い、秀吉の家人となる 三月四日、宗像氏貞病没す、四二歳 四月、紹運、筑紫広門と講和す 同月、秋月種実、島津義久に北上を促す 七月六日、勝尾城落つ。筑紫広門、島津に降伏、連行さる 七月一二日、島津軍、岩屋城下に到着 七月二七日、岩屋落城。紹運自害す、三九歳 七月二八日、宝満開城す。高橋統増、宋雲尼母子、島津軍に拉致さる	

一五	一五八七	七月、島津軍香椎廟へ乱入、放火のため焼失する 八月二四日、島津軍、立花城下より撤退 八月二五日、立花統虎、高鳥居城を攻略し星野兄弟を討ち取る 十月、島津義弘、豊後に侵入 一〇月二八日、神屋宗湛、疎開先の唐津を出発、上洛す 一二月、島津義弘、豊後府内を占領す 秋月種実、彦山後見となる 三月、秀吉、九州征伐の軍を進める 五月、島津義久、降伏す。秀吉、戦後処置をし博多復興工事を命じる 六月、南蛮船フスタ号、筥崎浜に到着、秀吉乗船して海上より戦災の博多を視察する 六月一七日、立花宗茂、筑後四郡の領主として立花城を去り、柳川へ移る 六月、小早川隆景、筑前入国、翌年名島に居城を移す	五月二三日、宗麟、津久見の館に於て没す、五八歳
文禄　四	一五九五	一一月、小早川隆景、養子秀秋に所領を譲り三原に隠居のため筑前を去る	
慶長　五	一六〇〇	関ケ原戦後、小早川秀秋、備前岡山に転封される 黒田長政、筑前藩主として入国。翌六年、立花城廃城となる	

筑前関係戦国武将生没年一覧表

毛利元就	明応６年～元亀２年（1497～1571）
大内義隆	永正４年～天文20年（1507～1551）
戸次鑑連（立花道雪）	永正10年～天正13年（1513～1585）
龍造寺隆信	享禄２年～天正12年（1529～1584）
大友宗麟	享禄３年～天正15年（1530～1587）
高橋鑑種	享禄３年～天正７年（1530～1579）
吉川元春	享禄３年～天正14年（1530～1586）
筑紫惟門	享禄４年～永禄10年（1531～1567）
島津義久	天文２年～慶長16年（1533～1611）
小早川隆景	天文２年～慶長２年（1533～1597）
臼杵鑑速	天文７年～天正２年（1538～1574）
安国寺恵瓊	天文６年？～慶長５年（1537？～1600）
秋月種実	天文13年～慶長元年（1544～1596）
宗像氏貞	天文14年～天正14年（1545～1586）
黒田孝高	天文15年～慶長９年（1546～1604）
高橋紹運	天文17年～天正14年（1548～1586）
筑紫広門	弘治２年～元和９年（1556～1623）
原田信種	永禄３年～慶長３年（1560～1598）
秋月種長	永禄８年～慶長19年（1565～1614）
立花宗茂	永禄10年～寛永19年（1567～1642）
高橋元種	元亀２年～慶長19年（1571～1614）
立花直次	元亀３年～元和３年（1572～1617）

主要参考文献

『福岡県史』第一巻下、福岡県、昭和三十七年
『福岡県史資料』第一輯―第六輯、福岡県、昭和七―十一年
『大宰府太宰府天満宮博多史料　続中世編』九州文化綜合研究所
伊藤常足編録『太宰管内志』上（筑前国）歴史図書社、昭和四十四年
『太宰府天満宮文書』（太宰府天満宮所蔵）
『筥崎宮史料』筥崎宮、昭和四十五年
貝原篤信『筑前国続風土記』名著出版
「宗像記追考」（伊東尾四郎編『福岡県宗像郡誌』所収、名著出版）
「宗像軍記」（伊東尾四郎編『福岡県宗像郡誌』所収、名著出版）
立花増能編『鷹野家譜』（「立花鷹野文書」）
『立花家文書』（柳川「御花」所蔵）
城戸清種著、川添昭二・福岡古文書を読む会校訂『博多・筑前史料豊前覚書』文献出版、昭和五十五年
『寛政重修諸家譜』続群書類従完成会、昭和五十五年
田北学編『増補訂正編年大友史料』昭和四十三年
秋月種樹編纂『秋月家譜』高鍋郷友会
今村和方編『星野家譜』大圓寺
浅川安和著「浅川聞書」（『柳川藩叢書』第二集所収、青潮社、一九九一年）
新井白石『新編藩翰譜』新人物往来社、昭和五十二年
黒板勝美・国史大系編修会編『徳川実紀』吉川弘文館、昭和五十一年
『萩藩閥閲録』山口県文書館、昭和四十二年
帆足万里訳・岡弘道重訂『橘山遺事』安政二年（木版）
「黒田家譜」（『益軒全集』巻之五所収、益軒全集刊行部、明治四十四年）
伊藤一蓑著・近藤圭造再校『高橋紹運記』明治三十五年
山崎藤四郎『石城遺聞』名著出版、昭和四十八年
渡辺村男著、柳川・山門・三池教育会編『旧柳川藩志』青潮社、昭和五十五年
近藤瓶城編『歴代鎮西要略』文献出版、昭和五十一年
犬塚盛純『歴代鎮西志』（鍋島家文庫所蔵）青潮社、平成四年

馬渡俊継著、肥前史談会編『北肥戦誌（九州治乱記）』青潮社、昭和四十八年
存心撰「九州治乱記」（『群書類従』十三輯所収）
香川正矩・景継編纂『陰徳太平記』早稲田大学出版部、大正二年
有吉憲章編「九州諸将軍記」（『福岡県郷土叢書』所収、文献出版、昭和五十年）
福本誠著『筑前志』国光社、明治三十六年
「立斎旧聞記」（『続々群書類従』三所収、続群書類従完成会）
「改正原田記」（児玉琢編『福岡県史編纂資料』所収）
「大友興廃記」（垣本言雄編輯『大分県郷土史料集成』所収、大分県郷土史料刊行会、昭和十三年）
「上井覚兼日記」（東京大学史料編纂所『大日本古記録』所収、岩波書店、昭和二十九年）
芥川龍男『豊後大友氏』新人物往来社、昭和四十七年
松田毅一・川崎桃太訳『フロイス日本史』中央公論社、昭和五十二—五十四年
『大分県史料』32・33、大分県教育委員会、昭和五十五年
佐賀県史編さん委員会『佐賀県史』上巻（古代中世編）佐賀県、昭和四十三年
矢野一貞『筑後国史（筑後将士軍談）』名著出版より復刊、昭和四十七年
江島茂逸編『岩屋城史談』明治四十年
『筑紫史談』（復刻版）福岡県文化財資料集刊行会、昭和四十五年
湯浅常山著・鈴木棠三校注『定本常山紀談』新人物往来社、昭和五十四年
岡谷繁実『名将言行録』新人物往来社、昭和四十二年
三浦末雄『物語秋月史』秋月郷土館、昭和四十三年
三木靖『戦国史叢書10　薩摩島津氏』新人物往来社、昭和四十七年
『島津国史』島津家編集所、明治三十八年
近藤清石『大内氏実録』明治十八年
田中健夫『人物叢書　島井宗室』吉川弘文館
「宗湛日記」（『福岡県史資料』五輯所収）
川副博『龍造寺隆信』人物往来社、昭和四十二年
渡辺世祐監修『毛利元就卿伝』マツノ書店、昭和五十九年
福尾猛市郎著・日本歴史学会編『人物叢書　大内義隆』吉川弘文館

参謀本部編『日本戦史　九州役』村田書店、昭和五十五年
馬場信意重撰『西国盛衰記』早稲田大学出版部
広渡正利『筑前博多史料』文献出版、平成六年
川添昭二『嘉穂地方史』嘉穂地方史編纂委員会、昭和四十三年
シンポジウム「筑紫氏と鳥栖の山城」鳥栖市教育委員会、平成二年
申叔舟『海東諸国紀』国書刊行会、昭和五十年
永井新『柳川藩史料集』青潮社、昭和五十六年
香西成資著、伊井春樹訳『南海治乱記』教育社、一九八一年
吉永正春『九州戦国の武将たち』海鳥社、平成十二年
吉永正春『九州戦国合戦記』海鳥社、平成六年
吉永正春『筑前立花城興亡史』西日本新聞社、平成十年
吉永正春『筑前戦国争乱』海鳥社、平成十四年

あとがき

このたび品切れしていた本書が再版されることになり、もう一度完全に読み直して気づかなかった誤謬《ごびゅう》の発見にベストをつくし、校正に万全を期して再び読者に見《まみ》えることになりました。こうした作業を通じ、今回、発行するのが完全なものと思っています。

思えば六十年前、太宰府市の山中に眠る戦国武将高橋紹運の墓との出会いが、本書執筆の動機となり、いつしか夢幻の戦国の山野を駆け巡るようになりました。昭和五十一年、ようやく『筑前戦国史』として出版され、以来、既に四十年が過ぎ、その増補再版数も今度で十回を数え、私の卒寿と合わせて生存中、この好機に巡り合わせたことに感謝しています。また、これまで多くの読者のご支援を頂き厚く御礼を申し上げます。

この本が、なぜこのように永年にわたり稀有のロングセラーになったのか、著者冥利に尽きますが、実に私自身も驚いています。

やはり五年余の歳月をかけて関係文献を丹念に読み、実地踏査して現地の空気を吸い、土地の史家と語らい取材をくり返し行ったことや、分かり易い文章で記述したことなどが、本書永続の要因になったのではないかと思われます。また広汎な内容は、筑前だけでなく九州全体を俯瞰できて当時の実相を把握できるものと考えます。昭和六十三年、この本を原作として、それまで九州では制作されなかったテレビ戦国ドキュメント・ドラマ「落城」が、TNC系の制作によってテレビ放映されましたが、筑前の戦国模様が映像として初めて描写されたので当時、視聴者から多大の反響を呼び、郷土の歴史への関心を換起させることになりました。

かつて著者友人の作家白石一郎氏（故人、昭和六十二年、直木賞受賞）は、「戦国時代の筑前を書くには、どうしても吉永さんの『筑前戦国史』を読まなければならない」と言い、同友の作家滝口康彦氏（故人）も、その著『乱離の風』で、本書の引用を特記しています。

その他、今まで全国の多くの読者、研究者の方々から過分の賛辞をいただきましたが、中でも嬉しかったのは、わが師、劉寒吉《りゅうかんきち》先生（故人、「九州文学」リーダー）から「今までにない良い戦国史を書いてくれた」と褒められたことが、このあとがきを書きながら想い出されます。

本書の特色は、中世から近世への過渡期、筑前の一小城が豊臣政権樹立へ大きく貢献して戦災都市博多復興の礎となり、地方創生の嚆矢《こうし》となって乱世の世から平和への道を拓いたことです。

本書を通して人間とは、人間の真価、人間愛などに就いて考察の機会ともなれば幸いです。これからも、この本が江湖《こうこ》のご支援を得て益々声価を高めて、筑前および九州戦国期への良きガイドとしてお役に立ち、読者が時空を超えて戦国の世の実相を感得していただければ著者として欣快《きんかい》の至りです。

最後に、この出版に尽力いただいた海鳥社西俊明社長（現会長）はじめスタッフの皆さんに厚くお礼を申し上げます。

合掌

平成二十八年二月吉日

吉永　正春

吉永正春（よしなが・まさはる）　1925年、東京に生まれる。門司・豊国商業学校卒業。現在、戦国史家として執筆、講演活動に活躍。主な著書に、『立花城興亡史』(西日本新聞社)、『九州戦国合戦記』『筑前戦国争乱』『九州戦国の武将たち』『九州のキリシタン大名』(いずれも海鳥社)、共著に『エッセイで楽しむ日本の歴史』(文藝春秋) など多数がある。2004年、福岡市文化賞を受賞。2009年、西日本文化賞を受賞する。

筑《ちく》前《ぜん》戦《せん》国《ごく》史《し》　増補改訂版

■

2009年７月28日　第１刷発行

2016年４月15日　第２刷発行

■

著　者　吉永正春

発行者　杉本雅子

発行所　有限会社海鳥社

〒812－0023　福岡市博多区奈良屋町13番４号

電話092(272)0120　FAX092(272)0121

印刷　有限会社九州コンピュータ印刷

製本　渋谷文泉閣

ISBN978-4-87415-739-8

http://www.kaichosha-f.co.jp

［定価は表紙カバーに表示］